U0941688

普通高等教育“十二五”规划教材

企业社会责任教程

田 虹 编著

机 械 工 业 出 版 社

本书吸收了国内外有关企业社会责任研究的成果，系统地阐述了企业社会责任的基本理论与实践。本书逻辑清晰，沿着企业社会责任理论—内外部驱动力—实施与评价—规范和操守的研究脉络，详细介绍了企业社会责任的理论框架与实践过程。本书首先介绍了企业社会责任的概念及其演变、企业社会责任的发展现状和发展趋势，并对不同视角下的企业社会责任内容分类进行梳理，从整体上对企业社会责任理论进行论述。在企业社会责任驱动力部分，介绍了企业社会责任的外部驱动力和内部驱动力；在外部驱动力方面，主要从企业的宏观环境、行业环境等方面进行了介绍；在内部驱动力方面，主要介绍了企业社会责任与企业竞争力、企业绩效、企业价值和企业可持续发展的关系。企业社会责任的实施与评价部分详细介绍了企业社会责任战略实施、企业社会责任投资和企业社会责任实施与各职能部门的关系、企业社会责任评价的模型方法与指标体系，以及企业社会责任管理的有关问题。最后，在规范和操守部分，主要介绍了企业社会责任的国内外标准和企业社会责任报告编制、发布和审验。

本书的特点是针对每个问题结合相关的案例进行分析，注重理论与实践的结合，重点突出，层次分明，颇具启发性，注重于培养读者的分析能力和解决实际问题的能力。

本书既可以作为我国高等院校经济管理类专业的本科生和研究生的教材，也可以作为MBA、EMBA以及在职管理人员培训或自学教材，还可以作为管理专业教学、科研人员以及企业和各经济管理部门实际工作者的参考书。

图书在版编目（CIP）数据

企业社会责任教程/田虹编著. —北京：机械工业出版社，2012.6
普通高等教育“十二五”规划教材
ISBN 978-7-111-38366-6

Ⅰ. ①企…　Ⅱ. ①田…　Ⅲ. ①企业责任－社会责任－高等学校－教材
Ⅳ. ①F270

中国版本图书馆CIP数据核字（2012）第096623号

机械工业出版社（北京市百万庄大街22号　邮政编码100037）
策划编辑：曹俊玲　责任编辑：曹俊玲　宋　燕　冯　铗
版式设计：刘怡丹　责任校对：张　力
封面设计：张　静　责任印制：乔　宇
北京瑞德印刷有限公司印刷（三河市胜利装订厂装订）
2012年8月第1版第1次印刷
184mm×260mm · 18印张 · 440千字
标准书号：ISBN 978-7-111-38366-6
定价：36.00元

凡购本书，如有缺页、倒页、脱页，由本社发行部调换
电话服务　网络服务
社服务中心：（010）88361066　门户网：http://www.cmpbook.com
销售一部：（010）68326294　教材网：http://www.cmpedu.com
销售二部：（010）88379649
读者购书热线：（010）88379203

前　言

企业社会责任在企业生存和发展的历程中发挥着越来越重要的作用。随着经济的发展和公众社会意识的提高，特别是近年来发生的一系列食品安全、环境污染等问题，再次激起了人们对企业社会责任问题的关注。企业社会责任成为现阶段企业打造和保持竞争优势的又一新的手段。

企业社会责任是企业实现可持续发展的重要途径，它不但能够改善企业绩效，而且对于提高企业竞争力和声誉有着重要的作用。因此，在现阶段对企业社会责任进行学习和研究，对于企业在激烈的市场竞争中生存和发展有着至关重要的意义。

作为一门应用性很强的学科，国内外的许多学者和专家对此已有很多描述。本书作为管理学科的基础教材，在体系设计和内容安排上，更多地考虑了学习者的要求，并适当地兼顾了该学科的系统性与整体性。根据这一思想，设计了本书的框架：第一篇，对企业社会责任的概念、发展现状、发展趋势、内容进行了详述，使读者了解企业社会责任的概况；第二篇，对企业社会责任的驱动力进行了介绍；第三篇，介绍了企业社会责任的实施与评价，并对企业社会责任战略，企业社会责任投资，企业社会责任评价的模型、方法与指标体系等内容进行了详细的介绍；第四篇，在对企业社会责任各项内容分析的基础上，详细介绍了企业社会责任的国内外标准和企业社会责任报告。

本书内容具有以下特点：

第一，学科前沿性。将近年来国内外有关企业社会责任前沿问题研究的结果体现在本书中。

第二，结构系统性。从企业社会责任的概念、驱动力、实施与评价、规范与操守等角度，编排了十一章内容，论述了企业社会责任的理论与实践，便于读者对本课程知识体系的清晰掌握。

第三，案例成熟性。为方便读者了解和掌握企业社会责任理论与实践，本书每章均编写了导入案例并设思考题。案例选取既保留国外经典案例，又结合中国本土化实际，选取了中国企业的案例。

全书共四篇，分为十一章，由吉林大学商学院田虹教授结合多年的该课程教学、科研工作编写。

本书适用于高等院校经济管理类专业研究生和本科生使用，也可供 MBA、EMBA 课程教学以及企业和各经济管理部门实际工作者作为参考书使用。

企业社会责任作为一门较新的学科，其基本理论和实践还在不断地完善中。本书在编写过程中，也参考并采纳、吸收了多位专家学者的相关文献和思想，谨此表示衷心地感谢！由于编者受水平和时间所限，书中难免存在错讹之处，恳请同行及读者批评指正。

田　虹
于吉林大学匡亚明楼

目　录

前言

第一篇　企业社会责任理论

第一章　企业社会责任概论 …… 2
导入案例 …… 2
第一节　企业社会责任概念 …… 3
第二节　企业社会责任的内涵衍生和主题拓展 …… 11
第三节　企业社会责任的发展现状 …… 15
第四节　企业社会责任的发展趋势 …… 21
本章小结 …… 27
思考题 …… 27

第二章　企业社会责任内容 …… 28
导入案例 …… 28
第一节　企业社会责任的对象 …… 29
第二节　企业社会责任内容模型 …… 39
第三节　企业社会责任内容的其他分类 …… 44
本章小结 …… 47
思考题 …… 47

第二篇　企业社会责任驱动力

第三章　变化的环境与外部驱动力 …… 50
导入案例 …… 50
第一节　企业社会责任的宏观环境 …… 52
第二节　企业社会责任的产业环境 …… 55
第三节　企业社会责任的其他影响因素 …… 62
本章小结 …… 68
思考题 …… 68

第四章　企业社会责任的内部驱动力 …… 69
导入案例 …… 69
第一节　企业社会责任与企业竞争力 …… 71
第二节　企业社会责任与企业绩效 …… 81
第三节　企业社会责任与企业价值 …… 87
第四节　企业社会责任与企业可持续发展 …… 92
本章小结 …… 96
思考题 …… 97

第三篇　企业社会责任实施与评价

第五章　企业社会责任战略 …… 100
导入案例 …… 100
第一节　企业社会责任战略理论 …… 101
第二节　企业社会责任战略管理模式 …… 109
第三节　企业社会责任战略管理的类型与动因 …… 110
第四节　企业社会战略选择的具体影响因素分析 …… 116
第五节　企业社会责任战略管理的措施 …… 119
本章小结 …… 122
思考题 …… 122

第六章　企业社会责任投资 …… 123
导入案例 …… 123
第一节　社会责任投资的内涵 …… 124

第二节 社会责任投资的发展 ………… 129
第三节 社会责任投资的实现方式 ………… 136
第四节 社会责任投资指数 ………… 140
本章小结 ………… 144
思考题 ………… 144
第七章 企业社会责任实施 ………… 145
导入案例 ………… 145
第一节 企业社会责任实施与企业生产 ………… 146
第二节 企业社会责任的实施与市场营销 ………… 150
第三节 企业社会责任实施与人力资源 ………… 155
第四节 企业社会责任实施与财务管理 ………… 160
第五节 企业社会责任实施与信息沟通 ………… 164
本章小结 ………… 168
思考题 ………… 168
第八章 企业社会责任评价 ………… 169
导入案例 ………… 169
第一节 企业社会责任评价的原则 ………… 171
第二节 企业社会责任评价的模型 ………… 172
第三节 企业社会责任评价方法 ………… 177
第四节 企业社会责任评价的指标 ………… 187
本章小结 ………… 195
思考题 ………… 195
第九章 企业社会责任管理 ………… 196
导入案例 ………… 196
第一节 企业社会责任管理概述 ………… 199
第二节 企业社会责任管理评估 ………… 214
本章小结 ………… 222
思考题 ………… 222

第四篇 企业社会责任规范和操守

第十章 企业社会责任规范 ………… 224
导入案例 ………… 224
第一节 国际企业社会责任标准 ………… 227
第二节 国内企业社会责任标准 ………… 245
本章小结 ………… 249
思考题 ………… 249
第十一章 企业社会责任报告 ………… 250
导入案例 ………… 250
第一节 企业社会责任报告概述 ………… 251
第二节 企业社会责任报告的现状与发展趋势 ………… 260
第三节 企业社会责任报告的编制与发布 ………… 267
第四节 企业社会责任报告审验 ………… 273
本章小结 ………… 276
思考题 ………… 277
参考文献 ………… 278

第一篇

企业社会责任理论

第一章　企业社会责任概论
第二章　企业社会责任内容

第一章　企业社会责任概论

【学习目标】

掌握企业社会责任的概念和特征；熟悉企业社会责任内涵、内涵衍生和主题拓展；了解企业社会责任的现状和发展趋势。

【关键词】

企业社会责任概念；特征；现状

【导入案例】

英特尔：企业社会责任3.0

在中国对“企业社会责任”这个名词还陌生之时，英特尔公司（以下简称“英特尔”）在中国就开展了相关的工作。1999年它在全球启动了“未来教育项目”，2000年7月又在中国正式启动。到2010年年底，项目累计培训超过170万名中小学教师，17%的中国中小学教师都参加过英特尔的培训。除了对教师的培训项目，公司还有各层次的激励青少年创新的项目。比如，自2001年开始，英特尔领衔赞助全国青少年科技创新大赛，每年从中选拔20~30名优秀学生参加在美国举行的“英特尔国际科学工程大奖赛”；2004年，公司与中国科学技术协会合作，在社区青少年中心和学校课外活动中开展“英特尔求知计划”培训，专为贫困社区8~25岁的青少年提供社区活动中心的课外活动；2010年，将“英特尔科技教育创新学校奖”引入中国，旨在发掘并表彰在科技教育方面取得卓越成就并具有出色实践的中小学校，这是英特尔公司第一次在美国以外的国家设立该奖项。英特尔在教育上持续10年的投入，为它在中国获得了良好的声誉，连续八年被教育部授予“中国教育杰出贡献奖”。

教育、社区和环境是具体体现英特尔承担企业社会责任的三个领域。在社区方面，英特尔推行以员工技能为核心的志愿者服务。2010年，56%的英特尔中国公司员工参与志愿服务，服务时间达4.6万h。在环保领域，英特尔中国执行董事戈峻告诉《财富》（中文版）杂志，公司从来都是以最高的标准来要求自己，强调对环保责任的量化，并将此与员工的绩效挂钩。也就是说，达没达到环保目标，会在员工的奖金上得到体现，这大大促进了员工的环保意识。

英特尔（全球）2011年有四大战略，其中一项就是“关心员工、关爱地球、激励下一代”。在中国，则有三大战略，分别是：技术领先，与产业链结合、推动中国的IT产业发展，做有责任的企业公民。作为英特尔中国的执行董事，戈峻直接负责企业社会责任工作并向总部汇报。公司在中国还设立了“首席责任官”的岗位，并且在每一个运营物理地点都有从事企业社会责任的核心团队。将企业社会责任提到战略的高度，并调整公司的组织结构以保证这种战略得到落实，这大概是英特尔在企业社会责任领域有出色表现的原因之一。

杨钟仁是英特尔中国首席责任官。他认为，英特尔企业社会责任已经从“1.0时代”进入“3.0时代”。所谓“1.0时代”，就是做公益、做慈善；“2.0时代”，就是将企业社会责任与公司的业务相结合；而“3.0时代”则是英特尔正在倡导的社会创新或企业责任的社会化。《2009～2010 英特尔中国企业社会责任报告》的主题就是“以技术创新推动社会创新”。戈峻告诉《财富》（中文版）杂志，英特尔社会创新的核心理念就是搭建平台、资源贡献。英特尔认为，光靠政府、孤立的公益组织或者企业，是不可能解决人类和社会所面临的问题的，而是需要一个平台来发挥这三方的合力。英特尔希望政府、企业和社会组织共同合作，致力于使用创新技术推动教育创新、公益创新、社区创新、中小企业创新等，最终实现社会进步与和谐发展。

英特尔以技术创新推动社会创新的一个典型案例是，2010 年 1 月公司与民政部社会福利和慈善事业促进司联合推出的首届“芯世界”公益创新奖。英特尔提供 100 万元奖金，奖励中国公益机构在组织发展、知识管理、财务管理、项目管理等方面创新应用信息技术的案例，帮助公益组织通过信息化手段，提高公信力和创新能力。北京惠泽人咨询服务中心（以下简称“惠泽人”）是一家公益组织，其“志愿者 E 学习中心”项目在“芯世界”评选中获得了“应用奖”三等奖。惠泽人的主任翟雁说，参与英特尔的项目，有力地推动了惠泽人的机制变革，员工能力以及组织运作水平得到了极大提高。

事实上，推动社会创新是英特尔实现企业社会责任的主要目标之一。它在 IT 领域的成功是搭建了一个健康的技术生态环境。戈峻表示，围绕着社会创新这个新的方向，英特尔将会有更多具体的创新项目推出，它在企业社会责任领域的愿景，就是搭建一个良好的社会生态环境。

资料来源：周展宏．财富中文网，2011 年 03 月 11 日．

伴随着经济全球化趋势的加强和社会公众意识的逐渐提高，企业社会责任备受企业和社会公众的关注。企业社会责任开始上升到战略高度成为现代企业生产经营不可缺少的考虑因素。

第一节　企业社会责任概念

什么是企业社会责任？对于这一问题似乎人人都懂，但是对企业社会责任的理解却莫衷一是，关于企业社会责任的实现方式也多种多样。例如，美国的巴菲特和比尔·盖茨创建的基金捐赠资产，有 600 亿美元以上的资金用于贫困国家和地区的卫生医疗以及美国国内的教育领域；日本企业自古以来就是和股东一起，从事为员工、顾客以及当地社区等利益相关方创造价值的经营活动，“企业自我规范”可以说是日本的典范。为了更好地理解和认识企业社会责任，我们运用在 MBA、EMBA、管理学科本科“企业社会责任”课程的讲授中，和学员们开发出了一个企业社会责任商数测试表。从这个问卷入手，会得出自己的结论，对于企业社会责任的研究，在理论和实践上都是十分必要的。

企业社会责任商数测试表

1. 您是否听说过以下概念？

A. 企业社会责任　　B. SA8000　　C. 跨国公司“生产守则”　　D. 不大清楚

2. 你是否接受过客户的有关企业社会人的检查或认证？

A. 经常　　B. 偶尔　　C. 从没接受过“生产守则”

3. 您认为企业社会责任包括：

A. 经济责任　　B. 法律责任　　C. 道德责任　　D. 慈善责任

4. 您认为履行企业社会责任的表现有：

A. 诚实纳税　B. 企业伦理　C. 股东利益
D. 员工利益　E. 公益活动

5. 您认为企业社会责任给本企业带来了什么？
A. 财务负担　B. 降低成本　C. 长期利益　D. 提高效益

6. 您认为跨国公司在发展中国家推行企业社会责任是：
A. 新的贸易壁垒　B. 有必要但不公平　C. 主要有利于跨国公司本身利益
D. 是经济社会发展的趋势　E. 仅仅增加中国公司的压力

7. 您的企业有过公益捐款吗？
A. 经常　B. 有过　C. 没有

8. 捐款主要用于哪些方面？
A. 环保　B. 救灾　C. 扶贫　D. 社区公益
E. 社会基础建设　F. 其他

9. 您的企业设置了下列哪个管理机构？
A. 企业社会责任部　B. 可持续发展部　C. 环境管理部
D. 公共关系部　E. 都没有

10. 您的企业在选择供应商时，是否考虑对方已履行企业社会责任或其企业形象？
A. 考虑　B. 不考虑　C. 不一定

11. 您的企业是否发布过企业社会责任报告书，公布履行企业社会责任的资讯？
A. 经常　B. 偶尔　C. 没有发布过

12. 您认为企业社会责任与企业可持续经营有关吗？
A. 有　B. 没有　C. 不清楚

13. 您认为企业社会责任对企业形象的树立：
A. 非常重要　B. 重要　C. 无所谓

14. 您的企业是否从企业社会责任中受益过？
A. 经常　B. 偶尔　C. 没有

15. 对于企业社会责任，您打算：
A. 更深入了解　A. 列入长远发展策略　C. 不关心

16. 您认为下列哪些企业应承担更多的企业社会责任问题？
A. 跨国企业　B. 国有垄断企业　C. 民营企业　D. 上市公司

17. 您认为下列哪些行业容易面临企业社会责任问题？
A. 金融业　B. 零售业　C. 纺织服装业　D. 食品饮料业
E. 医药　F. 石油

一、企业社会责任概念的演进

企业社会责任自成立之初起就伴随着各种争论，但是随着经济的发展和时代的进步，人们对企业社会责任的争论焦点不再是企业是否应该承担社会责任的问题，而是对企业社会责任的界定问题。迄今为止，对于企业社会责任的概念，不同的学者有着不同的观点。

（一）企业社会责任概念在国际发展中的演变

企业社会责任（Corporate Social Responsibility，CSR）观念起源于美国。20 世纪的二三

十年代在著名的哈佛大学法学院教授多德（Dodd）与哥伦比亚大学法学院教授贝利（Berle）之间展开了一场关于坚持公司只应对股东负责的传统模式，还是建立除股东之外，公司还应对其他利害关系人负责的新模式的论战，最终这场辩论以多德教授的公司社会责任理论为优胜而告终，企业社会责任思想逐渐形成。根据企业社会责任这一概念在欧美的发展过程，结合社会对其关注程度和关注的范围，企业社会责任的概念演变在欧美大致经历了三个阶段。

1. 企业社会责任概念的个别研究阶段（20 世纪 20～60 年代）

在这一阶段，企业社会责任刚刚出现萌芽，仅有一些学者对企业社会责任进行了研究。

企业社会责任这一概念最早是由英国学者欧利文·谢尔顿（Oliver Sheldon）于 1924 年提出来的，他认为企业应该为其影响到其他实体、社会和环境的所有行为负有责任，并认为企业社会责任含有道德因素在内。他将企业社会责任与公司经营者满足产业内外各种人类需要的责任联系了起来。

1953 年，霍华德 R. 鲍恩（Howard R. Bower）的划时代著作《商人的社会责任》（Social Responsibility of the Businessman）的发表被公认为是现代企业社会责任概念构建的开始。他在该书中明确提出了企业社会责任的概念，他认为“商人具有按照社会期望的目标和价值观来制定政策、进行决策或采取行动，自愿承担社会责任的义务。”鲍恩认为社会责任原则是一种思想，商人们自愿承担社会问题是改善经济和更好地实现经济目标的可行方法。他认为社会责任的概念应该包括三个方面的内容：首先，承担社会责任的主体——现代大公司；其次，企业社会责任的实施者是公司的管理者；最后，社会责任的原则是自愿。但是对于自愿这一原则，鲍恩后来又给予了新的解释。1967 年，鲍恩在伊利诺伊大学召开的“公司与社会责任”研讨会上发表了《商人的社会责任——20 年后》一文，对早期提出的“公司社会责任”概念中的自愿原则进行了修正。他认为，公司与工会组织联盟权利强大、影响广泛，以至于自愿性的原则已经不再能够有效地约束公司。对于企业承担社会责任还是社会顺从企业，他认为这仍然是一个悬而未决的问题，很多迫切的社会问题，如环境污染、种族问题等，不能仅靠公司自愿承担社会责任来解决，所以最后鲍恩放弃了“自愿原则”转而提出了公司社会责任的有效性应该建立在社会控制公司的基础上。

戴维斯（Davis）认为，企业社会责任是一个含糊的思想，因此可以有很多不同的定义。在 20 世纪的 60 年代和 70 年代整整 20 年的时间里，戴维斯对企业社会责任问题进行了一系列的研究。他对公司社会责任概念的扩展主要表现在两个方面：首先，发展了所谓的“责任铁律”，即商人们的社会责任必须与他们的权利相对应。他认为，企业对社会的责任不仅仅局限在经济方面，还包括非经济方面。其次，在 20 世纪 70 年代戴维斯提出了公司社会责任的五条定理：①社会责任来自社会权利；②企业应该作为一个双向开发的系统来经营，一方面接受来自社会的投入，另一方面还要向社会公众公开其基本经营的结果；③企业在进行有关活动、产品或者服务的决策时应该全面地考虑和计算其社会成本和社会收益；④企业的社会成本应该计入活动、产品或者服务的价格中，使得消费者支付他对社会的消耗；⑤企业作为公民，除了要考虑社会成本外，还有责任尽其所能地参与到社会需要的活动中去。戴维斯认为，“有企业社会责任感的组织在保护和提高社会生活的质量的同时也要保护和提高自身的生存质量。从本质上看，生活质量是指人们在多大程度上生活在与自己的内心、与他人以及与自然环境的和谐中。企业对于这种和谐，尤其是后两种和谐具有重要的影响作用。如

果一个企业能够从一个更大的系统中看问题，就可以促进人与人之间、人与环境之间的和谐。”[㊀]

综上所述，从这一时期学术界对企业社会责任的研究成果来看，人们对企业社会责任的界定并没有给出一个明确且可被广泛接受的定义，企业社会责任的内容、范围和性质还不清晰。

2. 企业社会责任概念的广泛关注阶段（20 世纪 70 年代至 21 世纪初）

这一时期，“企业社会责任就是追求企业利润最大化”的观点逐步失去了它的统治地位，人们开始对企业社会责任问题进行深入的思考。

1971 年，美国经济发展委员会在《商业公司的社会责任》中将企业的社会责任定义为三个同心圆：内层是范围清晰的有效履行经济功能的基本责任，包括产品、就业机会以及经济增长；中层是将履行经济功能的责任与对变化中的社会价值观和主要的问题的敏锐感相结合，如环境问题、与员工的关系等；外层是新近出现但还不是很清晰的责任，要求公司更广泛地积极介入到改善社会环境的活动中去，如贫困和城市问题。美国经济发展委员会的公司社会责任同心圆的概念反映了大公司的高层管理人员对 20 世纪 60 年代提出的社会问题的态度和关注。公司的社会责任管理者不仅仅意识到公司的社会责任，而且还积极地推动了公司社会责任思想和运动的发展。

曼尼（Manne）虽然是企业社会责任的反对者之一，但是他对企业社会责任的界定却有着更加严谨、独到的见解。1972 年，曼尼提出了企业社会责任概念必须包含的三个要素：首先，公司的社会责任支出或者行动给公司带来的边际收益低于其他支出的边际收益，但是这并不意味着公司承担社会责任会赔钱，只是与其他活动相比，少赚了钱；其次，公司的社会责任行为必须是自愿的；最后，公司的社会责任行为必须是公司的行为而不是个人的行为，对于借助公司这个渠道进行的个人慈善活动不是公司社会责任。曼尼将鲍恩提出的“自愿原则”进行了明确和理论化，对公司社会责任概念的发展产生了重大的影响。但是曼尼对企业社会责任的界定也存在着一些明显的缺陷，这些缺陷主要体现在，他主要是从经济分析的角度来诠释企业社会责任，忽略了非经济因素的作用；另外，他关注的只是企业社会责任中有形的、能够衡量的部分，在实际中还是难以进行判断。在现实生活中，公司的很多行为都包含了复杂的动机，而很难将公司完全纯粹的慈善行为与带有私利的行为区分开。

1979 年，卡罗尔（Archie B. Carroll）对企业社会责任进行了概括，他认为企业社会责任主要由经济责任、法律责任、伦理责任和自愿责任组成。在此基础上，1991 年卡罗尔对该模型进行了进一步的修正，将自愿责任改为慈善责任，并提出了企业社会责任的“金字塔”模型。这一模型比较全面地概括了企业社会责任的多个维度。

在这一时期，另外一个具有代表性且影响较大的企业社会责任的概念是由英国学者约翰·埃尔金顿（John Elkington）最早于 1997 年提出来的“三重底线理论”。他认为在责任领域，企业社会责任可以分为经济责任、环境责任和社会责任。所谓的经济责任，也就是传统的企业责任；环境责任是指企业环境保护；社会责任是企业对其他利益相关者的责任。

在这一时期，除上述比较有代表性的企业社会责任概念外，众多的学者都对企业社会责任从各个维度进行了研究界定。特别是 20 世纪 90 年代后，企业社会责任与利益相关者理论

㊀ 沈洪涛，沈艺峰．公司社会责任思想起源与演变［M］．上海：上海人民出版社，2007.

呈现出相结合的趋势，这一趋势也为企业社会责任的发展提供了一个新的研究视角和研究手段。

3. 企业社会责任概念的全球发展阶段（21世纪初至今）

21世纪世界经济最显著的特征之一就是全球化。随着全球化趋势的不断深入和发展，企业社会责任问题也成为全球企业共同面临的责任、义务和挑战。此时国际组织成为推动企业社会责任发展的主要力量。

在21世纪，公司公民成为公司社会责任思想的主流。"公司公民"这一概念最早来自"公民社会"，于20世纪70年代被提出来，在20世纪90年代末得到了进一步的发展。卡罗尔认为，公司公民行为不仅仅指公司与社区之间的关系，还应该包括公司对其他利益相关者的回应，对此他提出了公司公民的"四面说"，即公司公民有经济面、法律面、道德面和慈善面四个面的责任。马特恩（Matten）认为，由于传统的政府角色的失败，公司进入公民权领域，国家不再是公民权的唯一保证人，公司接管了某些原来完全由政府承担的保护、形成和确保公民权的功能，所以"公司"和"公民"联系在了一起，出现了"公司公民"这一术语。在全球化经济的时代，全球公司公民的概念也应运而生，这一概念将公司公民从本地推向了全球。阿黛尔（Adele Queiroz）认为，全球公司公民是"看待跨越国界和文化界限的公司社会责任的一种方式。"㊀

世界银行集团认为，企业社会责任是企业与关键利益相关者的关系、价值观、遵纪守法以及尊重人、社区和环境有关的政策和实践的集合。它是企业为改善利益相关者的生活质量而贡献于可持续发展的一种承诺。

社会责任国际组织（Social Accountability International，SAI）认为，企业社会责任有别于商业责任，它是指除了对股东负责，即创造财富之外，还必须对社会承担责任，一般包括遵守商业道德、保护劳工权利、保护环境、发展慈善事业、捐赠公益事业、保护弱势群体等。

联合国"全球契约"计划提出了企业履行社会责任应遵循的十项原则，这十项原则包括人权、劳工、环境和反贪污四个方面。

国际标准化组织在社会责任标准ISO26000中提出"组织社会责任是组织通过透明的道德行为来确保对自身决策和活动的社会与环境负责，这些行为的特点包括有利于可持续发展、健康和社会福利，充分考虑利益相关方的期望，符合法律法规和国际行为规范，并全面融入组织，在组织与社会、环境的关系中得到充分体现。"㊁

综上所述，企业社会责任在这一阶段已经进入全球推进时期，国际组织在这一时期对企业社会责任的发展起到了巨大的推动作用。

（二）企业社会责任概念在我国的演变

我国对企业社会责任的研究与西方发达国家相比，起步相对比较晚。随着经济时代的发展，近年来社会责任才逐步引起我国政府和学者的重视。我国学者对企业社会责任的界定，也与国外学者不尽相同。

中国人民大学李占祥教授从企业的社会角色担当视角分析，认为，"企业的社会责任是

㊀ 沈洪涛，沈艺峰. 公司社会责任思想起源与演变［M］. 上海：上海人民出版社，2007.

㊁ 匡海波. 企业社会责任［M］. 北京：清华大学出版社，2010.

指企业对社会履行的职责，应做的奉献和应尽的义务。也就是说，什么是企业社会责任，要由社会对企业的要求来回答”㊀。对于企业社会责任的内容，他认为“企业必须为社会服务和健康发展承担责任”，包括经济责任与非经济责任，法律上的责任与道义上的责任，并指出企业社会责任的内容有：履行物质资料再生产的职责，为社会的存在和发展创造物质条件；对社会环境造成不良的、有害的影响承担责任；履行物质资料再生产领域以外的责任，如模范地贯彻执行国家法令法规，自觉遵守社会公德和职业道德；关心、支持社区文化教育、福利事业等。

周祖城认为，企业社会责任是指企业应该承担的，以利益相关者为研究对象，包括经济责任、法律责任和道德责任在内的一种综合性质的责任。㊁黎友焕认为，在一定的社会发展时期，企业对其利益相关者负有经济、法律、伦理、慈善及其他方面的责任。

陈迅、韩亚琴依据社会责任与企业关系的紧密程度把企业社会责任分为三个层次：基本企业责任，它是企业首先必须做到的，包括对股东负责，体恤员工；中级企业社会责任，它是企业存在的保证，包括为消费者提供满意产品和服务，遵守政府法规，搞好与社区的关系，保护环境，珍惜资源；高级企业社会责任，它是企业的自愿性选择，包括积极捐助，热心公益和慈善事业。

卢代富认为，企业社会责任是创始于企业经济责任之外的，并且独立于经济责任，是与经济责任相对应的另一类企业责任，是企业在谋求股东利润最大化之外所应该承担的能够维护和增进社会利益的义务。他认为，公司社会责任必须具备四个特征：①公司社会责任是一种积极责任；②公司社会责任为除公司股东外的利益相关者承担义务；③公司社会责任是公司的道德义务和法律义务的统一体；④公司社会责任是对传统意义上的股东利润最大化原则的修补。总之，公司社会责任主要包括六个方面：对企业员工的责任；对消费者的责任；对债权人的责任；对环境的保护和资源的合理利用的责任；对所在社区的责任；对社会和公益事业的责任。㊂

综上所述，结合国内外不同组织和学者对企业社会责任的定义，本书认为企业社会责任的本质是在经济全球化背景下，企业除了为股东（stockholder）追求利润外，也应该考虑相关利益人（stakeholder），即影响和受影响于企业行为的各方的利益。其中，雇员利益是企业社会责任中的最直接和最主要的内容，是企业对其自身经济行为的道德约束，它超越了以往企业只是强调技术性标准，超越了以往企业只对股东利益负责的范畴，只是赚取利润作为唯一目标这样的传统理念，强调对包括股东、员工、消费者、客户、政府、社区等在内所有利益相关者的社会责任，注重企业对社会的贡献，强调在生产过程中对人的价值关注，注重生产过程中人的健康、安全和应该享有的权益。

二、企业社会责任的发展阶段

任何一个事物的发生、发展都有其规律性与客观性。纵观企业社会责任在全球的发展历程不难发现，企业社会责任的发展也同样要经历一个渐进成熟的过程，其产生到发展、成熟

㊀ 李占祥，论企业社会责任［J］. 中国工业经济研究，1993（2）：58.

㊁ 周祖城. 企业伦理学［M］. 北京：清华大学出版社，2005.

㊂ 卢代富. 企业社会责任的经济学与法学分析［M］. 北京：法律出版社，1999.

大致要经历以下五个阶段（见图 1-1）。

图 1-1 企业社会责任的五个发展阶段

在我国，企业大多数处在被动应对企业社会责任阶段（警察抓小偷阶段），虽然也有个别企业走在前列，但是，总的来说，我们的路还很长。

随着社会各界对企业社会责任重视程度的提高，政府和企业已经开始思考如何能更好地履行企业社会责任的问题了。从既有研究看，较好的解决途径就是：法律监督、制度规范和机制保障。

王晶晶（2003）分析了制度安排的作用。她认为，由于企业与它的利益相关者追求的利益函数是不同的，通过社会呼吁、舆论宣传或者指望企业家道德良心发现来激励企业实施社会责任行为是不会有持久性的。在现实社会中，经济法律制度安排对企业承担企业社会责任具有重要影响。白永秀、赵勇（2006）则具体分析了企业承担社会责任的激励机制问题，通过对个体理性与集体理性冲突与平衡的分析，得出企业承担社会责任的动因和机理在于企业受到习俗、惯例等非正式制度以及由此逐渐演化为以标准、法律等为形式的正式制度的约束，并通过激励机制的传递使个体利益与集体利益趋于一致，从而使企业在实现自身利益时自发考虑非股东利益的内生行为。个体理性与集体理性的冲突与平衡即企业利润目标和社会利益目标的冲突与平衡，作为企业社会责任理论提出和构建的出发点和归宿，要求企业应该按照自身的情况承担相应层次的企业社会责任。

三、企业社会责任的特征

企业社会责任是企业作为主体对社会应该承担的责任。从整个社会的角度来看，企业是社会中的重要成员之一，其行为必然会对其他社会成员造成一定的影响。因此企业在社会生活中需要承担一定的社会责任。一般而言，企业应该承担的社会责任有以下特征：

（一）企业社会责任是对古典观的一种挑战和修正，是企业经济利益的要求

企业社会责任的概念经过了不同的发展阶段，其主要体现为企业社会对象及范围的变化。理论界将以美国新自由主义的经济学家密尔顿·弗里德曼（Milton Friedman）为代表的企业社会责任的理论观点称为企业社会责任的古典观，该观点认为，企业唯一的社会责任就

是追求股东利益的最大化，企业只需要对股东负责，而不需要对其他利益相关者承担责任。如果企业管理者将企业的一部分资源转移用来做社会责任，那么实际上是损害了股东的利益。随着经济和社会的发展，古典观逐渐暴露出一定的弊端，此时社会经济观应运而生。企业社会责任理论以社会本位为出发点，它认为企业的目标应该是二元的，除了最大限度地实现股东利益外，还应该尽可能地维护和增进社会利益。我们以企业社会责任观为横轴，企业社会责任的范围为纵轴绘出企业社会责任理论的扩展图（见图 1-2），从中可以看出，由古典观到社会经济观，企业社会责任的对象越来越广泛。企业社会责任是对股东利润最大化的古典观的修正和补充，但是这一修正和补充并不否认股东利益最大化的原则，实践证明，企业积极地履行社会责任对企业长期经济效益的实现和提高有着积极的促进作用。

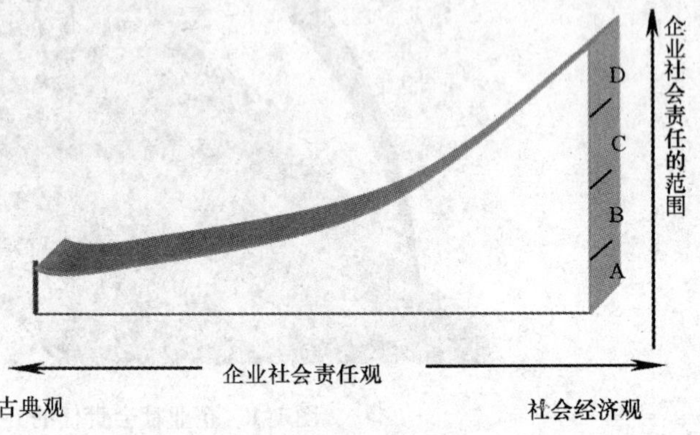

图 1-2　企业社会责任理论的扩展图

图 1-2 中，A 代表企业仅对所有者和投资者负责，B 代表企业对员工负责，C 代表企业对能改善经营绩效的利益相关者负责，D 代表企业对更广泛的社会负责。

（二）企业社会责任的主体是企业

鲍恩认为，公司是企业社会责任的主体，管理者是社会责任的实施者。鲍恩认为在某种意义上，公司对社会责任的关注体现了公司在多大程度上能够被社会所接受，于是他明确了承担社会责任的主体是作为机构的公司。虽然这一问题在相当长的时间内都是社会责任争论不休的话题，但是从现今对企业社会责任的关注和理解来看，鲍恩的观点获得了普遍的认可。企业社会责任的主体是企业，而企业的管理人员只是企业社会责任的实施者。

（三）企业社会责任的客体是利益相关者

企业社会责任所指向的对象即为企业社会责任的客体。利益相关者理论认为，企业的生产经营活动必然要与企业外部和外部的利益相关者主体发生一定的关系。企业的利益相关者主体主要包括企业的股东、员工、顾客、供应商、环境、政府、社区等。企业的活动或者行为会对利益相关者造成一定的危害和影响，因此，企业社会责任的客体是企业的所有利益相关者，而不单单是指企业的股东。但是这里我们所说的企业利益相关者，实质上是企业所涉及的社会结构中的责任关系者。因此，它不是固定不变的，而是随着社会和企业的发展不断进行变化的。例如，在早期企业社会责任活动仅仅是指企业的慈善活动，但是随着社会经济的发展，人们对生态、安全等社会问题的关注程度逐渐提高，相应地这些问题所涉及的对象也随之成为企业的利益相关者。在现行企业制度下，企业的利益相关者主要包括图 1-3 所示的全部内容。

（四）企业社会责任的内容具有复杂性

企业社会责任的内容并不是单一的，而是具有不同的表达形式和表现形式。对于企业社会责任内容这一问题，不同的学者由于其研究的视角不同，所提出的理论有所区别。在这一问题上，获得广泛关注的理论主要有利益相关者理论和卡罗尔的“金字塔”模型。读者可参照本书的第二章对这一问题进行仔细分析。

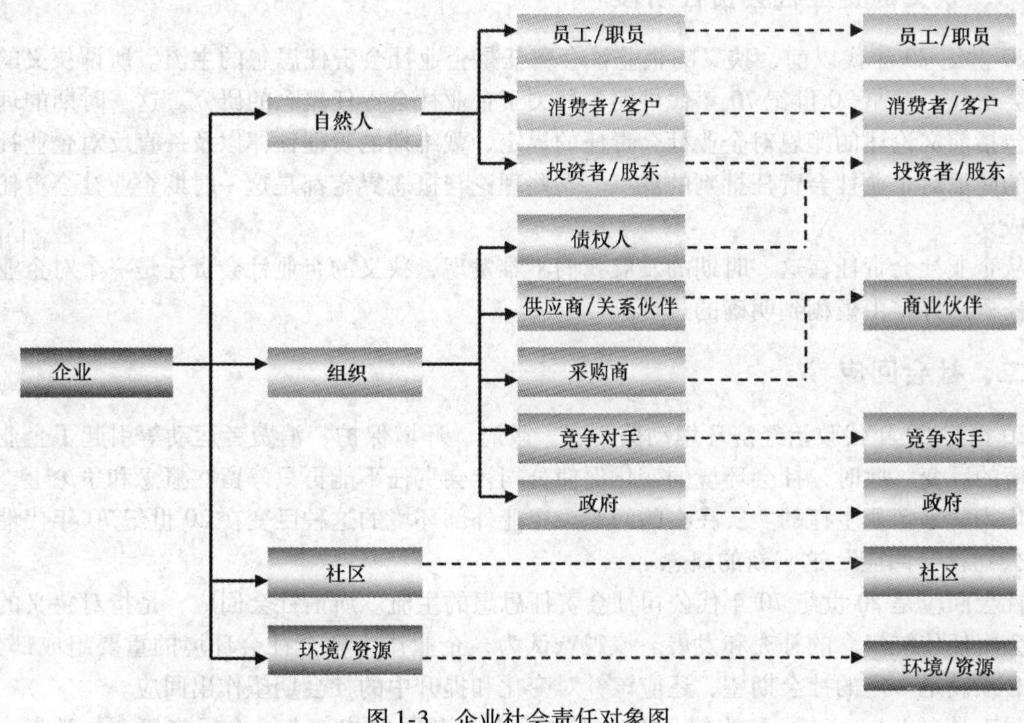

图 1-3　企业社会责任对象图

第二节　企业社会责任的内涵衍生和主题拓展

企业社会责任在不同的时期有着不同的表现（见图 1-4），这是由不同历史时期的特点与社会意识的发展决定的。20 世纪 70 年代以前，狭义的企业社会责任概念统治了企业社会责任的讨论；到了 70 年代，企业社会责任回应出现；80 年代，企业社会责任表现为企业社会责任思想演变过程的概念；而到 90 年代，融合了利益相关者理论；进入 21 世纪后，企业社会责任思想被企业公民所代替。

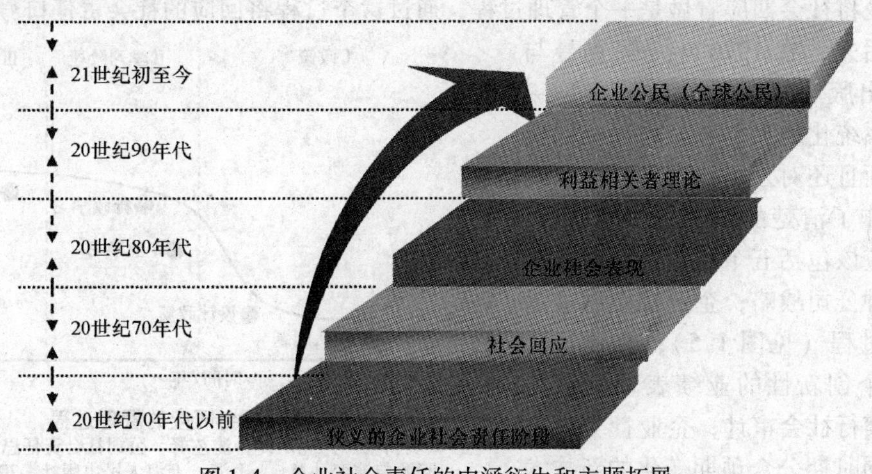

图 1-4　企业社会责任的内涵衍生和主题拓展

一、狭义的企业社会责任阶段

20 世纪 70 年代以前，狭义的企业社会责任是企业社会责任思想的主流。所谓狭义的企业社会责任，是指 20 世纪 70 年代早期各种关于企业社会责任概念的研究。这一时期的理论主要包括前文论述的鲍恩对企业社会责任的界定、戴维斯的责任铁律以及一直反对企业社会责任的曼尼对企业社会责任批判的观点。这些理论与概念界定都是这一时期企业社会责任的研究成果。

从企业社会责任在这一时期的发展我们不难发现，狭义的企业社会责任是一个对企业社会责任概念界定由模糊到明确的过程。

二、社会回应

20 世纪 60 年代政治经济环境动荡不安，政府、环境保护、消费者运动等引起了企业外部环境的巨变。此时，社会环境的变化促使公司社会责任不能再只停留在概念和争论上，必须转化为关乎企业生存的实实在在的问题。企业外部环境的这种巨变在 20 世纪 70 年代催生了“公司社会回应”这一新的概念。

社会回应是 20 世纪 70 年代公司社会责任思想的主流。所谓社会回应，是指对狭义的企业社会责任传统概念的补充和发展。该观点认为，企业作为整个社会环境的重要组成部分，不仅必须满足一定的社会期望，还应该针对变化和提升中的社会期望作出回应。

阿克曼（Ackerman）和鲍尔（Bauer）被认为是最早提出企业社会回应概念的学者。阿克曼认为，企业对社会的回应主要包括以下三个阶段：

（1）认识阶段。这个阶段的主要参与者是公司的高层管理者，他们认识到社会需求的重要性，针对这一问题开始进行讨论、参与和支持等相关的活动，最后对公司的政策进行调整。

（2）专人负责阶段。在这一阶段，公司命令专人去搜集信息，对社会的需求进行评估，开发相关的方法。

（3）组织参与阶段。在这个阶段，整个组织被调动起来积极地参与回应社会需求的活动，包括问题管理、资源的有效利用和计划程序的修正等，最终提高公司的社会回应水平。

阿克曼将社会回应看做是一个管理过程，通过这个过程将回应的社会责任口号转化为实际行动。后来，在 1976 年，阿克曼与鲍尔合作出版了《企业社会回应》一书，不仅系统化地提出了公司社会回应的思想，而且还对公司社会回应与公司社会责任作了清楚的划分。他们认为，社会回应应该包括五个因素：企业社会回应是一种公司战略；企业社会回应是一个管理过程（见图 1-5）；企业社会回应是一个创新性的业绩表现衡量方法，建议实行社会审计；企业社会回应是应对不同时期公众预期变化的新技术

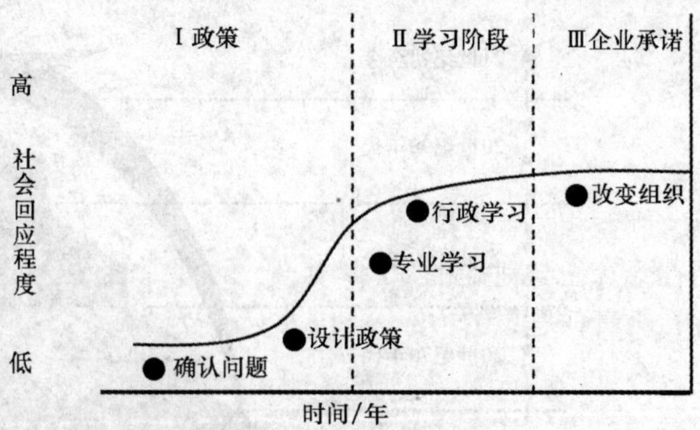

图 1-5 社会回应的管理过程

资料来源：沈洪涛，沈艺峰．公司社会责任思想起源与演变［M］．上海：上海人民出版社，2007.

和新管理技能；企业社会回应是一种制度化的决策方案。企业社会回应很好地反映了社会问题与经济行为之间的紧密联系。遗憾的是两位学者没有给出清晰、明确的定义。

后来以弗雷德里克（W. C. Frederick）和塞西（Sethi S. Prakash）为代表的一派认为，公司社会回应是企业与社会领域研究的“第二个阶段”，它可以替代充满争议的公司社会责任的概念。他们将企业社会回应定义为“企业对社会压力作出回应的能力”，重点强调企业管理者与社会之间的关系，认为企业社会回应是企业社会责任的概念性转变，从理念和伦理概念向行为导向的管理概念转变，是企业选用的方法和采取的行动。

与弗雷德里克和塞西不同，卡罗尔、沃蒂克和科克伦、爱波斯坦以及伍德等人认为，公司社会回应不可以取代公司社会责任，社会回应是区别于社会责任的又一概念，只是各有侧重，却同等重要。这一学派的观点对社会回应在企业和社会研究领域的地位起到了最终决定作用。

三、企业社会表现

随着人们对社会回应的争论，学术界不得不另外再创造一个含义更为广阔、内容更加广泛、定义更加精确的概念——企业社会表现，来概括总结企业社会责任与社会回应这两大概念。

20 世纪 80 年代，企业社会责任衍生出一个综合概念并成为了企业社会责任在该时期的思想主流，即企业社会表现。早期，塞西认为，企业社会责任需要一个新的“结构框架”。在他看来，公司的社会行为主要包括三方面：社会义务、社会责任、社会回应。后来，卡罗尔成功地为企业社会责任表现构建了第一个框架模型。但是与塞西相同的是，他们都没有对企业社会表现给出一个明确的定义。公司社会表现的经典定义是由沃蒂克和科克伦提出来的，他们认为：“企业社会表现反映了企业社会责任准则、企业社会回应过程和用于解决社会问题的政策之间的相互根本作用”。之后，伍德在此基础上提出了企业社会表现的定义，“企业社会表现是指一个企业组织的社会责任原则、社会回应过程与政策和方案的构成，以及当它们与企业社会关系相联系时所产生的可以观察的结果”㊀。

通过以上分析可以看到，早期狭义的企业社会责任概念着力于解决企业社会责任原则；而企业社会回应概念则是狭义企业社会责任概念的补充和发展，强调企业与社会的互动关系；企业社会表现则是包含了道德维度和管理维度的更加宽泛的内容。

四、利益相关者理论

利益相关者理论和企业社会责任思想原本是两个相互独立的研究领域，前者说明了公司与各利益相关者的关系，后者探讨了公司对社会应该承担的责任。但是进入 20 世纪 90 年代后，利益相关者理论被认为是评估企业社会责任的“最为密切相关”的理论框架，自此公司社会责任与利益相关者两大理论出现了相结合的发展趋势，并且成为了 20 世纪 90 年代企业社会责任思想的主流。

在理论上，第一个正式地将利益相关者理论融入广义企业社会责任理论的学者应该说是伍德（Wood）。1991 年，他在《再论公司社会表现》中说：“弗里曼的利益相关者观点可以

㊀ 沈洪涛，沈艺峰．公司社会责任思想起源与演变［M］．上海：上海人民出版社．2007.

回答企业应该为谁承担责任的问题”。他认为，一个具有社会回应的公司应该关注众多利益相关者对社会的要求。

第一个从利益相关者角度在实证上衡量公司社会表现的是克拉克森（Clarkson）。起初，克拉克森按照卡罗尔、沃蒂克和科克伦模型来设计企业社会表现的评价方法，后来他发现卡罗尔以及沃蒂克和科克伦模型的局限性日益暴露，转而去寻找“新的模型”，这个“新的模型”就是利益相关者管理模型及相关方法。他认为，利益相关者理论提供了一个对公司社会责任进行确认和分析的框架，利益相关者理论使公司将具有普遍性的公司社会责任根据特定问题分解为针对特定利益相关者的特定责任。

企业社会责任研究与利益相关者理论在20世纪90年代出现全面结合的原因主要体现在两个方面：一是利益相关者理论为公司社会责任研究提供了理论依据；二是公司社会责任研究为利益相关者理论提供了实证检验的方法。利益相关者理论对企业社会责任的研究带来了巨大的贡献，它为社会责任理论带来了正确的衡量方法，明确地界定了企业社会责任的含义，并为企业社会责任提供了一个理论基础。

五、企业公民

爱泼斯坦是较早研究企业公民的学者，1989年他在《企业伦理、公司好公民和公司社会政策过程：美国的观点》一文中就提到“企业公民”这个概念，但是在此之前企业公民这个词已经在公司实践中得到了广泛的应用。例如，1983年美国的第五大杂货零售商戴顿·赫德森（Dayton-Hudson）公司[⊖]就宣称“希望成为企业公民的楷模……”。

对企业公民活动的一个重要推动是1996年在美国华盛顿特区的乔治敦大学召开的“公司公民会议”以及随后设立的“公司公民奖”。同年，美国总统克林顿也对企业公民的基本要素进行了阐述。随后美国国务院设立的“公司杰出奖”推动了美国公司在全球范围内实践企业公民的行为。但是在此阶段比较遗憾的是，企业公民的概念始终没有一个清晰和明确的理论框架。随后众多学者和社会组织对企业公民的概念、本质等方面进行了深入的研究。

D. 洛甘等人认为，企业公民是满足企业对包括员工、股东、消费者、供应商以及社区在内的利益相关者的责任的活动。他列举了四个层次的活动：遵守所有法律法规，选择能直接增加企业利润和提高市场竞争力并对利益相关者有益的活动；从事正常业务以外的、对利益相关者有益的活动，并且以一种可以衡量的、有利于企业取得短期利益和长期利益的方式开展这些活动；支持社区的活动，如教育、培训等，这些活动对企业的长期成功有着重要的影响；支持或参与改善社区条件或有利于利益相关者的活动，企业不期望从这些活动中得到直接的、可见的好处。

世界经济论坛认为，企业公民包括四个方面：一是好的公司治理和道德价值，主要包括遵守法律、现存规则以及国际标准，防范腐败贿赂，包括道德行为准则问题以及商业原则问题；二是对人的责任，主要包括员工安全计划、就业机会均等、反对歧视、薪酬公平等；三是对环境的责任，主要包括维护环境质量、使用清洁能源、共同应对气候变化和保护生物多样性等；四是对社会发展的广义贡献，主要是指广义的对社会和经济福利的贡献，这些贡献在某些行业可能成为企业核心战略的一部分，成为企业社会投资、慈善或者社区服务行动的

⊖ 该公司于2000年1月，更名为塔吉特（Target）公司。

一部分。

美国波士顿学院认为，企业公民是“一个公司将社会基本价值与日常商业实践、运作和政策相整合的行为方式。一个企业公民认为公司的成功与社会的健康和福利密切相关，因此，它会全面考虑公司对所有利益相关人的影响，包括雇员、客户、社区、供应商和自然环境。”

进入21世纪以来，随着全球竞争环境和全球一体化的发展，现阶段人们对企业公民这一概念进行了扩展和提升，全球公民的概念顺势而生，成为新形势下企业社会责任思想的一个主流。

第三节　企业社会责任的发展现状

一、欧美企业社会责任发展现状

欧美企业社会责任运动持续到20世纪90年代中期以后，开始蓬勃发展开来。首先，表现在欧美国家的一些跨国公司陆续制定了旨在改善企业社会责任状况的内部生产守则，其次是一些责任标准出台以及专门化的组织的出现，如美国的商务社会责任协会（Business for Social Responsibility，BSR）、英国的道德贸易组织（Ethical Trading Initiative，ETI）等。根据国际劳工组织估计，2003年全球已经有近300个企业社会责任标准，其中影响力比较大的有：美国的公平劳工协会（Fair Labor Association，FLA）标准、英国的道德贸易行动标准、荷兰的清洁服装运动（Clean Clothes Campaign，CCC）标准、德国的外贸零售商协会（AVE）标准等。其中，比较有代表性的组织是美国的社会责任国际组织（Social Accountability Internation，SAI），该组织是一个全球性非营利的人权组织，致力于改善工作场所和社区。该组织于1997年发起并联合欧美跨国公司和其他国际组织制定了SA8000社会责任标准，这是一个基于国际劳工组织宪章、联合国儿童权利公约、世界人权宣言而制定的，旨在保护劳动环境、条件、权利等。这是全球第一个可用于第三方认证的企业社会责任管理体系标准，在全球范围内获得了广泛的认可。

伴随着企业社会责任的蓬勃发展和在国际市场上的重要性的凸显，为了在全球范围内更进一步地规范和实施企业社会责任问题，2004年6月22～24日，国际标准化组织（International Organization for Standardization，ISO）在瑞典斯德哥尔摩召开国际大会，对社会责任标准统一化的必要性进行了讨论，最终决定启动ISO26000社会责任国际标准制定进程；2010年11月1日，国际标准化组织（ISO）在瑞士日内瓦国际会议中心举办了社会责任指南标准（ISO26000）的发布仪式，该标准正式出台。ISO26000标准体系旨在帮助组织通过改善与社会责任相关的表现与利益相关方达成相互信任的关系。该标准的出台在国际上引起了广泛的关注，表现了企业社会责任发展的又一新的阶段。

现阶段在欧美国家对于企业经营活动的评价也由原来的单纯经济指标发展为综合性的企业社会绩效指标，即判断一个企业经营效果时不仅要看它的经济绩效，而且也要关注它的社会绩效和环境绩效。

综上所述可以看出，目前在欧美国家对于企业社会责任问题的关注主要是企业的社会责任标准、绩效评估标准等，强化“企业公民”这一概念在新形势下的必要性，使社会责任开始转向社会人的要求，形成了全球化的社会责任公约，推动了整个国际社会企业社会责任的发展。

二、日本企业社会责任发展现状

日本的学者认为，企业社会责任是一个复杂的具有代表性的社会学问题。这种意识具有日本伦理的影子。经过多年的发展，日本企业社会责任具有了浓郁的日本文化特色。许多日本大企业认识到社会责任对企业发展的促进作用，日益重视企业的社会责任问题，对社会责任都投入了相当的精力，无论是在理论研究还是在实践活动中都有一些突出的成就。日本跨国公司更是在强化公司环境和社会责任方面取得了积极进展，著名的日本跨国公司往往都从数十年甚至上百年经营实践中提炼出自己独特的公司经营理念。例如，日本电气股份有限公司确立计算机与通信相融合作为企业社会责任的核心理念，在此理念指导下，公司首先从做一个良好的企业公民开始，以遵守社会法律及企业伦理为前提开展健康的经营活动。

在日本，社会责任观念的发展也比较缓慢。从明治天皇时代开始，企业运行的核心任务是使国家具有统治权。大公司为工人们建造房屋、道路以及公共设施，日本公司对其雇员的生活社区承担了全部的责任，但是并没有形成一个广泛的社会责任的经营理念。1956 年日本产业界的经济同友会通过了“经营者对社会责任的觉悟及实践”决议，首次提出了企业的“社会责任”的观念，并把“经营——企业的社会责任”作为经营者的“新理念”。日本经济团体联合会 1973 年制定的《行动宪章》中明确提出完成企业社会责任的七条原则：①向社会提供有用的财富和服务；②努力实现职工的精神与物质两方面的富裕；③在注意保护环境的前提下开展企业活动；④通过各种活动积极为社会作贡献；⑤通过各项事业活动，努力提高所在地区的社会福利水平；⑥不参与破坏社会秩序及安全的活动；⑦努力使企业的行动原则与社会常识一致[㊀]。进入 21 世纪之后，经济同友会再次将企业社会责任提到了重要议程，并于2004 年5 月修改通过了《日本经团联关于企业行动宪章》，提出了企业行动准则，使企业社会责任的落实得到了更进一步的强化。

从社会责任实践来看，日本企业关注员工利益，提倡“以人为本”。日本企业大多注重社会责任，着力把企业变成员工的大家庭，不会轻易辞退员工，企业维护员工个人的利益并努力满足员工的需要，只要是员工合理的要求，在能力范围之内都应予以满足，同时企业在实现其目标，即实现企业利润最大化的同时，也要将对员工的责任作为企业的根本目标加以追求。企业尊重员工对自身价值的占有，反对异化劳动，实现员工的全面发展，关注员工成长，提倡“以人为本”的经营理念。日本企业家信守“社会责任为中心”的经营哲学的结果，更多地强调“以人为本”观念。在日本企业家看来，“以人为本”管理就是一种依靠互相交心的方法，使员工正确认识他在组织中应完成的任务和担负的责任，使在企业组织中劳动的员工感到满意，体会到生活的意义，这样员工都能向自己喜爱的方面奋斗，企业要充分考虑员工的利益与需求。

到 2003 年，日本企业的社会责任建设才开始走向成熟，很多企业开始设立专门的企业社会责任建设部门，将原来分布于企业各个部门的一些公益与慈善活动进行整合，实行统一化管理，并对企业社会责任与企业的业务活动进行整合。另外，一些企业开始定期地发布企

㊀ 升味准之辅．日本政治史第四卷［M］．董果良，郭洪茂，译．北京：商务印书馆，2000.

求；并加强与各利益相关方沟通交流，建设和谐的利益相关方关系。国家电网公司设立了“国家电网爱心基金”，年度捐赠1亿元。在汶川地震中，国家电网公司捐款8 600万元，捐款捐物总价值达2.1亿元，这些都体现了其强烈的社会责任感。国家电网公司在首届中国企业社会责任调查“最具社会责任企业”评比中名列前茅，荣获“2006年社会责任建设贡献奖”和“2006年中国网友喜爱的十大名牌”公益品牌奖。在2007~2010年胡润中国企业社会责任50强中连续四年名列前茅。

另外，根据《财富》的相关调查，2006年在我国发布企业社会责任报告的本土企业只有18家。现在，随着我国境内各项企业社会责任法规和报告、标准的涌现，情况已经明显改变。2010年，发布社会责任报告的本土企业已经超过600家。这充分说明了企业社会责任运动在我国已经起步并逐渐发展。

2. 从局部来看，我国企业社会责任发展不平衡

（1）从地域分布来看

1）南方地区企业社会责任发展现状。从地域位置上看，我国企业社会责任发展在我国南北地区存在显著差异。从分布上看，企业社会责任问题影响最大的集中地主要是珠江三角洲地区（以下简称“珠三角”）和长江三角洲地区（以下简称“长三角”）。这是因为随着中国逐步融入全球化，全球的500家大型公司中已有2/3以上的企业在中国设立了企业和机构，中国正逐渐成为“世界工厂”和全球资本与产业链中的重要一环，社会责任运动越来越直接影响到中国企业，特别是长三角和珠三角这些与国际接轨比较紧密的地区。据统计，从1997~2004年7月，先后有8 000多家中国企业接受跨国公司关于社会责任的审核，审核的地域范围和行业范围也在迅速扩大。随着跨国公司的“工厂守则”运动在中国的启动，包括麦当劳、耐克、迪士尼、沃尔玛等公司在内，相继开始对中国供应商和分包商实施以劳工标准检查为内容的社会责任运动，一些公司还在中国公司内设立了相关的社会责任部门，并委托有关公证机构，作为审核机构对中国的供应商和分包商的企业劳工标准执行状况进行监督审核。从事企业社会责任认证的国际组织，也都相继在中国登陆。而这些跨国公司在中国的供应商和分包商则主要集中在珠江三角洲和长江三角洲，所以受社会责任问题影响最大的也是这两个区域。根据相关调查结果显示，这两个地区的社会责任也同样存在着很大的问题，主要表现在以下几个方面[㊀]。

首先，劳资纠纷问题比较严重。据深圳市有关部门统计，2003年上半年劳动仲裁案件共798宗，其中，劳动合同类案件380宗，占立案总数的47.62%，与2002年同期相比，上升31.77%。

其次，生产安全和职业健康存在一定问题。根据来自中国国家安全生产监督管理局的统计，2003年一季度事故死亡人数超过1 000人的有广东、浙江、山东、四川、江苏、河南、安徽和湖南八个省。

最后，妇女权益保障、工人工时和加班、社会保险等存在一定问题。以社会保险为例，根据广东省社保基金管理局的统计，2003年，全省外资和港澳台资企业购买社会保险的人数为277.82万人，远远低于实际劳动者人数。根据广东省统计局对全省600家非公有制企业的2002年企业养老保险的情况调查，226家私营企业中参保的企业有192家，占85%，

㊀ 中国企业社会责任存在六大问题［J］. 中国对外贸易，2005（11）.

其中职工参保的比例为39.1%；209家港澳台资企业中，参保的企业有191家，占91.3%，职工参保占48.6%；165家外资企业中，参保的企业155家，占93.9%，职工参保的比例为57.3%。可见，私营企业、港澳台资企业和外资企业职工参保的比例普遍较低。有些地方政府甚至对一些企业的职工实际人数都没有掌握，企业也不愿意向政府透露，就是为回避购买保险的问题。

2）北方地区企业社会责任发展现状。在我国北方，特别是东北地区，国有企业的比重相对比较大，一部分国有企业负责人特别是国企领导人，对企业社会责任非常敏感，往往一听企业社会责任，就以为是“企业办社会”的卷土重来，本能地加以排斥；另外在北方特别是东北三省，民营经济实力比较弱，即使他们有意承担企业社会责任，也可能因为自身经济实力不足而无力承担，因此追求经济利润成为他们的首要目标；地处中国内陆，与南方企业相比，外资吸引力远不如南方及沿海一带地区，并且其经济发展远不像南方地区那样对外资企业存在的依赖性大，受外资企业的影响也不如南方及沿海一带大，所以国际上关于企业生产守则、企业社会责任的运动对东北企业所造成的影响相对来说比较小。但随着中国加入WTO，国际经济交流的增加，东北地区受国际规则的影响会越来越大。

（2）从行业性质来看

在我国，不同的行业由于其自身的特点和发展状况不同，行业中企业的社会责任履行状况也存在着一定的差别。根据《财富》2011年公布的中国企业社会责任100强排行榜——中国本土公司50强企业所处的行业来看，上榜的企业个数见表1-1。由表可知，在原材料行业、金融行业、工业行业企业社会责任表现比较好。另外，《2010年胡润企业社会责任50强》中，金融行业的上榜企业最多，达到12家。

表1-1 2011中国本土化公司企业社会责任50强各行业企业个数

行业	个数	行业	个数
原材料	12	金融	11
工业	9	电信	3
石油天然气	3	电子消费品	3
汽车	3	航空	3
高科技	2	零售	1

（3）从企业规模和性质来看

1）从企业的规模来看。一些大型企业由于自身的经济实力和竞争实力等多方面因素的影响，在企业公民意识、理念以及参与建设社会责任的深度和广度等方面都优于中小企业，走在企业社会责任运动浪潮的前方。一些中小企业由于其自身的经济实力、发展状况，在很大程度上还挣扎于企业生存的边缘，社会意识缺乏，甚至一些小企业还没有企业社会责任的概念，因此这类企业的社会责任行为与大型企业相比处于劣势地位。

2）从企业的性质来看。国有企业履行社会责任的力度高于民营企业。胡润企业社会责任50强的企业中，国有企业对社会责任的履行情况明显高于民营企业（见表1-2），特别是2011年最新发布的胡润企业社会责任50强上榜的企业中，有32家企业是国内企业，其中，国企占据半壁江山，达到22家，民营企业则有10家。

表 1-2　胡润企业社会责任 50 强不同性质企业上榜个数

时　间	国有企业个数	民营企业个数
2007	19	15
2008	21	17
2009	23	25
2010	22	10

3. 从发展态势来看，我国企业的社会责任态度积极

虽然我国引入社会责任的时间不长，企业社会责任的履行还处于初级阶段，但是目前大多数企业已经意识到了企业社会责任的重要性和企业社会责任对企业长期可持续发展的影响，从发展态势来看，我国企业将会迅速地从对企业社会责任的被动应对向主动管理过渡，企业将会积极地履行社会责任。

第四节　企业社会责任的发展趋势

一、全球企业社会责任的发展趋势

随着全球经济的不断发展和经济全球化趋势的不断增强，未来企业社会责任的发展将呈现如下趋势㊀。

（一）发布可持续发展报告逐渐成为主流

随着全球对企业社会责任的关注，作为企业社会责任管理工具的企业社会责任报告逐渐成为一种主流。企业社会责任报告既是企业履行社会责任绩效的反映，也是企业与利益相关方进行沟通的重要途径，近年来受到各方广泛重视。就总体趋势而言，企业社会责任报告发布数量在 20 世纪 90 年代期间保持稳定增长的趋势，进入 21 世纪后，呈现大幅增长的态势，在 2001 年、2003 年两个年度增长特别迅速。1992 年，全球范围内发布的报告只有 26 份，2001 年发布的报告达到 1 781 份，而 2006 年发布的报告共计 2 387 份。从 1992 年开始到 2001 年，历经 10 年才实现年度发布报告数量突破千份，而第二个千份突破只用了五年时间，可见报告数量增长呈现加速趋势㊁。就报告的类型而言，社会责任报告经历了从 1999 年前的单项环境报告为主，到多元化的类型（1999 ~ 2003 年），然后到综合性的企业社会责任报告或者可持续发展报告（2003 年以后）。从报告的国别发展趋势来看，根据毕马威（KPMG）历年的调查，过去十年中，大部分被调查国家发布报告企业的比例均有较大幅度的增长，但是各国的发展趋势仍有不同。其中，日本从 2002 年开始出现了快速的增长，其增长速度排名第一，英国增长态势稳定，德国、挪威和美国有所起伏，排名出现了下滑。但是从总体看，日本、英国、美国、德国、瑞典、荷兰、挪威、芬兰、加拿大和法国在企业社会责任报告方面是领先者。就社会责任报告发布者的行业来看，银行业和保险业所发布的报告数量出现大幅度增长，金融企业发布报告数量增长率居各行业之首。此外，其他如零售

㊀ http://www.siccsr.org/cn/NewsInfo.asp?NewsId=189.

㊁ WTO 经济导刊，2008（6）.

业、旅游业等服务行业所发布的报告数量也均有不同程度的增长。这些趋势表明，社会责任在各行业开始得到一定程度的发展，已不再是在环境方面“有问题”行业的特定议题；另外，在内容上，企业社会责任报告涵盖了经济、社会和环境等方面，正在成为全球企业社会责任实践的主流，而且这一趋势开始从欧美国家向更多的地区和国家延伸。

（二）企业社会责任管理成为价值创造的重要途径

根据可持续发展公司（Sustainability）的研究，最领先跨国公司的企业社会责任管理，正从关注公司治理向价值创造转变。从这些优秀公司的理念和经验来看，企业社会责任管理（可持续发展管理）的发展进程经历了三个不同的阶段。第一阶段是强调遵守法规。在此阶段，企业领导人是“保护者”，企业履行社会责任的目的是为了避免法律诉讼和外在压力，从而避免增加新的财务成本。第二阶段强调公民权。企业领导人是“建设者”，从风险管理的角度，实施积极、主动的企业社会责任管理，重视各种利益相关方的参与，以建立良好的企业声誉和公共关系。第三阶段关注价值创造。在此阶段，企业领导人是“革新者”，他们开始将企业社会责任纳入其核心商业模式中，以新的价值观创造新的商业模式，通过履行社会责任提高企业的盈利能力及可持续发展能力。

随着社会经济的发展，企业履行社会责任不再是为了规避风险、应对社会回应，而是将企业社会责任作为创造竞争优势、创造新价值的新管理战略工具。根据毕马威公司 2005 年的调查显示，世界近 3/4 的公司发布报告是基于经济因素的考虑，约一半的公司是基于伦理理念与价值驱动、创新和学习的动机、雇员关系管理以及风险控制。此外，还包括其他的商业动力，如获得好的品牌和声誉、占有并维持市场地位、获得金融市场的信任并提高股东价值、在提供新产品和服务方面具有开拓能力并创造新市场。总之，企业社会责任管理逐渐成为企业价值创造的新手段和途径。

（三）企业社会责任由传统产业向高新产业等其他产业延伸

企业社会责任的提出最早是基于与环境问题密切相关的行业，特别是一些传统的行业。随着世界经济的发展，高新技术行业逐渐兴起并逐渐成为主导经济的关键要素，企业社会责任的适用范围也逐渐扩张，开始由传统的产业向高新产业等其他产业延伸。例如，国际融资项目所制定的《环境和社会标准赤道原则》，都对跨国经济组织在全球投资和经营过程中履行社会责任方面作出了规定，第一次将项目融资过程中模糊不清的环境和社会标准明确化、具体化，使整个银行业的环境和社会标准得到了基本的统一，提高了整个行业的道德水平。

（四）西方公司治理模式将被广泛采纳

尽管公司治理可以用多种方式来定义，但它一般是指公司董事对公司的经营及绩效负责的机制。大体上来说，公司治理是指董事会的结构以及董事职责的分配能有利于公司良好的经营绩效。所谓的西方公司治理模式，指的是英美的外部监控模式和日德的内部监控模式。在企业社会责任的理念下，良好的公司治理还必须确保公司的管理有利于所有利益相关方的利益最大化。西方各国在不同的公司治理模式下，对企业社会责任的强化途径有所不同，美国更注重改善董事会的责任，而德国更注重员工的参与，日本则强调“以人为本”的理念。

“安然”事件后，欧美的公司丑闻引起全球关于公司治理的争论，政府、金融机构和股东等发起了大量的调查，纷纷修订法案及行为守则，敦促企业构建良好的治理结构，以保障利益相关方的利益。从国际和国家层面上看，经济合作与发展组织（Organization for Economic Co-operation and Development，OECD）于 2004 年公布了其最新的《OECD 公司治理原则》；美国颁布了《萨班斯法案》，而欧洲和亚洲国家则主要采取了强化自愿性守则的方法。2005 年 6 月，日本颁布新《公司法》，强调公司治理，使日本公司更多地采用西方的管理制度，以满足西方投资者对公司治理结构的预期。

随着西方公司治理模式对企业社会责任和企业目标实现途径的不断完善和发展，该模式将在未来发展中被广泛采纳。

（五）企业社会责任管理呈现标准化趋势

企业社会责任管理的标准化趋势，最初表现为企业制定并实施内部生产守则，此后逐步将内部生产守则延伸到其供应商或承包商，并组织对他们实施情况进行定期现场评估，特别是许多全球采购商，并将其供应商履行社会责任的情况作为企业合作和采购合同的条件。

进入 21 世纪后，标准化的进程还表现为各种政府间组织或特定行业制定的倡议、指南、标准等的多元化，并且一些重要的文件已经得到众多企业的认可和支持。毕马威 2005 年度的调查显示：在现有报告所声明遵从或支持的各类标准和原则中，全球契约占 35%，国际劳工标准占 19%，联合国人权宣言占 16%，经合组织的跨国公司指南占 11%，赤道原则占 7%，其他方面如联合国宣言占 5%、SA 8000 和 AA 1000 只各占 4%、国际商会（ICC）可持续发展商业宪章占 4%、沙利文原则占 3%、责任关怀占 4%，其余小于 1%。

另外，标准化的管理还反映在大量与社会责任议题相关的管理工具在企业实践中的应用上。例如，全球报告倡议组织的《可持续发展报告指南》、环境管理中的 EMAS 体系和 ISO 14000体系、职业安全健康管理体系等在实践中的运用。此外，随着 2004 年国际标准化组织（ISO）在对社会责任标准统一化的必要性讨论的基础上，对 ISO 26000 社会责任国际标准的启动，也进一步说明了企业社会责任标准化已成国际趋势。2010 年 ISO 26000 的出台也将会在今后全球经济发展的过程中推动企业社会责任管理实践的进一步标准化。

（六）企业社会责任正在由大企业向中小企业推进

企业社会责任在发展之初都以大型跨国公司或国有企业为主体。因此，人们一直认为“企业社会责任”是大型公司的专利，而认为中小型企业尚处于成长阶段，首要任务是扩大企业规模、提高企业竞争力，履行社会责任将增加企业成本和负担，所以，并不具备承担社会责任的能力和条件。但是，最近几年，人们逐渐意识到，一方面，从企业的数量、所占国内生产总值（GDP）总量或提供的就业机会来看，中小企业毫无疑问都是各国、各地区最主要的企业形式，占据 99% 的企业数量，社会责任如果没有中小企业的参与，将不可能在全社会得到广泛实施；另一方面，越来越多的中小企业自身也逐渐认识到，积极地履行社会责任对其可持续发展有着重要的意义，通过积极履行社会责任，能够提高企业的声誉和形象，获得消费者的认同，吸引并留住大量优秀的人才等，提高企业的竞争力，最终实现企业的长期可持续发展。

另外，为了推动中小企业积极地履行社会责任，一些国家和政府出台相关政策，指引中小企业开展社会责任活动。例如 2006 年 3 月，欧盟发布了企业社会责任新政策，其中一个重要特点是关注在中小企业推行企业社会责任。因为欧洲的大多数企业属于中小企业，相对大公司而言，中小企业更倾向于一种非正式和更主观化的企业社会责任实践，要有精心设计的方式鼓励它们发挥更大的作用。欧洲企业社会责任协会还根据欧洲中小企业的情况，开发了中小企业实施企业社会责任的在线工具“中小企业的钥匙”（SME key），希望与中小企业、它们的同盟以及其他赞助机构共同合作，提高中小企业对社会责任的理解与实践，推动中小企业责任经营，通过企业合作组织进行全国乃至全欧洲间的经验交流来帮助欧洲中小企业“开启责任经营之门”。

（七）从义务向战略的转变，支持企业目标

早在1994年，亚当·史密斯在《哈佛商业评论》发表了一篇开创性文章，确认了“新的企业慈善行为”，将它描述为一种转变：“对特定的社会公益事业和活动作出长期的承诺；不仅仅提供现金捐助；既从经营单位也从慈善预算中获得资金；形成战略联盟；以同样也会促进商业目标的方式完成这一切”。随着经济的发展，适当地承担社会责任已经越来越被企业所接受，并将其划归到企业战略层面，成为企业战略的一部分来支持企业目标的实现，企业社会责任战略也成为现代社会又一热门话题。

（八）企业社会责任管理议题的新变化

企业社会责任管理的传统议题主要包括环境、雇员关系和社区捐赠等，最新的趋势表明，企业社会责任管理出现了以下几个重要的议题[㊀]。

1. 气候变化

近年来，全球气候变化已经成为全球经济面临的最大挑战之一。随着1992年地球问题首脑会议上《联合国气候变化公约》以及1997年《京都议定书》（Kyoto Protocol）的签署，尤其是2005年1月《欧盟排放贸易计划》（Emission Trading Scheme）的出台，到2009年气候变化成为G8峰会核心议题等，充分说明了气候变化已经引起全球的广泛关注，并便显出各国政府与公众寻求国际合作的意向与行为。另外，根据毕马威2005年度的调查，大约85%的企业社会责任报告中提到气候变化，67%的报告披露有关企业经营中的温室气体排放量的信息。但针对如何改善气候变化，报告中对相应对策的披露较少。2011年4月19日，毕马威《公司可持续发展：进展报告》新鲜出炉，报告的发布标志着毕马威气候变化与可持续发展的全球卓越中心正式成立，国际上对气候变化的关注程度再次提升。著名的《斯特恩报告》（Stern Review）最近得出结论，在经济状况正常的假设下，气温每上升2～3℃导致全球经济产出量（由GDP来衡量）每年减少3%。这意味着气候变化将给公司及其投资者带来大量的风险和机遇。

随着全球对气候问题的关注和气候变化给企业带来的影响，企业如何应对这一挑战，对有关气候变化的政策进行承诺、有效地处理企业在生产经营活动中与环境的关系、披露企业在此方面的状况、研制和开发新产品等成为企业未来需要解决的重要问题。

2. 供应链

随着经济全球化的不断加深，实施低成本战略的公司开始在全球范围内寻找合作伙伴，供应链成员日益复杂化，相应的供应链管理日益成为企业管理的重要组成部分。

最近几年，国际及地区机构、各国政府、非政府组织（Non-Governmental Organization，NGO）、媒体和公众逐渐向跨国公司施加压力，要求它们不仅自身要承担社会责任，而且有责任敦促其供应链上的企业履行社会责任，从而使供应链议题逐渐成为社会责任报告的新领域。另外，企业某些生产经营活动也需要供应链上各环节企业积极履行社会责任。例如，绿色产品要求在设计、生产与处理的过程中都要符合环境保护的相关要求，而这也就要求其中所涉及的原材料的供应者即企业的供应商、生产商（企业自身）等在运行过程中积极地履

㊀ 殷格非．企业社会责任管理基础教程［M］．北京：中国人民大学出版社，2008.

行社会责任。

据统计，目前，80%的报告中提到供应链议题，披露供应商在人权、童工、强制劳动、工作场所和环境等方面的信息；近70%的报告中提到某种形式的供应商声明，16%的报告宣称它们对供应商进行引导以便供应商切实履行社会责任。但就目前报告内容分析，对供应链议题的披露仍缺乏深度、缺乏针对性，很少有报告能提供关于对供应商审核与管理的信息。但是，随着全球经济的发展和各方需求的不断提升，供应链社会责任必然会成为今后企业社会责任发展的又一新的趋势。

3. 艾滋病和企业责任

据统计，截至2009年，全球大约有3 330万名（3 140～3 530万名）艾滋病病毒感染者，其中一半以上的患者是年轻人。由于艾滋病，全球失去的劳动力超过2 800万人，如果不加以干预的话，那么预计到2015年该数字会增长到7 400万人。艾滋病将会继续影响未来的劳动力数量。过去大多数商业部门只是把减轻传染病的责任推给政府或是公共健康团体。然而近年来，企业越来越多地认识到关注艾滋病问题不仅是出于良好企业公民的原因，更是出于商业需要，并认识到参与对抗艾滋病活动的重要性。在南非等疫情比较严重的国家，越来越多的企业认识到帮助减轻、解决艾滋病不仅仅是政府和其他健康组织的责任，而且也是企业的基本责任，因为如果该状况继续恶化，那么企业将不得不在其他方面付出更多的成本，如健康保险、招聘与培训成本等。根据最近的一项由全球经济联合组织发布的关于艾滋病的调查，82%的被调查企业正在关注这一议题，并提供工作场所中关于艾滋病的信息；60%的企业在工作场所提供此类培训；55%的企业将预防艾滋病的项目扩展到社区。在部分艾滋病感染率极高的地区，超过70%的被调查企业全资帮助员工接受艾滋病治疗。在印度和俄罗斯这些新兴市场中，企业着力于扩大对抗艾滋病的行动，特别是着力于建立对艾滋病的预防意识和实践。尽管这还不是一个广泛的趋势，但企业正在努力与政府、多边机构和社区在对抗艾滋病的行动上增进合作。

4. 税收和透明度

安然、世通等公司的丑闻事件大大加深了投资者对公司治理问题的担忧，对企业透明度尤其是在企业税收等敏感问题上的透明度的要求不断提高。一些非政府组织，如国际透明组织及税收公正网络正在努力敦促更加结构化和透明化的赋税。虽然在这类问题上的共识正在逐渐达成，但是对于税收透明化这类问题的有效处理和解决表现得相对比较缓慢。国际上，乔治·索罗斯发起的NGO“披露你的支付额（Publish What You Pay）”以及“采掘业透明倡议（EITI）”的影响力正在逐步提高。EITI支持在资源丰富的国家，通过核查和披露石油、天然气和矿产行业的企业所上缴给政府的税收和特许使用金，来保护和有效利用这些属于公众的自然资源。在美国，采掘部门中有30余家公司采纳了EITI，同时EITI还在非洲、亚洲、拉丁美洲和加勒比海的22个国家中实行。随着企业社会责任的发展，这类问题在不久的将来可能会纳入企业责任的议程。

5. 其他新兴议题

水的获得与消除贫困、纳米技术、私人资本这三个新兴问题可能在不久的将来对责任投资产生一定的影响。

（1）水资源问题。世界水危机是我们这个时代最重大的公共健康问题。全世界有20%的人不能喝到安全的饮用水。世界1/3的人口生活在“饮水紧张”的国家，并且在未来的

20年内，这个数字还将飞速上升。发展中国家的水危机最为严重，尤其是撒哈拉以南的非洲和南亚。因此，由水资源而导致的冲突在未来可能会增加。因此，企业在社会实践活动中，必须考虑水资源的合理利用，并在企业运行过程中采取负责任的、可持续性的商业战略，保持企业甚至是社会的可持续发展。

（2）纳米技术问题。作为新兴战略性产业中的核心技术，纳米技术与人们的社会生活越来越紧密，其在生物制药、基因控制、环境保护、电子器件、能源和航天航空技术等领域发挥越来越重要的作用。与此同时，由纳米技术带来的相关伦理与法律问题也日益引起人们的关注。与纳米技术相关的安全与法律问题，涉及纳米技术从研发、生产、储存、运输、消费以及后处理过程中的每一个环节。这些问题主要包括纳米技术研发人员和工人的安全健康、消费者的权益、环境保护、隐私权保护、知识产权等。这些问题一经确认，将会给使用这些产品的公司的名誉和品牌价值带来一定的损害，因此企业的责任投资者也开始关注纳米技术在这方面的问题。

（3）私人资本问题。私人资本并购的数量和价值在过去的几年中有迅猛的增长，但是对于私人资本并购存在两个风险：一是并购后企业为获得短期收益而对原职工进行裁员，这将给企业带来一定的负面影响；二是私人资本公司的高级管理者利用并购为个人牟取不正当财富，这给企业的经营管理带来了一定的风险。

二、我国企业社会责任的发展趋势

在我国，企业社会责任逐渐地已经成为中国社会的热点话题，尤其是加入WTO之后，企业社会责任的概念被跨国公司近乎强制性地向我们兜售。企业社会责任既是社会发展到一定阶段的产物，是企业作为社会经济组织自发追求更文明的经济行为的结果，同时企业社会责任也是被动的产物，是在内外驱动力作用下产生的结果。企业竞争越来越遵循一个新的包含企业社会责任因素在内的竞争规则。不适应这个规则，企业可能就会被排斥在商业游戏之外。在这种形势下，我国企业需要第三次提升，即提升企业的责任理念和道德水准，做负责任的企业。在近期，我国企业社会责任的发展将会呈现以下趋势。

首先，在认识上达成共识，不断地强化企业社会责任意识，提高我国企业特别是中小企业的道德意识、安全生产意识、法律意识、社会环境意识等。在思想意识领域正确地树立企业特别是中小企业的社会责任意识，为企业社会责任的履行做好正确的思想基础工作。企业社会责任是企业的一种长期性和理性投资；企业发展不能只关注自身的利益，还要关注利益相关者的需求；不能只追求短期发展，还要实现长期的持续发展；不能只为当代人着想，还要为下一代人着想；企业不仅要自我约束，还要加强社会约束。

其次，在运作模式上将形成企业与社会相互共赢的机制，构筑一个履行社会责任的共同体。在这种共赢机制的指引下，企业、消费者等共同参与到社会责任的实践活动中，提高企业社会责任在消费者和投资者及其他利益相关者心中的透明度和可信度，刺激消费者的购买欲望和购买行为，逐步形成一个良好的正向互动机制，实现企业乃至社会的长期可持续发展。

再次，在行为方式上要达到履责终身制。社会责任贯穿企业的整个生命周期。也就是说，从企业创立到其运作的整个过程中都要积极地履行社会责任，做到合法经营、依法纳税、遵守相关标准守则、关注社会需求等。

最后，在制度化上中国企业社会责任将逐步走向系统的制度建设。从目前我国企业社会责任的发展状况来看，这个趋势已经处于实施之中。例如，在2006年1月我国开始施行的新《公司法》，该法律规定承担社会责任是公司必须履行的义务，为企业社会责任确立了法律基础；2008年1月，国务院国有资产监督管理委员会发布《关于中央企业履行社会责任的指导意见》，首先对中央企业的社会责任进行规范化建设；各行业协会发布企业社会责任指南和报告，促进了企业社会责任的规范化建设。2006年3月，中国纺织工业联合会发布《中国纺织企业社会责任管理体系》（CSC 9000T）实施指导文件。2006年10月，中国企业联合会可持续发展工商委员会（China Business Council for Sustainable Development，CBCSD）和北京大学光华管理学院合作制定的《中国企业社会责任推荐标准》发布实施，该标准主张密切联系企业所嵌入本地社会的具体发展阶段来切实考虑其社会责任的内容。2008年4月，中国工业经济联合会与中国煤炭、中国机械、中国钢铁等11家工业行业协会联合发布《中国工业企业及工业协会社会责任指南》。随着国际社会责任的发展，我国的企业社会责任在以后的发展中仍需要不断地完善与企业社会责任相关的法律、政策、法规、标准等。

本章小结

企业社会责任在其概念产生之初就伴随着各种争论，在不同的发展阶段，各位学者对企业社会责任的界定有所不同。企业社会责任的内涵和主题发展经历了狭义的企业社会责任、社会回应、企业社会表现、利益相关者理论和企业公民等阶段。由于企业社会责任在欧美、日本、中国等国家的发展历程不同，其社会责任的现状和面临的问题也有所区别。随着社会经济的发展，企业社会责任在全球范围内又呈现出新的发展趋势。

思考题

1. 什么是企业社会责任？其特征是什么？
2. 简述企业社会责任内涵衍生和主题拓展的内容。
3. 简述我国企业社会责任发展的现状。
4. 简述全球企业社会责任的发展趋势。
5. 我国企业社会责任的未来发展趋势是什么？

第二章 企业社会责任内容

【学习目标】

掌握企业社会责任的主要对象，理解企业社会责任的多层次模型，了解企业社会责任内容的分类方式。

【关键词】

企业社会责任对象；卡罗尔模型；多层次模型；分类

【导入案例】

中国集装箱集团公司的社会责任

自1994年上市至今，中国集装箱集团公司（以下简称“中集集团”）（上市代码：000039）已经从一个默默无闻的小公司发展成为世界集装箱制造行业里较为强大的企业之一。自1996年以来，中集集团一直都是全球较大的集装箱供应商之一，成为全球唯一能够提供全系列集装箱产品和其他物流装备，能够提供设计、制造、维护等“一站式”服务，并拥有全部知识产权的企业。随着公司在全球集装箱行业的世界级地位的建立和巩固，中集集团适时地提出了新的发展战略，即致力于为现代化交通运输提供装备和服务。目前初步形成了中美互动、分布合理、互为支持的战略态势，中集集团已经成为中国规模最大的专用车辆制造集团。

处在行业全球领导地位，中集集团的公司责任理念不断提升。公司总裁麦伯良明确提出，中集集团要成为一个负责任的企业。中集集团理解的责任包括：对国家、民族和人民负责；对股东负责；对员工负责；对行业健康发展负责。

对股东负责主要体现在两个方面：第一，要为投资者提供回报。中集集团始终坚信创造价值是市场的主流，一心一意发展企业，以积极真诚的沟通获得投资者的信任和支持。第二，要用好股东投入的每一分钱，不断把主业做强、做大。

对行业健康发展负责是指企业发展不以牺牲资源、环境和健康为前提。在集装箱的生产中，努力开发新型木地板，减少森林资源的消耗；改进生产工艺，减少对环境的污染。同时，不断改善员工工作条件，让他们分享中集集团经济发展的成果。

十年来，在引领全球集装箱行业健康发展和推进中国道路运输装备现代化进程中，中集集团的真诚赢得了客户的信赖和行业的尊敬，实现了经营业绩的持续高速增长。

中集集团在制造以及研究开发能力提升的同时，吸纳跨国公司先进的公司责任理念，形成了自己对于公司股东责任、社会责任以及环境责任的先进理念。在中国本土企业中，中集集团是率先实现公司责任理念提升的企业之一。

资料来源：王志乐．软竞争力——跨国公司的公司责任理念［M］．北京：中国经济出版社，2005.

一个企业的生存发展离不开社会的认可与支持，所以企业除了追求利润这个首要的目标之外，还需要有让社会认同的动力从而发展壮大企业。如果想得到社会的首肯，企业应履行它自身的责任。企业不仅要承担法律上的义务（遵守有关的法律）和经济上的义务（追求经济利益），还承担了“追求对社会有利的长期目标”的义务，这才能说该企业是有社会责任的。

第一节 企业社会责任的对象

从定义可以得知，企业社会责任可以划分成三个层面，即法规层、利益层和道义层。

法规层包括遵纪守法、依法纳税、控制有害物质排放等。

利益层包括保护消费者权益、劳工准则和劳资关系、对供应商和经销商诚实守信、保证投资者利益、保护环境等。

道义层包括对资源的节约、对社区居民的责任、投身慈善事业和其他公益事业等。

从以上的三个层面可以看出，企业的生存和发展受到各式各样的利益相关者的约束和扶持，所以说，企业的所有利益相关者都对企业进行了一定的投资，同时也分担了企业的经营风险，或是为企业的经营活动付出了代价，因而都应该拥有企业的某种占有权，这便是利益相关者理论。利益相关者正是企业履行社会责任的对象，企业在各种经济活动中并非只和股东发生交易，其与职工、政府、环境社区、供应商等都时刻存在着交易行为。当企业不能满足利益相关者的要求时，他们将不愿与企业合作，那么企业与利益相关者之间的交易费用就会上升，阻碍企业的发展；反之，二者之间的交易费用就会下降，这不仅有助于增强企业的竞争力，而且还能树立良好的企业形象，提高企业的美誉度。所以说，企业可以通过重视这些利益相关者的利益，积极履行社会责任来降低企业与这些利益相关者之间的交易费用，获得竞争力，从而实现长期绩效。

企业社会责任的具体内容有以下五条划分依据：

第一，由于企业在不同的发展阶段会有不同的实力与自身战略目标，不能设想有一个适用于所有企业的社会责任模式。

第二，必须将企业看成是一个具有强烈的利润动机的经济组织，企业的表现主要以经济标准来衡量，社会责任可以补充但不能替代利润目标。

第三，企业有责任纠正那些由它们引起的不良的社会影响。

第四，社会责任因企业特点的不同而不同。社会及企业自身对各自社会责任定位内容也不相同。

第五，企业的经理们（管理者）应该通过研究公共政策的总体框架来决定其社会责任内容。

企业社会责任在不同的国家、同一国家的不同历史时期有着不同的范畴。在早期，人们观念中的企业社会责任仅仅是指企业进行慈善性活动和其他社会福利活动的道德义务。随着企业对社会影响力的扩大，人们对安全、生态环境等社会问题的日益重视以及由此所产生的强制性立法的逐步增加，企业社会责任也相应地包含了更广泛的内容。

一、股东

股东是指有限责任公司或股份有限公司中持有股份的人，有权出席股东大会并有表决权，也指其他合资经营的工商企业的投资者。在法律上，股东与公司的关系是股东作为出资者按其出资数额（另有约定的除外）分享收益，并享有任命管理者和重大决策等权利。在今天的市场经济条件下，企业与股东之间的关系是企业内部关系的主要内容。企业首要的责任是维护股东的利益，承担起代理人的角色，保证股东的利益最大化。股东利益最大化是指通过财务上的合理经营，为股东带来最多的财富。在企业的整个契约交易里，企业管理者处在一个核心的地位上，作为法人，它与股东是雇佣关系，与银行是借贷关系，与政府是纳税关系。而保证股东的利益实际上是企业实现承担社会责任的基础，虽然企业追求股东利益最大化并不能保证企业其他利益相关者的利益最大化，但是从另一方面来说，如果企业不追求股东利益最大化，其他利益相关者的利益就无法得到保证。这也就是说，追求股东利益最大化是实现企业其他利益相关者利益的必要条件，而非充分必要条件。在当代社会，随着市场经济的发展，投资方式越来越多元化，由原来单一的货币投资转向股票、债券、保险等方式。如今，股东的队伍越来越大，遍布社会的各个职业和领域，企业与股东的关系逐渐演变为企业与社会的关系。企业对股东的责任和一般责任不同，它是通过对股东负责的方式形成的。

（1）企业对股东的基本责任就是对法律所规定的股东权利的尊重。法律的规定是对企业运营要求的最低限制标准，是每一个企业所必须遵循的伦理底线，超过了这个界限，企业就属于违法且存在不道德行为。企业违背法律的规定而侵犯了股东的权益，这是对股东的严重不负责任。

（2）企业对股东的资产安全和收益负主要责任。股东出资设立公司，是为了获得投资收益，获得更多的财富，从这个角度来讲，应该强调股东利益最大化。但是，股东利益最大化，不能片面地理解为公司的利润最大化、股东的现金收益最大化，它应当是在保证公司持续、健康发展的前提下，公司获取最大利润，为股东创造更多的财富。企业所从事的任何投资，必须以能给企业带来利润为前提。

（3）企业有责任向股东提供真实的经营和投资方面的信息。股东权利有两个层次：一是消极知情权；二是积极知情权。消极知情权包括公司制作相关文件与记录、向股东呈送相关文件。积极知情权是指股东主动向管理层要求提供相关文件资料或者信息的权利。投资者重点关注的是公司财务表现，另外也关注公司在环境保护、职工权益保障、社区维护等社会责任方面的表现。股东知情权是社会责任投资功能发挥的前提条件。企业向股东提供信息的渠道是财务报表和公司年会，公司必须保证公布信息的真实性、可靠性，任何瞒报、谎报企业信息，欺骗股东的行为，都是不道德的，企业要对此负道德和法律双重责任。

二、员工

企业保护员工的合法权益是其承担社会责任的基础和根本。企业通过组织员工的生产经营活动，实现员工的需要发展、能力发展、社会关系发展以及个性发展。目前，从员工和企业双方的关系来看，实现了从“斗争”向“合作”的转变，保护员工利益的终极目的变为“构建与发展和谐稳定的劳动关系”。和谐稳定的劳动关系对企业发展来说是有利的。当企业员工处于相对稳定的状态，自觉自愿地为本企业尽职出力时，企业自然而然减少了许多管理成本，各项管理指标必然有所提升，成本也会得到降低。企业雇佣员工不管职位高低，从提供就业开始，企业就要为他们解决安身立命之本，遵循按劳分配的原则，给予员工合理的经济待遇，消除他们的后顾之忧。企业在实践中实施对员工的责任包括以下几点：

（1）企业要为员工提供安全健康的环境。这里所指的环境不仅仅是指员工的工作环境，还有员工无时无刻都要面对的精神压力。员工为企业工作是为了获得报酬维持自己的生存和发展，企业必须重视员工的生命和健康。很多工作对员工的身体健康有伤害，如化工、采矿等，对于工作本身固有的伤害，企业必须严格执行劳动保护的有关规定。此外，企业对于工作环境的安排也必须符合健康标准，员工不能在阴暗潮湿的环境下长期作业，工作间要通风透气等，这些都是安全健康的工作环境的基本条件。便捷、安全的物理环境使员工不会轻易浪费时间精力去处理工作以外的琐事。美国麻省理工学院数位国际汽车计划组织（IMVP）的专家将日本丰田准时化生产（Just In Time，JIT）的生产方式称为精益生产（Lean Production，LP），其中，原则之一即为消除浪费。其中，包括过量生产、等待时间、运输、库存、过程（工序）、动作等。另一方面由于员工是社会人，他（她）不但要完成自己的工作，还要接触各式各样的人。上司所施加的压力、所在的非正式小组之间的关系都会对他（她）工作绩效造成影响。这就需要一个积极、融洽的工作环境。企业需要努力创造一个良好的工作氛围，不仅对员工的创造力的增强有着促进作用，还能调和员工与上级之间的关系，使企业管理者的决策能更高效地执行。

（2）企业应该为员工提供平等的就业机会、升迁机会和接受教育的机会。在知识经济时代，人力资源成为企业最重要的资源之一。提高人才素质、保留和吸引人才、激发员工积极性和创造性是提高劳动生产率的重要途径。现代企业的一个显著特点是员工队伍的多元化，为了调动多方的积极性，企业应为员工提供平等的就业机会，反对在职业选择上的各种歧视，在就业政策中要男女平等，在少数民族地区企业要主动吸收少数民族人员就业。

（3）企业为员工提供民主参与管理企业的渠道，为员工提供自我管理企业的机会。虽然在企业中，员工只是劳动者，处于被管理的地位，但是没有他们对管理层决策的执行，企业也不可能高效、有序地运转。同时，他们对于公司决策、未来发展都有发表意见的权利。

（4）企业还要对员工进行适合他（她）的培训。员工的工作技能、各方面素质都对他（她）的工作产生重要影响。通过培训，员工能发挥更大的效用，作出更大的贡献。而且，决定员工尤其是高素质员工的去留的一个关键因素是员工能否在本企业中得到锻炼和发展的机会。

三、消费者

例 2-1　　疯狂“地沟油”

2010 年春节后，一则关于“地沟油回流餐桌”的新闻再次引发公众对食品卫生安全的关注。“地沟油”乃何方妖孽？它如何回流餐桌？又会给人体健康带来怎样的危害？

何谓“地沟油”？

地沟油实际上是一个泛指的概念，是人们在生活中对于各类劣质油的通称。通俗地讲，可分为以下几类：一是狭义的地沟油，即将下水道中的油腻漂浮物或者将宾馆、酒楼的剩饭、剩菜（通称“泔水”）打捞出来经过简单加工、提炼出的油；二是劣质猪肉、猪内脏、猪皮加工以及提炼后产出的油；三是用于油炸食品的油使用次数超过规定要求后，再被重复使用或往其中添加一些新油后重新使用的油。

为何屡禁不止？

据了解，对于饭店里炒菜后的油底，炸东西后的废弃油、垃圾油，大多数饭店的厨师几乎都是将其随手倒掉。正因为如此，餐馆饭店旁的“地沟”，也就是俗称的“下水道”才频频引来“捞油人”的光顾。有资料显示，目前国内除部分上规模的大饭店在厨房内专门设置接收废弃油的固定不锈钢容器外，绝大多数饭店没有油水分离设施，油污径直流入下水道，然后让人随意捞走，这就难免其中有人拉去私炼，而由此产生的巨额利润是地沟油交易“野火烧不尽”的重要原因。

“地沟油”危害知多少？

地沟油不仅质量极差、极不卫生，而且过氧化值、酸值、水分严重超标。据科学试验测定，地沟油的酸败、羰基价远远超出国家规定的食用油卫生指标。酸败油脂会对机体的细胞色素酶等几种酶系统产生损害作用，油脂的高度氧化会产生毒素，能引发多种癌症，动物长期摄入酸败变质的油脂，将对身体各器官及功能造成巨大伤害。例如，“地沟油”中的“泔水油”含有剧毒的黄曲霉素，毒性是砒霜的100倍，是目前发现的最强的化学致癌物质。实验证明，长期低剂量食用黄曲霉素可以使动物100%患上肝癌，而且，在其他部位也可以发生癌症，如胃腺癌、肾癌、直肠癌及乳腺、卵巢、小肠等部位癌肿。“地沟油”中的毒素流向江河会造成水体营养化，一旦食用，会破坏白血球和消化道黏膜，引起食物中毒，危害人体健康。“地沟油”另一种类的“炸货油”在高温状态下长期反复使用，与空气中的氧接触，发生水解、氧化、聚合等复杂反应，致使油黏度增加，色泽加深，过氧化值升高，并产生一些挥发物及醛、酮、内酯等有刺激性气味的物质，这些物质也同样具有致癌作用。据了解，长期摄入“地沟油”除了有致癌的风险外，还将出现体重减轻和发育障碍，腹泻和肠炎，伴随肝、心和肾肿大以及脂肪肝等病变。

资料来源：于云龙．疯狂“地沟油”[J]．农业机械，2010（13）．

消费者是指购买、使用和消费各种产品或服务的个人和家庭。社会中的每一个人都是企业的消费者，每天都直接或间接地同许多企业打交道，享受着企业提供的各种各样的物质及服务。另外，不同的消费者购买和使用了企业的产品，会把企业产品的影响传递到家庭、邻里和社会的各个角落。企业的产出——商品或者服务等必须出售给消费者并以资金的形式回流到企业中，借此企业进行生产或扩大再生产维持企业的正常运作或发展。所以企业要吸引顾客，尊重顾客的选择，维护顾客的利益，因而企业应该做到以下几点：

（1）提供给顾客安全的产品。提供放心安全的产品和服务，是最明确的企业社会责任，也是最基本的社会责任。提供安全的产品与服务的企业不等于能够得到消费者的信任。企业提供消费者必要的信息，并对其缺陷进行实事求是的报告。只有这样经常和消费者交流与沟通，才能得到社会的持久信任。顾客支付企业价格，企业就应该支付相应的产品或服务。企业根据自身的生产能力和目标市场的需求对自己定位，产出具备竞争力的产品。无论是哪一个领域的企业，所提供的产品必须是合乎标准的，要满足消费者的诉求。近年来，婴儿奶粉中被检测出含有能导致幼儿患肾结石的三聚氰胺，蔬菜上残留过量的农药，添加“瘦肉精”的猪肉等关于食品安全的事例经常见于报端。这些触目惊心的事件背后隐藏着一些企业对于自身提供的产品的安全问题疏于监管甚至明知故犯的事实。然而一旦危害发生，各种赔偿和人心向背所影响的就不仅仅是企业的经济收入，还有企业的声誉和未来的发展。

（2）提供给顾客真实的产品信息。企业想赢得顾客的信任，在产品信息这方面就不能欺骗顾客。利用广告营销能将产品信息高效、准确地传达给目标受众，并建立企业特定的品牌，但是不能夸大或隐瞒产品的优势和劣势。目前，很多人不同意“广告是可信的”这一观点，就是由于现在广告营销中欺骗问题的集中反映。企业要尊重消费者的知情权和自由选择权，使消费者尽可能多地了解企业的产品，在公平交易的前提下自由地选择产品。消费者的知情权和选择权是紧密相连的，只有全面的知情权才有自由的选择权。消费者在购买产品之前通过产品的广告、宣传材料和说明书对产品的品质、性价比等方面的知识进行全面的了解，以便选到自己称心如意的商品。如果企业在产品的广告、宣传材料和说明书中过分夸大产品的功效，对产品的不足之处极力隐瞒、只字不提或是产品的说明书、标签与内容严重不符，这些行为侵犯了消费者的知情权和自由选择权，是企业不尊重消费者，对消费者严重不负责的表现。

（3）提供优质的售后服务。企业并非将尽可能多的产品或服务推销出去就能达到经营指标，它还需要建立长远的发展战略，这样才能使企业更具备竞争优势，立于不败之地。企业应重视售后服务，把这项工作看成是对顾客的承诺和责任；建立与顾客沟通的有效渠道，倾听顾客的意见，并及时解决顾客在使用产品时遇到的困难和问题。消费者能够提供改善产品与服务的建议，在消费者的声音中具有改善产品与服务项目的提示。

（4）消费者保护。在放松管制的潮流中，企业更应该尊重消费者的权益。企业在为消费者提供安全的产品与服务的同时，应该提供对消费者有价值的信息，并且遵守企业间公平竞争的原则和相关的法律法规。我国保护消费者的现行法律主要有《中华人民共和国消费者权益保护法》、《中华人民共和国产品质量法》、《中华人民共和国价格法》、《中华人民共和国反不正当竞争法》等。

四、政府/社会

企业作为社会的细胞，是国家、社会的成员和重要组成部分；政府作为管理者，对企业这个社会成员实施宏观上的管理、控制和组织协调，保证社会秩序的良性循环，他们之间相互影响，相互作用。企业、政府是社会制度架构中的重要组织层次，在不同的制度体制下企业和政府的关系不同，履行责任的方式和内容也不同。在计划经济条件下，企业和政府是上下级的“绝对服从关系”，企业很少或者根本没有自主经营和决策的权利，一切按照国家的计划办，企业履行责任的方式是对上的绝对负责；在现代市场经济条件下，企业和政府的关系逐步由单纯的管理、控制走向监督、协调和服务。在现代社会，政府越来越演变为社会的服务机构，扮演着为企业、公民需要服务和实施社会公正的角色，在这样一种制度框架下，企业对政府的责任表现为“合法经营、照章纳税”，这是企业作为“社会公民”应尽的最基本的社会责任。企业是社会财富的创造者，政府是社会财富的管理者。政府依靠企业的合法经营、照章纳税集中管理社会的总体财富，通过价格、税收和福利政策实施社会财富的公正分配。企业合法经营、照章纳税是主动承担社会责任的体现，企业见利忘义、投机钻营、偷税漏税这些不良行为是对社会责任的逃避。

一方面，政府要创造社会责任建设的良好环境，逐步形成企业自觉履行社会责任的社会氛围和灵活履行社会责任的运行机制，并且要从宏观上以约束性手段进行引导，再辅以经济性手段对积极履行社会责任的企业予以各方面的支持和鼓励。此外，还要制定全面的地方政府考核体系和责任追究制度。考核地方政府不应只考核 GDP 指标，还要看地区社会发展状况和人民生活质量是否得到改善。一旦企业出现社会责任问题，除追究企业经营者的责任外，还要追究相关地方政府负责人的责任，以此强化地方政府对企业履行社会责任的监督。另一方面，企业对政府的责任有：①依法纳税；②被政府部门认可；③配合政府的各项管理；④积极支持政府产业政策。

企业应支持政府的社会公益活动、福利事业、慈善事业，服务社会。政府是代表国家对社会进行组织、协调、监督和管理的组织，它的最终目的是实现社会公正，它所代表的是社会公众利益。企业积极参与政府组织的社会的公益事业、福利事业和慈善事业，是企业服务社会、造福人类的体现。而且政府与企业建立良好的监管关系有助于企业更容易获得相关的业务许可，减少监管导致的成本。尤其是对于跨国企业，强劲的政府支持不但能迅速扩大规模，产品也能以低成本战略打入市场，扩大市场份额。跨国企业要树立良好的公众形象，企业所在的区域对公司的任一评价和看法都会迅速传播，形成区域性影响，进而形成跨国公司某一公众形象。所以，跨国公司为了提高自身在社会上的地位，必须加强与政府的沟通，积极参与社会建设，树立“合格公民”形象，主动承担社会责任和义务，为区域所在地作出更多的贡献。

例 2-2　　　　中国不能接受资本无道德论

中国企业正面临企业社会责任的挑战性考验。那种资本无道德、财富非伦理、为富可以不仁的经济理论和商业实践，不仅国际社会难以接受，中国社会也已经不能容忍。在经济全球化背景下，企业社会责任并非只是评价企业道德高下的标准，而且也是进入国际市场实实在在的门槛。中国企业刚刚走上国际化之路，就遭遇到了欧盟、美国、日本等发达国家的企业社会责任检验标准，并由此决定是否允许中国企业进入其市场。由企业社会责任形成的市场门槛，不能归于国际贸易摩擦的一般内容，而是具有进一步更严格的贸易禁止含义。即使到发展中国家去投资设厂、进行经济贸易活动，也会受到当地社会特别是国际社会的严密监督，不负社会责任也照样名声不佳，甚至被逐出市场。可以看到，企业社会责任已经成为不可逆转的国际化潮流。现在，我国正在建设“民主法制、公平正义、诚信友爱、充满活力、安定有序、人与自然和谐相处的社会主义和谐社会。”构建和谐社会，企业的努力至关重要。因为，企业不仅是社会财富的主要创造者，是有效配置经济资源的市场主体，而且也是社会经济组织。企业的活动不仅影响社会利益分配格局，而且也影响着社会政治、文化变革，影响着人们的道德价值取向，还特别影响到自然生态环境变好还是变坏。社会对企业的期望，是要求企业维护和促进社会公正、公平，平等地保障各方相关利益。也就是说，企业要确实承担起社会责任，做一个“遵法纪，重伦理，行公益”的好公民，尽早完成由“经济人”向“道德人”的转换。我们高兴地看到，我国已涌现出一大批遵守法律、坚守道德、注重公益的企业和企业家。但是，我们也清楚地看到，我国企业不负社会责任的现象还相当严重。据安全生产监督管理局原局长透露，中国由于生产安全问题每天死亡320人，而一些矿难完全是黑心矿主与地方官员相勾结，无视矿工死活、非法开采所酿成的恶果。其他如苏丹红事件、环境污染事件、农民工欠薪事件等企业社会责任事件也时有发生；还有些跨国公司以本土化为名漠视社会责任，去年就有33家在华跨国公司被环保部门列入了水污染黑名单。一些地方政府片面追求经济指标，执法不严，成了非法生产企业的保护伞。而消费者不成熟，也是一些企业漠视社会责任的重要原因。在“顾客就是上帝”的市场经济社会，消费者的意见和选择是促使企业承担社会责任的重要推动力量。在日本就有“绿色消费者”群体，他们只购买对社会负责企业的产品。因此，推动中国企业自觉承担相应的社会责任，培养和形成一个成熟、文明的消费者群体就显得非常重要。另外，要形成一种社会道德舆论，对不负社会责任的企业进行谴责，对勇于践行社会责任的企业进行赞扬、鼓励。但仅有道德约束是不够的，还必须建立健全企业社会责任的法律制度，对违反法律和社会责任的企业严厉惩罚，否则就是对认真履行社会责任的企业的不公正。道德和法律，自觉和强制，相互作用并行不悖。但我们相信会有更多的中国企业和企业家践行美德伦理，自觉自愿地承担起社会责任。管理学大师德鲁克说得好，“凡是能促进社会进步与繁荣的也都能增强企业实力，带给企业繁荣与利润”。我提议，为了人类生活得更美好，为了建设社会主义和谐社会，为了提高企业的核心竞争力，企业要勇于承担起社会责任。

资料来源：成思危．中国不能接受资本无道德论［J］．中国经济周刊，2007（1）．

五、环境/资源

人类进入20世纪，伴随着科学技术的飞速发展，环境遭到了巨大破坏，环境的污染、土壤的沙化、奇缺物种的减少，引起了世界各国科学家的关心和重视，环境保护成为人类面临的迫切而严峻的问题。企业在环境污染中扮演了主要角色，因而，企业在消除环境污染、保护环境中肩负着不可推卸的责任。企业的环境责任实质上是可持续发展责任，承担可持续发展责任的企业实际上是在为未来人类和未来社会负责。因此，这个责任也可以称为未来的责任，它是企业责任理念中的最高层次。目前，资源的过度开发，资源的浪费和环境污染是社会所面临的问题，而企业活动是造成这些问题的重要因素。社会发展依赖于企业的发展，但如何解决企业发展与社会发展在资源、环境方面的矛盾的合理选择，却在于企业是否履行在资源、环境保护和合理利用上的责任。它要求企业一方面按照有关法律的规定尽可能合理地利用资源，减少对环境的污染；另一方面，企业要承担为治理其造成的资源浪费、环境污染所产生的费用。中国处于重工业化阶段，企业环境责任和环境治理任务形势十分严峻。因此要改变“唯GDP论英雄”的观念，就要做到以下几点：

（1）企业要树立人与自然和谐的价值观，努力做到尊重自然、爱护自然、合理地利用自然资源。早期的人们认为，自然资源是取之不尽用之不竭的，因而导致对自然资源掠夺式的开发利用，严重地破坏了自然界的平衡，导致了全球范围内环境的急剧恶化。世界各国的企业在工业化进程中都面临环境问题的挑战。目前，发展中国家正在重复发达国家走过的路，因而理性而科学地对待环境问题，深刻反思人与自然的关系，成为当今世界各国人民必须面对的时代课题。1990年联合国环境规划署针对世界环境问题，提出了八个关键的全球性的自然环境问题，并且郑重提出人是环境恶化的首恶，呼吁要走出人类中心主义的误区，把人与自然的和谐作为人类活动的宗旨，树立尊重自然、爱护自然、合理地利用资源的正确的伦理价值观，为自然负责，为我们的子孙后代负责，为人类的未来负责。

（2）政府建立和完善党政干部的环保政绩考核体系，将环保法律法规的执行情况、污染排放强度、环境质量的变化和公众满意程度等指标作为党政干部的重要考核指标。通过税收、信贷等综合政治手段，提高企业环境治理水平。例如，提高资源、能源、土地等基本生产要素的价格，增加征收资源环境税，逐步减少资源、能源密集产品出口的增值税退税，促进企业节约资源，保护环境。

（3）企业应该严格自律按照绿色审计的要求，进行严格的企业自我管理。绿色审计就是把环境因素作为企业管理的主要内容，衡量一个企业绩效的高低，还要考虑对环境造成什么影响，影响到什么程度。然而，企业不能只等着别人来检查，在政府、社会的监督下才考虑环境问题，而应当主动地意识到爱护环境是自己的责任，在企业的各项工作中严格自律，自我监督和检查，杜绝危害环境的不正确观点和做法。

例2-3　　绿色审计

绿色审计也被称做环境审计、生态审计，是绿色经济管理体系的重要组成部分。国际商会（The International Chamber of Commerce，ICC）给出的定义是："绿色审计是环境管理的工具，对与环境有关的组织、管理和设备的业绩进行系统、有说服力、定期、客观的评价，并通过有助于环境管理控制及有助于对公司有关环境规范方面的政策鉴证等手段，来达到保护环境的目标。"

绿色审计是针对全球自然资源短缺、生态环境污染严重的现状，传统会计核算失真，未将资源环境纳入核算范畴而出现的会计核算虚假等问题，而进行的绿色核算公允性、真实性、合法性的认证审计监督。绿色审计是为了确保受托环境责任的有效履行，由国家审计机关、内部审计机构和民间审计组织依据环境审计准则对被审计单位受托环境责任履行的公允性、合法性和效益性进行的鉴证。

1. 绿色审计的主要内容

绿色审计的主要内容有：

(1) 绿色审计的依据。推行绿色审计的法律、法规及政策依据有：环保政策、方针、战略；环境法律、法规；环境标准；环境管理制度；审计行为规范。

(2) 绿色审计的目标。绿色审计的目标是为开展环境审计所期望达到的目的和境地，确保受托环境责任履行的公允性、合法性和效益性。公允性是指验证被审计单位的环保资金使用、环保项目收支以及其他与环境有关的经济业务和经济事项是否真实、完整、及时地记录，有关余额和发生额的记录是否正确、适当，有关事项的披露是否恰当，记录和披露环境绩效、环境问题的财务影响的方法是否合理。合法性是验证与环境有关的经济活动是否遵循了相关法律、规章、制度和环境标准。效益性是验证与环境有关的经济活动经济性、效益性和效果性。

(3) 绿色审计的主体。国家审计机关、社会审计组织和内部审计机构，统称为审计组织。环境问题是一个多学科的问题，那么绿色审计就需要采用多学科、全方位、多层次的手段和措施，借助多方面的人才与专家，借鉴发达国家绿色审计的有效方法，在审计组织内部设立专门机构，根据不同的审计项目要求和具体审计目标，聘请专业人才或专家组成审计组进行审计。

(4) 绿色审计范围。它包括对与环境问题有关的经济活动和治理环境的经济活动进行审计。即包括：环境政策法规执行审计；环保资金筹集、使用和管理审计；环保资金绩效审计；环保投资项目和建设项目审计。

(5) 绿色审计应披露的内容。它包括有关企业自然资源、环境计量的真实性、合法性，环境资产、环境资本金、环境成本、费用、环境效益核算的真实性、合法性，会计报表附注应披露环境保护信息状况，未来发展前景信息状况，环境控制绩效分析及执行环境法规等情况。

2. 推行绿色审计的必要性和可行性

(1) 推行绿色审计是我国加入WTO的需要。当今绿色消费盛行，而ISO14000认证是国际标准化组织在1996年正式发布的环境管理体系标准，被称为进入国际市场的绿色护照；实施环境标志认证就是对产品从原材料生产到消费回收利用全过程的环境影响最小或无害认证。我国已经是WTO正式成员，应该尽快推行审计监督，借鉴发达国家环境审计的先进理论和操作技术，逐步建立起绿色审计的理论框架、工作规则和报告标准，使绿色审计走上规范化、制度化的轨道。

（2）推行绿色审计，可以促进各级政府有关部门、企业、事业单位以及社会团体严格履行环境保护的职责。通过建立绿色审计，可以对环境进行价值度量，并对环境功能价值、环境成本、环境效益等的变动情况进行确认、计量和披露，进而为有效治理环境提供可信赖的信息；而投资、运营资金不足，污水处理体制的不规范等环保工作的问题的解决也要求我国进一步强化绿色审计监督。

（3）推行绿色审计是企业自身发展的需要。重视绿色审计，对企业生态效益进行系统评价，推进环境质量的恢复，有利于增加企业的发展潜力，使企业在竞争中处于优势地位。此外，许多国家都提倡或要求企业对外披露环境信息，我国有越来越多的企业在外国投资、上市，企业环境会计核算失真将会产生投资误导等监管问题，为适应上市所在国的要求，必须推行绿色审计。

（4）推行绿色审计是优化引进外资的需要。发达国家的环保意识较强，环境法规和标准较为严格，企业为寻求利润最大化，很可能将国内污染严重的产业以投资或出口的形式转嫁至发展中国家。绿色审计审查有关项目的环境因素，考虑环境因素进行引资项目的成本效益分析，所以能有力地规范和制止这类污染转嫁，使企业引进技术密集型、安全和节能的项目。

3. 实行绿色审计的作用

实行绿色审计的作用有以下几个方面：

（1）有助于正确衡量国民生产总值和企业生产成本。我国传统上没有将环境资源列入国民资产核算体系，也未对环境污染所带来的国民经济损失作任何反映。我国传统的会计核算方法也只考虑实际生产成本，几乎不考虑“自然成本”，客观上鼓励了企业以牺牲环境为代价追求自身利益，造成国内生态环境失调，损害了我国的长远利益。绿色审计制度特别强调对环境资源的保护，有助于环境成本在国民经济核算体系和会计核算中得到客观、合理的反映。

（2）可促进全社会严格履行环境保护的职责。审计机关通过环境审计对环境的功能价值、环境成本、环境效益、环境污染和治理状况等信息的确认、计量、评估及其披露，提高各部门、各行业的环境保护意识，督促和引导全社会都来关心、重视环境问题。

（3）有助于促进产业结构升级。审计机关通过绿色审计，加强对环境信息的披露，一方面可以避免或减少由于会计核算失真造成的投资误导行为，鼓励发展技术密集型、节能、环保的产业，抑制或减少重污染项目的投产；另一方面可以督促企业重视生态效益评价，开发符合循环经济发展要求的产品，提升产品结构和产业结构档次。

资料来源：http：//wiki. mbalib. com/wiki/%E7%BB%BF%E8%89%B2%E5%AE%A1%E8%AE%A1.（有增减）

六、合作伙伴/供应商

企业与供应商以及其他商业伙伴在利益上休戚相关，尤其是在经济全球化的影响下，企业与商业伙伴能否形成良好的合作伙伴关系就显得非常重要了。企业对商业伙伴诚实、讲信用，遵守合同要求，是企业实现社会责任的一个方面。另外，企业还要加强对供应商的监督，包括供应商提供的产品质量和信誉状况等。企业的商业伙伴包括上游的供应商和下游的需求者。他们之间存在着密切的利益关系，而这种利益关系是由供应链牵动的。传统企业关系与供应链合作伙伴关系的对比见表2-1。经济全球化使企业供应链无限延伸，一家公司尤其是大型的公司的经营决策将影响到无数个上下游企业。供应链上的各个企业之间共同发展，相互负责是实现双赢的最佳途径。供应链合作伙伴关系为供需方带来的利益见表2-2。从另一个角度考虑，企业的竞争对手有的时候也会成为关系伙伴。战略联盟就是竞争关系的企业间相互利用对方资源、共同发展的一个很好的诠释。而一个具有高度社会责任意识的企业也会承担起对竞争对手的社会责任。履行这项社会责任需要做到公平竞争，以产品质量、服务态度和售后服务等优势取胜，绝非价格战、诋毁竞争对手来压倒对手。

表2-1 传统企业关系与供应链合作伙伴关系的对比

传统企业关系	供应链合作伙伴关系
以交易为基础	以联盟为基础
短期关系	长期关系
供应商数目多	供应商数目少
对手关系	合作关系
价格支配	增值服务支配
供应商投资少	供应商和买方投资高
较少的信息共享	广泛的产品、服务、营销、物流信息共享
公司独立	通过联合决策，公司互相依赖
各自职能领域互相作用小	买方和供应商职能领域相互作用大

表2-2 供应链合作伙伴关系为供需方带来的利益

带给制造商/买主的利益	带给供应商/卖主的利益	带给双方的利益
降低采购和交易的成本	保证有稳定的市场需求	改善相互之间的交流
数量折扣、有竞争力的价格	对客户需求有更好的理解	实现共同的期望和目标
提高产品质量	提高管理和运作质量	共担风险和共享利益
改善时间管理	提高零部件生产质量	共同参与产品和工艺开发
交货提前期的缩短	降低生产成本	减少外在因素的影响及风险
提高面向工艺的企业规划	提高对交货期变化的反应速度和柔性	减少投机思想和降低投机率
更好的产品设计和对产品变化更快的反应速度	获得比非战略合作关系的供应商更高的利润	增强矛盾冲突的解决能力
强化数据信息的获取和管理控制	增加了生产计划的稳定性和可控能力	订单、生产、运输上实现规模效益，运输成本得以降低
降低库存水平		减少管理成本
可靠性的提高		提高生产利用率

资料来源：上海证券交易所研究中心．中国公司治理报告（2007）：利益相关者与公司社会责任［M］．上海：复旦大学出版社，2007.

七、社区

企业与社区之间是一种相互交叉关联的关系，二者相互影响，不可分离。建立和谐安定的企业与社区关系对企业的生存发展和社区的进步繁荣都有着重要的意义。世界著名的管理学者哈罗德·孔茨和海因茨·韦里克在《管理学》一书中揭示了企业与社区的关系，企业必须同其所在的社会环境进行联系，对社会环境的变化作出及时反应，成为社区活动的积极参加者。企业存在于一定的社区内，社区内的人员素质、生活习惯对企业的员工素质和价值观均有一定影响，良好的社区环境和高素质的人群是企业发展的优势条件。所以企业应该积极、主动地参与到社区的建设活动中，利用自身的产品优势和技术优势扶持社区的文化教育事业，吸收社区的人员就业，救助无家可归人员，帮助失学儿童等活动，这样不仅为社区建设作出了贡献，而且为企业的发展打下了良好的基础。企业为社区建设所作出的努力，会变成无形的资本对企业的经营发展起到不可估量的作用。例如，企业为消费者服务的宣传活动，拉近了企业与消费者的距离，可以吸引顾客的多次惠顾，从而成为企业的忠实顾客；企业积极支持社区的文化教育事业，提高了企业未来员工的素质；企业热心于环保和公益事业，可以营造良好的企业形象。总之，企业积极承担社区责任，扩大了企业的知名度，提高了企业的良好声誉，所有这一切都会作为企业的无形资产在企业的经营中带来相当大的效益。企业通过社区架起了连接社会的桥梁，企业为社区所做的一切有益的工作都会对社会产生重大影响。

第二节　企业社会责任内容模型

一、卡罗尔的社会责任金字塔模型

卡罗尔是企业社会责任领域最享有声望的学者之一，他在 1979 年把企业社会责任概括形成四个类别：经济责任（Economy）、法律责任（Law）、伦理责任（Ethical）和自觉责任（Discretionary）。卡罗尔强调这四个责任并不是相互排斥，这样排列的目的只是说明社会责任的发展顺序。卡罗尔于 1991 年对企业社会责任类别模型进行了更改，把自觉责任改为慈善责任（Philanthropic），提出了企业社会责任金字塔模型，见图 2-1。

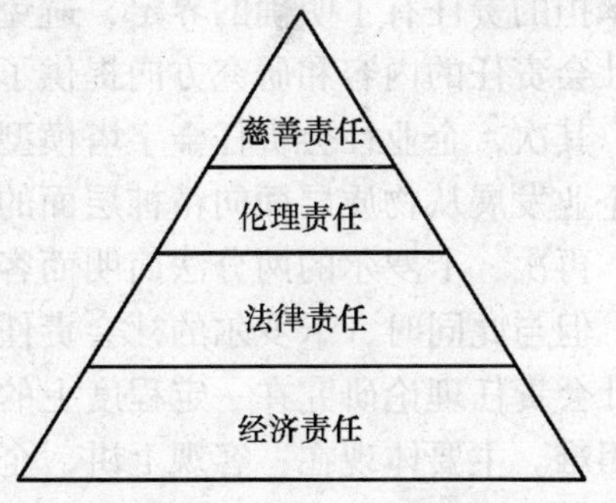

图 2-1　卡罗尔的企业社会责任金字塔模型

这个模型概括了企业社会责任中的多个维度，因而被学者们广泛引用。社会责任金字塔模型表明，企业不仅需要为股东创造利润，也需要遵守法律、承担伦理责任和慈善责任，最终做一个好的企业公民。

企业社会责任类别内容细分见表 2-3。

表 2-3　企业社会责任类别内容细分

责任类别	内容细分
经济责任	1. 企业在利润最大化原则下运作 2. 企业追求尽可能多的利润 3. 要保持竞争优势 4. 保持较高的工作效率 5. 成功企业是指那些能够长期获利的企业

（续）

责任类别	内容细分
法律责任	1. 在法律规定范围内活动 2. 做一个遵守法律的企业公民 3. 成功企业是履行了法律责任的企业 4. 企业提供的产品与服务至少符合法律标准
伦理责任	1. 企业的运作符合社会道德观念和伦理规范 2. 认可与尊重社会接受的新的道德标准 3. 防止为完成企业目标而在伦理标准上作出让步 4. 认识到企业的行为不仅仅是遵守法律和法规
慈善责任	1. 企业的善举与社会期望相一致 2. 资助高尚的艺术事业 3. 企业的管理者和员工都在他们自己的社区内主动地、积极地参加慈善活动 4. 资助私人和公共教育机构 5. 自愿资助旨在提高社区生活质量的项目

（一）社会责任金字塔模型的评述

社会责任金字塔模型对企业社会责任理论与实践有着十分重要的意义，它对企业社会责任的研究作出了重要的贡献。该模型清晰地表达了企业社会责任的内容，阐明了它们之间的关系，为人们所广泛接受；该模型强调经济责任是企业社会责任的基础和重要方面，与企业社会责任不是矛盾和背离的，企业从其诞生之日起就在致力于创造经济效益，履行社会责任；该模型推动了企业社会责任研究的深入。不管是新观念的提出，还是对该模型的争鸣，始终围绕着该模型的基本思路展开。总之，由于贴近现实，该模型给人们企业社会责任的研究和实践提供了重要的理论依据。具体表现在：

首先，企业社会责任金字塔模型将企业的社会责任分为四层，在实践上有助于企业对所要承担的责任有了明确的界定，避免了企业承担社会责任界限的模糊，在理论研究上也为企业社会责任的内容和研究方向提供了有价值的参考。

其次，企业社会责任金字塔模型提出企业社会责任由低级向高级推进的逻辑顺序，揭示了企业发展从物质层面向精神层面的深化，反映了企业行为的变迁规律。

再次，卡罗尔的两分法简明而客观，得到了较多的接受。

但与此同时，卡罗尔的社会责任金字塔模型还是存在一些不足，这些不足不仅导致了企业社会责任理论研究在一定程度上的混乱，而且运用该模型解决实际问题时遇到了无法克服的困难。主要体现在：客观上讲，企业总是在不断履行社会责任，但同一个企业在不同的发展时期，即不同的企业生命周期阶段，所履行企业社会责任的意愿不同，能力也不同，同时还存在着显著的不同时期企业社会责任内容的选择性，该模型无法体现该不同；西方发达资本主义国家一些组织和跨国企业纷纷提出了各自的社会责任标准，这些标准的重要特征是一把尺子度量所有对象企业，因而在具体实施的过程中，出现了不少的困惑和疑虑。它的局限性主要表现在：

第一，社会责任金字塔模型机械地把企业社会责任分为四个层次，缺乏科学性。企业的经济责任和法律责任是不能分开的，也没有先后性，而且企业组织一旦成立，其经济责任和社会责任就会存在。

第二，社会责任金字塔模型所包含的社会责任范围也不全面，它所包含的四层实际上是三层，即经济层、法律层、伦理道德层，并不能包括所有的责任范围。

我国有关学者基于企业的生命周期提出了他们自己关于社会责任金字塔模型观点，即企业社会责任曲线，见图 2-2。

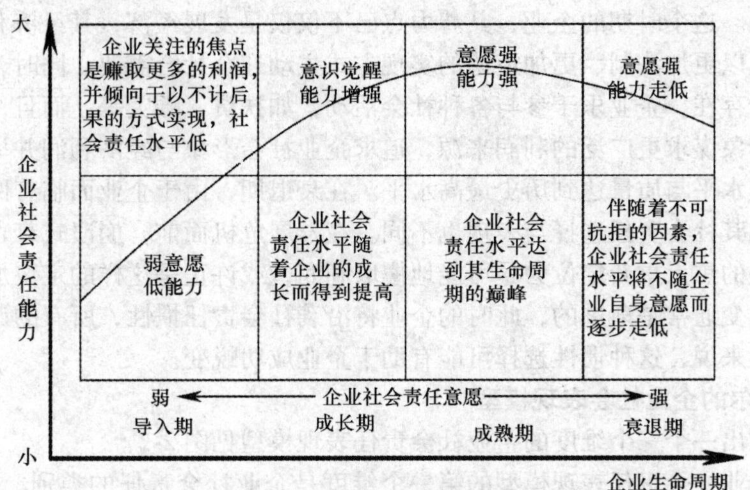

图 2-2 企业社会责任曲线

资料来源：卢勇，李文川，赵辉．基于企业生命周期的卡罗尔模型改进［J］．商业时代，2008（6）．

根据卡罗尔的社会责任金字塔模型的界定，企业社会责任包括经济责任、法律责任、伦理责任和慈善责任。外部环境对企业法律责任存在“硬”的约束；对伦理责任存在“软”的约束；两者的综合作用体现在对企业经济责任实现方式的约束。在慈善责任方面，外部环境存在一系列规则对企业实施约束。就“约束力”大小而言，法律责任的约束力最强，慈善责任的约束力最弱。在不同时期，企业会关注这些不同的外部约束。企业社会责任存在内部张力。这种张力来源于企业履行社会责任意愿与能力之间的差值。意愿是一个主观因素，受企业本质和外部约束的推动与影响；能力则取决于企业自身的实际情况。在一定限度内，当意愿大于能力，差值越大，则张力越强，企业追求社会责任越有动力，其行为呈现出内在强制性；当差值越小时，存在着意愿与能力均处于高位或均处于低位两种情况。均处于高位，企业社会责任行为会呈现出自觉自愿性；均处于低位，企业会抵制社会责任的履行。在同一时期，作用于社会责任各方面的张力存在显著差异，这种差异会主导企业社会责任行为的表现。另外，企业社会责任存在内部张力转移。由于企业资源的有限性，且在资源分配上拥有自主权，所以当在某一社会责任方面张力过大，企业必须试图解除由于这种张力带来的压力，以求得企业自组织平衡的时候，张力转移就成为其现实的选择。具体做法通常为，降低其他方面的愿望，减少资源投入，加大张力过大领域的资源投入，增强该领域的履行能力，降低该领域张力。这在企业各个生命周期均有所表现，但程度不一。不同生命周期阶段企业社会责任具有各自的特征。在导入期，企业的第一要务是发展经济，为此，企业不仅精打细算现有资源，还会想方设法争取外援和政策支持，并难免打法律与伦理的擦边球，甚至无视环境压力，罔顾法律与伦理要求，寻求一切手段尽可能地赚取利润，此时企业谈不上履行除经济责任之外的其他责任，呈现最强的负外部性。在成长期，经济的发展，企业公民意识的觉醒以及社会环境的压力，使企业逐步认识到承担法律责任与伦理责任对企业自身和环境的重要性，会做出一定的利润牺牲，迎合社会的法律需要与伦理需要，但经济目标依然是企业的第一追求。企业在这个阶段有可能履行一定的自行裁量责任（如慈善责任），但其意识和行为可能是混沌不清的。在成熟期，企业品牌、实力、成本等方面均占据显著优势，盈利能力空前增强。这个时期的企业，其着力点已不仅仅是发展经济，其经济利润的获取，将有意愿也有能力以更加法制、更加道德的实现方式主动迎合社会需要。同时，为扩大社会影响，体现其社会存在，企业乐于参与各种社会活动，如扶贫、赈灾等。而且，企业总是期待以良好的社会形象谋求更广泛的利润来源，追求企业社会形象与经济利润并举。因此，成熟期企业社会责任水平与质量达到历史最高水平。在衰退期，由于企业面临着两种命运——蜕变或衰亡，因此其社会责任选择与表现也不同。在发展危机面前，崩溃式衰亡与渐进式衰亡的企业将把发展的焦点重新定位为尽可能地攫取利润，或许正是这样的定位加速了企业的衰亡。而企业的蜕变通常是渐进的，此时的企业将沿袭社会责任惯性，所有的调整可能仅仅是策略上的。一般来说，这种惯性选择可能有助于企业成功蜕变。

（二）卡罗尔的企业社会表现模型

卡罗尔总结出一个三个维度的企业社会责任表现模型见图2-3。

卡罗尔的企业社会责任表现模型的第一个维度是企业社会责任的类别。按照他的观点，在特定时期内，企业社会责任包含了社会对经济组织在经济上、法律上、伦理上和自由裁量上的期望。卡罗尔并没有排斥弗里德曼的观点，他认为作为经济组织的经济责任是企业最本质的社会责任，但并不是唯一的责任；作为社会的一个组成部分，社会赋予并支持企业承担生产性的任务、为社会提供产品和服务的权力，但同时社会也制定了相应的法律和法规，要求企业遵守。因此，企业的经济责任和法律责任中都包含着伦理责任。除此之外，社会还对企业寄予了一些其他的期望，如慈善捐赠等，卡罗尔将此称为企业的自由决定责任。图2-3所显示的四种责任的比重中经济责任处于基础并占很大比例，其他三种责任依次递减。同时，卡罗尔认为四种责任彼此间并不是相互排斥的，并且彼此间可能相互转化，任何一个行为中可能同时包含着几种责任。

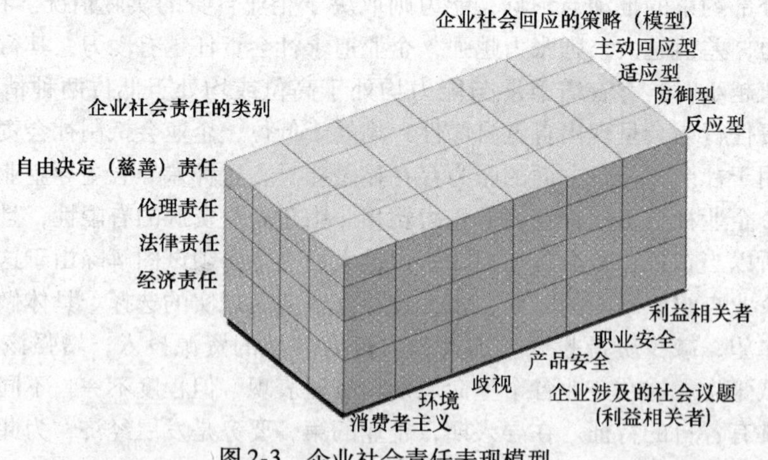

图2-3 企业社会责任表现模型

卡罗尔的企业社会责任表现模型的第二个维度是企业涉及的社会议题。虽然每个行业所面临的社会议题可能不同，而且不同时期企业所面临的社会议题也是变化的，但总体上，一些社会议题总是企业管理者最需要考虑的。卡罗尔认为，企业最需要重视的社会议题取决于：①社会需要与企业需要的吻合程度；②社会需要的重要程度；③高层管理人员的兴趣；④社会行动的公共关系价值；⑤政府的压力。

卡罗尔列举了20世纪70年代末企业所面临的普遍社会议题，包括消费者主义、环境、歧视和产品安全等，卡罗尔在此给企业管理者提供了具体而实际的思路。

卡罗尔的企业社会责任表现模型的第三个维度是企业社会回应的策略。卡罗尔从管理的角度提出了四种企业对社会责任和社会议题作出回应的策略。卡罗尔认为，企业对社会所作出的回应可以划分为：反应型、防御型、适应型和主动回应型四种模式，这反映了企业对待社会议题可能选择的从消极到积极的回应态度和策略。这个模型将人们所争论的关于企业社会责任的观点系统化，提出了企业必须承担的、从经济到自由判断的四种不同责任，并将企业在处理企业与社会关系时所应考虑的，以前是分离甚至对立的社会责任、社会有效回应和社会议题观点进行了综合，构建了一个有价值的理论框架。但是，虽然卡罗尔指出了企业社会绩效的多重相互联系的维度，但这个模型本身是静态的，更多的是对企业社会责任、社会议题或回应过程的描述，而没有提出如何去解决问题。

二、企业社会责任的多层次模型

企业社会责任还可以分成五层责任，两个范畴，即不存在直接经济关系的企业行为和存在经济关系的企业行为。不存在直接经济关系的企业行为，涉及的企业责任有道义责任和战略责任。而外部责任、内部责任和法律责任属于第二范畴。道义责任，是企业之所以称为企业而主动地履行的义务，是没有经济目的的行为方式，它属于道德性质的企业责任，不具有法制性和强制性。企业的道义责任的主要表现形式有无私地为社会捐赠资源，改善生活质量，也就是人们所讲的慈善事业。企业必须承担法律责任，没有讨价还价的余地。但对于道义责任，也就是慈善方面的责任，则需要量力而行，不能为了慈善事业而影响到自身的生存发展。另外，企业为政府提供税收、为社会提供就业机会、为市场提供产品和服务的行为，也是为社会进步作贡献。中国传统文化提倡“穷则独善其身，达则兼济天下”，道义责任被看做是企业社会责任的最高层次。管理好自身是基础，然后推己及人，为他人、为社会作贡献，促进各个社会因素协同发展。企业社会责任的多层次模型见图2-4。

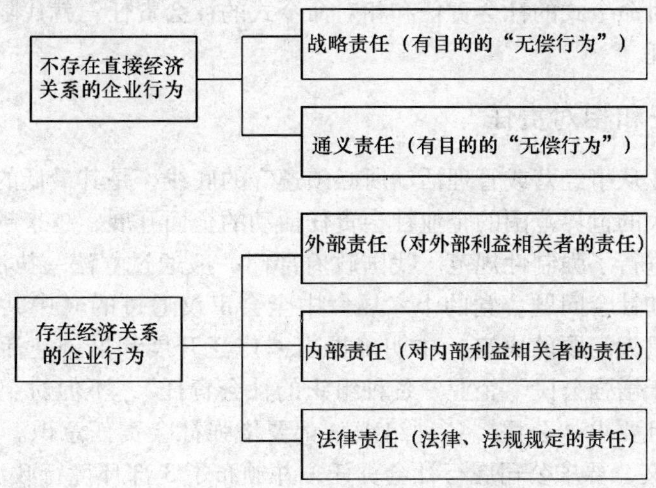

图2-4　企业社会责任的多层次模型

例 2-4　　中国首家股票注资的慈善基金会成立

中国第一家以捐赠股票为注资方式的公益基金会——河仁慈善基金会 2011 年 5 月 5 日在北京成立。荣膺 2010 年“中国首善”称号的福耀集团董事局主席曹德旺向该基金会捐赠 3 亿股福耀玻璃股票，市值 35.49 亿元，约占福耀集团总股本的 14.98%。捐赠资金将主要用于支持贫困地区教育、医疗、扶贫济困等领域的慈善公益事业。据国务院侨办有关负责人介绍，从 2009 年曹德旺提出捐赠股票用于公益事业的构想到基金会成立，历时近两年。由于我国此前从未有以股票形式捐建公益基金会的先例，河仁慈善基金会的成立得到了民政部、财政部、国家税务总局、中国证监会等部门的支持。全国人大常委会副委员长路甬祥在会见河仁慈善基金会全体理事和监事时，高度评价曹德旺先生捐助公益慈善事业的义举。他指出，公益慈善事业的发展需要社会各界的广泛参与和支持，也需要良好的法制环境。在我国资本市场不断发展壮大的形势下，如何保护捐赠人的合法权益，确保捐赠资产的依法管理、持续增值和有效使用，将成为我国公益慈善立法领域的新课题。全国政协副主席黄孟复在出席基金会成立仪式并为该基金会揭牌时表示，河仁慈善基金会的成立开创了以捐赠股票方式设立基金会的先河，标志着我国慈善事业又向前迈进了一步。“十二五”期间，国家将继续加大扶贫投入力度，企业界的参与对我国扶贫慈善工作有着重要意义，希望更多民营企业家、在华发展的侨资企业家以各种方式支持社会公益慈善事业，希望全社会形成一种积极参与的良好氛围，对企业家的慈善行为给予更多的鼓励和包容。政府有关部门也应采取更有力的措施，为企业家捐资慈善事业提供引导、支持和服务。现年 65 岁的闽籍侨商曹德旺是福耀玻璃集团的创始人，现任中国侨商投资企业协会副会长。曹德旺长年热衷于慈善公益事业，2010 年以个人捐款逾 10 亿元的突出表现名列当年中国慈善排行榜首位。曹德旺在当日接受新华社记者采访时表示，自 1983 年第一次捐款至今，其累计个人捐款已达 50 亿元。

资料来源：北方网—时代财经 http：//economy. enorth. com. cn/system/2011/05/05/006495072. shtml.

第三节　企业社会责任内容的其他分类

由于企业担负的社会责任的内容不尽相同，所以分类也不同。根据企业担负社会责任的性质来划分，有绝对命令式的社会责任和相对命令式的社会责任；就代际公正来讲，可分为同代责任和代际责任。

一、绝对责任和相对责任

绝对责任是企业从事经营或管理活动所必须遵守的底线，是其最低的义务要求。在当今社会，随着日益扩大的世界范围的企业社会责任活动的全面开展，越来越多的国家在其法律体系中对企业行为进行了强制性规范。我国政府部门一般通过立法、执法向企业施加压力，迫使企业关注环境和社会问题。党的十六届六中全会审议通过的《中共中央关于构建社会主义和谐社会若干重大问题的决定》中明确提出“广泛开展和谐创建活动，形成人人促进和谐的局面。着眼于增强公民、企业、各种组织的社会责任”，不但对企业履行社会责任提出了明确要求，而且要求“公民、各种组织”都要增强社会责任意识。2006 年，我国通过的《公司法》修订案，要求公司履行社会责任，并颁布了 3 部环境行政法规和 26 部规范性文件，国家环保局单独或联合其他部委颁布了 11 个部门规章。其中职业健康与安全受法律要求限制较多，有很强的专业特点，也直接影响公民的生命与财产安全、社会稳定，这也是近几年国家明显加大安全立法、执法力度的原因。它既是国际社会关于企业社会责任的主要方面之一，又自成体系。

相对责任是一种不具有必然性要求的责任形式。对企业而言，有些社会责任的承担虽然不是绝对的义务要求，但对于社会的和谐发展和安定团结却是非常重要的。社会公益活动就是其中之一。公益活动在利益上是一种非对等行为，它是一种对弱势群体的帮助、救助，是一种让利于人，甚至在某方面对自己的利益作出牺牲、妥协的行为。

从这两者的区别可以看出，对企业绝对社会责任的法律规制应注重制裁与惩罚，是一种命令式的规制；而对相对社会责任的规制则注重宣示与评价，是一种教育与引导的规制。毕竟相对社会责任更多的是一种自愿责任，对它们进行规制的目的是希望通过法律作为推动力量，作为行为的指引和基准，从而为企业社会责任的法律规制确立理想的行为模式。正如彼得·德鲁克所说："企业首先是做得好，然后是做好事"。

二、同代责任和代际责任

地球上每一代人享有权利的同时，就必须承担义务，义务是权利的基础，权利是义务的保障。代际公平要求当代人的发展不能浪费有限的资源、污染自然环境，不能牺牲未来人生存和发展的权利。每一代人都要尽量保证后代人有选择机会，拥有可支配的资源。因此，每一代人必须有对后代的代际责任。

所谓代际责任，就是每一代人为保证后代人拥有生存和发展的权利，享有生存资源，为实现代际公平而承担起的义务。这种责任主要属于责任意识，进而影响到自身的行为。全人类只有一个地球，而地球上的资源是有限的，当代人有权使用资源并获得收益，同时也有责任为后代节约保护资源。同样，作为社会重要组成部分的企业组织，更是要有强烈的代际责任意识，不仅要对自身和当代企业负责，也要为后代企业负责。当代企业的代际责任的体现在保护环境、节约资源、服务社会三个层面上。人与自然和谐相处是构建稳定和谐社会的物质基础。这一特点决定"人对自然负有道德责任，人、地关系协调有赖于建立全球性伦理道德"。人类为了满足自身的需求，毫无顾忌地开发自然资源，甚至不惜破坏生态平衡，导致资源的存量或质量快速下降，导致自然灾害频发，生存环境恶化，危害今世，波及后代。每一个时代，自然资源都具有有限性和局限性，而自然资源又是人类社会经济持续发展的基础，数量与质量的减少必定对整个经济系统功能构成伤害，会危及到人类社会经济持续发展，乃至危及人类自身的生存条件。第二次世界大战以来，人类经济有了前所未有的高速增长。可是，在经济增长的同时也严重污染了人类生存环境，高速剥夺了自然资源，使之急剧下降。比如，地表物质产生强烈流动，几十万种人工合成化学物质进入水圈、大气圈，大量工业废物产生并进入环境。再如，由于水污染和水生态恶化日益加剧，全球水资源日益短缺，淡水资源日渐枯竭，分布在全球 30 个国家、占世界总人口 20% 的人正面临缺水问题。

上述责任的指向对象主要是当代个体和组织，造成代际公正问题的不只是个人和政府，还有企业组织。著名的环境伦理学家罗宾·安特菲尔德（Robin Ant-field）指出，"代际关系不仅仅是指那些处于同时代的不同年龄人们之间的关系，如祖父、父亲和孩子之间的联系，而是更为特定地指向那些生活于不同时期，包括未来人群之间的相互关联。

那些未来人群的人口规模、生活质量都在很大程度上决定于我们现行的政策和所作的决策”。从安特菲尔德的定义中可以看出，对于代际责任，存在着两个先决前提。首先，未来人与我们是有联系的，他们的生活将受到我们行为的影响；其次，即便对于与我们素昧平生、遥遥相隔的未来人群，我们也将因为自身行为对他们的影响而负有社会责任。虽然不同时代所生活的人们处于各自的时间和空间之中，但却分享着同一个地球。而地球上的各种资源并不是无限存在的。一代人或一群人对于现存资源的占有和消耗，势必会影响后代或他人对资源的享有和利用。即便对于可再生资源，它在再生周期内的供给能力也是有限的。过多地采用将会破坏其再生能力，从而使得资源耗尽。代内公正可以通过艰苦的博弈过程和制度安排逐渐得到解决，而代际公正的实现则要困难得多，因为“相对于其他我们想要保持其平等待遇的群体而言，后代人并不能明确地表达他们的意愿，更别说与现在这代人进行协商了”。而解决代际公正不能仅仅靠某个或某些企业，必须通过全社会的努力才行。然而，从目前来看造成代际责任定义不清晰，执行力较弱的原因有：其一，当代人对后代人的关心漠化。可持续发展的实现既是当代人的事业，又关系着后代人的事业，二者是密切相关的。可是，就目前的人类发展状况来看，这种合理的要求在现实生活中并未体现出来，当代人没有意识到，甚至是完全漠视的。其二，后代人几乎无法影响当代人。可持续发展是当代人为了后代人的事业而发展，但发展的状况后代人无法干涉，只能被动地接受由前代人留下的遗产，却无法判决和制约前代人的行为。从人类伦理学角度分析，当代的儿女对父辈的思想行为可能或多或少还有一定的影响，但影响效果并不明显，而孙代对祖辈的作为的影响几乎是零。从人类代际关系来看，只有当代人才是当权派和强者，即使后代人各方面的成就必然会超越前代，但他们又是听任前代安排和摆布的弱者。正如《我们共同的未来》这本书所说：“我们从我们的后代那里借用环境资本，没打算也没有可能偿还；后代人可能会责怪我们挥霍浪费，但他们却无法向我们讨债。我们可以为所欲为，因为我们可以毫无顾虑；后代人不参加选举，他们没有政治和财产权利，对我们作出的决定不能提出反对。”

我们在时间上与后代（未来人）有着很大的距离，正由于这种距离，使我们彼此不能谋面，但我们并不能因此推卸自身的责任。我们不能从后代中受益，但他们却将生活在我们所影响的世界里。我们对目前生存的环境资源产生的影响也是不可逆的。

例 2-5　　巴士理论

卢特尼（R. Routley 和 V. Routley）提出了著名的“巴士理论”：一个制造商委托处于遥远的第三世界的一辆巴士运送一个包装很薄的容器。在此容器中，储藏着极具毒性而且爆炸性很强的气体。可以确知的是，这个容器在途中必定会爆炸，而不能完成整个旅程。同时，这辆公共汽车中挤满了乘客，而且在途中不断有新的乘客加入进来。因此，对于车上所有的乘客，不管是先上车的，还是在远方后上车的，制造商都负有不可推卸的责任。对于所有乘客而言，他们都将受到毒气爆炸事故的影响，而且他们在这种灾难性的事故面前都是脆弱的。

我们现在的一些行为，已经对地球产生了深远的负面影响。因此，对于地球这辆巴士的搭乘者，不论他们在时间上是近是远，在其上生存的我们都必须承担相应的道德责任。

资料来源：周瑾平．论代际道德责任的可能性基础［J］．江海学刊，2008（6）.

本章小结

本章主要介绍了企业社会责任的内容，包括股东、员工、消费者、政府、环境、供应商和社区等。随后介绍了两种企业社会责任模型：卡罗尔金字塔模型探讨了企业作为一个负责任的社会公民需要承担的四种责任，该模型清晰地表达了企业社会责任的内容，阐明了它们之间的关系，被人们广泛地接受；多层次模型分为两类——不存在直接经济关系的企业行为和存在经济关系的企业行为。通过这两种类型的研究提高企业管理者自主履行责任的意识，促进社会的发展。最后是企业社会责任内容的其他分类：一类是绝对责任和相对责任，强调企业从事管理活动所必须遵守的底线和企业自愿履行责任的区别；另一类是同代责任和代际责任，解释为什么要提倡可持续发展，为未来人类负责。

思考题

1. 企业社会责任的内容主要有哪些？这些因素对企业有什么影响？
2. 试叙述卡罗尔金字塔模型的作用。
3. 什么是代际责任？企业为什么要承担代际责任？
4. 通过对本章的学习，总结企业社会责任的各种分类。

第二篇

企业社会责任驱动力

第三章　变化的环境与外部驱动力
第四章　企业社会责任的内部驱动力

第三章 变化的环境与外部驱动力

【学习目标】

了解企业承担社会责任时要注意的宏观环境和产业环境，并关注影响企业社会责任的其他因素，从而为企业承担社会责任提供理论支撑。

【关键词】

宏观环境；产业环境；影响因素

【导入案例】

企业社会责任的四大热点法律问题

从不同的角度划分，企业有许多不同的利益相关者，因而企业社会责任的法律问题会呈现出不同的特征。依据利益相关者的属性，可以把企业社会责任涉及的法律问题分为内部法律问题和外部法律问题。

内部法律问题相对单一，主要是劳工问题，即企业法人（或企业所有者）与员工之间的法律问题。它包括平等雇佣、生产安全、员工福利等，多数都是传统劳动法领域研究的范畴。对于那些采取股份制形式或者所有权与经营权分离形式的公司，他们还面临着另一个企业社会责任的法律问题，那就是委托代理关系下存在的问题，经营者受所有者的委托负责公司的经营和治理，他们应当如何处理对所有者的责任和对社会的责任是此类问题的焦点。

外部法律问题则相对复杂，因为外部利益相关者既包括以自然人或法人身份存在的供应商、客户、消费者、债权人，也包括法律主体相对模糊的社区、社会、自然环境等。企业法人和不同的外部利益相关者会存在一定的利益纠纷，从而引起企业社会责任的法律问题。企业社会责任中的法律问题涉及范围很广，与公司法、劳动法、物权法、合同法、环境法乃至国际法都有一定联系。企业社会责任领域有许多值得研究、且具有理论和实践价值的热点法律问题。以下介绍企业社会责任的四大热点法律问题。

热点一：公司利益服从于股东，还是服从于利益相关者

这恐怕是关于企业社会责任法律问题最早也是最激烈的争论了。诺贝尔经济学奖得主米尔顿·弗里德曼认为，企业的目的就是股东利益最大化，追求除此以外的其他利益都是错误的。《公司法》理论也明确规定了公司管理层对公司所有人（即股东）的信托责任，如果公司管理层做了一些有违信托责任的事情，那么他们就是不道德的、有违公司法精神的。100年前，福特汽车的创始人亨利·福特准备在福特汽车公司中推行较高的员工福利标准，却遭到了其他股东的反对，然而福特决定一意孤行，终于被其他股东推上了法庭。他们认为，福特提高员工福利必然会削减企业利润，从而损害股东利益，违背了委托代理的契约关系。最终，法庭判决股东胜诉，福特无权实施这样一个被认为是损害股东利益的政策，其依据的就是企业性质的理论。

然而，企业社会责任的出现似乎打破了这一信条，因为它不但要求企业符合伦理道德，还要求企业运营公开透明、保护自然环境、提高员工福利，这些看起来都与企业营利的性质

相违背。于是，围绕“公司利益是为了股东还是为了利益相关者”这一话题，一些教授们展开了针锋相对的论战，这场论战从20世纪30年代开始，始于美国哈佛大学和哥伦比亚大学的两位教授之间。一个教授认为公司只应该为股东服务，另一个教授认为，公司既应当为股东服务，也要为利益相关者服务。一直到现在，有关这一问题的争论还没有停止。

然而，即使对于那些赞同企业社会责任的法学教授来说，仍有不少问题困扰着他们。譬如，既然他们认同企业社会责任，那么，公司法的基础是否需要改写？如果是，如何改写？另外，如果公司要兼顾利益相关者利益的话，如何界定利益相关者的范畴？哪些利益相关者需要关注？哪些不需要关注？其优先次序又是如何？因此，如何清晰界定企业对利益相关者的责任以及衡量其优先次序和大小，是一个值得研究的法律问题。

热点二：商业与人权问题

人权本身是一个具有相当政治色彩的词汇，它从一开始便与法律、政治有着不可分割的关系。人权与商业发生联系，是最近几十年才出现的新事物。自企业社会责任被广泛推动后，商业人权的问题逐步为人们所重视。

最早的商业与人权问题出现在20世纪70年代。当时，非洲种族冲突、政府腐败问题非常普遍，一些在非洲设立工厂的美国公司在国内遭受极大的舆论压力，公众要求美国公司从非洲撤资，一方面避免参与损害人权的活动或在经济上间接支持此类活动；另一方面给当地政府施压，迫使其改进国内人权状况。在公众压力下，一大批美国公司终止了在非洲的生意，一直到80年代非洲种族问题有所改善才返回非洲国家继续经营。在企业社会责任的背景下，商业与人权问题得到了进一步的拓展，尤其是对人权的概念进行了延伸。在企业社会责任中，人权不再仅仅存在于自然人与主权国家之间，而且存在于自然人与企业法人之间，考察的是企业是否尊重了自然人的基本权利和尊严。从这一新的人权定义出发，商业与人权就包括了很多企业社会责任的内容。当利益相关者是员工的时候，商业与人权问题会关注招聘过程是否存在歧视，劳动过程是否存在强迫行为、是否存在负债劳动现象，员工的健康安全是否得到保障，员工是否拥有自由结社的权利等；当利益相关者是社区民众时，商业与人权问题会关注社区民众土地是否被侵占、社区的物质和文化遗产或专利权是否被侵犯；当利益相关者是政府官员、供应商或客户时，商业与人权问题会关注企业商业行为中是否存在贪污与贿赂，使用者是否被充分告知产品的安全特性等。为此，国外不少公司已经明确提出了公司的人权准则，并将其作为公司经营行为规范的一部分内容。而一些人权研究或行动机构也将工作对象从主权国家转移到知名跨国公司，专门研究跨国公司的人权政策。这可能成为未来人权领域的一个重要研究方向。

热点三：如何界定产品责任的边界

产品责任的问题由来已久，此类案件通常发生在消费者和生产厂家之间，有许多为人们所熟知的判例。例如，一位美国老太太被麦当劳的热咖啡烫伤，而向麦当劳索赔，并最终获得了48万美元的赔偿。这类案件与企业、顾客的关系非常密切，所以也成为企业社会责任中比较热门的法律问题。此类案件的焦点通常在责任认定上，即到底是商家应该为事故负责，还是顾客自已应该承担责任。要明确回答这一问题，需要清晰界定产品责任的边界。但这往往十分困难。

产品责任还有一个延伸边界的问题。几乎没有一个公司会生产产品所有零部件，多数公司都是通过外包生产或订单采购的形式获得零部件的，然后再组装和贴牌销售。这时候，产品责任就散落于产品生产的整条供应链上，由于一级供应商下面可能还有二级、三级供应商，这样问题就变得相当复杂。作为直接面对消费者的品牌厂商应该在什么程度上承担对消费者的责任呢？这一问题也没有明确结论。然而，最近欧盟所实施的《关于在电子电气设备中限制使用某些有害物质指令》则将产品责任全都推给了品牌生产商，即品牌生产商需要对产品生产的全部过程负责任。在这个问题上，全球永续性报告协会（The Global Reporting Initiative，GRI）推行的新标准《可持续发展报告指南》（G3）则进行了相对宽松的规定，企业可以根据对供应链的所有权和实际控制权承担相应的责任，而无需承担全部责任。在国内，有关产品责任的案件将会越来越多。如何根据中国的实际情况明晰产品责任的边界，将是解决此类纠纷的核心问题。

热点四：公司治理与信息披露问题

企业要向利益相关者负责，必须制定必要的信息披露机制，以便向利益相关者说明企业运营的情况，说明是否遵守了企业的各种社会承诺。而良好的信息披露机制依赖于良好的公司治理制度，因而，公司治理与信息披露问题也可纳入企业社会责任法律问题的范畴。

事实上，目前已经有许多公司定期发布企业社会责任报告，报告中会说明企业经营与环境、社会的关系，以及企业通过实施怎样的社会责任战略改善企业环境、社会表现等。关于该报告的撰写，目前国际上有一些比较通行的标准，如全球永续性报告协会（GRI）的《可持续发展报告指南》。根据该指南，企业不但需要披露企业的环境、社会表现，还需要说明公司有怎样的管理手段和制度来保障企业社会责任战略的实施。在国内，深圳证券交易所也发布了上市公司企业社会责任指南，鼓励上市公司在年报中披露有关的信息。

然而，关于"要不要强制信息披露，哪些信息需要强制披露，哪些信息可以自愿披露"等问题仍存在很大争议。毕马威咨询公司的研究表明，推动企业社会责任应该采取"胡萝卜加大棒"的策略，将强制信息披露与自愿信息披露结合才会产生较好的综合效果。此外，采取怎样的公司治理结构能够有利于企业社会责任实践，尤其是企业信息披露，也是一个值得研究的问题。这也可能成为公司治理制度研究的一个方向。

资料来源：郭沛源，崔征．企业社会责任的四大热点法律问题［J］．WTO经济导刊，2007（4）．（有删减）

第一节　企业社会责任的宏观环境

企业是建设社会物质文明和精神文明的主要承担者，企业与社会是鱼和水的关系。一方面，企业要实现自身的价值，就不能离开社会及为社会服务的宗旨，否则企业就会走上衰亡的道路；另一方面，任何企业要实现其社会责任，都离不开社会这个大环境所提供的资源、人力、文化、公众的信任与支持以及其他企业的帮助与协作等。经验表明，不建立一个由社会政治、经济、文化意识传统等各种因素有机结合的良好的外部环境，即使对企业的社会责任提出一系列的标准要求，企业也难以形成强烈进取的社会责任感。要使企业自觉地履行社会责任，就必须建立和优化对企业社会责任正确的引导，保证实施的外部环境。

本书中所谓的企业社会责任的宏观环境因素，是指那些对企业活动没有直接作用而又能够经常对企业决策产生潜在影响的一般要素，主要包括与整个企业环境相联系的技术、经济、文化、政治法律四个方面的要素。这些要素之间存在着相互作用的关系，也可以称为企业的社会环境。由于这一环境内容复杂，构成要素广泛，变化频繁，不可控程度高，这也是企业跨国投资与生产经营时必须严密调查、谨慎行事的原因。

企业经营的宏观环境一般具有较强的刚性（“刚性”为技术名词，它是对材料受到外力作用下变形程度的描述，变形越小意味着材料的刚性越强），这也意味着企业的经营管理人员面对企业经营外部环境的变化，其改变外部环境的能力是极其有限的。一般来说，其主要的应对方式就是顺应变化，在变化中寻找机遇。在经营环境中，刚性最强的是社会环境，这是因为面对政治和法律、经济、技术、伦理与社会文化力量（“Force”（强行置入）是外国教科书中的提法，这本身就意味着这些因素对于企业来讲具有强制性）的变化，企业的经营管理人员一般是难以把握和控制的。

一、政治和法律

从政治和法律角度来看，各国历史的渊源不同、文化上的差别和经济状况的差异决定了各国政治制度的不同、立法基础的差别，从而造成对待社会责任的政策约束也有所不同。当今的世界有发达国家与发展中国家的划分，也有第一世界、第二世界和第三世界的区别，还有所谓的民主国家和独裁国家的不同，这些划分本身就是依据各国对当今世界认识的不同，采用不同的标准划分得到的结果，其本身就是政治立场和态度不同的产物。政治是经济的集中反映，政治制度的不同也就必然会影响到企业如何选择合作伙伴、如何解决经济纠纷以及如何选择竞争的手段。政府对于企业外部政策环境所发挥的作用是非常明显的。作为一个政策的制定者，政府和企业的外部政策环境是有着紧密联系的，在企业社会责任运动中扮演什么样的角色及负有什么样的责任是社会大众关心的问题。在我国，企业社会责任所需要的外部政策环境正是由政府提供的，因为每一项政策的制定、出台都少不了政府的参与。推动企业社会责任的运动、发展都与政府的努力分不开。企业之外最有能力推动企业社会责任的机构就是政府，政府的举动关系着企业的命运。一个健康的企业和一个病态的社会是很难共存的。特别是在我国，政府政策的扶持往往可以挽救一个企业，但同样如果企业违背政府的政策、规定，它本身也就离倒闭、破产不远了。可以说，企业社会责任的每一个演进都离不开政府的推动、参与和引导。政府创造的外部政策环境所发挥的巨大作用是任何组织和个人都无法相比的。目前，各国政府积极地参加各类企业社会责任论坛和活动，推广国际企业社会责任标准、认证、报告等方法，与国际机构组织合作开展联合研究，并把国内企业社会责任活动体制化。跨国公司的“工厂守则”运动，目前已在中国启动。包括麦当劳、锐步、耐克、迪士尼、沃尔玛等公司在内，相继开始旨在对于公司的中国供应商和分包商实施以劳工标准检查为内容的社会责任运动，一些公司还在中国公司内设立了相关的社会责任部门，并委托有关公证机构，作为审核机构对于中国的供应商和分包商的企业劳工标准执行状况进行监督审核。从事企业社会责任认证的国际组织，也都相继在中国登陆。

法律主要体现了一个国家希望规范人们的意志。它最大的特征就是具有强制性，也强烈地体现了国家利益和统治阶级意志，由此人们在进行国际经营活动时就会体会到法律的力量及其对国际商务的影响。简单地讲，法律制度会影响到国际商务活动的开展，进而会影响到开展商务活动双方的权利和义务。企业在各国投资经营中，熟悉与理解当地的政策法规对企业社会责任的约束是甚为重要的。对企业来说，法律是评判企业活动的准则，只有依法进行的各种活动，才能受到国家法律的有效保护。因此，企业的发展，必须了解并遵守国家或政府颁布的有关方面的法律、法规。从当前企业活动法制环境的情况来看，有两个明显的特点：

（1）管制企业的立法增多，法律体系越来越完善。在这方面的立法主要有三个目的：①保护企业间的公平竞争，制止不公平竞争；②保护消费者正当权益，制止企业非法牟利及损害消费者利益的行为；③保护社会的整体利益和长远利益，防止对环境的污染和生态的破坏。近几年来，我国在发展社会主义市场经济的同时，也加强了市场法制方面的建设，陆续制定、颁布了一系列重要的法律法规，如《中华人民共和国公司法》（以下简称《公司法》）、《中华人民共和国广告法》（以下简称《广告法》）、《中华人民共和国商标法》（以下简称《商标法》）、《中华人民共和国经济合同法》（以下简称《经济合同法》）、《中华人民共和国反不正当竞争法》（以下简称《反不正当竞争法》）、《中华人民共和国消费者权益保护法》（以下简称《消费者权益保护法》）、《中华人民共和国产品质量法》（以下简称《产品质量法》）、《中华人民共和国外商投资企业法》（以下简称《外商投资企业法》）等，这对规范企业的营销活动起到了重要作用。

（2）政府机构执法更严。只有依法执法，法律才能起到应有的作用。各个国家都根据自己不同的情况，建立了相应的执法机关。我国执法机关分别从各个方面对企业进行监督和控制，在保护合法经营，取缔非法经营，保护正当交易和公平竞争，维护消费者利益，促进市场有序运行和经济健康发展方面，发挥了重要作用。因此，企业必须知法守法，自觉用法律来规范自己的行为并自觉接受执法部门的管理和监督；同时，还要善于运用法律武器维护自己的合法权益，当其他经营者或竞争者侵犯自己正当权益的时候，要勇于用法律手段保护自己的利益。

二、经济

经济环境对企业社会责任效应的影响在所有的经营环境中最为直接，企业生产经营所需的各种物质与非物质的条件都是在经济环境中获取的。同时，利用这些条件转换得到的产品，其价值也需要在经济环境中体现。企业只有对其所在地国民经济状况有一个深入的了解，才能保证其经营活动的顺利进行。各国发展水平的差异、各国经济政策的不同就基本决定了经济活动开展的空间和形式。例如，在发达国家或经济较为发达的国家和地区，市场的作用会强一些，政府干预会少一些。市场作用往往体现了一种规律（即“看不见的手”的作用），而政府的干预往往是统治阶级意志的一种反映。政府的政策，如财政政策、金融政策、政府采购政策等会直接影响到生产、就业、消费等经济活动。在维护国家利益的口号下，政府也能通过保护性的措施干预商品和生产要素在国际间的正常流动；大公司在市场上的巨大能力也往往会通过对一些经济资源的垄断或定价策略对市场产生影响。所以，在不同的经济制度下，企业经营的方式会受到不同的影响，企业社会责任在内容的选择上也会有明显的不同。政治与经济又常常是相辅相成、互为促进的，因此，企业社会责任效应的产生与结果都是与企业所在社会的经济情况密不可分的。

三、技术

从技术的影响来看，技术已成为当今世界各国、各企业核心竞争力最为重要的因素，也是企业在国际市场上经营优势的主要来源，实现超越战略伙伴的主要竞争力量或者获取别国技术的重要方法。从企业社会责任效应分析，拥有现代技术的实力企业常常拥有庞大的社会责任能力，同时，这些企业的社会责任行为也备受社会关注。因此，国际商务活动中，在取得企业技术进步的同时，社会责任的体现同样不可忽视。只有企业进步与社会责任承担相匹配的企业，才会备受消费者信赖，企业才有赚取高附加值的高科技产品的市场与机遇。

四、社会伦理和文化环境

除了国家的政体以外，伦理与社会文化力量也可谓强大，它常常是企业社会责任舆论的直接力量根源所在，忽视这一重要因素的企业经营常常会遇到社会问题，甚至背负“不负责任”的“罪名”。社会伦理文化力量包括一个国家或地区的社会组织、社会结构、社会风俗习惯、历史传统、生活方式、教育水平、宗教信仰等，这些因素会对人们的行为产生重大的影响，它们对企业的经营方式与行为的作用同样不可忽视。不同的国度、不同的人群会形成不同的社会文化环境，研究企业所在国的文化背景，特别是社会文化环境，是落实企业社会责任、有效经营的必要条件。

第二节 企业社会责任的产业环境

宏观环境对企业社会责任的实施具有深刻的影响。但宏观环境对企业影响的一个重要的特点是其影响范围涉及所有的企业。与分析外部环境相比，另一种更行之有效的方法是集中分析与企业社会责任相关的产业环境因素。

所谓产业，通常是指生产相同或相似功能的产品，面对同一购买群体且彼此互相竞争的一群企业及其他利益相关者。显然这种界定是从产品面来看竞争的。而产业环境就有所不同，它是从产业或者部门、行业的角度来分析影响企业承担社会责任并履行社会责任各种因素和力量的，是企业所面临的最直接的环境。一般而言，产业环境分析是指深入探究这些企业群体间的关键环境变量及其这些变量之间可能的关系。

企业社会责任的产业环境因素分析主要探讨竞争者、供应商、消费者、金融机构、政府部门、管理机构、商事法庭等企业利益相关者对企业社会责任的影响。

一、竞争者对企业社会责任的影响

企业社会责任产业环境（中观环境）中，企业最直接、最为关注的就是竞争者的行为活动与企业实力。企业竞争者环境分析的目的是要展现每个竞争者企业可能作出的战略变化的性质和成功的轮廓，每个竞争者企业对其他企业开始实行的某些可行的战略行动可能作出的反应，以及每个竞争者企业对可能发生的一系列行业变化和更广泛的环境变化可能作出的反应。从企业的长期可持续发展来看，企业与同业竞争者之间应本着和平共处的原则，坚决避免无休止的价格战等恶性竞争行为，保持友好关系，相互学习，走共同发展的竞合之路，这样有利于企业赢得更多的合作者。

尽管每个企业在其战略制定中都需要对竞争者进行周密的分析，但在企业社会责任战略的实践中，这类分析有时并不能那么明确地或全面地进行。企业管理者对竞争者的考虑常常存在两大误区：①无法系统地分析竞争者；②不完全了解自己的竞争对手。因为实践中对竞争者进行深入的分析需要大量的资料，但许多资料的收集是相当困难的。许多公司并不是用系统的方式来收集有关竞争者的信息，而是根据竞争者的日常行为表象主观臆断或猜测的，进而管理者通过直觉判断采取相应的对策，迎接竞争对手的市场策略。

竞争者的社会责任行为的出现，使得企业社会责任效应发生了不可估计的变化。由于竞争者竞争策略的不断推陈出新，社会责任意识的不断增强，特别是企业实力的不断强大，企业拥有了足够承担社会责任的实力与社会机会，加之社会不断进步发展，社会对企业的社会责任期望也越来越高，企业在推行其社会责任战略过程中就不得不全面考虑竞争对手的社会责任反应轮廓及内容，从而真正做到“知己知彼，百战不殆”。

二、供应商、消费者对企业社会责任的影响

1. 企业与债权人（供应商）之间的影响

企业对债权人（供应商）所承担的社会责任就是要恪守债务合同的要求，严格执行合同，按期还本付息，为债权人提供借贷安全，保持企业良好的信用与商誉，增加企业的效益。没有哪个供应商会选择没有信用的企业进行合作，供应商与企业合作的前提都是要求企业要恪守双方的债务合同要求。同时，企业作为一个社会实体，应尊重消费者主权，维护消费者利益，尤其在买方市场状态下，由于市场竞争的日益加剧，企业应该尽量消除用户在商品交换中的损失和不满，使买卖双方权利相等。企业善待供应商，就是善待企业本身。英国著名的经济学家克里斯多夫指出：“真正的竞争不是企业与企业之间的竞争，而是供应链与供应链之间的竞争。”企业理应承担社会责任的观念逐渐深入人心，供应链社会责任也越来越凸显其重要性。然而，大多数企业只会谋求自身的利益最大化却忽视供应链企业的协同，总是试图通过多种方式从供应链上下游最大限度地压缩成本、压榨利润。例如，利用供应商之间的竞争来过分降低采购价格，使供应商没有利润空间和资金来改善工厂劳动者和环境状况；要求供应商严格执行“零库存”和即时交货模式，导致工人工作时间的极度不稳定性，工人过度加班现象极为严重。最终，供应链失衡导致下游采购商自食其果，得到的是低劣产品和服务。处在产品价值链上的设计、营销等核心环节的企业榨取了大部分利润，却强行把承担社会责任的成本和减缩供应链成本的重任转嫁给了微利的制造企业，这是非常不公平的。

一个真正履行社会责任的品牌公司，应该给予存在问题的供应商改进的空间和余地，并给予必要的资源支持，帮助供应商履行社会责任，而不是一旦发现供应商没有实现其采购原则，就立刻解除订单，以致供应商破产和工人大量失业，那将是更大范围、更深程度的社会责任缺失。事实上，善待供应商，就是善待企业自身。处在同一供应链上的企业是利益的共同体，是价值链上必不可少的环节。任何一家企业的社会责任缺失，都将对整条供应链上的企业的品牌声誉、产品供应等产生不可估量的影响。通过对供应链社会责任进行有效管理，可使供应链上的企业获得良好的声誉和长期的友好合作，并获取稳定持久的竞争优势，进而提高供应链的整体竞争力。

例 3-1 **富士康事件**

2010 年，富士康“连环跳”事件触目惊心，国人一片哗然。在公众舆论的口诛笔伐和政府调查下，最终富士康宣布为基层员工加薪 30% 以上，并推出一系列员工关爱措施。此后不久，美国苹果公司决定为富士康代工的苹果产品在原定代工费基础上增加 2% 的补贴，这将大大缓解富士康加薪三成所带来的成本压力。

也许你会疑惑不解，苹果公司为什么要“慷慨解囊”？富士康的成本上涨，苹果公司为何要主动为其买单呢？其实，富士康是苹果、戴尔、惠普等主流品牌的主要供应商，公众对

富士康的指责同样转移到了这些品牌的企业身上，有媒体更以《带血的苹果》一文痛斥"血汗工厂"，对苹果高额利润背后的劳工问题进行猛烈抨击。显然，企业社会责任的边界，已从过去的单个企业，延伸到了企业供应链各个环节，包括供应商或者原材料采购过程中的责任。

因为对供应链社会责任关注不够，供应链上的企业都蒙受不同程度的损失，这种情况在最近的佛山本田公司员工罢工事件中得到了更明显的验证。日本本田公司在佛山的零部件工厂工人因不满薪资待遇，与厂方屡次谈判无果，宣布罢工一周，导致供应链下游的三家本田在华的整车生产公司相继停产，直接经济损失逾10亿元。供应链社会责任缺失而带来的危害，由此可见一斑，理应引起企业界的注意。

相对于苹果iPhone的200%暴利，富士康仅有2%～4%的毛利，只能向员工提供较低的工资，并实施严格而苛刻的管理制度以控制成本。工人靠此微薄收入在深圳几乎无法生存，于是他们不得不放慢平日的工作速度，以求管理层允许其周末"自愿"加班，因为周末加班可以得到1.5倍的工资，这在一定程度上降低了产品的生产质量和效率。当富士康"城门失火"后，苹果公司也成了殃及的"池鱼"。苹果公司此次愿意在富士康陷入麻烦时"慷慨解囊"为其提供补贴，也许是因为一旦选择新的供应商，将需要在模具、材料、生产等环节花费较长考察周期，因为短期内只有像富士康这种规模的企业，才能消化其数量巨大的订单。

资料来源：http：//finance. stockstar. com/MG2011021700008320_1. shtml.

2. 企业与客户（消费者）之间的影响

企业社会责任行为与消费者之间的复杂关系，既受到消费者个人特征（如消费者是否支持企业社会责任行为，消费者是否相信承担社会责任的公司有更强的生产能力）的影响，也受到产品自身特征（如价格信号）的影响。

在"客户"领域，衡量企业社会责任的指标包括：客户对企业的满意度、企业产品和服务的标准，企业对客户应严格履行产品质量或服务质量方面的承诺，保证提供优质产品和满意服务，不得有欺诈行为或牟取暴利行为。消费者作为企业产品与服务的最终接受者与使用者，由于客观上消费者的分散性、购买力水平的局限性及科技迅速发展所导致企业产品缺陷的隐蔽性等多方面的原因，造就了消费者的弱势地位。企业在履行社会责任的过程中应充分尊重消费者的权益和需求，提供丰富、优质的产品和服务，以满足广大消费者各种不同的需求，并增进社会的福利。

2000年9月，英国市场评价调查国际组织（Market and Opinion Research International）对12个欧洲国家的大约12 000位消费者进行的民意测试发现：70%的消费者表示，当他们购买产品或服务时，他们会考虑该企业履行社会责任的情况；20%的消费者表示，他们愿意为对社会和环境有好处的产品付更多的钱；58%的消费者强调企业必须对社会问题采取更负责的行为。社会成员购买了企业的产品就成为企业的消费者，从广义的意义上说，整个社会成员都是企业的消费者，只不过有些是潜在的，有些已成为现实的。另外，不同的消费者购买和使用了企业的产品，把企业产品的影响传递到社会的各个角落。因此，企业对消费者负责在某种意义上是对社会负责的体现。另一方面，企业社会责任与消费者的购买意向之间的关系，受消费者的社会责任意识与产品价格水平的调节。社会责任感较强的消费者更倾向于选择承担社会责任的企业的产品；社会责任感弱的消费者，更关注与自身利益直接相关的产品信息。在同等价格下，消费者会选择责任产品，当价格上升时，消费者的购买意向会相应地发生变化。但是即使是社会责任意识较高的消费者，他们对价格也是非常敏感的。这意味着，当要付出代价时，消费者对企业社会责任的支持力度明显变弱，甚至“如果企业不履行社会责任，但产品适当降价可以在一定程度上提高购买意向。”但对于那些保证产品安全的企业，消费者对溢价的接受程度比较高。生产者的行为不仅与市场监督机制和自身责任意识有关，还由消费者的态度及行为决定。

消费者维权是消费者保护自身利益不受侵犯，同时也是促进企业承担社会责任的重要机制之一。在西方国家，消费者运动和环境保护运动是企业社会责任发展的主要动因，它促使人们重新思考企业与社会的关系。消费者运动是由众多消费者参与的，具有相当规模的社会行为，目的是保护消费者自身的权益，形成公平市场交换准则。其主要特征是消费者组织的建立，消费者保护法律、法规的不断出现与完善及消费者自我保护意识的日益增强等。大多数学者认为，要调动消费者这一权利主体的积极性，来促使企业承担社会责任。消费者运动的进一步发展，是消费者不仅关注自己所购买产品的价格、品质等直接与自己相关的问题，而且还关注这些产品对社会的影响，形成消费者的社会责任，也称为消费者的社会意识。

例 3-2　　消费者责任中国行宣言

我们都是现代人，人与人之间是在唯我状态中相互争夺相互伤害，还是在兼爱状态中相互扶助相互监督，考量着现代的人文环境；人对自然是残酷索取以满足少数人的、短期的需要，还是理性开发以满足公共的、持续的和谐，检验着现代人的自然环境。每个人都希望生活在和谐稳定的现代环境中。在现代市场关系中，每个生产者同时也是消费者。消费者普遍的理性消费将会有效推动生产者承担社会责任。全民承担社会责任的社会就是公民社会。

黄宗羲说：“盖天下之治乱，不在一姓之兴亡，而在万民之忧乐”。万民之忧乐就是民心之所系，就是大众对公共利益的共同需求。公益事业是以公共关怀为起点进行维护公共利益的生产和服务。拥有共同利益就是拥有共同的保障，会让人们提升公共意识，感受大家庭的温暖，免于相互伤害。公共道德的树立和公共秩序的完善，取决于人们对公益事业的理解和认识，对公益事业的参与和可支配程度也检验着社会的文明程度。享受公民待遇应该从享受公共利益开始。具有主动、相互、持续的公共关怀的社会环境是现代人享受公民待遇的可靠保障。拥有公民权利，与承担公民责任同时开始。对人的尊重，对环境的保护，永远是公民责任的核心内容。

社会应该是一个整体，每个人、每个社会组织都部分地存在于社会整体中，如果每个人都有一种“先他人之忧而忧，后他人之乐而乐”的情怀，整个社会将充满公益的氛围，公益就真正成为社会的维生素。每个人的社会活动都具有服务意义，是否具有服务意识也是检验公民素质的标准之一。服务品质将决定一个人一个组织的发展状态，被社会淘汰的一定是缺乏服务意识和服务品质的个人或组织。

拒绝一次性筷子、一次性餐盒以及塑料袋，让每一片土地都拥有绿色；面对忧患重重的食品安全，让每个人都拥有健康；面对开在居民楼里的黑砖窑和一个个传销组织，让每个求职者都远离欺骗和暴力，让每个创业者都拥有公平、公正的市场机会；面对伤害和贫困，让我们送去兄弟般的问候和帮助；面对横行霸道的假冒伪劣，让每个消费者都具有公共意识和忧乐情怀，是理想，也可以是行动。一群普通人，一群普通网友，一群普通消费者，将带着这个理想开始行动，带着感恩的心，带着消费者责任，带着公共关怀，一起上路，希望走近每一个消费者，走近更多的良知企业，走近所有敢于承担责任的人，一起设立承载爱心的公益仓库，也希望和那些缺乏公共意识和服务意识的人一起拓宽公益之路，一起完成情感和利益的融合，希望和更多的人在相互尊重、相互包容的互助合作氛围中相互监督，希望和那些习惯于相互争夺的人在自我治理的过程中营造出免于仇恨免于恐惧的现代环境。让我们与责任同行，与文明同行，与健康同行，一起走进自由和谐的公民社会。

我们将以公开的捐助者和服务者的姿态行走中国，接纳全民参与，接受全社会监督。

我们相信，责任公民在支持我们，责任政府在支持我们！

让我们一起：兼爱天下，温暖中国！

资料来源：http：//club. kdnet. net/dispbbs. asp？id = 6416474&boardid = 1&page = 1&1 = 1#64164746416474.

三、金融机构、政府部门对企业社会责任的影响

1. 企业与金融机构之间的影响

众所周知，在现实的经济运行中，做大做强的企业都是融资发展的，自有资本的比重经常小于融资资本，企业的日常运营发展都离不开银行、债券市场等金融机构的融资支持。

无论何种规模的企业，都有资金周转不灵的时候。由于金融市场发展的滞后，筹资渠道的单一，决定了企业要向银行或其他部门机构借款。企业要对融资机构负责，要恪守双方的借贷合同的要求，严格执行合同，按期还本付息，为金融机构提供贷款安全，保持良好的信用与商誉，增加企业的效益，才能够在适当的时候得到企业所需的融资资本。如果企业违反了合同的规定，损害债权人的利益，相应地就会损坏企业的声誉，使得已经投资或将要投资的债权人离开本企业而去寻找其他的合伙人。

例 3-3　　金融机构分类

金融是指货币资金的融通，可分为直接金融和间接金融。此两种资金融通方式的区别在于是否有金融机构介入，没有则为直接金融，有则为间接金融。金融机构是指专门从事货币信用活动的中介组织。我国的金融机构，按地位和功能可分为四大类：①中央银行，即中国人民银行；②银行，包括政策性银行、商业银行；③非银行金融机构，主要包括国有及股份制的保险公司、城市信用合作社、证券公司、财务公司等；④在境内开办的外资、侨资、中外合资金融机构。以上各种金融机构相互补充，构成了一个完整的金融机构体系。以下详细介绍几类金融机构。

1. 中国人民银行

中国人民银行是1948年12月1日在华北银行、北海银行、西北农民银行的基础上合并组成的。1984年以前，中国人民银行身兼中央银行及商业银行的职能。1983年9月，国务院决定中国人民银行专门行使中央银行职能，同时成立中国工商银行来办理其原来商业银行的业务。1995年3月18日通过的《中华人民共和国中国人民银行法》确立了其作为中央银行的法律依据。

中国人民银行的主要职责与业务有：

(1) 制定和实施货币政策，保证货币币值稳定。

(2) 依法对金融机构进行监督管理，维护金融业的合法、稳健运行。

(3) 维护支付、清算系统的正常运行。

(4) 持有、管理、经营国家外汇储备、黄金储备。

(5) 代理国库和其他金融业务。

(6) 代表我国政府从事有关的国际金融活动。

2. 政策性银行

政策性银行，一般是指由政府设立，以贯彻国家产业政策、区域发展政策为目的，不以营利为目标的金融机构。1994 年，我国组建了三家政策性银行——国家开发银行、中国进出口银行和中国农业发展银行。

以上三家政策性银行的资金来源与资金运用：

国家开发银行的资金来源主要靠向金融机构发行制约经济发展的“瓶颈”项目，其资金运用于直接增强综合国力的支柱产业的重大项目，高新技术在经济领域应用的重大项目，跨地区的重大政策性项目等。

中国进出口银行的资金来源以发行政策金融债券为主，并在国际金融市场筹措资金。其资金主要运用于为机电产品和成套设备等资本性货物出口提供出口信贷，办理与机电产品出口有关的各种贷款以及出口信息保险和担保业务。

中国农业发展银行的资金来源以中国人民银行的再贷款为主，同时发行少量的政策性金融债券。其资金主要运用于办理粮食、棉花、油料等主要农副产品的国家专项储备和收购贷款，办理扶贫贷款和农业综合开发贷款以及小型农、林、牧、水利基本建设和技术改造贷款。

3. 商业银行

商业银行是以经营存、放款，办理转账结算为主要业务，以营利为主要经营目标的金融企业。能够吸收活期存款，创造货币是其最显著的特征。商业银行通过资产负债比例管理，对其银行资产、负债进行综合、全面管理，通过谋求合理的资产与负债结构，使银行资产达到保值、增值的目的。

(1) 国有独资商业银行。此类银行由中国工商银行、中国农业银行、中国银行、中国建设银行四家国家专业银行演变而来。除农行外，国有独资商业银行业务逐步向大中城市集中，主要服务于国有大中型和大型建设项目。

(2) 股份制商业银行。1987 年 4 月，交通银行得以重组，成为一家股份制商业银行。随后，各地又成立了深圳发展银行、中信实业银行、中国光大银行、上海浦东发展银行等。股份制商业银行股本以企业法人和财政入股为主，它们以商业银行机制运作，服务比较灵活，业务发展很快。

(3) 城市合作银行。城市合作银行是在对城市信用社清产核资基础上，通过吸收地方财政、企业入股组建而成的。城市合作银行依照商业银行经营原则为地方经济发展服务，为中小企业发展服务。

4. 保险公司

保险，运用互助共济的原理，将个体面临的风险由全体来分担。

目前，我国保险公司的业务险种达 400 余种，大致可分为财产保险、责任保险、保证保险、人身保险四大类及保险机构之间的再保险。1995 年 10 月 1 日，新中国成立以来第一部保险法《中华人民共和国保险法》开始施行。

我国全国性的保险公司包括中国人民保险（集团）公司、中保财产保险有限公司、中保人寿保险有限公司、中保再保险有限公司、中国太平洋保险公司、中国平安保险公司、华泰财产保险公司、泰康人寿保险公司和新华人寿保险公司等。地方性的保险公司有新疆兵团保险公司、天安保险公司、大众保险公司、永安财产保险公司和华安财产保险公司等。外资、合资保险公司有中国香港民安保险深圳公司、美国友邦保险公司上海分公司、美国美亚保险公司广州分公司、东京海上保险公司上海分公司、中宏人寿保险股份有限公司和瑞士丰泰保险公司上海分公司等。

5. 信托投资公司

信托投资公司是一种以受托人的身份，代人理财的金融机构。它与银行信贷、保险并称为现代金融业的三大支柱。我国信托投资公司的主要业务：经营资金和财产委托、代理资产保管、金融租赁、经济咨询、证券发行以及投资等。根据国务院关于进一步清理整顿金融性公司的要求，我国信托投资公司的业务范围主要限于信托、投资和其他代理业务，少数确属需要的经中国人民银行批准可以兼营租赁、证券业务和发行一年以上的专项信托受益债券，用于进行有特定对象的贷款和投资，但不准办理银行存款业务。信托业务一律采取委托人和受托人签订信托契约的方式进行，信托投资公司受托管理和运用信托资金、财产，只能收取手续费，费率由中国人民银行会同有关部门制定。

信托投资公司业务特点：收益高、责任重、风险大、管理复杂等。

6. 证券机构

证券是指政府部门批准发行和流通的股票、债券、基金、存托凭证和有价凭证。

主要证券机构简介：

(1) 证券公司。证券公司又称证券商，主要业务有：推销政府债券、企业债券，股票代理买卖和自营买卖，自营买卖已上市流通的各类有价证券，参与企业收购、兼并，充当企业财务顾问等，如华夏证券有限公司、中国国泰证券有限公司等。

(2) 证券交易所。证券交易所是不以营利为目的，为证券的集中和有组织的交易提供证券交易的场所和设施，并履行相关职责，实行自律性管理，如上海证券交易所和深圳证券交易所。

7. 财务公司

我国的财务公司是由企业集团内部各成员单位入股，向社会集中长期资金，为企业技术进步服务的金融股份有限公司。

财务公司的主要业务有：吸收集团成员的存款；发行财务公司债券；对集团成员发放贷款；办理同业拆借业务；对集团成员单位产品的购买者提供买方信贷等。

财务公司的定位，应以筹集中长期资金，用于支持企业技术改造，而企业集团成员所需短期资金转由商业银行贷款支持。

8. 信用合作组织

合作制是分散的小商品生产者为了解决经济活动中的困难，获得某种服务，按照自愿、平等、互利的原则组织起来的一种经济组织形式。

9. 其他金融机构

中国邮政储金汇业局：以个人为服务对象，以经办储蓄和个人汇兑等负债、结算业务为主。

金融租赁公司：根据企业的要求，筹措资金，提供以“融物”代替“融资”的设备租赁；租期内承租人只有使用权。

典当行：以实物占有权转移的形式为非国有中小企业和个人提供临时性质押贷款。

资料来源：http://blog.sina.com.cn/s/blog_4c1251cb0100mqh8.html.（有删减）

2. 企业与政府之间的影响

如果政府认为某个企业是一个很负责任的企业公民，这样的企业在谈判的时候也会很容易建立信任。因而在企业日常生产经营过程中，政府应该鼓励和支持企业更多地承担社会责任，更多地关注企业内部环境、人员管理、员工的社会福利等。企业应按照政府的有关法律、法规，向社会提供安全的产品，这种产品既符合生产工人的安全需求，也要符合使用者的安全需求。企业还应照章纳税并承担政府规定的其他责任义务，接受政府的依法干预和监督，不得有逃税、偷漏税行为以及非法避税等行为。

四、管理机构、商事法庭对企业社会责任的影响

承担社会责任的企业容易受到市场的认可。尤其是在网络社会，管理机构、商事法庭等的知识水平越来越高，对企业的要求也越来越高。如果企业没有社会责任理念，生产那些不符合商业规范的产品或有其他相关不负责任的企业行为，一旦需要求助于管理机构或者要诉诸法庭，企业的产品、品牌将全被毁掉，企业将面临运营困难而无处求救。

与此同时，企业应该适当承担改善社区关系、促进社区发展的责任。因为企业作为社会的重要组成部分，需要在一定的社区环境中生存和发展。因此，企业应根据自己的条件和能力，积极关心和支持发展社区的文化教育事业、福利事业，关心和赞助社区的慈善事业，关心和参与社区的有关社团活动，同当地政府、居民、公共团体建立良好的关系，并通过自身事业的发展，为社区提供更多、更好的就业机会，繁荣社区的经济生活，促进当地经济和社会的发展。在"社区环境"领域，企业社会责任的衡量指标还包括能源的消耗、原材料的使用、废弃物的排放与处理等。

第三节　企业社会责任的其他影响因素

一、环境保护运动

随着人口的增长、经济的快速发展、城市化和工业化的进程加快，环境资源将继续面临着巨大的压力。因而，环境保护成为街头巷尾的话题，"绿色"、"低碳"等字眼已悄然流行到社会的各个角落。企业单位对资源的消耗和废弃物的积累负有不可推卸的责任。除了企业生产运营过程中会对环境造成污染之外，企业的其他部门都可能在影响自然环境过程中扮演着不光彩的角色。例如，研发部门可能会为了得到高收益而设计出有毒的、难降解的产品；财务部门为了短期决策目标，而这些目标忽视了对环境的保护；人力资源部门可能在招聘和晋职方面重视没有环境价值观却可以为企业带来利润的职工。另外，企业的发展离不开环境，环境的优劣也影响着企业。所以，企业与环境之间有着密不可分的关系。国际社会、当地政府和民间环保组织通过各种方式向企业施加压力，促使企业正视环境问题，担负起"谁开发谁保护，谁污染谁治理"的社会责任。

1. 政府加强环境方面的立法与执法监督

《中华人民共和国宪法》（以下简称《宪法》）明确规定："国家保护和改善生活环境和

生态环境，防治污染和其他公害。”从新中国成立以来，国家相关部门制定了多部法律、法规，内容涉及节约资源、废物排放以及循环经济等，强制性规范各个社会组织、企业等提高环保意识，形成可持续发展战略。为了强化执法监督力度，国家环保总局成立了环境应急与事故调查中心，全面执行国家有关环保法律、法规，确保完成环境执法监督管理工作。

2. 节能减排运动的兴起

节能减排（Energy-saving Emission Reduction）有广义和狭义之分。广义的节能减排是指节约物质资源和能量资源，减少废弃物和环境有害物（包括三废和噪声等）排放；狭义的节能减排则是指节约能源和减少环境有害物排放。现阶段我国经济增长快速，各项建设取得巨大成就，但也付出了巨大的资源和环境被破坏的代价，这两者之间的矛盾日趋尖锐，群众对环境污染问题反应强烈。

能源是人类社会赖以生存和发展的重要物质基础。纵观人类社会发展的历史，人类文明的每一次重大进步都伴随着能源的改进和更替。能源的开发利用极大地推进了世界经济和人类社会的发展。这种状况与经济结构不合理、增长方式粗放型直接相关。不加快调整经济结构、转变增长方式，就会出现资源支撑不住，环境容纳不下，社会承受不起，经济发展难以为继的局面。只有坚持节约发展、清洁发展、安全发展，才能实现经济又好又快发展。同时，温室气体排放引起全球气候变暖，备受国际社会广泛关注。进一步加强节能减排工作，也是应对全球气候变化的迫切需要。

例3-4　2011年4月1日，沃尔玛（中国）投资有限公司宣布在北京、深圳、上海、西安、武汉、厦门六个城市同时启动为期一个月的“沃尔玛地球月”活动。本次活动将在全国210多家沃尔玛购物广场举行。今年“沃尔玛地球月”的主题是“无拘无‘塑’，‘袋’动环保”。沃尔玛号召社会各界努力减少塑料袋的使用，并在部分环保低碳试点城市的沃尔玛商场重点鼓励多使用环保袋，带动公众减少塑料袋使用，以绿色行动来保护地球。

今年的“沃尔玛地球月”将在不同城市的启动仪式现场突出该城市的主题和特色，如生态城市厦门、低碳试点城市武汉等，强调城市、社区和商家共同携手减塑、减少包装的全民环保行动。来自上海市杨浦区环保局的领导、世界自然基金会上海办公室主任、社区代表、沃尔玛中国区代表、员工代表、战略合作伙伴联合利华的代表和媒体出席了“沃尔玛地球月”活动的启动仪式。本次“沃尔玛地球月”的主要内容包括：

在活动启动仪式举办城市的部分购物广场，沃尔玛将向顾客免费发放总共20万个环保购物袋，并提倡减少塑料袋，推广环保购物袋的使用。

在4月13日~4月21日期间，每个参与“沃尔玛地球月”活动的沃尔玛购物广场将对部分绿色环保商品进行特别促销。沃尔玛将联合主要供应商之一的联合利华公司力士品牌，在全国各家购物广场内推行“购力士够环保——旧瓶换新装，低碳更环保”，鼓励消费者将使用过的沐浴露旧瓶回收再利用，并换购更为环保的力士补充装。沃尔玛同时也积极响应由世界自然基金会发起的“地球一小时”活动。在3月26日“地球一小时”活动当晚，20：30~21：30，全国所有的沃尔玛购物广场关闭店内1/3照明一小时，19：00~20：00所有商场招牌灯箱关灯一小时。在地球月的一个月时间里，所有沃尔玛购物广场将在非营运高峰期关闭店面1/3的照明。

沃尔玛（中国）投资有限公司公共关系高级总监李玲女士说：“作为世界最大的零售企业之一，沃尔玛始终将可持续发展与业务的发展密切结合起来。我们希望通过消费者参与

'沃尔玛地球月'不同阶段的主题活动推动'绿色消费'、'绿色生产'、'减塑环保'的行为规范，倡议更广泛的公众在绿色消费方式上作出改变，共建绿色地球。"出席启动仪式的联合利华个人护理品类副总裁马文女士说："持续发展和低碳环保的理念是我们与沃尔玛公司的共识，也是我们在可持续发展上迈出的坚实的一步。近年来我们推出环保补充装，全面升级包装材料，弃用 PVC，使用对环境无毒的 PET；承诺自 2013 年全面使用可追踪的绿色棕榈油。但这些远远不够，我们不但自身要做好环保榜样，更要带动更多消费者参与、倡导绿色消费，支持绿色生产。"上海市杨浦区环保局杨斌说："坚持绿色发展与可持续发展相结合，坚持推行清洁生产与节能减排、保护生态环境是国家'十二五'规划发展的重要内容，也是未来城市发展的方向，我们很高兴看到越来越多的企业正在做着很多积极有效的行动，相信沃尔玛可以带领更多的企业、供应商加入到环保生产的行列。"从 2005 年开始，沃尔玛将可持续发展作为其全球发展至关紧要的使命，制定了"可持续发展 360"战略，并开始为三大目标而努力，包括：百分之百使用可再生能源；"零"浪费；出售利于资源和环境的商品。

"减塑"运动是沃尔玛全球可持续发展的重要一环，在能源资源节约和保护环境方面起到了重要作用。据资料显示，如果全国减少 10% 的塑料袋使用量，那么每年可以节能约 1.2 万 t 标准煤，减排二氧化碳 3.1 万 t。沃尔玛全国"减塑"运动也正如火如荼地在各地展开。例如，沃尔玛在汕头举办的"支持环保、从我做起——环保购物袋图案设计"活动；沃尔玛在长沙倡导的"节能环保，从我做起——限塑令"宣传系列活动；沃尔玛在金华举办的"拒绝白色垃圾，共建美好家园"活动；沃尔玛在深圳的"环保袋 DIY 大赛"等；与供应商合作，研发推广环保包装。2010 年 2 月，沃尔玛宣布到 2015 年年底，将从全球供应链中减少 2 000 万 t 的温室气体排放量，相当于一年从公路上减少 380 万辆以上汽车的尾气排放。沃尔玛中国公司事务副总裁傅希孟表示，沃尔玛将可持续发展与业务的发展密切结合起来，希望通过消费者参与"沃尔玛地球月"不同阶段的主题活动推动"绿色消费"、"绿色生产"、"减塑环保"的行为规范，共建绿色地球。

国际环保组织——绿色和平，日前公布了最新的《2010 年超市排行榜》。其中显示，全球最大连锁超市沃尔玛，首次向中国消费者承诺拒绝转基因食品。同时，有更多超市承诺采取切实措施，保障消费者购买到健康放心的食品。《2010 年超市排行榜》显示，家乐福和欧尚等超市延续去年的积极表现，得到较多的正面评价。两者较其他超市能较有效地控制蔬果生产过程中使用农药的情况，拒绝出售含转基因成分的食品，并向公众明确作出继续改进的承诺。据绿色和平新闻发言人王伟康介绍，沃尔玛超市和北京华堂商场均作出了承诺。沃尔玛更是首次正式向中国消费者承诺拒绝转基因食品。为保障消费者安全与环境健康，绿色和平要求所有超市立即建立行之有效的供应链监控系统，包括建立可追溯机制，加强检测转基因和农药残留，加强管理供货商和供应链，并确保消费者能够及时了解转基因食品和农药残留的相关情况。同时，超市更需承诺减少其所销售蔬果在生产过程中使用的农药量，帮助其供应商及生产商减少农药使用。

资料来源：http://gongyi.sina.com.cn/gyzx/2011-04-07/111225438.html.

二、员工

在现代企业中，员工主要通过组建工会、集体谈判和平等协商来约束企业履行社会责任，保护自身的权益。

1. 工会

工会的作用首先体现在对职工权益的保护上。其具体作用体现在以下两个方面：

(1) 帮助困难职工。这是构建和谐企业的重要内容之一。工会的帮扶工作有两方面的内容：其一，监督和落实好针对困难职工群体的各项基本保障政策，让困难职工掌握并充分享受到这些政策；其二，广泛开展对困难职工的就业救助、医疗救助，推动送温暖工程的经常化、制度化，为职工排忧解难。

(2) 维护广大职工的合法权益。2010 年 5 月 30 日中华全国总工会发出《关于进一步做好职工队伍和社会稳定工作的意见》，强调要在加快经济发展方式转变中切实维护职工合法权益，并发挥工会“大学校”的作用，不断满足职工日益增长的精神文化需求，使广大职工有尊严地生活，实现体面劳动。

工会要认真搞好安全生产的监督检查。搞好企业安全生产的监督检查，是工会应该特别关注的工作重点。在这些工作中，工会组织要监督行政落实安全生产措施、改善职工作业条件，组织开展行之有效的安全生产活动，保证职工的身体健康、平安，从而保持社区稳定，促进企业和谐。

企业工会组织要维护职工合法权益，在当今这个大的环境下，就需要做到提升自身维权工作的能力。当前，企业工会组织要提高维护职工合法权益的能力，提升工会运用法律政策武器，切实保障职工的经济、政治和文化权益。

2. 集体谈判

国际劳工组织在《促进集体谈判公约》第 2 条中将集体谈判定义为：集体谈判时，使用以一名雇主、一些雇主或一个或是几个雇主组织为一方，一个或数个工人组织为另一方，双方就以下目的所进行的所有谈判：①确定工作条件和就业条件；②调整雇主与工人之间的关系；③调整雇主组织与工人组织之间的关系。

集体谈判的意义是双重的，对企业员工来讲，通过集体行动，可以有效抑制雇主一些不合理的、侵犯劳动者利益的行为发生，为劳动者争得平等的地位、必要的劳动条件和基本的生活保障等一些合法权益。对雇主来讲，通过谈判的方式可以加强劳资双方的沟通与合作，促进劳动关系的稳定，推动企业目标的实现和企业效益的提高。

市场经济条件下，集体谈判不是解决劳资冲突的唯一有效方式，因为劳资之间的对立与冲突是不可能根除的。集体谈判的双方，都有强制力量和破坏方式作为后盾。对工人来说，集体谈判不成功，工会以罢工作为最后的解决手段；对雇主来说，某些谈判条件没有满足，也会以停工和对工人代表施加压力相要挟。

集体谈判是市场经济国家调节劳动关系的基本手段和重要机制，是工会维权活动的途径之一，也是判断企业经营管理水平和对职工权益维护力度的重要标准。集体谈判的最终成果——集体合同不仅体现了企业的劳动关系，而且也规定了企业的基本发展目标和职工的基本权益及其保障条件。随着经济全球化的发展和产业结构调整的深化，集体谈判对调节劳动关系和维护劳动者权益的作用将会越来越凸显。集体谈判权是工人及其工会组织的基本权利之一。集体谈判制度是经济发展的产物，也是工人斗争和工人组织发展的结果。

3. 平等协商

平等协商是指企业与本企业职工或企业代表组织与相应的工会组织针对劳动标准条件及

有关劳动关系事项进行商谈，并在可能的条件下达成一定协议的活动。平等协商谈判的内容包括：①集体合同和劳动合同的订立、变更、修订、解除；②企业涉及职工利益的规章制度的制定和修改；③企业职工的劳动报酬、工作时间和休息、休假、保险、福利、劳动安全卫生、女职工和未成年工的特殊保护、职工培训及文化体育生活等；④劳动事故的预防和处理；⑤职工民主管理及双方认为需要协商的其他事项。

平等协商的意义在于：

首先，它是现代企业制度规范建立的需要。规范健全的企业制度不仅能够促进企业更好、更快地发展，还能保证员工权益的实现。当今在我国大部分企业中，劳动者处于被支配的弱者地位情况下，这就需要工会组织根据单位的实际情况，通过平等协商来明确单位与劳动者的权利和义务，切实保障和维护劳动者的合法权益。

其次，它是全心全意依靠职工增强企业竞争优势的需要。在市场经济条件下，各个类型规模的企业是市场的主体，职工是企业的承载者，职工的积极性、创造性的发挥是企业发展的源泉和动力。企业的发展改革，离不开员工的参与和支持，职工既是企业发展的推动者，又是企业发展的受益者。

最后，平等协商有利于建立和谐的劳动关系，减少企业内部矛盾，融洽管理者与被管理者之间的关系，从而提高企业的凝聚力和团队活力。平等协商签订集体合同，就是通过契约的方式使劳动关系主体双方达成共识，从而相互依赖，相互促进，各尽所能，共同生存和发展，也只有共同发展，员工才能更加努力工作，企业才能做大、做强。

三、媒体监督和责任评价

媒体监督是指报纸、杂志、广播、电视等大众传媒对企业组织个人的各种违法行为，进行的揭露、评论（抨击）、支持和监督组织的方式，具有速度快、范围广、影响大的特点。媒体监督，由于其自身所特有的开放性与广泛性，为我国的监督体系注入了新的活力，在促进司法公正等方面发挥了积极的作用。媒体监督对企业组织的意义主要体现在：第一，媒体监督是企业主动履行社会责任的内在需求；第二，媒体监督是规范企业权力行使、防止企业做出违法乱纪行为的必要手段。权力具有天然的扩张性和侵略性，权力的不受监督和放任必将导致权力的恣意滥用和异化。

1. 新闻报道

新闻报道实质上是人民群众监督的一个渠道，一方面，人民群众通过新闻媒体对各级党委、政府、权力机构及其工作人员进行监督；另一方面，党和人民群众通过新闻媒体对整个社会，包括每个社会群体、社会集团和社会成员进行监督。监督不单是对腐败行为的监督，不单是对行政过程、执法过程的监督，还应包括对社会企业组织的行为、社会公德和职业道德状况等一些社会现象的监督。

2. 社会责任调查和评价

除了新闻媒体的报道以外，国内外的各类机构都对企业社会责任进行了各种调查和评价。企业承担社会责任，表现良好的企业借此也能提升自身的声誉，而忽略企业责任的公司则会广受谴责。近年来，企业社会责任报告受到越来越多的公司高管的重视，很多企业选择发布社会责任报告的方式进行非财务信息披露。企业社会责任报告（简称 CSR 报告），指的是企业将其履行社会责任的理念、战略，其经营活动对经济、环境、社会等领域造成的直接和间接影响，取得的成绩及不足等信息，进行系统的梳理和总结，并向利益相关方进行披露的方式。企业社会责任报告是企业与利益相关方沟通的重要桥梁。传统的以股东利润最大化为目标的运营方式所带来的雇员福利问题、环境污染问题等越来越引起社会各方面的质疑，由此带来的压力要求企业对除股东之外的更广大利益相关方负责，以实现企业和社会的全面可持续发展。因此，越来越多的企业在投资者、消费者等利益相关方的压力下，并从企业内部运营的需要出发，选择了发布企业社会责任报告。根据瑞森德企业社会责任机构的数据统计，2009 年在中国境内经营的企业发布了多达 600 多份的企业社会责任报告（包括以企业公民报告、可持续发展报告等名称发布的报告）。

四、责任投资

随着教育水平的提高，社会和环境意识的增强，越来越多的人要求企业组织的投资必须尊重他们的价值观。人们要求不仅政府而且企业都必须对社会的整体利益负责。而责任投资也进入到社会大众的视角中。社会责任投资（Socially Responsible Investing，SRI）是一种特别的投资理念，即在选择投资的企业时不仅关注其财务、业绩方面的表现，同时也关注企业社会责任的履行，在传统的选股模式上增加了企业环境保护、社会道德以及公共利益等方面的考量，是一种更全面的考察企业的投资方式。社会责任投资者同时还可以用他们企业股东的身份，通过积极的股东行动，促使企业更好地履行社会责任。

社会责任投资在我国目前还处于初期阶段。我国过去 20 多年全力发展经济，出现了越来越严重的环境及社会问题，人们越来越感到企业履行社会责任的重要性，因此政府也不断出台了一些提高公司治理、保护环境、防治污染及提升社会道德的法规。“十一五”规划就特别强调打造一个可持续发展的社会。

亚洲可持续发展投资协会（ASRIA）2004 年针对大中国地区社会责任投资（SRI）所作的调查，具体情况见表 3-1。

表 3-1　中国地区社会责任投资（SRI）调查

中国香港地区	中国台湾地区	中国大陆地区
1 支本地注册的 SRI 基金	尚无本地注册的 SRI 基金	尚无本地注册的 SRI 基金
有多支海外的 SRI 基金在香港销售	极少海外的 SRI 基金在台湾销售	无海外的 SRI 基金在大陆销售
已有多支海外 SRI 基金对香港公司进行投资	只有少量的海外 SRI 基金对台湾公司进行投资	海外 SRI 基金只能通过香港资本市场间接对大陆公司进行投资
有众多研究机构提供有关 SRI 的研究报告	只有一些有限的 SRI 研究报告	非常有限的 SRI 研究报告（主要还是来自香港）
企业、金融机构及非营利组织对 SRI 强力的支持	企业、金融机构及非营利组织越来越重视 SRI	企业、金融机构及非营利组织对 SRI 还在了解阶段
社区投资受到重视	社区投资越来越受到重视	社区投资还未受重视
有关公司定期发布自身社会与环保的公司报告	无	无

五、商业伙伴

商业伙伴包括企业供应链上下游的伙伴和战略合作伙伴等。他们通过供应链审查向上下游企业施加责任压力，迫使企业履行社会责任。商业伙伴的协同发展可以使企业以最低的成本、最快的速度将产品和服务送到客户的手里，满足客户的需求，提供给客户优异的服务。所以说，商业伙伴对企业自身的影响也是举足轻重的。一方面，及时、高效地输入和输出企业优质产品是一种承担社会责任的体现；另一方面，双方守信合法地经营也是良好社会公民的体现。在富士康公司陷入困境时，美国苹果公司决定为富士康代工的苹果产品在原定代工费基础上增加2%的补贴，这说明企业社会责任的边界，已从过去的单个企业，延伸到了企业供应链各个环节，包括供应商或者原材料采购过程中的责任。如果企业对供应链社会责任关注不够，那么供应链上的企业就会蒙受不同程度的损失。

六、社会责任研究

学者们从两个角度影响企业承担社会责任：一方面通过各类期刊、杂志发表论文、报告和专著等来唤醒企业组织、民众等责任意识，督促企业承担责任；另一方面，研究者为企业提供策略方法和详细的指导意见，促使企业履行社会责任时有章可循，能把企业社会责任落到实处。

然而，长期以来，我国理论界对社会责任研究成果并不丰富，大多是引进国外的理论。随着可持续发展和和谐社会的理念提出，越来越多的学者相关的研究成果也开始大量出现，理论研究也从“解释、介绍”向“解决实际问题”转变，并且“本土化”特色明显。

本章小结

本章从介绍企业社会责任的宏观环境入手，分别分析了企业经营的政治法律环境、经济环境、社会文化环境和技术环境；进而描述了企业社会责任的产业环境，分析竞争者、供应商、消费者和政府、非政府组织对企业承担社会责任的影响，从而为企业管理者作出相关决策提供具体的具有指导性的建议；最后深入具体地研究影响企业社会责任的其他因素，包括环境保护运动、员工、媒体监督等，剖析了企业之所以成为负责任的企业公民的原因。

思考题

1. 企业所处的宏观环境是如何影响企业履行社会责任的？
2. 竞争者和消费者是如何影响企业的？商事法庭对企业的作用有哪些？
3. 什么是企业社会责任投资？企业为什么要进行社会责任投资？
4. 综合本章内容，谈谈你对企业社会责任环境的理解。

第四章　企业社会责任的内部驱动力

【学习目标】

掌握企业社会责任与企业竞争力、企业绩效、企业价值和企业可持续发展的关系；掌握企业社会责任竞争力的形成机制和提升手段；了解企业竞争力、企业价值、企业绩效等概念的含义。

【关键词】

企业竞争力；责任竞争力；企业绩效；企业价值；可持续发展

【导入案例】

拜耳公司：完善企业社会责任管理系统

一、简介

德国拜耳公司（以下简称“拜耳”）是一家总部位于德国的全球性跨国企业，具有140多年的历史，其核心业务为医药保健、农作物营养以及高科技材料。拜耳早在1882年就开始了与中国的贸易往来。本着“拜耳方案，应中国之需”的承诺，目前拜耳大中华区已成为拜耳在亚洲的最大的单一市场，拥有23家企业，6 500名员工。2007年，拜耳在大中华区的销售额为18亿欧元。其本地化产品日渐构成其所有销售产品的重要部分。

二、问题

企业社会责任要求企业有效管理企业的运营对利益相关方和自然环境所产生的影响。拜耳作为一家具有悠久历史的公司，早在100多年前，当诸如“环境保护”、“生态”等词汇还没有引起社会的极大关注之时，就率先成立了废水处理委员会，注重工厂中的环保问题。公司一贯秉承可持续发展理念，一切活动均以经济、生态与社会承诺并重。如何在研发、生产以及整个运营过程，乃至所有的对外行动中贯彻三项承诺，以创造可持续发展的公司价值呢？

三、解决方案

创新是企业持续制胜的关键。正如“拜耳——创新科技使生活充满活力”的使命所体现，拜耳通过持续优化产品组合，将活动集中于三大富有潜力、效率和独立性的子集团——拜耳医药、拜耳农作物科学、拜耳材料科技，将不断创新的公司技术和商业专知作为公司增进全人类福祉、展现社会承诺，并持续积极促进可持续环保发展的具体行动。

四、策略与管理

拜耳开发出整套特殊管理结构与策略，不断拓展公司的可持续管理，主要表现在业务活动的主要组合变更、快速经济发展与进一步国际化发展上，通过清晰的战略观点与详细的可持续计划，拜耳旨在迅速做好准备，应对当前与未来的挑战，以目标为导向开展业务运营。面向未来的产品组合展现了创新与可持续性间的和谐关系，拜耳对现有的产品进行重新评价，开发出独具特色的产品评价体系，针对产品特性进行全面、有效的评估，所涉及的检查范围包括经济、健康、环境、生命周期、技术和公共价值。该项系统性的分析为战略决策的制定提供了依据，同时也可促进产品的改进与完善，从而有利于实行最先进的产品管理体制。在拜耳，环境保护不仅仅是高层管理者所关心的事，更是每一个员工在日常工作中必须遵守的原则，这一点已在责任关怀原则以及健康和安全原则中明确阐明。拜耳开发了综合的健康、安全和环境管理系统。它将国际标准与拜耳政策原则相结合，促进沟通，保证透明度。健康、安全和环境管理系统将每一目标通过事实和数字来反映，涵盖了集团所有与员工及工厂周边居民的安全保健以及与排放有关的工厂。

1. 履行社会责任的“六步”“六法”

对于拜耳来说，企业社会责任不仅仅是善意之举，而且是必做之事。拜耳实施社会责任的六个步骤：第一步，管理层需要首先确定他们认可的企业社会责任的定义。第二步，确认公司应该向谁负责？谁是利益相关者？公司和谁有责任关系、关联关系或从属？第三步，确认公司应该负什么样的责任？公司行事的哲学是什么？公司希望参与什么样的议题？第四步，确定目标、任务和时间表。第五步，确定关键表现的衡量标准。第六步，进行衡量并按程序报告。

拜耳还开创性地总结了实现企业社会责任的六种方法：

1）事件推广。通过资金、公司现有资源等各种赞助方式支持或推动某一公益事件，如赞助特殊奥林匹克运动会，残疾人运动会。

2）事业关联营销。利用自有产品销售推动某一公益事件，即按该产品销售的一定比例用于支持某一公益事件。比如，每销售一件产品，销售额中的1%用于捐赠给红十字会。

3）企业社会营销。通过支持某项活动来改变公众的行为，促进公众健康、安全或环保等，如组织艾滋病宣传活动。

4）爱心奉献。向慈善机构或社会的直接捐赠。

5）志愿者。公司鼓励员工、供应商、股东等作为志愿者提供技能等服务，如公司员工为智障儿童授课。

6）履行社会责任的商业实践。通过投资某项业务，用以改善社区建设、环境保护等公益事业，如公共健康媒体研究室。

2. 致力优化生活

拜耳在全球约150个国家开展业务，也在全球赞助了约300个不同计划，不仅提供了公司经济及科技关键技术方面的知识，员工更是善尽职责，投入大量心力。行胜于言，拜耳在中国从环境保护、公共健康、社区关怀、教育和扶贫等全方位践行社会责任承诺，拜耳将社会责任活动与公司的核心业务、核心价值结合在一起，使企业社会责任行动不仅有益于社会，而且服务于公司目标的实现。例如，作为农作物以及健康领域提供专业产品和解决方案的公司，拜耳深入农村，与广大农户亲密接触，这使拜耳非常清楚农村的状况和了解他们的需要。公司通过中国扶贫基金会等组织建立了小额贷款项目并借助于拜耳农作物科学和拜耳医药保健（包括拜耳动物保健）的核心能力开展了农业、养殖和健康知识培训，以此协助偏远、贫困地区的社区发展，进一步支持中国农村和农民的进步。

五、成效

一切活动均以经济、生态与社会承诺并重，使得拜耳公司在其三大核心业务——医药保健、农作物营养以及高科技材料领域均有良好的市场表现，100多年的发展历史中保持了良好的业绩增长。2006年，拜耳大中华区的销售额为14.9亿欧元。2007年实现了20%的增长，达18亿欧元。同时，在企业社会责任领域关注环保、教育、扶贫、弱势群体等的一系列有目标和有成效的项目，也使得公司在社会上树立了负责任的品牌形象。

资料来源：郭沛源，崔征．拜耳公司：完善企业社会责任管理系统［J］．WTO经济导刊，2007（4）．（有删减）

在市场经济条件下，企业积极地履行社会责任不仅提升了财务业绩，提高了企业效率和企业顾客忠诚度，降低了运营成本，而且为企业构筑了人才高地，甚至降低了监管力度和市场壁垒。企业社会责任成为培育企业竞争力、提高企业绩效和企业价值、实现企业长期可持续发展的又一新的手段。

第一节　企业社会责任与企业竞争力

企业社会责任作为一个舶来品，虽然它与我国传统的助人为乐的观点一脉相承，但却洋溢着更多的时代气息。最早将企业社会责任（贫困、环保等）问题与企业竞争力联系在一起的是战略学者迈克尔·波特（Michael E. Porter）在其《竞争论》一书中提出来的。迈克尔·波特借用生动的案例简述了“采用竞争力的方式来解决社会问题”的观点，论述了如何将企业社会责任与企业竞争力相结合，达到企业自身利益与社会利益的双赢。

企业社会责任是社会发展到一定阶段的产物，是企业作为社会经济组织自发追求更文明的经济行为的结果，企业内外环境驱动的结果。企业竞争越来越遵循一个新的包含企业社会责任因素在内的竞争规则。不适应这个规则，企业可能就会被排斥在商业游戏之外。同时，我国已经进入社会主义市场经济深入的阶段，在全面建设小康社会，加入世界贸易组织后的全球市场竞争日益激烈等客观条件下，研究企业如何突破固有，明确企业社会责任与企业竞争力的关系，通过履行社会责任全面提升企业竞争力，成为企业在竞争中获得长期生存和发展的重要问题。

一、企业竞争力

（一）竞争力的概念

竞争力（Competitiveness）的概念源于竞争（Competition）。这一概念早在达尔文的进化论中得到了体现，竞争导致了物种之间争夺生存必需的资源，适者生存、物种不断地向前演化。随后，这一概念被广泛地引入经济学、管理学和社会学领域，被用来形容两个或者更多的个人、集体或者组织为了自身的生存和发展，在一定范围内争夺他们共同需要的资源而展开的斗争与较量。

竞争力是一个复杂的概念，它具有多角度、多层次性。从竞争力的研究对象来看，对竞争力的研究可以从国家、产业、企业、产品等多角度涉入；从竞争力的分析主体的范围来看，竞争力有四个层次，即国家竞争力、产业竞争力、企业竞争力和产品竞争力。本书的研究目的主要是深入地探讨企业层面上的竞争力问题，即企业竞争力。由于市场资源的稀缺性和有限性，使得以资源为依托、以市场需求为生的企业，为了自身的生存和发展，就必然与竞争对手在市场上展开较量。企业竞争优势的构建主要取决于在一定环境条件下支撑企业生存和发展的力量，这种力量主要源于企业所具有的竞争力。

（二）企业竞争力的概念与层次

1. 企业竞争力的概念

（1）企业竞争力的定义。在有限的发展空间和企业可持续发展目标的压力下，企业竞争力成为企业获得可持续发展和竞争成功的一个关键因素。企业竞争力是一个相对直观但是却又难以界定的概念，由于企业竞争力本身的复杂性，对企业竞争力的界定也不尽相同。

兴起于20世纪80年代的市场结构论，从企业的产业市场环境角度对企业竞争力进行研究，更多地强调了外部环境对企业竞争力的影响。资源基础理论认为，企业在资源及其积累方面的差异造成了企业竞争力的不同，它更多的是从企业的资源出发来对企业竞争力进行阐述。企业能力理论也是从企业内部因素来理解企业竞争力，但是与资源基础理论不同，它更侧重于从动态联系的视角来理解企业竞争力，强调企业资源的整合对企业竞争力的影响。

美国《产业竞争力总统委员会报告》认为，企业竞争力是指“在自由良好的市场条件下，企业能够在国际市场上提供好的产品、好的服务，同时又能提高本国人民生活水平的能力”；世界经济论坛（World Economic Forum，WEF）1985年《关于竞争力的报告》指出，企业的国际竞争力是“企业目前和未来在各自的环境中，以创造比国内和国外的竞争者更有吸引力的价格和质量优势，来进行设计、生产并销售货物以及提供服务的能力和机会”，1994年《国际竞争力报告》中又把企业竞争力定义为“一个公司在世界市场上均衡地生产出比竞争对手更多财富的能力”；《中国国际竞争力发展报告》（1996）联合课题组认为，所谓的企业竞争力，是指企业或者企业家在环境中成功地从事企业经营活动的能力。

从现有的对企业竞争力的研究来看，对企业竞争力的研究最为系统的非美国哈佛商学院的迈克尔·波特（Michael E. Porter）教授莫属。迈克尔·波特认为，“企业竞争力是指企业设计生产和销售产品与服务的能力，及其企业的产品和服务的价格和非价格特质与性能在市场竞争中与竞争对手相比所具有的市场吸引力及其获得并保持企业最大收益的能力”。其理论与思想在《竞争战略》、《竞争优势》、《国家竞争优势》“竞争三部曲”中体现得淋漓尽致。波特的企业竞争力理论主要由三个核心内容构成：一是企业竞争力决定于产业的五种竞争力量（潜在入侵者、替代品的威胁、供应方议价能力、买方议价能力和同业竞争者[1]）；二是创造获取竞争优势的三个基本战略，即总成本领先战略（Overall Cost Leadership）、差异化战略（Differentiation）、目标集聚战略（Objectives Focus）[2]；三是“价值链”与竞争优势的创造。迈克尔·波特教授的理论从竞争定位到基本战略又到价值链，提出了企业获取竞争优势的较为完整的体系；同时揭示了企业为增强竞争力获取持久竞争优势的三个关键因素：一是一个具有吸引力的行业；二是选择企业在该行业的相对定位；三是利用价值链创造竞争优势。可见，迈克尔·波特教授丰富了企业竞争力理论的两个主要内容：企业竞争力来源的系统思想和企业竞争力的分析工具。但他忽略了政府的竞争政策和创新机制对企业竞争力的作用；同时，强调成本与差异属于企业直接竞争力的因素，但企业竞争力的间接影响因素，如管理、技术与机制创新、企业社会责任、人力资源等，都是不容忽视的企业竞争力来源，虽然这些方面迈克尔·波特后来也有所谈及，但并不系统。

---

[1] Michael E. Porter, Competitive Strategy: Techniques for Analyzing Industries and Competitors [M]. The Free Press N. Y. 1980.

[2] 迈克尔·波特. 竞争优势 [M]. 李明轩，邱如美，译. 北京：华夏出版社，1997.

不同的主体因其侧重点不同而对企业竞争力的界定也不尽相同。根据笔者的研究范围，我们认为，企业竞争力是指企业通过合理地利用企业内外部资源，在为市场和消费者提供产品和服务的过程中建立的，比竞争对手更有效地服务于产品和市场的竞争优势。

企业竞争的成功主要体现在企业在市场竞争中的生存时间的长短和企业的长期收益上。在资源稀缺、企业异质、环境差异、市场需求有限的条件下，不同的企业满足市场需求的能力是不同的，因而在激烈的市场竞争中就会显现出企业竞争力的差异。在优胜劣汰的自然生存法则下，竞争力较弱的企业就会被逐出市场，失去生存空间。对那些在竞争中生存下来的企业来说，生存的时间越长，企业的长期效益就越好，企业适应外界环境变化、整合自身资源的能力就越强，相应的企业竞争力也越强。不同企业竞争力的差异不仅仅受到企业拥有的资源和能力的异质性的影响，还受到企业的外部环境如市场的特性、政治经济体制的变化、社会文化环境与自然环境的变化等因素的影响。在激烈的市场竞争中存活下来的企业与被逐出市场的企业相比，在满足市场所需求的关键资源、能力、对环境的把握和运用等方面都有一定的优势，这些优势最终体现在企业的产品和服务上。

（2）企业竞争力的结构。从上文对企业竞争力含义的阐述我们可以看出，企业竞争力主要由以下三部分构成。

1）企业现实的市场竞争力，也就是企业在当前的市场条件下所表现出的生存能力。这种能力主要体现在企业产品的市场能力（市场占有率、市场拓展能力和应变能力、市场营销能力等）、产品的生产能力（企业劳动力、人均技术设备水平、设备先进性等）和企业现有的技术水平上。

2）企业潜在的、未来可能拥有的市场竞争力，它反映了企业的可持续发展性。这种能力主要有人力资源能力、企业的研究发展能力、技术创新能力等。

3）企业将潜在竞争力转化为现实的能力，并获得竞争优势，如企业的战略能力、人力资源能力等。

在企业竞争力的各个部分都涉及很多其他因素，如企业的内部环境和外部经济环境、社会政治环境和企业文化等。这些因素渗透在企业竞争力的各个部门并对其造成一定的影响。

2. 企业竞争力的层次

国际著名的兰德公司经过长期研究发现，企业竞争力可分为三个层面：第一层面是产品层，包括企业产品生产能力、质量控制能力、企业的服务、营销、研发能力等；第二层面是制度层，包括各经营管理要素组成的结构平台、企业内外环境、资源关系、企业运行机制、企业规模、品牌、企业产权制度；第三层面是核心层，包括以企业理念、企业价值观为核心的企业文化，内外一致的企业形象，企业创新能力，差异化、个性化的企业特色，稳健的财务、拥有卓越的远见和长远的全球化发展目标。第一层面是表层的竞争力；第二层面是支持平台的竞争力；第三层面是最核心的竞争力[㊀]。企业竞争力三层次模型见图4-1。

3. 企业社会责任与企业竞争力

根据前文对企业竞争力的层次划分，企业社会责任在企业竞争力层面上的体现见图4-2。

㊀ 田虹．企业社会责任及其推进机制［M］．北京：经济管理出版社，2006.

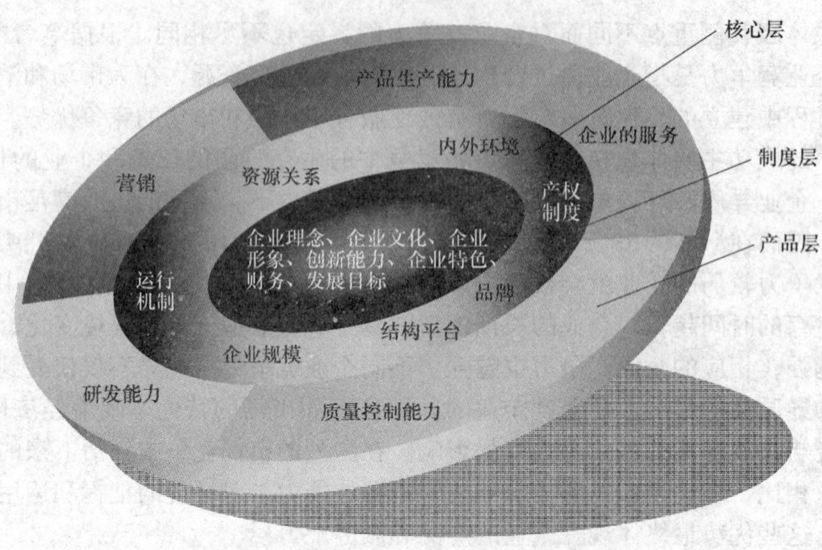

图4-1 企业竞争力三层次模型图

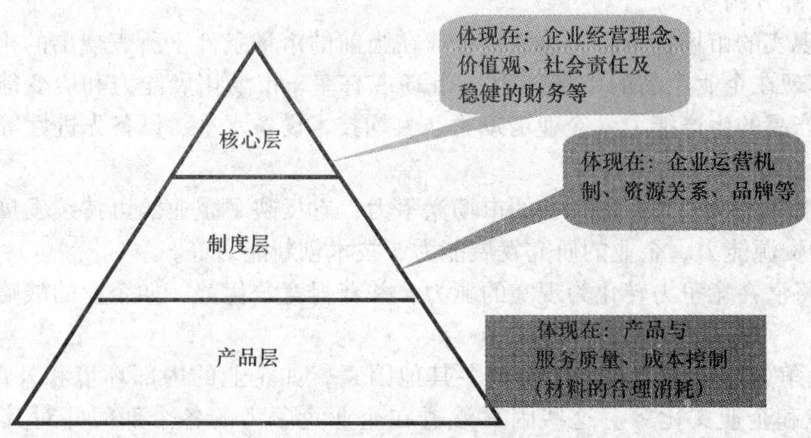

图4-2 企业社会责任在企业竞争力层面上的体现

企业社会责任对企业竞争力的影响主要体现在以下几个方面：

（1）企业社会责任与企业产品竞争力。产品是企业向市场提供的能够满足消费者和拥护某种需要的任何有形物品和无形服务。产品的整体概念中最基本的层次是产品的核心层次，它集中体现了消费者所需要的利益和功能。消费者购买某种产品，绝不仅仅是为了获得构成某种产品的各种构成材料，而是为了满足某种特定的需求。在这一层次上，有社会责任的产品会在传统产品的基础上，更加符合保护人类生态环境和社会环境的要求，除具有传统产品的优良品质外，更增加了满足消费者健康、安全、环保等需求的一部分，这也是前面分析的消费者会选择有社会责任的产品的动机所在。因此，企业首先要揭示产品的核心层次，突出企业社会责任的优点；其次，要依托产品的形式层次，保证社会责任品质；最后，要强化产品延伸层次，提供社会责任服务。

（2）企业社会责任与企业制度层竞争力。企业竞争力的直接来源主要由企业内部资源及资源配置、运作效率和效果决定。要实现企业社会责任竞争力，制度层的责任体现必不可少，它是企业整体责任竞争力的中坚力量。制度层竞争力，包括各经营管理要素组成的结构平台、企业内外环境、资源关系、企业运行机制、企业规模、品牌、企业产权制度。因此，企业实施内部生产守则、推行责任认证、开展能力培训责任内容，无疑对制度层竞争力有不可忽略的重大影响。

（3）企业社会责任与企业核心层竞争力。企业核心层竞争力要保持企业长期可持续发展的能力，企业社会责任又保持了社会的可持续发展，企业与社会的鱼水共生关系使得企业竞争力与社会责任理念不谋而合，从而企业提升核心层竞争力与建设和谐社会的伟大构想又一次吻合。企业社会责任不仅有助于传播我国的企业文化背景，而其对树立有竞争力的企业形象有着不可磨灭的重大作用。

二、企业责任竞争力

责任竞争力（Responsible Competitiveness）这一理念最早是由欧洲企业社会责任协会提出来的，不仅仅提出了责任竞争这一重要的思想，而且主张将企业社会责任融入到企业经营活动中去，将企业社会责任作为企业战略的重要组成部分和企业生存与发展的重要前提。但是，直到20世纪90年代，众多企业才对社会责任予以认同和支持，企业社会责任逐渐成为一种潮流开始纳入企业竞争力的内涵中。“耐克事件”成为这一趋势的一个标志性事件。

例4-1　20世纪90年代初，媒体披露耐克公司设在印度、孟加拉、印尼等发展中国家的工厂大量雇用童工，所有工人每天要在狭小昏暗的厂房中连续工作十五六个小时的情况，在欧美社会引起轩然大波。许多消费者自发组织游行，抵制耐克产品，并将耐克的广告词“JUST DO IT（现在就做）”改成了“JUST STOP IT（赶紧停止）”。尽管耐克公司后来同意支付赔款，并成立“公平劳工协会”监督改善劳工环境，但公司形象已经严重受损。消费者很难原谅耐克公司曾经对发展中国家工人所做的一切。“耐克风波”让许多企业意识到，即使是大公司，也不能忽视社会责任，否则会招致严重后果。很多欧美跨国公司都开始制定社会责任守则。

企业社会责任即是社会发展到一定阶段的产物，是企业作为社会经济组织自发追求更文明的经济行为的结果，也是企业内外驱动力的产物。

资料来源：http：//www. ceocio. com. cn/12/93/248/253/22728. htm.

（一）企业责任竞争力的概念

1. 责任竞争力的定义

根据前面对企业社会责任和企业竞争力的界定以及企业社会责任与竞争力的关系阐述，不难看出，在当今的社会中，企业社会责任与企业竞争力已经是相互联系、密切相关的一个整体，二者相辅相成、共生共存，企业社会责任逐渐成为企业竞争力的一个重要组成部分，也是实现企业竞争力的必要前提和手段。因此笔者认为，企业责任竞争力是指企业在对外部环境进行分析的基础上，结合自身的能力，在生产经营活动中自觉承担社会责任，并在这一过程中形成企业内部能力和外部环境等方面的竞争优势，从而在市场竞争中表现出一定的综合素质与能力。

2. 责任竞争力的推动因素

责任竞争力的核心思想企业社会责任，目的是为了扩大企业对区域市场、国内市场甚至是国际市场的影响。英国社会道德与责任研究院（Account-Ability）在对企业责任竞争力的实践和潜力进一步了解的基础上，加强了对责任竞争力指数的研究和应用。对数据进行广泛吸纳的基础上，英国社会道德与责任研究（Account-Ability）认为，责任竞争力的落实和贯彻实行主要体现在三个领域。具体的责任竞争框架见图 4-3。

根据英国社会道德与责任研究院（Account-Ability）的观点，责任竞争力意味着政策制定者、商业行为主导者和社会推动力量三方共同致力于建立一个公平的、低碳的和包容性的经济社会环境。政策驱动意味着政府通过强有力的手段鼓励企业取得好的财务和非财务绩效；商业行为是指企业以具体的行动来支持政府政策的实现和自身的长期生存和发展；与此同时，社会组织为企业提供了与企业利益相关者互动的机会，推动企业更好地履行社会责任。责任竞争力的推动因素见图 4-4。

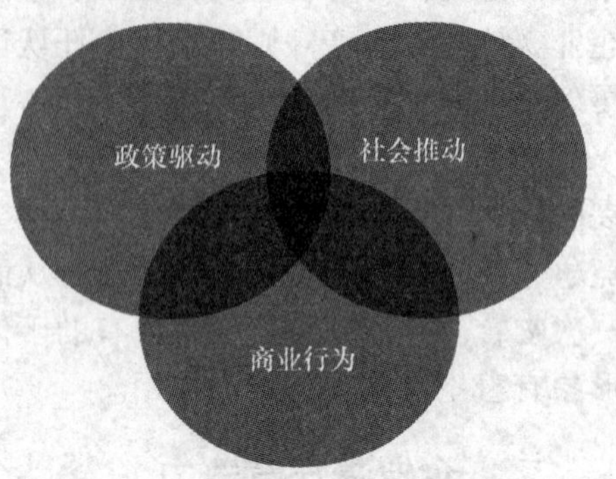

图 4-3　责任竞争框架

资料来源：国家责任竞争力（2009）[M]. 北京：国家行政学院，2010.

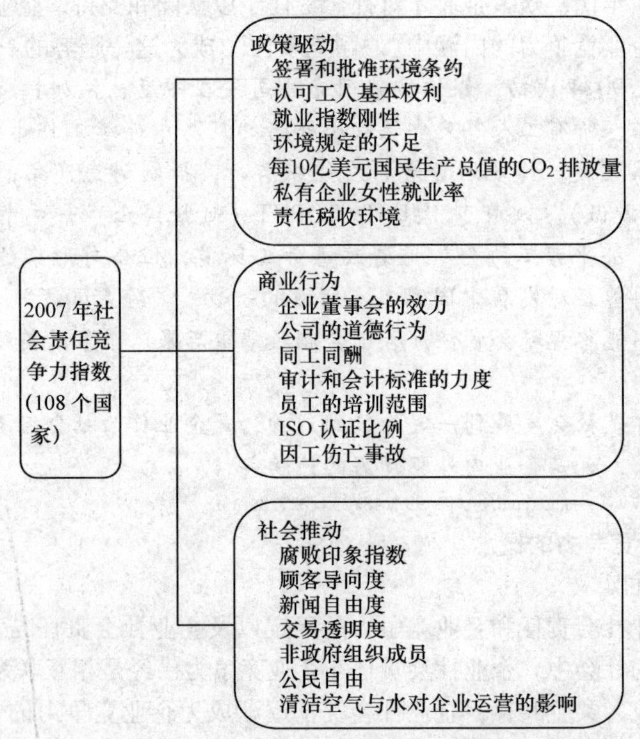

图 4-4　责任竞争力的推动因素

资料来源：国家责任竞争力（2007）[M]. 北京：国家行政学院，2008.

（二）企业责任竞争力与企业竞争力

例 4-2　几年前，迪士尼在广东的两家授权制造商因为恶劣的工作条件和盘剥工人，被香港的一家 NGO 组织（非政府组织）录像曝光，要求迪士尼撤销给这些“血汗工厂”的订单。

在沃尔玛的中国网站上，申请成为它的供应商必须先填申请表，只有达到它制定的企业社会责任标准，才有机会取得订单，成为它的合作伙伴。2004年沃尔玛在中国的采购金额高达180亿美元。但所有的供应商都要接受其经常性的突击检查。如果疏忽大意车间没有配备急用药箱，餐厅厨师没有“三防证”、没有戴帽子（以免发丝掉入食物），都随时可能成为撤销订单的理由。

为什么这些看起来与经营行为很不相关的细节却越来越成为主导企业经营成败的关键？为什么越来越多的跨国公司开始干涉合作伙伴诸如员工福利这样的“企业内政”？因为企业的竞争规则变了！企业竞争越来越遵循一个新的包含企业社会责任因素在内的竞争规则。不适应这个规则，企业可能就会被排斥在商业游戏之外。

企业责任竞争力——企业继人才、技术、管理等要素之外，需要锻造的一个新的重要的竞争力。

资料来源：http：//info. ceo. hc360. com/2005/11/10082318821. shtml

近年来，随着公众社会责任意识的逐渐增强和全球市场竞争环境的变化，企业社会责任开始逐渐融入企业竞争的框架中，成为企业获得竞争力的一个必不可少的条件，企业责任竞争力也成为企业在市场竞争中获得生存和发展的重要竞争力。

1. 企业责任竞争力是增强企业竞争力的重要手段

全球市场经济环境的变化使得企业社会责任不再是企业可有可无的道德说教，而逐渐成为培养和制约企业未来竞争力的重要因素。企业责任竞争力可以为企业的差异化战略增加新的砝码。随着公众社会意识的增强，企业通过积极地履行社会责任，甚至是有针对性地开展有特色的企业社会责任活动，为企业的产品增加与众不同的附加值，使之与竞争对手的产品有效地区别开来，从而增强企业产品在市场上的竞争实力。

2. 企业社会责任有助于企业留住和吸引优秀的人才

企业积极地承担社会责任可以增加和鼓舞企业员工的士气，减少企业优秀人才的流失，并能够吸引大量的优秀人才。企业在社会责任行为方面表现得越好，越有助于增强员工的凝聚力和工作热情，从而提高企业员工的忠诚度，吸引更多的优秀人才加入到本企业中来，构建企业的“人才高地”，并最终促进企业竞争力的提升[㊀]。另外，从对企业竞争力的结构论述中可以看出，企业对优秀人才的吸纳也可以为企业培养潜在的、未来的竞争力。

3. 企业责任竞争力与企业竞争力的融合成为一种趋势

从短期来看，二者的融合可能会使企业的成本明显地增加，在短期内影响企业的竞争力；但是从长期来看，企业承担社会责任后，新的竞争力将会形成。毋庸置疑，在现代经济条件下，企业必须承担社会责任。但是如果企业只专注于社会责任问题而忽视了其本职工作，将会出现相反的效果。

从长期来看，企业承担社会责任将会促进企业竞争力，进而提升企业的责任竞争力。因为，一方面，企业积极地履行社会责任将会得到利益相关方的支持和认同，从而获得更多的优质资源，并能够树立良好的企业形象和企业价值，并在此基础上建立起新的竞争力；另一方面，企业积极地履行社会责任从长远看将会降低企业的成本，提高效率。

㊀ 刘宝. 企业社会责任与企业竞争力——兼论从微观、中观、宏观三个层面共同推进企业社会责任竞争力［J］. 四川经济管理学院学报，2010（2）.

总之，企业通过积极、主动地承担社会责任，一定会促进企业竞争力的提升和企业责任竞争力的构建。企业责任竞争力与竞争力的融合将成为未来的一种发展趋势。

（三）企业责任竞争力的形成

1. 企业责任竞争力的外部形成因素

根据前面对企业社会责任的界定和内容，我们认为企业社会责任竞争力形成的外部因素主要是指企业声誉与企业形象、企业关系资本以及市场的认可三方面。企业责任竞争力的外部形成因素见图4-5。

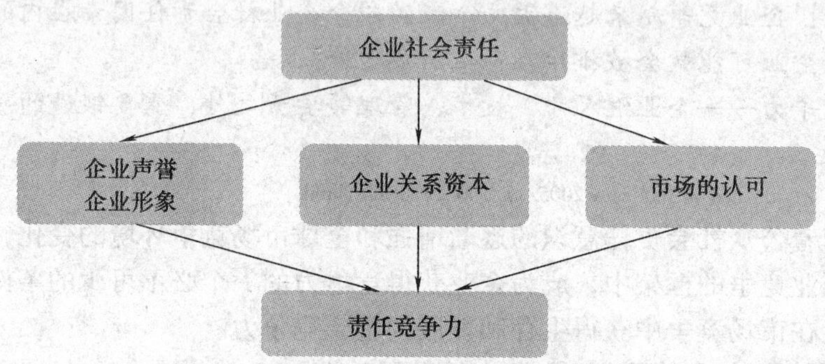

图4-5 企业责任竞争力的外部形成因素

企业声誉与企业形象是企业在生产运营过程中逐渐形成的，它是建立在公众对企业各因素认知的基础上，对企业利益相关者如消费者、公众、社会、政府等都有重要的影响。企业在承担社会责任的过程中，会形成良好的企业声誉和企业形象，而这种声誉和形象是企业最独特、最有价值的财富，从而使企业获得与竞争对手相比的异质性资源，最终提高企业的竞争力。另外，企业积极地承担社会责任，在获得良好的企业声誉和企业形象的同时也能够为企业营造良好的生存环境和发展空间，使企业能够更好地发挥竞争优势，进而表现出企业责任竞争力。

关系资本是指企业与其发生联系的外部组织之间建立的关系网络以及这种关系网络为企业带来的资源优势和信息优势。企业的关系资本主要表现为两大类：一类是企业与外部利益相关者之间的价值关系网络；另一类是在这种关系网络基础上繁衍出来的企业外部利益相关者对企业的品牌、声誉等的认知和评估。由于关系资本具有不可模仿性和不可替代性，作为企业获得利润的关键资产之一，它也是企业竞争优势的一个重要手段。企业通过承担社会责任来对企业的关系资本进行投资，长期的社会责任行为将会积累雄厚的关系资本，在一定程度上能够使企业摆脱物质资源有限的约束，为企业竞争优势的维持提供一定的支撑，从而形成企业责任竞争力，有助于企业在市场竞争中取得成功。

这里我们所说的市场认可，主要指的是国际市场的认可。企业积极地承担社会责任不仅有助于提升企业形象和企业声誉，为企业积累雄厚的关系资本，而且还可以使企业获得国际市场的认可。企业社会责任逐渐得到国际市场的认可，SA8000、ISO26000等社会责任标准的相继问世在一定程度上说明了企业社会责任在国际市场上的重要性。因此在这种国际大潮流下，企业要想进入国际市场，在国际市场竞争中占有一席之地，就需要积极地履行企业社会责任，从而突破各种贸易壁垒和市场壁垒，这是企业竞争力的重要体现，也是责任竞争力形成的主要因素。

2. 企业责任竞争力的内部形成因素

从对竞争力和责任竞争力的剖析不难理解，企业责任竞争力的内部构成要素主要体现在企业的社会责任产品、制度和文化上。企业责任竞争力的内部形成因素见图4-6。

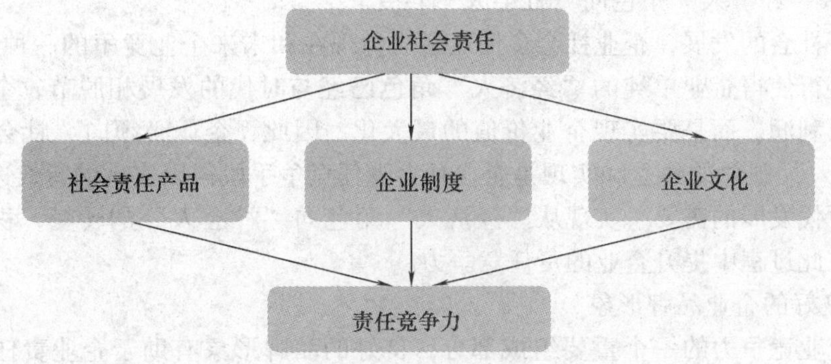

图4-6　企业责任竞争力的内部形成因素

企业责任竞争力首先体现在企业产品层上。从这一层次来看，企业积极地承担社会责任不仅满足了消费者的需求，而且也符合人类对环境和资源的要求，与传统的产品相比更具有竞争优势。因此产品是形成企业责任竞争力的最重要的内部要素。

企业的制度层，包括各经营管理要素组成的结构平台、企业内外环境、资源关系、企业运行机制、企业规模、品牌、企业产权制度等，企业社会责任要求企业在生产经营的过程中必须正确处理企业与消费者、股东（投资者）、供应商等利益相关者的关系，而企业的这些关系需要在企业内部通过制度形式和规范形式来实现，因此，通过对企业制度层的社会责任强化，可以优化企业的产权制度和公司治理结构，最终形成企业的责任竞争力。

企业社会责任对核心层的影响主要体现在对企业文化的重大推动力上。企业社会责任能够为企业文化注入一种新的发展理念，使企业文化在形成和发展的过程中更注重企业与社会、环境和消费者的作用，关注企业的长期可持续发展。

总之，企业责任竞争力是企业内部因素和外部因素共同作用的结果。从上文对责任竞争力的内外部形成机理的分析，可以得出企业责任竞争力的形成机制，见图4-7。

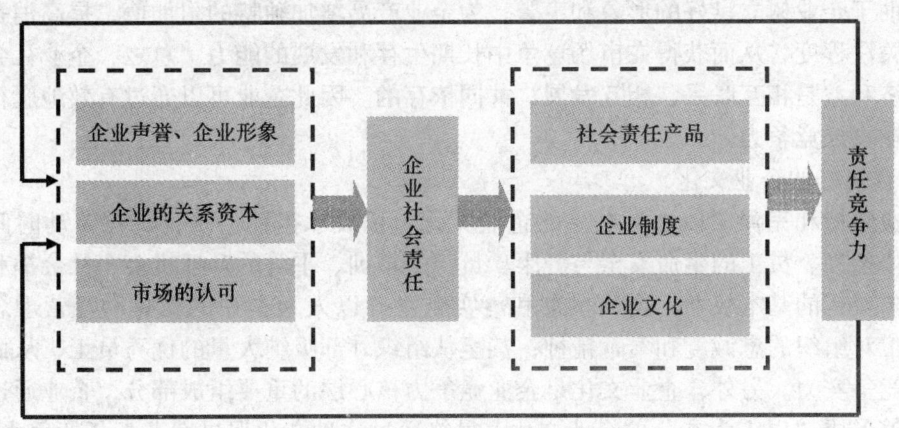

图4-7　企业责任竞争力的形成机制

（四）企业责任竞争力的提升

根据我国企业的实际情况和企业责任竞争力的形成机制，企业可以从以下几个方面来提升企业责任竞争力。

1. 企业从“经济人”角色向“社会人”转变

随着经济社会的发展，企业社会责任逐渐成为现在和未来企业竞争的一种手段和工具。社会责任的盛行使得企业单纯的“经济人”角色已经与时代的发展相脱节，企业的存在不再是单单谋取利润，而是要实现企业价值的最大化。因此，企业必须向“社会人”的角色转变。“社会人”观念的建立和实现是企业社会责任竞争手段得以实现的有效途径，因此企业要把握住时代发展的需要，实现从“经济人”角色向“社会人”的转变，积极地承担社会责任，并在此过程中提升企业的责任竞争力。

2. 打造良好的企业品牌形象

品牌是企业竞争力的一个重要组成部分，良好的品牌形象有助于企业责任竞争力的提升。随着公众社会意识的增强和企业社会责任的普及，企业的社会责任表现是现阶段企业品牌评估、产品评价和企业形象树立的一个不可缺少的组成部分。因此，企业要主动地承担社会责任，并将这种行为作为企业的一种品牌投资、形象投资和信誉投资，从而有效地提高企业的责任竞争力。

例 4-3 近年来，联想在缩小数字鸿沟、应对气候变化和支持公益事业发展等方面开展了丰富的社会责任实践，将品牌注入责任的内涵。其中，联想在公益事业发展方面的责任实践开展得风生水起，特色鲜明，尤为值得一提。它通过引入公益创投模式，创新思路，对接社会热点与责任做乘法，在支持草根社会公益组织的发展、支持青年人公益创业方面，发挥了积极的作用，同时也更加丰富了联想的责任品牌价值内涵，更加赢得了社会和大众的认可。

资料来源：http：//www. wtoguide. net/html/2011-04/343. html.

3. 有效地履行企业社会责任

企业承担社会责任必然会增加企业的成本，这就要求企业的社会责任行为的实现要讲究一定的方法，在承担社会责任的过程中，努力地将企业的成本控制在一定的范围内，将企业社会责任转化为企业竞争力和可持续发展能力。从企业的长期发展来看，企业积极地履行社会责任有助于企业树立良好的形象和声誉，为企业产品增加独特的附加值，提高消费者对企业产品的关注程度，从而获得在市场竞争中长期生存和发展的能力。总之，企业社会责任与企业的经济利益是相互联系、相互发展、共同依存的。因此企业可以通过有效地履行社会责任提升企业责任竞争力。

4. 培育良好的企业文化

企业应坚持和完善“以人为本”的企业文化，积极承担社会责任，在劳动时间、工作环境和工作条件、员工的生命安全与健康、员工的培训、平等的升迁机会、社会福利保障等方面来保障员工的基本权益，全面贯彻和落实企业“以人为本”的文化和经营理念，从而来强化员工对组织的忠诚度和奉献精神，甚至从组织外部吸纳大量的优秀员工，从而最终提高企业的竞争实力。另外，企业文化是企业竞争力核心层的重要组成部分，企业通过履行社会责任能够形成“以人为本”的企业文化，最终通过这种文化促进企业责任竞争力的提升。因此，企业管理人员必须充分认识到以人为本的重要性，尊重和保护劳动者的合法权益，并积极、主动地承担相应的社会责任，引导企业树立积极进取的企业精神和人性的企业文化，激发员工的创造力和热情，提高企业责任竞争力。

5. 培养企业解决社会问题的能力

企业在生产经营过程中要不断地寻求自身优势与相关社会问题的结合点，切实培养企业责任竞争力。首先，企业需要对利益相关者进行分析，找出企业对重要利益相关者关注的不足之处；其次，根据自身的实际状况对这些问题积极地寻求解决方案，通过在某一点的积极表现和突破来实现企业责任竞争力的提升。

第二节 企业社会责任与企业绩效

自20世纪70年代后，“企业社会责任就是使企业利润最大化”的观点渐渐地开始与时代的发展相脱节，企业不仅仅要追求自身利益的最大化，也要追求所有利益相关者价值的最大化，实现企业和社会以及环境的长期可持续发展，提高企业的长期绩效。

现阶段随着公众社会意识的增强和提高，人们对一个企业的评估已经不再是传统意义上的以单纯的财务绩效为主，而开始关注企业对整个社会和环境等各方面的影响，以企业整体绩效的评估和提升为目标。在这种条件下，企业社会责任与财务绩效的关系越来越紧密。企业社会责任的缺失必然会给企业的整体绩效带来不可估计的灾难。双汇瘦肉精事件充分说明了这一点。

例4-4 “瘦肉精”犹如一记重拳，击中了全国最大的肉制品企业双汇。双汇集团董事长万隆接受媒体采访时透露，10天来双汇销售已经损失10亿元。然而“瘦肉精”事件对于双汇的影响还远不止于此。在央视曝光“瘦肉精”事件过去10天后，各地下架双汇产品的消息依然不绝于耳。万隆表示，受央视报道的影响，双汇的市场受到冲击，部分地区产品下架，企业的市场、品牌信誉和经济效益包括资本市场都遭受到了较大的损失。他说：“3月15日双汇股票跌停，市值蒸发103亿元。3月15日起到25日，10天时间即影响销售10多亿元。”也就是说，双汇销售额每天损失超1亿元。万隆还表示，济源双汇处理肉制品和鲜冻品直接损失预计3 000多万元，3月减少各类税收8 500万元，给地方财政也造成了一定的影响。“更重要的是，双汇的品牌美誉度也受到了巨大的伤害，双汇用20多年时间铸就的放心肉品牌受到质疑，损失难以估量。”

资料来源：http://nc.people.com.cn/GB/14250792.html.

一、企业绩效

从企业经营管理的视角来看，所谓企业绩效，是指企业期望达到的效果，即为了实现某种目标而在不同方面的有效输出。它体现了企业对市场环境的适应能力、企业产品的竞争力、获得利润的能力和企业长期可持续发展的能力。企业绩效是一个综合性的指标，通常作为描述企业成功与否的概念性标志。根据英国学者约翰·埃尔金顿（John Elkington）提出的三重底线的概念，与其相对应，本书也将从经济绩效、社会绩效和环境绩效三个方面来描述企业社会责任与企业绩效的关系。

（一）经济绩效

不同的学者由于其研究的出发点不同，对企业经济绩效的界定也不完全相同。产业组织理论认为，企业经济绩效是企业在一定的组织结构中采取某种行为在企业的规模、技术创新与进步、资源配置等方面达到的一种状态。它对企业经济绩效的研究是从微观层面入手的。与产业组织理论不同，新制度理论从宏观层面论述了企业经济绩效问题，该理论认为，企业经济绩效即为企业价值增长。社会资本理论从社会资本的角度出发来研究企业经济绩效，该理论认为，社会资本对企业经济绩效有重大的影响，这种基于社会网络所形成的行为规范和信任对社会和企业经济绩效有积极的正向影响。

结合上述理论对企业经济绩效的论述和本文的研究视点，我们认为，企业经济绩效是指企业短期和长期的经济活动效果和收益，主要表现为企业利润、企业的市场占有率、顾客满意度、企业的发展水平和盈利能力等。

（二）社会绩效

社会绩效主要包括企业的声誉、形象、企业的品牌知名度、政府的支持、顾客的接受程度、社区的支持等，与财务绩效不同，社会绩效是不能用会计和财务指标来进行衡量的。企业社会绩效（Corporate Social Performance）与企业社会责任（Corporate Social Responsibility）是一对相伴相随的概念。企业社会责任是指企业应该为其利益相关者如股东投资者、员工、消费者、社区、环境等所负的责任，由此产生的包含外部性维度的绩效就是企业的社会绩效㊀。

社会绩效这一概念产生于20世纪70年代，卡罗尔被认为是企业社会绩效理论的倡导者，他把企业面临的问题进行了划分和定义，并建立了企业社会绩效评价的三维模型（参见第二章图2-3）。

1. 社会责任类别

卡罗尔企业社会绩效模型的第一个维度是企业社会责任的类别，主要包括企业的经济责任、法律责任、伦理责任和慈善责任。这在本书的第二章——企业社会责任内容里已经作过详细的论述，这里不再作过多的解释。

2. 有关的社会问题

卡罗尔社会绩效模型的第二个维度是有关的社会议题，在对企业社会责任进行了界定和分类后，卡罗尔进一步探讨了与上述四种责任密切相关的、企业可能面临的各种社会议题，根据当时的社会实际，他认为这种议题主要有包括消费者注意、环境、歧视、产品安全、职业安全和利益相关者等，为企业的管理者提出了更为明晰的思路。

3. 社会回应的策略

卡罗尔在对企业的社会责任和有关社会问题进行界定后，根据企业对社会问题的响应行为，将其分为反应型、防御型、适应型和主动回应型（牵涉行动）四种模式，这四种模式反映了企业对待社会问题可能选择的从消极到积极的回应态度和策略。

（三）环境绩效

1. 环境绩效的概念和特点

随着全球环境变化给人们的社会生活带来的影响和公众环境意识的不断增强，环境绩效（Environmental Performance，EP）开始成为企业绩效评价的一个独立的层面。所谓环境绩效，是指企业在生产经营活动中在环境保护和污染治理等方面取得的成绩和效果。ISO14001

㊀ Gene M. Grossman, Alan B. Krueger. Economic growth and the environment [J]. Quarterly Journal of Economics, 1995, 110 (2): 353-337.

环境管理体系认为，环境绩效是一个组织在环境方针、政策和目标的基础上，通过控制其环境因素而取得的可测量的环境管理系统成效。而这里所讲的环境因素，则是指一个组织的活动、产品或者服务等能与环境发生相互作用的要素。

环境绩效具有外部性、无形性和长期性的特征。外部性是指企业对其外部所产生的有利或者有害的影响。无形性是指企业经营活动的环境效益难以完全用财务手段进行确切计算，环境效益的结果往往间接地体现于企业经营的各个环节，无法直观或者单独表述。长期性是指企业对环境的影响耗时比较长，甚至会一直延续下去，这就决定了企业环境效益具有长期性。

2. 环境绩效的内容

企业环境绩效的内容可以从企业对内和对外两个方面来说明。

首先，从企业财务角度来看，企业发生的某种行为对环境的影响可能最终在企业财务层面显现出来，可以用企业环境收入和支出的差额来衡量。企业积极地关注某种可能与环境发生关系的行为，积极地参与环境活动，必然产生相关的成本。同时由于企业积极地环境保护行为也会为企业带来直接或者间接的环境收益，如环保产品导致的税收减免、因通过环保认证而成功进入某个市场，从而提高了企业的销售额。企业的这种行为带来的收益减去环保活动的支出，就是环境财务绩效。

其次，从环境质量角度来看，企业积极、主动地对保护和改善环境作出的贡献或者是对环境造成的损害形成了环境质量绩效。这里所说的环境治理绩效，包括环境法规的执行情况、环境的保护和改善状况及其对环境造成的伤害等，此外还包括环境的审计报告和未来展望等部分。

二、企业社会责任与经济绩效

（一）企业社会责任与企业经济效益的关系

企业是否应该承担社会责任，企业社会责任对企业经济绩效的影响，在学术界历来都存在着很大的争议。由于研究者的立场、视角和背景不同，得出的结论也不尽相同。在企业社会责任与企业经济绩效的论战中，最具代表性的是企业社会责任古典观和社会经济观的争论。

1. 社会责任的古典观

古典观的代表人物首推诺贝尔经济学奖得主米尔顿·弗里德曼。他认为，企业的管理人员大部分都不是企业的拥有者，而是职业管理者。因此作为企业的员工，他们最主要的任务是使股东利益最大化，即企业财务收益的最大化。在他看来，如果管理者将企业的资源用来做社会活动，就会损害股东的利益。

2. 企业社会责任的社会经济观

与古典观不同，社会经济观认为，企业利润最大化并不是企业的首要目标，企业的首要目标是要保证生存。企业赖以生存的环境已经发生了重大的变化，企业不再是只对股东负责的独立实体，它还要对企业的其他利益相关者负责。虽然这会在短期内对企业的经济效益有所影响，但是从长期来看，由于企业积极地参与了社会活动，树立了良好的企业声誉和企业形象，不仅能够吸引并留住大量的优秀人才，而且可以使企业的长期经济效益增加，并为企业的长期可持续发展积累能量。

随着时代经济的发展，古典观的立场不再适应时代的潮流。在现代经济条件下，企业承担社会责任是非常有必要的。但是企业社会责任的承担也要有一定的限度，因为企业社会责任和企业经济绩效并不总是正相关的。企业经营活动轨迹图见图4-8。

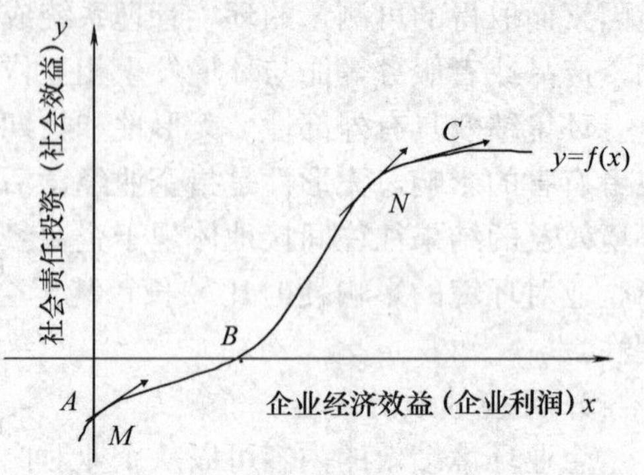

图4-8 企业经营活动轨迹图

图4-8显示，在企业的成长初期，企业正在努力地收回成本，这时候承担社会责任对企业来说负担相对较重，企业社会责任在短期内会与企业经济效益负相关（$A \to B$方向）。但这并不意味着企业不需要承担社会责任，企业仍然有必要在其能力范围内承担相应的社会责任，为企业的长期生存和发展积累社会资本，进行社会资本投资，这对企业未来的经营是非常有必要的，但此时企业的社会责任行为可能只停留在股东、员工等企业直接利益相关者层面，缺少对间接利益相关者的关注或者关注程度相对较低。在效果曲线MN上B点以后$B \to C$方向部分，企业社会责任与企业经济效益正相关，此时企业已完成原始资本的积累，开始进入生命周期阶段的成熟期。此时企业已经有一定的经济实力，企业在制定战略时一定要将企业社会责任融入进去，积极地履行社会责任，根据自身的能力扩大企业社会责任的范围，密切关注企业直接利益相关者和间接利益相关者，全面树立企业形象和企业声誉，吸引大量的优秀人才加入该企业，为以后的发展谋求力量。

（二）企业社会责任与企业利润

一般良性企业都要经历从初创期—成长期—衰退期的发展过程。然而有的企业由于各种原因会提前退出市场或者发展缓慢，而有的企业则长期在市场中健康稳步发展，利润不断提升。分析其原因不难得出，发展得好的大企业必然拥有良好的信誉、高质量的产品、很好的社会地位和大量忠诚的顾客，而这一切无不来自于企业在创造利润的同时兼顾其利益相关者的利益要求，形成良性循环，营造了很好的发展空间。下面我们将企业很好地承担对其利益相关者社会责任和没有很好地承担对其利益相关者社会责任的不同发展情况作进一步的分析，见图4-9。

由图4-9可知，企业在其发展初期利润较少，但企业发展很快，图中直线L的斜率即代表企业的利润增长速度。

如曲线A所示，在企业发展初期，企业很好地考虑了各方利益相关者的要求，并拿出一部分企业既得利润用于充分满足他们的利益要求，这也是在M点之前曲线A的增长速度低于曲线B的原因。然而企业利润稳步增长，直到M点，这时企业虽然增长率没有初期那么高，但是企业为其长期可持续发展打下了良好的基础，在这段发展过程中，企业充分考虑各利益相关者的利益，树立了良好的社会形象和品牌形象，并且企业规模越来越大，产生规模经济，在市场中拥有较大的市场份额，在M点之后企业的发展速度就会较快提升，这样企业就会快速发展，逐渐成为行业中的领跑者。

而如曲线B所示，在N点之前，企业以利润最大化为目标，增长速度一直比曲线A快，但是由于它没有充分考虑到各利益相关者的利益要求，诸如管理层激励、员工福利、环境保护等方面，出现了突发事件，而企业又没有及时作出很好的补救，结果企业利润迅速减少，

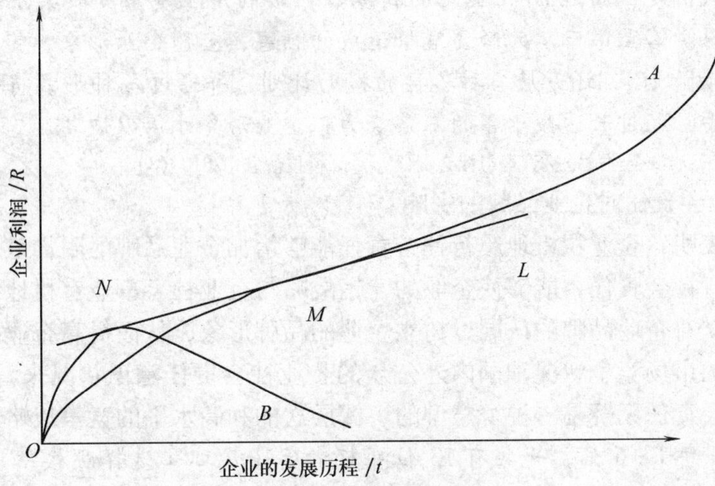

图 4-9　企业利润曲线

A—充分满足企业利益相关者利益的企业发展曲线
B—未充分满足企业利益相关者利益的发展曲线
L—与 A 和 B 分别相切于不同点的直线，其斜率表示企业的增长速度
M—曲线 A 与直线 L 的切点
N—曲线 B 与直线 L 的切点

最严重的情况就是导致企业破产，从此退出市场。

从以上分析可以得出，企业承担对其利益相关者的社会责任，充分满足他们的利益要求，虽然在短期内企业利润会有所减少，但是从长期来看，企业利润必然会大幅度提升，同时也会使企业获得长期可持续发展。而如果企业无视企业利益相关者的要求，一味追求利润最大化，短期内可能会有一定效益，但绝不会有长期很好的发展。在新的竞争环境下，随着市场规则的进一步规范以及各种法律机制的不断完善，企业的投机行为将会越来越少，而只有那些承担更多社会责任，创造企业利润的同时增加社会效益的企业才会获得可持续的发展。

三、企业社会责任与社会绩效

社会绩效主要包括企业声誉、企业形象、企业的品牌知名度、政府的支持、顾客的接受程度、社区的支持等方面。我们将从以下几个方面来描述企业社会责任对企业社会绩效的影响。

（一）企业社会责任对企业声誉和企业形象的影响

国内外大量的研究表明，企业积极地承担社会责任将直接影响企业声誉和企业形象，在现代经济活动中，企业社会责任开始成为企业建立良好声誉和形象的一种方式。通过慈善捐赠的方式履行社会责任的企业，如果出现违反法律的事情，那么也可以通过这种方式来进行危机处理，降低此事件对企业的消极影响，挽回企业的形象和声誉。目前，企业社会责任已经被学者们增加到衡量企业声誉的标准中，并通过企业社会责任指导企业声誉和品牌形象管理。同时，当企业声誉受到威胁时，企业社会责任可以创造一种机会重建企业在利益相关者之间的信任。

例 4-5　1989 年，艾克森石油公司瓦地兹号油轮因触礁致使大量原油倾入海中，该公司漠视此次事件的代价是：高达70亿美元的罚款、巨额的清理费用和股票下跌等损失，从世界第一大石油公司滑落至第三。为修复危机造成的损害，重树企业形象，艾克森石油公司实施“员工义务劳动计划”，还开展各种各样的援助计划，并通过各种形式将企业履行社会责任的信息传播出去，经过长达数十年的不懈努力，企业形象才得以恢复。

资料来源：尤丽荣．浅谈企业的危机管理与社会责任［J］．科技信息，2010（3）．

（二）企业社会责任对企业品牌的影响

国内外研究表明，企业积极地履行社会责任能够增加企业品牌的附加值和企业品牌竞争力。企业通过履行社会责任，能够使企业的营销战略与企业社会事业有机地结合起来，取得消费者和社会民众对企业品牌的认同，树立企业的品牌形象，从而提高企业的品牌知名度和竞争力。从当前的市场竞争状况和国内外公众的企业社会责任意识状况来看，对企业来说，积极履行企业社会责任无疑是一种智慧型的、深层次的和高水平的竞争战略选择。

例4-6 2010年1~6月，一共有13位年轻的富士康职工选择跳楼结束他们鲜活的生命，富士康被贴上“血汗工厂”的标签。面对汹涌而来的危机，富士康一开始采取回避与沉默的姿态。但随着自杀人数的不断攀升，董事长郭台铭终于坐不住了。2010年5月26日，第11跳后，郭台铭终于亲临深圳，陪同媒体参观工厂，召开新闻发布会，鞠躬道歉。随后，富士康开展一系列的危机公关策略。企业的危机公关工作虽然遏制住了事态的进一步发展，但并没有在媒体高度关注的情况下起到恢复品牌美誉度、提升企业形象的作用。

资料来源：http://www.chinabaike.com/z/jingji/2011/0130/249946.html（有删减）

（三）企业社会责任对主要利益相关者的影响

企业积极地对利益相关者承担责任，不仅能够获得股东、政府、消费者、社区等支持，也会使企业在生产运营过程中降低相关的成本。当企业面临某种危机和困扰时，也会得到利益相关者的支持和谅解，降低对企业的不良影响。

例4-7 2008年，几乎在我国发生三鹿奶粉事件的同时，在加拿大也出现了一位“田文华”式的人物——枫叶食品厂行政总裁麦凯恩，由于产品质量问题致15人死亡。但食品厂不但没有破产，麦凯恩却被评为“2008年度商界风云人物”。细究其中原委，我们不妨从麦凯恩的言行中找到答案：“此次事件的责任不在监管者和加拿大食品安全系统，这是我们的责任，枫叶公司为此次疫情负全部责任。”他一方面回收全部220种肉类产品；另一方面对生产设备进行彻底消毒，同时配合媒体说明事实、安抚死者家属。最终，由于麦凯恩高度的社会责任感挽救了枫叶公司，媒体普遍认为，他的“诚实与正直的可贵商业品质”赢得了社会与公众的谅解与尊重，荣登商界风云人物榜首可谓当之无愧。麦凯恩之举无疑又给那些缺乏社会责任感的企业上了生动的一课。

资料来源：尤丽荣．浅谈企业的危机管理与社会责任［J］．科技信息，2010（3）．

四、企业社会责任与环境绩效

随着时代的发展和全球对环境问题的关注，环境绩效开始成为企业绩效中的一个关键方面，对企业整体评估和企业的长期生存和发展起着不可忽视的作用。企业积极地履行社会责任对企业环境绩效有积极的正向影响，而企业的环境绩效更多地会以间接的方式在企业经济绩效层面得到良好的表达与展现。由于企业积极地履行了社会责任活动，在其生产经营中密切关注可能对环境造成影响的方面，并积极致力于社会环境的保护和污染的治理，那么企业就可能会很容易地进入某个市场甚至是获得国际认证，得到消费者的支持，并能够树立良好的企业形象和产品品牌形象，刺激消费者对该企业产品或者服务的购买意愿，进而获得良好的环境绩效，甚至获得良好的经济绩效和社会绩效。

第三节　企业社会责任与企业价值

在经济全球化的今天，市场竞争日趋激烈，“企业价值最大化”开始上升到战略高度成为主导企业生存和发展的目标，企业价值也被公认为是当今世界企业的共同语言。伴随着经济的发展和公众社会意识的增强，企业社会责任运动浪潮开始兴起。良好的企业社会责任行为成为现阶段提升企业价值的又一重要手段。同样，企业社会责任的缺失对企业价值造成的影响也是巨大的，难以估计的。2004 年 4 月震惊全国的安徽阜阳毒奶粉事件、2008 年 9 月的三鹿事件、2011 年 3 月双汇“瘦肉精”事件等，其严重后果充分证实了企业社会责任的缺失在企业价值方面带来的惨重后果。企业社会责任与企业价值的关系成为现阶段企业生存和发展的道路上不容忽视的问题。

一、企业价值

（一）企业价值的概念

20 世纪 60 年代初伴随着产权市场的出现，企业价值开始萌生。“企业价值”这一概念是由美国学者率先提出来的，在这短短的几十年中，企业价值理论在全球特别是西方发达国家得到了很大的发展。

由于研究者对企业价值的研究视角和途径不同，因此在对企业价值进行界定时也存在一些差别。其中具有代表性的观点主要有以下几种㊀：

（1）从会计核算的角度来看，企业价值是建造企业全部费用的货币化表现，由建造企业的全部支出构成，通过对企业的各项资产评估值进行加总即可得到企业价值。这种观点存在一定的弊端，从一定程度上来说，它评估的不是企业价值而是企业的资产价值。企业价值并不等同于它所拥有的全部资产的价值，还取决于企业资产间工艺的匹配、资源的有效组合以及利用效果等。

（2）马克思政治经济学认为，企业价值是指凝聚在企业这个特定商品上的无差别的人类劳动，企业的价值由其社会必要劳动时间决定。但是由于企业这个商品本身的特殊性，对其社会必要劳动时间的衡量存在很大的难度，因此对企业这个特殊商品来讲，很难建立社会必要劳动时间与货币衡量的关系和纽带。

（3）从市场交换的视角来看，企业价值是由企业的未来盈利能力决定的，企业价值是企业在未来的各个时期内产生的净现金流量的折现值。

（4）还有一部分人认为，企业价值是企业现在基础上的获利能力价值和潜在获利机会价值的总和。

在对以上各种理论和研究视角进行分析总结的基础上，结合本书的研究视角，我们认为，企业价值是企业在对内部资源进行组合的基础上表现出来的盈利能力、生产能力与生产

㊀ 左庆乐．企业价值内涵的界定［J］．经济师，2004（3）．

效率、成长和发展能力等的总和。从本质上说，企业价值不仅仅是企业现在和过去的价值，更重要的它是企业未来的一种反映。

在对这一概念进行理解时，需要把握以下几个方面：

1）企业价值是指企业这一特定的资产总和体的整体价值，而不单单是企业的资产价值。

2）企业价值是企业在现有基础上的盈利能力和企业潜在的盈利机会的价值的总和。企业价值由企业未来的盈利能力决定，而未来盈利能力主要包括企业在现有基础上的盈利能力和企业的获利机会。

3）企业价值是指在企业未来获利能力基础上决定的现实市场的交换价值。

（二）企业价值的影响因素

企业价值是一个综合性的概念，在现实生活中，它受到诸多因素的影响。我们在系统性原则、全面性原则、动态性原则、可控性原则与关联性原则的基础上，从直接因素和间接因素两个方面对企业价值的影响因素来进行分析。

1. 直接因素

从企业产出的视角来看，获利能力最直接的表现是企业的现金流和折现率的高低，二者共同决定企业的价值。企业未来现金流量的预测是对企业过去现金流的评价和对未来现金的预期，而这个预期又是一个综合因素作用的过程，折现率的水平体现了企业在未来经营过程中面临的风险，是诸多因素共同作用的结果。因此企业价值的评估不仅要考虑到企业的现金流量和折现率，而且也要考虑这些因素背后隐藏的各种关系。

2. 间接因素

间接因素主要包括企业面临的宏观环境、行业环境和企业内部环境三个方面。

首先，宏观环境主要包括政治环境、社会文化环境、技术环境和经济环境等。政治环境主要是指国家的法律、法规以及国家制定的各项经济政策等因素。社会文化环境包括社会传统、消费者的个体特征、价值观等。技术环境主要包括新技术、新设备和新工艺等技术层面的变化和革新。经济因素是宏观环境中最重要的因素，它主要包括社会的经济水平、通货膨胀率、国民经济的发展状况等。

其次，企业的行业环境是指该企业所处行业中的状况，主要包括行业的基本经济特征、行业的发展前景、市场竞争的力量和行业的成功因素等方面。

最后，对于企业内部环境可以从三个层面来理解。第一个层面为表层，主要是指企业获利能力的外部表现，这一层面主要用财务指标来衡量。第二个层面为中层，是企业能力的主要来源，可以从企业内部运行、企业的创新和学习、顾客等角度影响企业的价值，这一层面主要为非财务指标。第三个层面是核心层，是企业竞争优势和获利能力的真正来源，具有一定的独特性和不可模仿性，是企业竞争优势的真正来源和关键所在。

企业价值的影响因素见图4-10。

二、企业社会责任与企业价值

目前，很多企业对社会责任和企业价值关系的理解都存在这样一个误区，他们认为，企业承担社会责任必然会带来成本的增加，这将会降低企业的价值。诚然，从短期看来，企业承担社会责任，会给企业带来额外成本的增加，但是不可否认的是，企业积极地承担社会责

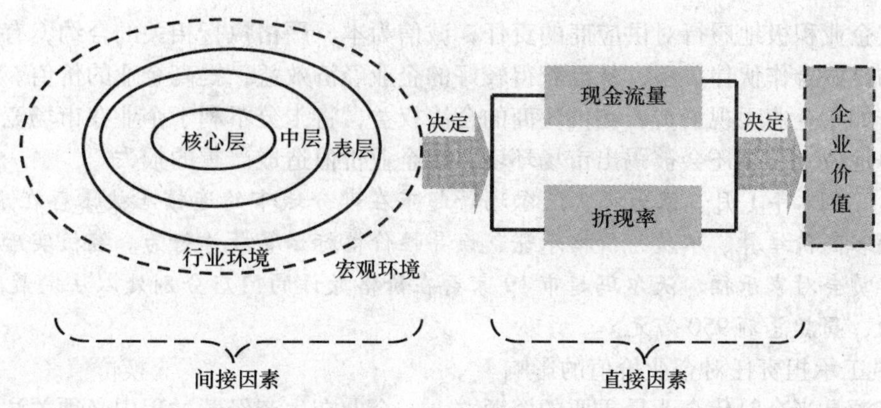

图 4-10 企业价值的影响因素

任也会给企业带来直接或者间接的经济收益，帮助企业树立良好的形象和声誉，为企业未来的生存和发展谋求更大的空间。

例 4-8 “毒奶粉事件”发生后，全国人大代表、万向集团董事局主席鲁冠球向所属各单位的负责人发了一封信：“谁都不能脱离社会责任谈发展，社会责任是企业存在的前提，是企业价值的体现，是市场信誉的积累。”

“赠人玫瑰，手留余香。”实际上，社会责任与企业绩效和企业价值，从来就不是“负相关”。四川汶川特大地震发生后，某饮料公司巨额的赈灾捐款引来好评，提高了品牌形象。而在世界500强中，美国企业的前10名中有6家企业名列美国企业慈善榜前10名。企业承担社会责任，不仅可以赢得声誉和社会认同，也可以更好地体现自身的文化取向和价值观念，为企业发展营造更好的社会氛围，使企业得以保持生命力，实现可持续发展。

资料来源：http://news.xinhuanet.com/comments/2009-09/16/content_12059568.htm.（有删减）

（一）企业社会责任与企业价值的关系

企业积极承担社会责任，对于提高企业价值有着深远的意义，主要体现在以下几个方面。

1. 对股东和债权人承担责任对企业价值的影响

企业首要的社会责任是保障股东和债权人的利益，在保证股东利益最优化的同时做好对相关债权人合法权益的保护。

企业要做好企业资本的增值和保值工作，对股东的资金安全和收益负责，及时、准确地向股东和债权人提供企业真实的经营和投资方面的信息，坚决杜绝瞒报和谎报企业信息、欺骗股东和债权人等不道德的行为，增加股东和债权人对企业的信赖和支持，为进一步的投资和融资做好前期准备，提升企业价值。

2. 对消费者和供应商承担责任对企业价值的影响

国内外大量的研究表明，企业社会责任对消费者响应有积极的影响，消费者愿意购买具有社会责任行为的产品，特别是如果消费者对某公司的产品并不是很感兴趣，但是由于该公司积极地参与了社会活动，在企业社会责任方面表现良好，此时消费者也愿意给自己不感兴趣的这种商品一个机会。企业积极地履行对消费者的责任，向消费者真实地披露产品的有关信息、认真地做好售后服务工作，并积极地处理顾客投诉等不仅能够刺激消费者的购买意愿，而且有助于企业树立良好的声誉，从而能够在市场竞争中提高自身的实力，促进企业经营，提高企业经济效益。

另外，企业积极地履行对供应商的责任，诚信为本，严格执行相关的合约，有利于建立与供应商的良好合作伙伴关系，从而获得较好的企业经济效益，提高企业的价值。

相反，如果企业无视消费者和供应商的合法权益，将十分不利于企业在市场竞争中获得有利的竞争地位，甚至还会被踢出市场环境，对企业价值造成严重的损失。

例 4-9 2011 年 1 月，家乐福、沃尔玛等超市在部分城市的连锁店被曝存在虚构原价、低价招徕顾客高价结算、不履行价格承诺、误导性价格标示等欺诈行为。经核实后，国家发展和改革委员会对家乐福、沃尔玛超市 19 家存在价格欺诈的门店分别处以法定最高额度 50 万元的罚款，罚款总额 950 万元。

3. 对员工承担责任对企业价值的影响

人力资源是当今时代企业最重要的资源之一，企业在生产经营过程中必须关注员工的利益，关注员工的工作环境、福利待遇、身心健康、工作条件、职业生涯发展等，为企业储备和吸引大量的优秀人才。人力资本是企业盈利能力的主要来源，因此企业对员工责任履行的状况将会直接影响企业的人力资本，进而影响企业的价值。

如果企业忽视员工的利益，只将其作为企业赚钱的工具，将会严重损害员工的工作热情和组织忠诚度，进而对企业的声誉和形象造成严重的影响，不仅不能留住企业的优秀人才，而且也不能为企业吸引外来人才的加入，最终导致企业人力资本的流失，对企业价值造成严重的损害。相反，如果企业积极地对员工承担相应的社会责任，不仅能够激发员工的工作热情，加强员工的凝聚力和向心力，提高员工的组织忠诚度，而且有助于企业吸引外来优秀人才的加入，提高企业的价值。

4. 对政府承担责任对企业价值的影响

遵守国家相关的法律、法规，依法纳税，是企业存在和发展的基本前提。实践证明，企业积极地对政府承担相应的社会责任，不仅有助于获得国家或者当地政府给予的更多的自由，而且可以通过相应的认证标准，获得一定的奖励，从而有利于企业价值的不断提升和企业的稳定发展；相反，如果企业在经营过程中钻法律空子、偷税漏税，将会得到国家相关政策和法规的制裁，不仅有损于企业形象，而且也会给企业价值带来严重的伤害。

5. 对环境承担责任对企业价值的影响

随着社会经济的发展，人们的环境意识逐渐增强。特别是现阶段我国的资源和生态环境已经越来越难以承受重污染、高消耗的经济发展方式，因此企业需要增强对环境保护的认识，合理地利用资源并提高其利用效率，保证企业的长期可持续发展。

相反，如果企业不重视环境保护，不愿意为环境进行投资，那么企业的生产经营活动将会给社会环境造成污染和损害，不仅要面临国家和政府的惩罚，而且还面临相关的环保组织和社会公众的指责，将会严重地损害企业的声誉和价值。

6. 对社会公益事业承担责任对企业价值的影响

目前，慈善捐助已经成为企业回报社会的一项重要途径。企业积极地支持公益事业，关注社会弱势群体和社会下一代的成长，扶贫救弱，不仅可以增强企业内部的凝聚力，提高企业绩效，而且有助于提升消费者和社会大众对企业的好感，改善企业与各利益相关方的关系，最终将提高企业的长期价值。

（二）基于企业社会责任手段的企业价值的提升

企业社会责任与企业价值正相关，也就是说企业积极地承担社会责任，对企业价值的提升有着重要的意义。我们在上述关系论述的基础上，从企业的形象和声誉以及企业的竞争力方面来分析基于企业履行企业社会责任对企业价值的提升。

1. 提升企业的形象和声誉

首先，积极地承担社会责任能够在消费者和社会公众心中树立良好的企业形象。顾客是企业最宝贵的资源，如果企业失去了客户，那么也就失去了赖以生存的基础。企业通过积极地履行社会责任，不仅能够为企业的产品增加无形的附加值，而且能够提升企业的产品形象和品牌形象，改善与消费者的关系，获得消费者的支持，最终促进企业价值的提升。反之，如果企业违背了公众对社会责任的预期，消费者就会抵制社会责任表现差的企业的产品，使企业损失大量的客户，最终对企业价值造成一定损害。另外，社会公众也是企业重要的利益相关者，他们对企业的评价和看法将会影响企业未来的发展。因此，企业积极地履行对社会公众的责任能够获得社会公众的积极良好的评价，有助于企业形象和声誉的提升，为企业现在甚至是未来的发展储备能量。

其次，企业积极地履行社会责任，不仅能够改善与供应商的合作伙伴关系，建立与供应商合作交流的平台，而且有助于建立与供应商之间的合作与信任，降低企业在生产经营中的成本，为企业树立良好的企业声誉和企业形象。

再次，企业积极地履行社会责任能够获得政府的信任和支持。政府在企业日常运营过程中有着重要的作用，企业积极地履行社会责任能够获得政府的好感和信任，为企业获得相关优惠政策提供更多的机会，获得有利于企业发展的良好的外部环境，取得相对于竞争对手的环境优势，从而在某种程度上提升企业价值。

最后，企业积极地履行社会责任能够刺激员工的创造性和工作热情，提高员工的凝聚力和对组织的忠诚度，为企业树立良好的社会形象和声誉，最终使企业获得良好的经济绩效和社会绩效，提升企业价值。

2. 提高企业竞争力

首先，企业积极地履行社会责任，为企业积累了丰富的人力资源、资金资源和品牌资源。企业积极承担社会责任，能够营造共同发展的企业内外部环境，吸引并留住组织内外部的大量优秀的人力资源，直接促成企业价值的形成与能力的提升。企业积极地履行对股东和债权人的责任，能够建立企业与股东和债权人之间的信任，缔结良好的合作发展关系，更容易获得股东的进一步投资和债券人的融资。在供应商方面，企业通过企业社会责任的履行建立起良好的企业声誉和企业形象以及合作发展的平台，从而可以获得比较优惠的付款条件，提高企业资金的流转。社会文化的进步和文化水平的提高，使得人们的消费观念发生了重大的变化，消费的理性化、个性化、审美化等趋势越来越明显，消费者在选择商品时不仅注重产品的质量和价格，而且还关注企业产品所传达的企业文化、企业形象和品牌形象等无形的东西，企业通过积极地履行社会责任，能够提高产品的品牌形象和企业的声誉，满足消费者在这方面的需求，获得消费者的认可和支持，提高企业价值。

其次，企业积极承担社会责任，有助于企业文化的提升。因为企业社会责任倡导的企业道德、企业信用、关爱社会、关注利益价值观等理念正是构成企业文化的基本要素，所以企业加强对社会责任的履行能够在一定程度上提升企业的文化，形成真正意义上的企业核心竞争力。

最后，企业积极地履行社会责任能够提升企业在创新、管理和销售等方面的能力。因为企业社会责任网络为企业带来大量的隐性知识，给企业带来与外部主体合作创新的条件，帮助企业获得合作发展的机会。而企业社会责任开始上升到战略高度，其履行必然会牵涉到组织的董事会、高级管理者、一般管理者，需要各层管理人员计划、组织和实施，在一定程度上提高了组织的管理能力。企业履行社会实践活动，也要求企业的营销系统在企业营销策划、销售策略和产品设计等各个方面有所体现，增强消费者对企业产品的好感与信任，刺激消费者的社会责任消费行为，从而进一步提高企业的销售能力。

第四节　企业社会责任与企业可持续发展

可持续发展是企业和社会生存和发展的共同选择，也是全世界追求的共同的发展战略。20 世纪 70 年代以来，随着可持续发展理念的不断拓展，把可持续发展纳入企业社会责任的研究领域已经成为理论界和实践界的一个共识。在现代经济条件下，企业是一个经济实体，一个经济生态实体，需要在“生态—经济—社会”这个相互交织、相互影响的系统中寻求可持续发展的生存之道。随着三聚氰胺食品安全问题、刺五加事件、儿童铅中毒、商业行贿、瘦肉精事件、染色馒头等一系列问题的出现，对企业可持续发展甚至是企业的生存都带来了致命的打击，在这种情况下，企业社会责任与企业可持续发展的关系更加引起了人们的关注。

例 4-10　根据美国《财富》杂志报道，美国大约 62% 的企业寿命不超过 5 年，只有 2% 的企业存活达到 50 年；中小企业平均寿命不到 7 年，一般跨国公司平均寿命为 10 ~ 12 年；世界 500 强企业平均寿命为 40 ~ 42 年。日本《日经实业》调查显示，日本企业平均寿命为 30 年。另有数据显示，中国集团公司的平均寿命为 7 ~ 8 年，中小企业的平均存活寿命仅为 3 ~ 4 年。可见，我国企业的生存周期相对较短，企业的可持续发展问题不容乐观。

资料来源：李培林．论企业社会责任与企业可持续发展［J］．现代经济，2006（10）．

一、企业可持续发展

（一）可持续发展的概念

可持续发展（Sustainable Development）这一思想的产生是一个漫长的过程，这一基本理念从出现至今经历了几个世纪的时间。早在 17 世纪，可持续发展就在德国出现，当时它不仅仅是一种发展理念，甚至作为了对砍伐树林的一种法律限制。当时的法律规定，砍伐林木的数量和比率应该能够使林木资源在一段时间得以再生，必须使用一种合理的和可持续发展的方式来利用林木。1972 年，联合国人类环境研讨会上正式讨论了可持续发展这一问题，对可持续发展观的发展和演进起到了巨大的推动作用。1980 年，国际自然保护同盟与联合国环境规划署和世界野生基金会等国际组织联合公布了《世界自然资源保护大纲》的报告，“可持续发展”作为一个科学术语被正式提出。1987 年，世界环境与发展委员会在《我们共同的未来》正式提出“可持续发展”的概念，即“既满足当代人的需要，又不对后代人满足其需要能力构成危害的发展”。这一概念在 1992 年的巴西里约热内卢地球首脑会议上获得了与会的 178 个国家的认同。这是目前对可持续发展比较公认的界定。2002 年，联合国可持续发展世界首脑会议上提出了新的可持续发展行动计划。2005 年 5 月，联合国可持续发展委员会召开第 14 次会议，在该次会议上对经济社会的可持续发展、环境保护、人与自然的和谐发展等问题进行了讨论，从更深层次上研讨了可持续发展的政策和战略问题。

从可持续发展的整个历程来看，人类对可持续发展问题的研究越来越深入和重视，可持续发展成为现代社会的一个重要议题，对整个社会的发展有着重要的意义。可持续发展是对传统的发展理论的拓展，其研究的范畴由传统的纯经济发展扩展到了包括环境和社会责任在内的三大系统。在某种程度上我们可以认为，可持续发展是一种新的发展战略和理念，它需要多方面的协调和配合，其核心思想主要包括以下几个方面㊀：

（1）可持续发展追求经济增长，它体现的是主体的实力和财富，不单单追求经济增长的质量，更加关注增长的方式。

（2）可持续发展要求以保护自然为基础，把资源的持续有效利用和环境的保护作为其发展进程的一部分。经济发展不能以资源的浪费、环境的破坏等行为为代价，必须合理有效地利用相关资源、致力于环境保护和污染治理等工作，实现长期可持续发展。

（3）可持续发展必须与社会的进步相适应，能够有效地促进社会的持续发展。可持续发展并不是一个单纯的经济行为，而是经济、生态和社会相互作用的过程。

综上所述，可持续发展是经济、生态和社会总体的可持续发展，生态可持续是基础，经济可持续是条件，社会可持续是目的，这三者之间相互配合、相互影响、密不可分。

（二）企业可持续发展的概念

对于企业可持续发展的界定，不同的学者提出了不同的观点。约翰·埃尔金顿提出了“三重底线”的概念，他认为企业在发展过程中，也需要满足经济、环境和社会三方面的平衡与协调，为社会创造持续发展的价值。有些学者认为，企业可持续发展是企业以一种有利于改善所有人生活水平的方式在获得自身经济增长的同时，也要加强对环境的保护。威廉（William）和麦克斯韦（Maxwell）倡导在战略上融入可持续发展的思想，综合考虑经济、环境和社会三方面的影响。我国学者芮明杰认为，企业可持续发展是指企业在追求长盛不衰的过程中，不但要考虑企业近期利润的提高和市场的扩展，又要考虑持续的利润增长和良好的公共关系。

虽然国内外学者对企业可持续发展的含义有所区别，但是都认为企业在追求自身经济发展过程中需要同时关注社会和环境因素。本书认为，企业可持续发展的含义主要有以下几个方面：

（1）从企业增长的角度来看，企业可持续发展在企业财务上表现为企业可持续性的增长率；从企业与环境的关系来看，企业在发展过程中要致力于保护环境和污染治理；从资源利用的角度来看，企业在发展中要注意提高资源的利用效率，节约和合理利用相关资源。总之，企业可持续发展是指企业在追求经济可持续发展的同时，正确处理好经济、环境和资源的关系，保证企业长期发展。

（2）企业可持续发展是通过企业长期的可持续性竞争优势来实现的。企业长期的可持续性竞争优势是企业可持续发展的基础和动力。

（3）企业可持续发展要求企业克服生命周期的约束，不断地进行技术、制度等相关方面的创新，这对企业的长期可持续发展有着重要的意义。

（4）企业可持续发展具有动态性。企业可持续发展具有时间和空间上的延展性，表现为企业不断地突破和发展，实现自我超越。

㊀ 匡海波．企业社会责任［M］．北京：清华大学出版社，2010.

二、企业社会责任与可持续发展

企业社会责任与企业可持续发展在某种程度上是有很大交集的。特别是自从20世纪70年代以来，随着可持续发展理念的不断拓展，把可持续发展纳入企业社会责任的研究领域已经成为理论界和实践界的一个共识。

（一）企业社会责任对企业可持续发展的影响

1. 企业积极地承担社会责任为企业可持续发展提供物质保证

企业积极地承担社会责任，一方面能够获得股东进一步的投资和债权人的融资，为企业的发展提供资金支持；另一方面由于企业承担起保护环境和节约资源的责任，维持了社会的生存和发展，也为企业自身的发展提供了环境和资源上的保障。

特别是在企业的生产过程中，企业选择可循环使用的资源，不仅减少了资源的浪费，而且节约了投入成本，在生产工艺环节，采用新的工艺设备、新技术，不仅能够提高企业的生产率和企业效益，能够节约直接成本和社会成本，而且其产出的环保型产品更加符合市场的需求，为企业树立了良好的形象和声誉，最终创造了很好的效益，为企业未来的发展提供财富支持和物质保障。

2. 企业积极地承担社会责任为企业可持续发展提供人力保证

企业可持续发展需要有文化、有创新精神的优秀人才。雄厚的人力资本是企业长期可持续发展的基础。企业需要善待员工，为员工提供舒适的工作环境和工作条件、平等的晋升机会、良好的福利水平等，这样不仅激发了现有员工的工作热情和工作的积极性，提高员工的凝聚力和对组织的向心力，不断地发挥自己的创造力，而且一方面企业积极地履行对员工的社会责任能够吸引组织外部的大量优秀人才加入该企业，为企业的长期发展储备人力资源，另一方面，可以使员工有足够的财力和物力去培养下一代，在为社会造就人才的同时，也为企业未来发展储备了人力资本。

3. 企业积极地承担社会责任为企业可持续发展提供社会保证

社会问题的解决单单靠政府的力量是无法完成的，它需要全体社会成员的努力和配合。企业作为社会的一个“细胞”，应该协同企业的社会成员和政府一起去解决这些共同面临的社会问题，为企业未来的发展创造一个安定团结、稳定健康的环境，为企业可持续发展提供社会保证。

4. 企业积极地承担社会责任为企业可持续发展提供文化保证

企业文化是企业在发展过程中形成的理念、价值与行为规范的综合。从价值的属性上看，企业社会责任是企业文化的重要内容和外在表现，企业社会责任的履行是企业文化发展的必然趋势和要求，二者相辅相成、相互作用，在目的、依据、发展趋势等方面是一致的。企业积极地履行社会责任可以为企业文化注入新的价值观念，促进企业文化的建设，为企业可持续发展提供文化上的支持与保证。

综上所述，企业履行社会责任为企业可持续发展能力提供了物质保证、人力保证、社会保证和文化保证，同时企业可持续发展作为一种全新的发展模式又会促使企业积极地履行社会责任。企业社会责任与企业可持续发展的关系见图4-11。

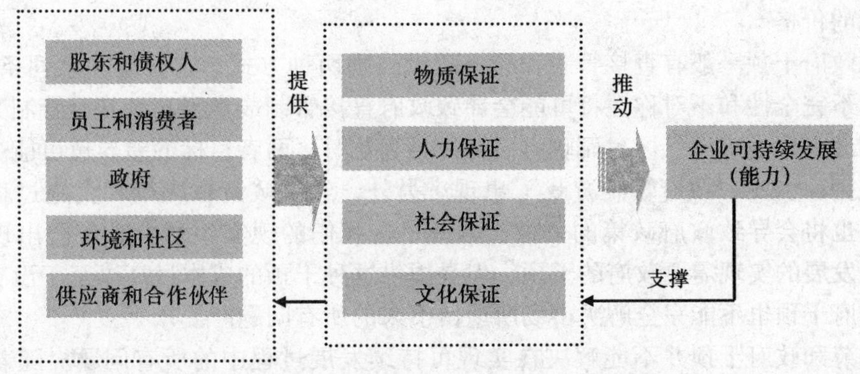

图 4-11　企业社会责任与企业可持续发展的关系

（二）企业可持续发展有利于企业履行社会责任

可持续发展是企业在现代经济条件下所提出的一种全新的发展战略方式。企业可持续发展战略的开展需要企业积极地履行相关的企业社会责任，将可持续发展的理念贯穿到企业日常经营活动中，对企业日常运作的各个环节进行管理，推动企业可持续发展。

例 4-11　壳牌公司将企业可持续发展作为企业的核心价值观，通过实施可持续发展战略，有力地推动了企业社会责任。30 多年前，壳牌公司就意识到了可持续发展的重要性，1976 年制定了《壳牌商业原则》，是壳牌全球通用的行为准则。原则明确规定，可持续发展是公司的核心理念和价值观。而 People（关心人类）、Planet（对地球负责）、Profit（追求盈利）的"3P"原则是公司可持续发展的三大核心策略。致力于可持续发展的承诺，意味着做任何事情都必须考虑如何在经济、社会和环境影响三者之间取得平衡，在短期和长期需要之间取得平衡，所有壳牌公司的计划都必须以此为基础，健康、安全与环境、多元化。在这种理念的指导下，壳牌公司积极地承担企业对股东、客户、员工、与壳牌有业务往来者和社会五个方面的社会责任。

资料来源：http：//www. tianya. cn/publicforum/content/develop/1/216261. shtml.（有删减）

（三）推动可持续发展的第三种力量——企业社会责任

例 4-12　作为理性人，每个牧羊者都希望自己的收益最大化。在公共草地上，每增加一只羊会有两种结果：一是获得增加一只羊的收入；二是加重草地的负担，并有可能使草地过度放牧。经过思考，牧羊者决定不顾草地的承受能力而增加羊群数量，于是他便会因羊只的增加而收益增多。看到有利可图，许多牧羊者也纷纷加入这一行列。由于羊群的进入不受限制，所以牧场被过度使用，草地状况迅速恶化，悲剧就这样发生了。

资料来源：http：//wiki. mbalib. com/wiki/%E5%85%AC%E5%9C%B0%E6%82%B2%E5%89%A7.

众所周知，外部性所导致的"公地悲剧"是以企业作为理性的"经济人"追求自身经济利益最大化为假设前提的，这种事情的发生是市场在解决环境问题上失灵的重要表现。针对外部性问题的解决一般有两个思路：一是通过市场进行调节；二是进行政府干预。从目前来看，虽然这两种手段都取得了一定的成效，但是相应地也有很多的缺陷。

首先，市场的调节需要具备一定的条件，如完善的产权制度、能够体现价值的价格体系等。但在现实生活中，这些条件都很难具备。例如，部分资源与环境的产权很难清晰地进行界定，像臭氧层、空气等。此外，资源与环境价格的界定极为复杂，很难做到制定出能够完全体现价值的价格。

其次，政府干预一般有直接管制和经济政策鼓励两种方式，它们受一系列条件的限制。由于信息的不完全性和不对称性将可能会导致政府直接管制成本很高，甚至管制失效。如果企业以利润最大化为唯一目标，而政府强调社会利益时，两者目标的差异也可能会引致政府和企业的冲突，引发“政府管制游戏”出现。另外，经济政策在决策和实施过程中存在的寻租活动，也将会导致政府政策的失效。因此，在我们的现实生活中难免会出现这样的情况：可持续发展的实现需要政府的干预，但是提供这种干预的成本过高以至于没有成效。也就是说，政府干预也不能完全解决市场所遗留下来的所有问题。

市场调节和政府干预并不能解决在实现可持续发展过程中的所有问题。随着经济的发展，企业社会责任开始盛行，为我们提供了一个新的研究视角，人们开始跳出“经济人”的假设框架，从“社会人”的角度出发去探求影响企业行为的非经济因素中蕴含着的可持续发展的新动力——企业社会责任。

（1）企业社会责任的自律性。企业在运营的过程中，不断地与外界环境进行物质与资源等交流。企业积极地履行社会责任将会促使企业从人与自然的和谐共处为出发点，自觉地保护环境，合理地利用资源，减少污染物的排放量。这种由企业社会责任所引导的企业的自律行为，无需外部力量的强制，它完全是企业的一种主动、自愿的行为。这种行为能够有效地克服市场调节和政府干预的弱点，更好地推进可持续发展。

（2）企业社会责任的持久激励性。企业社会责任的培育和形成是一个复杂的过程。但它具有可重复性，对企业的一代代成员都有一定的影响，为企业进行技术和管理创新、控制污染提供连续的激励，成为指导企业长期行为的一个基本准则和导向。

（3）企业社会责任的广泛渗透性。在现代生活中，企业社会责任不但开始上升到战略的高度，而且与企业文化开始进行融合，并对企业文化的形成和培育有着重要的影响。而企业文化产生的影响是潜移默化的，并会渗透于员工的价值观念中，成为影响可持续发展的重要因素。因此，如果企业员工在文化的影响下都树立可持续发展的理念，他们就会自觉地遵守企业和国家的环保政策和措施，主动配合相关的政策要求，从而减少企业的管理成本，弥补市场调节和政府干预手段的不足。

总之，积极地承担社会责任是企业实现与经济、社会与环境“多赢”和可持续发展的有效手段。

本章小结

企业社会责任对企业竞争力的培育、企业责任竞争力的提升有着举足轻重的作用，成为现代市场条件下企业提升竞争力的又一新的手段。企业绩效不仅包括经济绩效，而且还包括社会绩效和环境绩效，企业积极地履行社会责任不仅有助于企业利润的提升，而且对企业的社会绩效和环境绩效的提高有着积极的作用。企业价值是当今世界企业的共同语言，可持续发展是全球企业共同追求的理想目标，随着企业社会责任运动浪潮的兴起，企业社会责任行为成为现阶段提升企业价值、实现企业可持续发展的又一重要手段。

思　考　题

1. 简述企业责任竞争力的含义及其形成。
2. 简述企业绩效的含义和内容。
3. 简述企业社会责任与企业绩效的关系。
4. 简述基于企业社会责任的企业价值提升手段。
5. 简述企业社会责任与企业可持续发展的关系。

第三篇

企业社会责任实施与评价

第五章　企业社会责任战略
第六章　企业社会责任投资
第七章　企业社会责任实施
第八章　企业社会责任评价
第九章　企业社会责任管理

第五章　企业社会责任战略

【学习目标】

理解社会责任战略的内涵；了解社会责任战略选择的类型与影响因素；熟悉企业社会责任战略选择的动因；掌握企业社会责任战略管理的具体措施。

【关键词】

企业社会责任战略；企业社会责任战略选择；企业社会责任战略管理

【导入案例】

雅戈尔：社会责任、人性化管理与企业文化的时代对接

雅戈尔是一个时代的标志性品牌。雅戈尔团队以其独具特色的管理理念和企业文化，带领29 000多位员工，积极投身社会责任建设，以一种持续低调但却极具亲和力的方式，使品牌深入人心。

一、在雅戈尔，每个人都在打工，大家都是老板、都是股东

对于大多数企业而言，创始人有着至高无上的地位和权力，一把手通常持有公司百分之五六十的股份。但雅戈尔不同，身为雅戈尔服饰公司的董事长仅仅持有1.3%的股份。在雅戈尔可谓全民持股。2003年10月进入雅戈尔的员工，一般都有2 000～5 000股。广泛参股的意识大大提高了员工的积极性和主人翁意识。“在雅戈尔每个人都在打工，大家都是老板、都是股东。”李如刚这样说。

管理是对人心灵的召唤，是一种行为、习惯、价值观的认同。雅戈尔内部开会，六七十名与会者没有一个迟到，没有一个人打手机。高明的管理不是由上而下的铁腕政策，而是“无为而治”，把管理规范转化为一种文化氛围。雅戈尔把社会责任与企业文化融合在一起，相辅相成。

二、把股东利益、员工利益转化为自身的压力，让社会压力成为企业前进的动力

一个股份制公司必须考虑股东的利益。2006年股改，雅戈尔对股东承诺，3年内每股分红不低于0.2元，其实也是在给企业自身施加压力，让社会的压力变为企业前进的动力。

人才是企业发展的有效保障，公司重视人才，建立了良好的人才引进制度。用人唯贤，不用人唯亲。雅戈尔要做百年企业。因为有这种理念，雅戈尔从上到下、从内到外纪律严明，员工始终保持严谨的工作作风。

从CSC9000T到企业的社会责任，不仅仅是员工问题，还有社会资助、环境保护等。雅戈尔的各种对外赞助，到目前已接近2亿元人民币。作为中国纺织工业协会社会责任建设推广委员会（RSCA）的成员和“2007年胡润企业社会责任50强”中唯一上榜的服饰企业，雅戈尔堪称中国服饰界实现社会责任的先锋。走进宁波，我们看到的是投资几百万元的雅戈尔小学、投资3 000多万元的雅戈尔中学。企业办学不仅仅是一种人才的培养和积蓄，而且是更高层面社会责任的体现。

从客观上讲，企业和员工之间，平衡是相对的，不平衡是绝对的，我们所追求的是相对

平衡。拿企业用人来说，用与不用不仅仅是一个选择标准，而且是典型的企业与员工之间的关系问题。小才要大用，大才要重用，废物要利用，就体现了一个道理——没有不能用的人。企业用人就是要发现员工的长处、优点和特色，把他放在最合适的位置，这样才能调动方方面面的力量，把总体工作做好。

推行社会责任体系，必然会面临种种困难。李如刚坦然表示：实施社会责任，实际上是一个经济实力的问题。人是"仓廪实而知礼节"，企业也是。要让所有企业履行社会责任首先企业得富起来；其次是让企业产生内在的需求，不能单纯地靠强制和规范；最后，整个社会责任体系的顺利推行，需要社会方方面面的配合，不仅是政府与企业间的配合，而且要有不同企业间的默契配合，甚至是竞争企业间的合作和优势互补。但中国目前有一个问题，就是企业彼此之间合作不足，交流、沟通较少。推行社会责任体系是行业发展的必然，需要坚持不懈的共同努力，不能松懈。

企业不只是赚钱的工具，也是承担社会责任的机构，企业只有把自己作为社会的一部分，才能在社会中持续经营。对国家和政府来说，企业做大了有税收，就能为地方经济的发展带来效益，保持社会安定。因此每个企业都是社会责任体系中的一分子，都应从自身做起，从方方面面完善自己的管理制度，通过人文理念来完善我们的社会责任体系。

企业社会责任是人性化管理和企业文化的时代对接，是企业永续经营的秘诀。

资料来源：杨旭，李如刚．企业社会责任、人性化管理与企业文化的世代对接［J］．中国服饰，2007.

企业社会责任行为在要求企业付出的同时，会给企业带来丰硕的回报。企业要时刻把社会责任理念贯穿于企业运营当中，让它与企业的战略相结合，并逐步内化为企业的文化，这样才能更好地把抽象的社会责任战略转化为企业具体的实践活动，把它贯穿于企业使命与企业目标当中，植根于员工的头脑当中。

第一节 企业社会责任战略理论

企业作为社会经济的主体，不仅对经济的健康发展起着重要的作用，而且对社会的可持续发展也起着极其重要的作用。尤其是随着经济全球化趋势的不断发展，企业若想在全球化的阵营中占据有利的地位，必须积极履行社会责任，因此关注企业社会责任的呼声日益高涨，发展趋势日益加快，而如何把企业社会责任战略发展到战略的高度则成为了企业日益关注的问题，企业社会责任的战略化运作也成为企业的一项重要的活动。

古典观的代表人物弗里德曼认为，企业的社会责任与其利润趋向是一致的，企业唯一的目标是追求利润，使股东的利益达到最大化，在这样的过程中就自然增进了社会的福利。显然，这种只强调经济利益的做法在可持续发展观念深入发展的今天已经越来越不适用了，以利润为中心的单一价值观被更为全面的社会责任价值观所取代，企业在盈利的同时必须注重环境和社会问题。企业别无选择，必须实施企业社会责任战略，在为股东创造最大利益的同时，为社会作出贡献，实现经济绩效和社会绩效的双赢。

一、企业战略

"战略"一词最早出现于战争和军事活动当中，但现在战略的含义已经扩展到广阔的领域，包含于政治、经济以及社会活动中，扩展到宏观经济和微观经济中。微观经济中的战略就是指企业战略。

(一) 企业战略管理思想

对于企业战略的内涵，历来有不同的见解。最早在商业领域引入战略观念的是纽曼与摩根斯顿，他们在《博弈理论与经济行为》(1947) 中对战略所下的定义为："一个企业根据其所处的特定的情形而选择的一系列行动。"美国学者安索夫认为，战略是决策的基础。法国塔威尔认为，战略是谋求生存的方法，战略由三部分内容组成，包括长期目标的确定；选择达到目标的方法；对每一个目标都要确定重点，决定其所需要的人力、物力以及财力数量。虽然各种理论观点不一，但也可以总结出一些共有的观点。企业战略是企业在市场经济竞争激烈的环境中，在总结历史经验、调查现状、预测未来的基础上，为谋求生存和发展而作出的带有长远性、全局性的谋划和方案。一般认为，企业战略是企业对有关企业发展方向、长期目标以及实现目标的途径和策略等重大问题的系统性的认识和实践，是对企业内部条件和外部环境中，长期的和根本性变化的积极反应。企业战略决策决定了企业应该处于何种行业，规定了企业的宗旨和目标以及实现目标的途径。

(二) 战略管理过程

邹昭晞在其《企业战略分析》一书中将战略管理过程划分成了三个阶段：战略分析与制定，战略实施与控制，战略选择与评价，三者形成了一个完整的、相互关联的管理过程。企业战略管理图见图5-1。

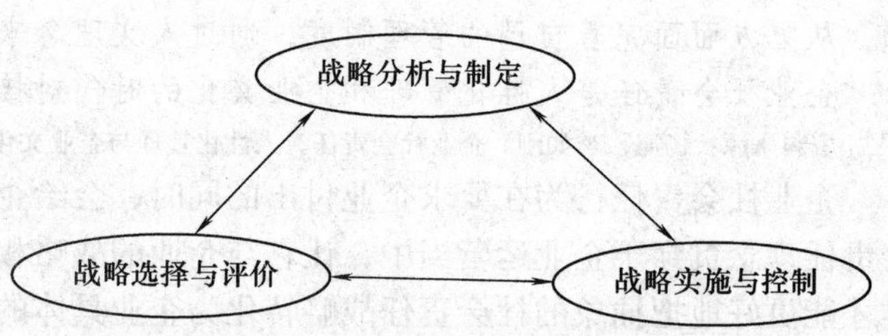

图5-1 企业战略管理图

资料来源：刘冀生．企业战略管理［M］．北京：清华大学出版社，2003．

在以往的战略著作中，人们更多的是按战略分析、战略制定、战略实施、战略控制的环节来表述战略管理的过程。战略分析主要是对环境的分析，而环境又可以划分为企业宏观环境、企业任务环境以及企业内部环境三个层次。早期管理学研究中的重要代表人物巴纳德曾经在其组织理论中指出：组织要想存在和发展，必须要适应环境的变化。适应环境是企业生存和发展的前提。只有作出正确的战略分析才能明确企业目前的状况，从而找准企业将来要走向何方，作出正确的战略选择，制定出正确的战略方针。因此战略分析是前提，是其他过程顺利进行的保障。

战略选择与制定主要包括：确定企业的任务；分析企业所面对的外部机会与威胁，企业内部优势与弱点；建立长期目标；制定供选择战略；选择特定的实施战略。战略实施主要包括制定年度目标、制定政策、激励员工和配置资源，以便使制定的战略得以贯彻执行。战略评价包括重新审视外部与内部因素、度量业绩、采取纠偏措施。

周三多将战略管理的过程分成了七个环节：企业使命、企业目标、战略态势分析、战略制定、战略评估与选择、战略实施和战略控制。明确了战略的几个过程，可以使企业在制定自己的社会责任战略过程中有章可循。企业在制定企业社会责任战略的过程中，要从战略的视角出发，分析社会责任的现状，企业的社会责任观念的完善程度，以及竞争对手对社会责任的相关重视程度，做到知己知彼；然后根据企业的现实状况，选择适合自己的社会责任战略；将社会责任战略转化为具体的实际行动，贯穿于企业的各项活动当中；对相关实施过程进行评价，确保与企业的目标相结合，保证经济绩效和社会绩效的统一。

二、企业社会责任战略

自20世纪80年代开始，现代企业理论中的企业资源基础理论和利益相关者理论取得了长足发展，促进了企业社会责任“战略论”的形成，企业逐渐认识到企业社会责任与企业战略管理相结合的重要性，把抽象的企业社会责任融入企业战略管理的各个环节当中。战略性企业社会责任丰富了社会责任的内涵和外延，更有利于企业将社会责任转化为具体的企业行动。西方国家的企业在这方面表现得较好，已经进入了企业社会责任战略的整合阶段，把社会责任蕴于企业使命、企业目标当中，并通过具体的行为体现企业所承担的社会责任。20世纪60年代，哈佛大学的安德鲁斯对战略进行了四个方面的界定，将战略划分为四个构成要素，即市场机会、公司实力、个人价值观与渴望、社会责任。这已经在一定程度上把社会责任的目标融入到企业的战略当中。在他看来，一个有竞争力的企业，其战略目标的内容除了包括传统的利润目标、产品目标外，还应该包括市场目标、竞争目标、发展目标、职工福利目标、社会责任目标等。企业在积极地履行社会责任的过程中，可以更好地提升企业的竞争力。把社会责任上升到战略的高度来加以考虑，更有利于企业的发展，提升企业的社会责任水平。

(一) 企业社会责任战略相关概念

伯克（Burke）和洛格斯登（Logsdon）指出，企业的社会责任对企业的回报与对企业的利益相关者和社会的回报是一致的，当企业履行社会责任能产生与企业有关的利益时，特别是对企业核心业务的支持，进而促进企业的效益，对企业实现企业的使命有帮助时，企业社会责任就能上升到战略的高度。世界可持续发展工商理事会（WBCSD）认为，企业的社会责任战略以一定的伦理和企业的核心价值观为基础，可以给企业带来比较明显的收益。这种观点认为，企业的视野比较广阔，能够充分了解到社会期望的变迁，提高企业抵御外部风险的能力，也有助于企业发现新的市场契机。威廉 E. 哈拉（William E. Halal）把战略管理者如何区别对待利益相关者，从战略管理的角度把企业区分为利益中心型和社会责任型。利益中心型是以经济价值和竞争优势为准则划分的；社会责任型是以道德和社会责任为准则划分的。这表明，人们在看待社会责任问题的过程当中加入了战略的因素，开始注意把社会责任与战略管理相结合。美国管理学家安德鲁斯从战略的视角看待企业社会责任，他强调应该把社会责任的成分纳入到企业的战略框架，企业在做自己的战略决策时要把社会责任的相关内容考虑在内，并且要贯穿于企业战略决策与实施的各个过程当中。很多国内外调研证实，假如落实企业社会责任战略，企业在消费市场、资本市场等各个领域都会有消费者满意的选购偏好，甚至是公益价，因此企业社会责任战略可以给企业带来很多的优势。另外，企业的战略决策还要求对企业承担的社会责任有一个清醒的认识，进而作出正确的评价，选择适合企业的社会责任战略，从而把社会绩效和经济绩效结合在一起。一些成功的大企业都在走社会责任战略化的道路。

例 5-1　　惠普作为战略的企业社会责任

据中国惠普有限公司品牌市场部总监沈激介绍，惠普早在1957年就提出了企业社会责任的概念，并将其作为公司七大发展战略之一。惠普认为，企业的社会责任集中体现在公司治理和隐私保护、环境保护的举措三个方面。惠普对公司治理有一套严格的治理体制，有严格的价值观、规章制度和行为准则，还特别对腐败行为有严格的控制。惠普还要求其供应链上的供应商都要达到这些标准。惠普还提出了“为环境而设计”的理念，在产品的生命周期每个阶段，都考虑如何保证产品实现环保设计，如采用更环保的材料、减少产品包装的空间、保证回收、执行严格的物流体系，用环保的方式运输等。

沈激最后表示：惠普将继续积极地投身公益事业，并有针对性地长期进行社会投入。在教育方面，侧重中学和大学的教育，针对年轻人创业进行就业培训，这是惠普“车库”精神中所蕴含的创业精髓。

资料来源：http：//tech.163.com/09/0526/10/5A7V18EC000915I3.html

企业社会责任是提升企业竞争力的一个重要因素，是企业为了自己的长期可持续发展作出的战略选择。企业社会责任构成可持续发展的重要领域，企业是最重要的市场主体，企业把社会责任观念融入到企业的战略当中，可以在一定程度上弥补市场经济下市场调节的不足，有利于形成规范的市场秩序。而规范的市场秩序又为企业的健康发展提供了良好的外部环境，有利于企业的可持续发展。总体而言，社会责任战略和企业的可持续发展是紧密联系、相辅相成的。实施社会责任战略，有助于推动企业的可持续发展，而对可持续发展目标的追求，会进一步促使企业在生产过程当中考虑到社会和环境的因素，促进企业和社会的双赢。

（二）企业社会责任战略的内容

战略性企业社会责任是指能为企业带来利润的涉及企业社会责任的政策、项目或过程，它能支持企业的核心业务，从而有效地实现企业的使命。企业社会责任战略包含的内容是十分广泛的。企业社会责任战略要求把企业自身、利益相关者和社会的利益结合在一起，它并不是简单地为慈善机构和希望工程捐了多少钱，而是企业对于社会、环境、资源、股东、企业员工、消费者等总体的考虑。企业在制定自己的战略时，必须对经济、社会、环境等因素作综合的、系统的考量。仅仅把社会责任等同于慈善捐款或者以为希望工程捐款数额的多少来衡量企业所承担的社会责任的大小，则是太过狭隘的观点。以美国学者曼尼（Manne）等为代表的学者坚持认为，唯有在经济上有所牺牲的行为方属企业社会绩效行动。洛文杰（Loevinger）和鲍尔（Bauer）等学者对此也持肯定的态度。他们认为，唯有本着提升公共福利的主观愿望而牺牲经济利益的企业行动，才形成企业社会绩效。戴维斯（Davis）等学者则表示，企业履行社会责任与其实现利润最大化之间并不必然地发生冲突，不能断然将企业形成社会绩效的行动模式与企业利润目标对立起来。布莱斯顿（Blomstrom）和斯蒂文特（Sturdivant）为代表的学者也持类似观点，他们认为一定的企业行为能否形成社会绩效，不是看它是否会牺牲企业的经济利益，或是看它有无纯粹的慈善动机，而是取决于该行为的社会影响和实际效果如何。

（三）战略性企业社会责任的特征

战略性企业社会责任具有四个基本特征：向心性、专属性、超前反应性、可见性。

1. 向心性

向心性是对企业社会责任与企业使命和目的的度量。它通过显示企业特定的行为和决策是否与企业的目标相一致，为企业的组织活动指明正确的方向。通过建立相应的反馈机制，可以对企业行为当中与企业目标不相符合的部分进行控制，从而保证企业目标的顺利实现。具有高度向心性的行为就会在组织中得到优先的安排，并且能够给企业的未来带来收益，促进企业的可持续发展。对于企业社会责任战略来说，那些与企业的使命和目标联系紧密的一些项目就具有高度的向心性，企业在实施社会责任的过程当中要优先选择高度向心性的活动。

2. 专属性

专属性是指企业能够获取或内化企业社会责任项目所带来的利益，而不是仅仅提供一种能被产业中其他企业共享的集体产品，即能给企业带来排他性的利益。企业社会责任战略的制定归根结底是为了企业自身的利益，对企业没有任何促进作用的政策，企业是不会实行的。一些外部性和公共物品就被定义为非专属性的。很多的企业社会责任行为，如慈善捐助，也产生了非专属性的公共物品，给整个社会带来了好处，但是在这个过程当中，企业的形象也会得到提升，给公众留下好的印象，也有助于企业获得专属性的利益。汶川地震中，中国民族企业王老吉向灾区捐献 1 亿元人民币，社会公益产生的口碑效应立即在网络上蔓延，许多网友第一时间搜索加多宝相关信息，加多宝网站随即被刷爆。“要捐就捐 1 个亿，要喝就喝王老吉！”“中国人，只喝王老吉”等言论迅速得到众多网友追捧，使更多的人了解到企业的产品，同时也提升了企业的形象，在履行自己的社会责任的过程当中，也给企业带来了很大的经济效益，由此可见，正确的社会责任战略可以给企业带来专属性的利益。因此，在企业社会责任越来越被公众所关注的情况下，正确恰当的企业社会责任战略会给企业带来巨大的发展契机；相反，如果把握不好，则会在公众心目中造成负面影响，给企业造成威胁。

3. 超前反应性

超前反应性是指企业对预期出现的经济的、技术的、社会的或政治的趋势提前作出应对的行为。超前反应性是企业战略管理人员在制定相应的战略过程中，在面对日趋多变的环境的过程中应具备的素质。企业战略管理人员要善于在目前的活动中抽象出所预示着的机会与威胁，在复杂多变的环境中掌握主动权，不是单纯地适应环境，而要通过自己的活动引导环境。在社会责任领域具备这种超前反应性，预示到社会责任的重要性，将它融入到企业的各个环节当中，这样无形当中便会逐步改善企业的形象，是有利于企业的长期发展的。

4. 可见性

可见性是表示企业的社会活动是可以观察到的，同时企业活动也要能够得到利益相关者的认同。可见性对企业来说，可能是正面的也可能是负面的。但是，企业社会责任活动的可见性一般不可能是负面的，企业可以通过积极的社会责任响应，提高企业在外界的形象，以负责任的代表出现，这样便会赢得顾客的信任，提高员工的忠诚度，维护股东的权益，最终获得正面的可见性。

（四）波特的企业社会责任战略模型

用战略的思维来看待企业的社会责任，就要把社会责任与价值链生产的各个环节联系在一起，把社会责任融入到企业的生产与经营当中。波特的价值链模型为企业的社会责任活动指明了方向，也可以使社会责任进一步细化。面对日趋激烈的国际竞争，企业社会责任已经成为企业竞争力的重要因素。

1. 价值链模型

在价值链模型（见图 5-2）中，波特把企业的价值活动分为基本活动和辅助活动两类。

基本活动包括：内部后勤、生产经营、外部后勤、市场营销和售后服务；辅助活动包括：采购、技术开发、人力资源管理和企业基础设施。这些活动中都包含着社会责任的因素，企业要在价值链活动的各个环节将社会责任充分融入其中，贯穿于企业社会责任的始终。

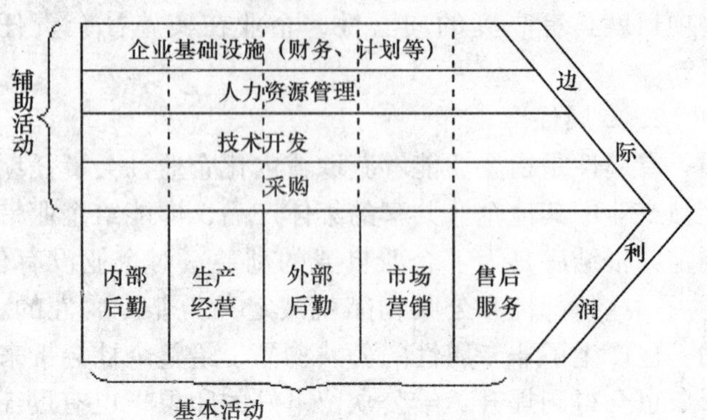

图 5-2　波特的价值链模型

资料来源：M E Porter. Competitive Advantage [M]. New York: Free Press, 1985.

以人力资源管理为例分析其中的社会责任因素：在人力资源管理当中，如何设置适当的工资满足人们的生活水平，如何设置适当的奖励措施，维护员工的自尊，所有这些都涉及企业社会责任的问题。企业价值活动中的其他环节也都与社会责任紧紧联系在一起。企业在制定自己的战略过程时必须充分考虑到社会责任的因素，将它融入到价值链活动当中的每一个环节，这样制定出来的战略才有利于实现企业的长远利益，能够实现经济效益和社会效益的统一。

2. 钻石模型

钻石模型（见图5-3）是波特在研究国家竞争优势时提出的，是企业竞争力的重要分析工具。它由四个基本要素构成，分别是：资源要素，市场需求，相关产业和支持产业的表现，企业的战略及对手的表现。另外还加入了机会和政府行为两个变量。资源要素包括人力资源、天然资源、知识资源、资本资源和基础设施。市场需求主要是本国市场的需求。相关产业和支持产业的表现是指这些产业和相关上游企业是否有竞争力。该模型也适用于社会责任的情景。波特认为，环境的变迁对四个因素产生了深刻的影响，从而改变了企业竞争的外部环境。现在社会责任的观念正在逐步深入人心，各个企业也越来越重视自己的社会形象，如果企业在经营的时候一点都不考虑社会因素，就无法适应外部环境的变化，从而丧失竞争优势。外部环境要求企业必须实行社会责任战略。企业在制定自己的社会责任战略时，要从这四个基本要素进行考虑，改善企业的外部环境，提高企业的声誉，从而提高企业的竞争力。

企业要在充分分析各个因素之后制定自己的社会责任战略，钻石模型可以帮助企业了解外部环境的相关状况，在对外部环境深入分析的基础上，在了解外界对社会责任的反应以及采取的具体策略之后，有针对性地制定适合本企业的社会责任发展战略，实现企业的经济绩效和社会绩效的双赢。

三、企业社会责任与战略管理的联系

企业战略管理具有全局性、纲领性、竞争性、长远性、风险性和创新性的特征。近年来，社会上对社会责任的强调越来越多，各个企业也开始充分重视企业的社会责任，因此企业制定其战略时，需要将社会责任的理念融入其中。本文主要从企业社会责任对企业经营以及品牌战略的影响来考察二者相结合的重要性以及必要性。

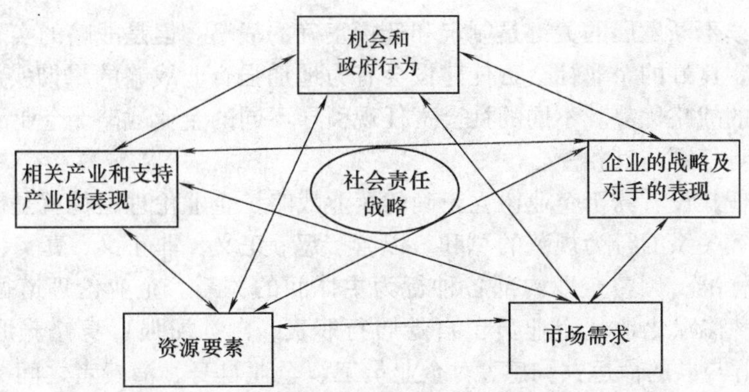

图 5-3 企业的社会责任战略钻石模型

资料来源：M E Porter. Competitive Advantage [M]. New York：Free Press，1985.

(一) 企业社会责任与战略管理的联系方式

企业社会责任与战略管理联系需要借助于一定的方式，具体有以下三种：

(1) 企业社会责任是企业的一种战略性“投入”，是企业进行战略选择，作出战略计划的主要来源。惠普创始人之一戴维·帕卡德就把企业社会责任看成是一个文明社会最本质的东西，是企业战略的核心。正是在这种思想的指引下，惠普一如既往地承担着自己的社会责任，赢得了社会各方的广泛赞誉。

(2) 企业社会责任作为一项支持性活动，是企业价值链活动的一部分。波特定义的价值链是：价值链由差额与价值活动构成，差额是企业创造的总价值与进行价值活动的总成本之间的差额。波特将企业创造价值的活动分为基础活动与辅助活动两种基本的类型。

(3) 企业社会责任是一项管理职责，是企业管理的一项重要组成部分。企业应该把社会责任贯穿到管理职责当中，要时时刻刻考虑到。虽然承担一定的社会责任可能会使企业的短期成本有所增加，但是对企业的长远发展是有益的，承担社会责任会提升企业在公众心目中的形象，这是企业的一种无形资产，甚至是企业花费很高的成本也换取不来的。世界可持续发展工商理事会（World Business Council for Sustainable Development，WBCSD）认为，企业社会责任战略以一定的伦理和核心价值观为基础，能给企业带来明显的收益。这种观点认为，企业有更宽广的视野，能跟踪社会期望的变迁，有助于控制企业风险和发现新的市场，有助于社会价值和企业价值的一致性，因此，提高了企业声誉，保持了公众对企业的支持。

(二) 企业社会责任与企业经营战略

企业社会责任与企业的经营战略是相辅相成的关系。企业的社会责任需要通过相应的战略目标来实现，贯穿于企业战略的始终，企业承担的社会责任需要与企业的运营过程相一致，与企业战略管理的过程相一致；企业在制定自己的经营战略时要充分考虑到企业的社会责任目标。经营战略思想是制定企业战略的指导思想，是企业战略的灵魂。《企业管理现代化纲要》强调指出“制定正确的企业经营战略，是企业完成国家和人民赋予的使命，并在激烈的竞争中求得生存和发展的根本保证。”

企业社会责任对企业战略的实施有促进作用，但在一定情况下也会对其产生阻碍作用，因为不同的社会责任观会引导企业作出不同的战略选择。经营战略决定着企业持续发展的方向，企业经营战略的成功是最大的成功，唯有如此，企业才会成为具有强有力竞争优势的成功企业。企业持续不断发展的关键是制定和选择正确的战略。但是战略的实施和企业社会责任有很大的关系。良好的企业社会责任建设会有力地加强企业战略的贯彻实施，有利于取得这种战略所预定的战略优势。不同的社会责任观引导不同的企业战略，企业战略不同又要求相应的企业社会责任观与其相配合。

企业社会责任建设有助于企业树立正确的企业战略。企业伦理道德就是调整企业与职工以及企业与社会等关系的行为规范的总和。以善、恶，正义、非正义，真实、虚伪等相互对立的道德范畴为标准，调整企业内部各种行为主体间的关系。企业伦理道德体系与价值取向，通过不停的潜移默化地让企业员工自觉履行职责，自觉加强自身修养形成正确的人生观，培养企业荣辱与共的命运共同感，对企业员工、企业自身、消费者之间关系有正确的认识和确定，注重企业信用，提高服务水平，承担社会责任。而这些都对企业形成一个正确的企业战略产生重大影响。

（三）企业社会责任与企业品牌战略

企业在发展创造品牌的过程中，需要充分考虑目标市场消费群体的文化背景、知识背景、语言环境、民俗等，因此企业在实施品牌建设的过程中要注意与消费者的利润和文化等价值观的协调，不能损害或藐视其利益，这样企业的品牌建设就可以顺利进行。而企业责任的强化对于企业的知名度扩大有积极的正面的作用，使企业形成良好的商业信誉，同时也使得顾客对本企业商品品牌的忠诚度得到提高，顺利完成企业的战略目标，进而有利于企业竞争力的不断提升。但是企业除了要实现其盈利目标和利润最大化的经济价值之外，社会责任也是非常重要的方面。企业要在经济全球化与激烈的市场竞争中站稳自己的位置，就必须把企业社会责任融入到战略当中，真正实行战略性的企业社会责任，才能够给社会公众留下好的印象，树立起企业负责任的形象，才能赢得顾客的信赖，从而占据更多的市场份额，提高自己的竞争力，在市场中屹立不倒。企业社会责任已是提高企业竞争力的一个重要推动因素。在经营战略、品牌战略以及其他一些战略中都必须把社会责任考虑在内，用社会责任的价值观指引企业的道路，这是一种双赢的策略，有利于企业的可持续发展。

（四）企业社会责任与企业使命和目标

企业战略的制定是紧紧围绕着企业使命和目标的，我们可以从企业社会责任与企业使命与企业目标的关系分析，来研究如何把企业社会责任贯穿于企业战略管理中。

1. 企业社会责任与企业使命

企业使命是对企业的根本性质和存在理由的描述，是为了说明企业的经营哲学和企业的经营宗旨。企业的经营哲学是企业为其经营活动所确立的价值观、行为准则。企业的经营宗旨是企业现在和将来要从事什么样的活动，以及要达到什么样的目标。企业使命一方面明确了企业在社会进步和经济发展中所担当的角色，同时也为企业的发展指明了方向。而企业社会责任是企业的价值观、经营理念和行为准则的反映。由此可见，企业社会责任是企业使命的重要组成部分。在日趋激烈的市场环境下，如果各个企业还是仅仅关注利润最大化的目标，而不顾社会影响，社会将会变得混乱不堪。因此，现代社会对企业的要求已经超出了单纯的经济范畴，要求企业发展成为具有社会性使命的组织，把企业社会责任的观念融入到企业使命和企业的战略规划中。

2. 企业社会责任与企业目标

企业目标包括经济目标以及社会目标两大类。利润是企业生存与发展的基础。彼得·德鲁克在其著作《管理：任务、责任、实践》中指出，企业的管理者必须要把经济上的地位放在首位，一个没有利润的企业不能在社会生存，当企业连自己的生计都难以维持的时候，更不会去考虑履行自己的社会责任。因为企业承担社会责任是需要一定成本的，而这种成本在短期内很难得到弥补。由此可见，企业的社会责任和企业的经济能力是密切相关的。但是这并不意味着利润是企业的唯一目标，企业的目标应该是多方面的，还要包含社会的、环境的目标等，要涵盖广阔的领域。

企业的经济目标对企业的要求不是企业存在的根本目的，满足社会的需要才是企业存在的更高层次的目标。企业是最重要的市场主体，随着企业规模的不断扩大以及实力的不断增强，企业已经成为推动社会发展和影响人们生活质量的主导力量，承担社会目标成为了企业重要的社会责任。企业在经济、社会和文化的各个领域都起着重要的作用，是社会中重要的财富创造者，企业的各项活动当中都体现着社会责任的目标：提供就业、保障基本生活；提高人们生活水平；向政府纳税，推动社会福利和公益事业的发展；企业还直接参与慈善活动和社会公益事业。这些都是企业积极承担社会目标的表现。

企业要在企业使命当中充分地体现出社会责任的目标，把履行社会责任作为推动社会和企业持续发展的使命。企业要把自己的社会责任与企业的经济目标和社会目标相结合，把履行社会责任纳入企业目标管理体系，实现经济目标和社会目标的和谐统一，推动企业积极地履行社会责任，将社会责任纳入企业的战略管理当中，把它看成是企业可持续发展的重要因素。

第二节　企业社会责任战略管理模式

不同类型的企业面临的内外环境是不一样的，因此不同类型的企业会有不同的战略，不可能存在适应于所有类型企业的管理模式。寻求统一的战略管理模式是没有意义的。企业的社会责任是企业不断选择、不断探索的过程，要根据企业的具体情况制定出属于自己的社会责任管理模式。一般地，可以从政府以及企业自身的角度出发来探究企业社会责任的管理模式。

政府在企业社会责任管理当中发挥着重要的作用，因此要在企业社会责任管理当中充分发挥政府的作用。但是也不能完全依靠政府，政府的资源也是有限的，并且政府的法律规定也不可能涵盖社会责任的各个领域。而企业又是经济发展的重要支柱，因此也会存在当地政府庇护企业的状况，使一些不符合社会责任标准的企业得到掩护。

例 5-2　　儿童血铅超标“环保标兵”制造

浙江德清海久电池股份有限公司，建厂以来从未有过环保违规记录，又通过极为严格的ISO14000 环保认证，一年前还通过上市前的环保核查……然而，就是这家堪称“环保标兵”的企业，近日却被爆出是当地居民“血铅超标”事件的“祸端”。截至11 日，300 个送检样本中，就有31 个超标，其中11 个是孩子，还有1 000 多个血液样本正在检测，血铅中毒人数还可能增加。

从今年3 月开始，不断有人在医院检查过程中发现血铅超标。海久公司厂区内家属楼中有19 户的孩子血铅超标。对此该公司副总经理赵国根接受采访时说，这“应该是一个偶发性事件，不是个必然性事件”。记者调查发现，就是这样一家企业，一年前却通过了上市环保审查。浙江省环保厅官网上“关于浙江德清海久电池股份有限公司上市环保核查情况的公示”认为，“项目建设符合城市总体规划和生态功能区划要求”。然而，血铅事件发生后，浙江省环保厅上报给浙江省有关部门的相关材料却显示，该公司存在环境影响问题。环评部门和当地政府早已知情。

资料来源：凤凰网 http：//news. ifeng. com/gundong/detail_2011_05/14/6396588_0. shtml

由于企业的目标和利益相关者的目标是不一致的，即使政府对企业的规范比较明确，但企业在执行过程中往往会滞后，很多企业明知故犯，因为企业被罚的成本要比按照正常的规定执行所付出的成本低，因此忽视企业社会责任的行为还是比较普遍的。例如，比较频繁发生的矿难就是不履行社会责任的很好例证。因此企业社会责任的战略管理不能完全依靠政府的力量，还需要企业的自觉性。

因此，企业社会责任战略管理的另一种有效模式就是，培养一种企业自愿履行社会责任的机制，鼓励企业积极地履行社会责任。这一机制使企业履行社会责任行为成为可能。第三种模式是使企业履行社会责任的收益私有化。企业履行社会责任其实归根结底是为了企业自身的利益。履行社会责任的收益会进一步地激励企业积极承担自己的社会责任。大量的研究表明，企业社会责任行为在长远来看是有利于企业发展的。企业可以从社会责任与自己的利益的角度，来探究适合的社会责任战略管理模式，实现经济效益和社会影响的同步提升，为企业的发展提供更广阔的空间。

上述模式只是为企业社会责任的发展提供了一个视角，但企业自己的社会责任战略管理模式要根据自身的状况作出选择。不同的国家、不同的行业面临的内外环境是不一致的，政府在企业发展中发挥的作用不同，面临的投资消费群体不一致，这就决定了企业社会责任行为给企业带来的利益是不一致的，企业对于社会责任作出的战略选择就不一致。管理模式没有好坏之分，适合的就是最好的。起初美国《公司法》关于企业社会责任的管理模式基本上都是一元制模式，即公司的运营与监督由董事会全权负责，认为股东是公司治理结构的主体，后来随着社会责任地位的提升，美国公司的目标与行为考虑了非股东群体。英国社会责任的鲜明特点是职工参与决定，职工董事在董事会中发挥着重要的作用，负责人事问题及涉及职工利益的社会问题。随着社会责任理念的延伸与发展，企业的社会责任战略管理模式也会越来越完善。

第三节 企业社会责任战略管理的类型与动因

一、企业社会责任战略的类型

（一）根据战略维度的差异划分

不同企业都会根据自己企业的实际情况作出相应的战略选择，在社会责任问题上也是如此。企业战略维度的差异会导致企业社会责任战略的不同类型。可以从两个维度考察社会责任战略管理的类型。第一个维度是企业对待社会责任的态度问题，主要包含不服从、被动服从和主动适应三种方式。第二个维度主要是考察企业所承担的社会责任与企业经济绩效的关系，包括张力和合力。德威特和迈耶在《战略——过程、内容、环境》一书中就提出了战略张力的相关观点。张力意味着组织必须发现一种有效的方法而使各种战略得到平衡。企业中并不是所有利益相关者的利益都是完全一致的，很少有使各个利益相关方都完全满意的策略，因此要寻找利益的平衡点。如果企业的社会责任与经济效益之间存在合力，理性的企业便会采取一种双赢的战略，对社会责任比较重视；而如果企业社会责任与经济绩效之间存在张力，即二者有不相一致的地方，则可以根据企业对社会责任的态度，将社会责任战略分为不服从战略、被动服从战略和适应性战略。企业社会责任战略分类见图5-4。

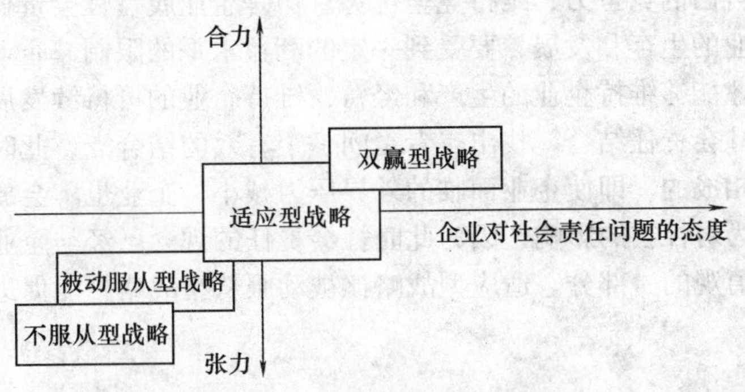

图5-4 企业社会责任战略分类

资料来源：姜启军，顾庆良．企业社会责任和企业战略选择［M］．上海：上海人民出版社，2008.

1. 不服从型战略

企业社会责任战略的不服从型战略的观点认为，企业应当以利润最大化为企业的唯一目标。企业本质上都是利润导向的，企业的利润与企业的社会责任之间存在张力，企业履行相应的社会责任与企业的经济利润之间是存在某种矛盾的，此时企业的利润与企业的社会责任之间存在着负相关的关系，企业需要在履行社会责任与企业的经济利润之间作出选择，必须在两者之间选择其一。所以当企业社会责任与经济利益之间存在张力时，企业倾向于选择不服从型战略。但是这种张力只是暂时的，如果企业对社会责任总是采取回避的态度，会影响到企业的长期利益的，也不利于行业的公平竞争和社会的健康发展，也是一种比较危险的行为，如果每个企业都只重视自己企业的经济利益，而不去考虑对社会的影响，那社会将会变得丑陋不堪。尤其是近些年来，社会责任的观念被越来越多的人群所熟知，作用也越来越大，社会责任的行为不仅仅是企业负责任的表现，也成为企业竞争力的表现。

2. 被动服从型战略

并不是所有不重视企业社会责任的行为都会受到惩罚，都不能在市场中生存；相反，一些不承担社会责任的企业仍然可以获得利润，可以很好地维持企业的运营。如果企业的社会责任与企业的利润之间存在张力，那么追求利润最大化就是企业的唯一目标，但其追求的利润最大化不是仅由自身因素决定的，还会受到消费者以及其他利益相关者的制约，基于一些外在的压力，企业仍需采取被动服从型战略。企业的最佳选择是在利润最大化时为履行社会责任的水平做最小的努力，一些基本的社会责任，如遵守相应的法律、法规等是企业必须履行的，否则企业就无法继续经营。

持这种观点的企业目标明确，他们是从利润最大化的角度出发去看待社会责任问题，他们只是遵守企业经营必需的法律、法规，在道德的底线徘徊，只是为社会和生态的可持续发展做最低水平的努力。如果企业的利益相关者可以高标准地决定企业的社会责任水平，企业的社会责任就会变得相对重要，外部的一些压力会迫使企业无条件地履行社会责任。但是这种压力是不确定的，当企业社会责任与经济利润之间的张力逐渐缩小时，企业会倾向于选择更加温和的战略。

3. 适应型战略

企业慢慢体会到履行企业社会责任带来的好处之后，就会希望尽最大的努力来履行自己的社会责任，提高自己的竞争力，维持竞争优势。但是企业履行社会责任也是有一定的限度的，要不能危及企业的生存和发展，要受到一定的利益水平的限制，企业的利润也需要达到一个满意的水平，才能够维持企业的生产和经营，维持企业的可持续发展。所以企业需要将利润与自身承担的社会责任结合，找出二者之间一个有效的结合点，此时企业的利润与企业的社会责任是相辅相成的。即使企业面临的外界压力减小，企业也不会放弃社会责任的，他们会考虑自己的行为对社会的影响，因为此时社会责任的观念已经与企业的内在价值结合在一起，成为企业价值观的一部分。适应型战略比被动服从型战略更能促进社会和生态的可持续发展。

4. 双赢型战略

双赢战略的观点认为，企业的社会责任与企业利润之间存在正相关的关系。鲍曼和海尔以及海因茨都证明了企业社会责任与经济绩效之间存在着正相关的关系。此时，在企业的社会责任与企业的利润之间就不需要再作出选择，二者之间是一种协同促进的作用。企业主动履行社会责任可以提高企业声誉、提升品牌形象。注重社会责任的企业可以得到更多人的信任，产品和服务就会占据更多的市场份额，提升企业的竞争力。总之，企业履行社会责任的行为可以给企业带来战略性的收益。履行社会责任的大范围回报会进一步增强企业的社会责任感，而企业的社会责任又对企业的长远利益有积极的促进作用。在双赢型战略的理念下，企业的社会责任战略就有利于企业获得长期的可持续发展。双赢型战略是一种最为理想的战略，企业管理人员的重要职责就是要使企业的各种问题向着双赢的方向发展。但在现实生活当中，双赢的情形并不适合所有的状况。因此企业的战略也不能够完全按照双赢的理念来设定。

企业是最重要的市场主体，企业在实现自己的经济目标过程当中，也要积极地承担社会责任，尤其近年来随着社会责任意识的增强，忽视社会责任的企业将难以在激烈的市场竞争中立足。面对外部的压力，企业从利润最大化目标出发而采取不服从型战略的做法是不明智的。企业要根据自身的发展状况承担起与企业的发展水平相适应的社会责任。

（二）其他的划分标准

不同的学者对企业社会责任战略管理类型的分类是不同的。国内有些学者对企业履行社会责任分为四种不同的类型：逃避责任型、利润中心型、随机应变型、公私一致型。从狭义的角度可以把企业社会责任分为合法与不合法两种类型。而多尔顿（Dalton）和科西尔（Cosier）从广义的视角对企业社会责任进行了分类，按合法/不合法与合理/不合理的两维标准将企业的社会行为划分成了四种不同的类型，分别是：合法的合理的、合法的不合理的、不合法的合理的以及不合法与不合理的。克里斯·马斯登（Chris Marsden，2000）把企业的目标划分为三条底线、股东利益、管理满意三种方式，然后把企业对待社会责任的态度划分为三种类型：否定型、抵御型和预反应型。然后从企业公民和公司目标两个维度，把企业的社会责任战略管理划分为八种不同的类型。克里斯·马斯登对企业社会责任类型的不同分类见表5-1。

表5-1 克里斯·马斯登对企业社会责任类型的不同分类

企业公民 / 公司目标	否认型	抵御型	预反应型
三条底线	无	整体反应机制：风险分析和影响评估，与利益相关者建立伙伴关系，健全的管理和汇报体系	积极可持续性的领导力：三条底线的责任和审计，一体化管理系统
股东利益	转移外部性问题：公共关系管理，投资地方社区	部分反应机制：ISO14001SA8000，政策声明和环境、安全、社会影响等"软报道"	部分预反应机制：建立利益相关者的伙伴关系，行为准则或监督体系的先导者
管理满意	管理者任意的慈善行为	专家向CEO汇报制	专家介入社会问题：战略性慈善

资料来源：Chris Marsden. The New Corporate Citizenship of Big Business：part of the solution to sustainability［J］. business and society review，2000.

对企业社会责任战略管理的分类，有助于企业根据自己的发展状况选择适合企业的管理模式，实现企业经济效益和环境效益的互利共赢。

二、企业社会责任战略选择的动因分析

企业积极地履行社会责任虽然不能给企业带来直接快速的回报，但是从长远来看，企业社会责任行为对于更好地激励和留住员工，更好地维护各种利益相关者的利益；提升企业的形象，提高企业的声誉，赢得更多的忠诚顾客；对企业扩大市场份额，提升企业的竞争力都是有好处的。社会责任的履行可以给企业带来长远的战略收益，这就驱使一些企业积极地承担社会责任行为。另一方面，企业还面临着来自外部的一些压力，如在全球化进程中，企业的产品要获得相应的社会责任认证标准才能够更好地进入国外市场，随着公众社会责任观念的增强，员工倾向于选择社会形象较好的公司就职，这些外在的压力要求企业不得不积极地履行社会责任。而企业具体的社会责任战略选择是根据企业自身的情况作出的，这些具体的因素包括企业的价值观、企业的规模、经营目标以及企业所处的发展阶段。不同的企业面临的这些因素的状况是不同的，企业作出的战略选择也会不一致。

（一）企业履行社会责任战略给企业带来的好处

企业社会责任的履行虽然短期来说给企业带来的收益不是很明显，但是作为企业战略的一部分，企业承担社会责任是有利于企业的长期战略收益的。沃赫斯特把企业社会责任看成是企业对社会环境的特殊投资。沃德柯把企业社会责任看成是一种社会投资，他把企业的利益相关人分为两部分，即内部利益相关人（经济领域）和外部利益相关人（社会和生态环境领域），企业在进行投资的过程中要同时投资内部利益相关人和外部利益相关人，即同时考虑到经济、环境和社会因素。企业履行社会责任行为给企业带来的好处是多方面的，这里仅列举一些。

1. 有利于优化企业的生存环境

企业主动地履行社会责任，是企业获得政府的支持、赢得顾客的信任、获取稀缺资源和

发展机会的一种重要的途径。随着经济的发展，各种法制也在逐步健全，而企业社会责任也开始与更多的法律、法规相联系。企业承担社会责任是对这些法律、法规的遵守，同时也会使社会更加和谐，使企业发展的外部环境更加稳定，更有利于企业的长期发展。

2. 有助于提升企业的竞争力

资源基础论认为，竞争力来源于有价值的、稀缺的、不容易模仿和替代的资源。格林宁和特班认为，如果企业关于社会责任业绩方面声誉和形象是有价值的、稀缺的和不容被复制的，那么它将为公司带来竞争优势。企业社会责任的关系是比较复杂的，承担社会责任虽然会使企业的投入成本增加，但却有助于企业竞争优势的获得。企业承担的社会责任有助于企业有效地获取各种外部资源和资本，从而改善企业面临的竞争环境。而且众多企业实践和研究成果表明，企业社会责任和竞争力之间存在着正相关的关系，企业可以将社会责任转化为实实在在的竞争力。

3. 提升企业社会形象，赢得消费者信任

企业在经营过程当中，如果仅考虑经济利益，而不惜牺牲环境、员工的福利或者公众的利益，这样的企业会在消费者心中形成负面的形象。失去消费者对企业的生存是非常不利的。因为对于大多数现代企业来说，消费者的选择是决定企业生存和发展的最重要因素，失去了消费者，企业的发展会受到很大程度的制约，会步履维艰。随着社会责任观念的增强，消费者在作出自己的选择过程中，也逐渐开始考虑社会因素。现在的消费者已经不仅仅满足于物美价廉的商品，还希望得到有“社会责任”的产品。一个社会责任履行较好的企业比较容易得到顾客的信任。据希尔和诺顿/哈里斯．波尔（Hill & Knowlton/Harris Poll）的民意调查结果显示，大部分美国人在选择商品时会考虑背后的社会责任影响力。而企业在履行社会责任参与慈善活动和公益活动的同时，也会起到宣传的效果，博得消费者的好感。可以把企业的社会责任行为看成一项长期的投资，在长远来看可以补偿，获得由于企业形象提升，顾客增多而获得的收益。下面的一则案例很好地证明了消费者更加倾向于购买含有社会责任的商品。消费者一般会认为，诚信的厂商提供的产品一般也是高质量的，企业通过向消费者提供社会责任的信息，向消费者证明产品是高质量、值得信赖的。尤其对于食品行业，食品的质量和安全性对消费者来说更为重要，他们会选择那些值得信赖的产品，即使价格可能稍高一些。美国全食食品公司通过“附上食品详细履历”的方式，向消费者传递着企业是一个负责任的公司，企业对消费者负责，反过来消费者也会对公司更加信赖。

例 5-3　　美国全食食品公司

美国全食食品公司（Whole Foods Market）是美国最大的“有机食品连锁超市”，虽然商品售价比一般超市高出40%～175%，但消费者仍纷至沓来。它以零售店的形式售卖有机食品，把零售店面做得像精品店，并为食品附上详细的生产履历。全食食品公司被列为继微软、星巴克、苹果之后，能够改变世界的公司之一。

消费者喜爱全食食品，是因为它为顾客严选天然纯净的有机食品。美国农业部对“有机”的定义很严，必须是不使用有毒化学肥料、以天然技术栽培的农作物；肉类或奶制品的牲畜，则不能打抗生素，或饲喂化学肥料栽植的饲料。但“全食食品”更挑剔，还要有生产履历。采购人员甚至会告诉农户，到哪儿去找用纯天然墨水做成的标签，或是为什么必须换屠宰场产品才能被接受。

“罗西是一只生活在有机农场的鸡，被送进屠宰场后，变成摆放在Whole Foods里的袋装鸡肉。它的一生在定制鸡舍中度过，它的鸡舍通风，地面铺有干净的谷物，它生前不是悠闲地啄食玉米粒，就是在院子散步。和多数市售家禽不同，罗西从没用过抗生素或生长激素。”这就是摆在“全食食品”冰床上的一块鸡肉的生产履历。

因此，罗西的肉3.29美元/lb，是普通鸡肉价格的两倍多。

资料来源：《南方都市报》超市中的星巴克：鸡是这样卖的. http://www.caseplace.cn/dao.asp? id =718

4. 更好地吸引和留住人才

企业社会责任体现在员工方面，主要包括为员工提供安全的工作环境、社会保障、丰富的劳动报酬、法定的休息时间、难得的培训机会等。在充分履行社会责任的企业，员工的工作满意度比较高，积极性也比较高。企业社会责任状况向我们传递着企业的道德观和价值观的信号，使人们对企业行为方式等有更深刻的了解。员工倾向于选择积极承担社会责任、社会形象好的企业，在这样的企业中工作，员工能够得到充分的尊重，各项权利都会得到切实的保障。员工是“社会人”，他们希望有良好的工作环境，和谐的人际关系，而积极履行社会责任、社会形象较好的企业则会被认为更能满足这些要求。因此，社会责任方面表现优异的企业更容易吸引、留住人才。比如在星巴克公司，公司在经营过程中不仅关注咖啡的因素，他们更关注人的因素。星巴克公司希望创造一种合作伙伴的经营模式。在公司的合作伙伴系统中，主要的合作伙伴，就是公司的员工，他们也是公司最直接的合作伙伴，是利益关系最密切、最直接的合作伙伴。在创造绩效的同时，通过提供咖啡饮品来建立人与人之间的人情纽带，提供一种供人们可以聚会与交流的场所。所以，星巴克的宣传口号强调，“你每喝一杯咖啡，事实上是在创造社会财富，在为许多人提供工作的机会”。“有社会责任的咖啡”的理念向世界传播了企业重视社会责任的信号，能充分地保障员工的权益，人们愿意在这种充满人文关怀的公司里工作。

（二）企业社会责任战略选择的外在压力

现实中有些企业并不是非常自愿地承担社会责任，而是迫于外界的一些压力，如果企业不承担社会责任会对企业造成一些不利的影响，基于这些压力考虑，企业不得不承担社会责任，作出社会责任战略选择。这些压力包括全球化的压力、利益相关者的压力、企业可持续发展的压力等。

1. 全球化的压力

随着全球化趋势的加强，企业的生产经营活动逐步从国内市场扩展到国际市场，企业要在全球化竞争中占据重要地位，就不得不重视社会责任，因此全球化就成为推动企业社会责任发展的重要因素。参与全球化经营的企业，要接受企业社会责任政策和战略管理。当企业更多地关注企业行为产生的社会影响时，特别是企业的决策和行为有助于社会效益的实现时，企业面临的竞争环境会朝着有利于企业的方向发展。一些跨国公司对供应链上的中国企业实施社会责任标准认证，并将标准和订单挂钩强迫企业执行。得到一些国际社会责任标准认证，企业才能更好地进入国际市场，参与国际化经营，提升企业的竞争力。从目前来看，一些跨国公司出于对道德和商业因素的考虑，会放弃一些不能反映股东利益或与经营所在地价值观不符的一些行为，这是一种对当地的尊重；从长远来看，这是有利于企业竞争优势提高的。

2. 利益相关者的压力

以利益相关者理论为基础，企业所承担的社会责任包括了政府、股东、员工、消费者、社区、媒体、环境等在内的广泛的利益相关者。企业对社会责任的追求，不仅仅是企业自身的道德醒悟过程，同时也需要有政府与社会公众的要求和期盼来促进与监督。政府在企业承担社会责任方面给予的压力占主要的地位。政府通过相应的法律、法规来规范企业的社会责任行为，让企业认识到自己的发展战略对经济、社会和环境产生的影响。企业只有积极地承担自己的责任才会获得更多的认可和发展机会。企业的员工和投资者也是两个重要的利益相关者，他们也时刻关注着企业的行为和战略对自身产生的影响。人们倾向于选择社会责任履行较好、社会表现比较优异的企业进行就职。企业为了吸引更多优秀的人才，就需要积极履行社会责任，提升自己的社会形象。而投资者进行投资的过程当中，会充分考虑企业的业绩，此时的业绩不单单是指经济业绩，也包括社会公众形象等，他们倾向于投资经济效益和社会效益都表现较好的企业。因此，企业要适当承担社会责任提升企业的声誉，实现经济效益和社会效益的同步提升，吸引更多的投资者。

3. 企业可持续发展的压力

企业追求长期发展，企业可持续发展是推动企业社会责任发展的又一个重要因素。对于企业来说，企业承担社会责任的要求是企业在市场竞争、生产成本、寻找新的商机等经营压力的面前，寻求一种可持续发展的途径的选择。尤其随着企业社会地位的提升，作为最重要的市场主体，企业在社会发展进步中的作用也越来越大，而企业发展战略的制定也要受到整个社会发展大环境的制约，需要与社会发展的客观需要相一致。企业通过积极地承担社会责任实现可持续发展的战略目标，形成企业的持久性竞争优势。追求长期可持续发展的企业不能忽视社会责任的作用，把它作为提升企业竞争力，促进企业可持续发展的一个因素，来好好地把握、利用。企业社会责任战略的动力与意义见图 5-5。

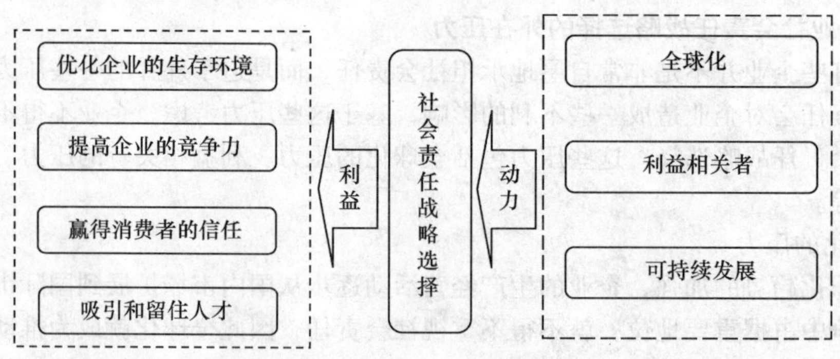

图 5-5 企业社会责任战略的动力与意义

综上所述，企业的社会责任战略可以给企业带来多方面的好处，而企业基于全球化、利益相关者以及可持续发展的压力，这些因素都是企业积极承担社会责任的动力。

第四节 企业社会战略选择的具体影响因素分析

在经济全球化以及市场竞争日趋激烈化的条件下，越来越多的企业开始从战略高度考虑企业所承担的社会责任，可以更好地将社会责任的理念融入到企业中，实现经济绩效和社会绩效的协调。企业要作出正确的社会责任战略选择，必须从企业自身条件出发，做好企业的战略分析，明确企业目前发展所面临的优势、劣势、机会、威胁，对企业有一个清楚的定位，这样作出的战略选择才会符合企业的实际情况。对于一些刚刚起步的行业，企业的各个环节都需要大量的资金，这时企业如果通过慈善捐款的方式来承担自己的社会责任显然是不明智的选择。可以采取其他一些方式，如充分尊重员工、在自己的生产开发过程中注重对环境的保护等，都会显示出企业负责任的形象。企业社会责任战略选择要充分考虑到企业的规模、发展阶段、经营的方向与目标，同时企业对于社会责任的不同理解也会造成企业社会责任战略选择的不一致。

一、组织的价值观

组织的价值观是组织文化的核心内容，它是指组织内部的管理层和全体员工对该组织的生产、经营、服务等活动的基本观点，它包括组织存在的目的和意义。在不同价值观的指引下，企业对自己的定位就会不同，在作出战略选择过程中的侧重点就会不同。而企业对社会责任价值观的不同，企业在对待社会责任问题上的态度就会不一样，反映在企业的具体行为当中也各不相同，会产生不同的社会效果。对于不同的行业以及同一行业中不同的企业来说，价值观会存在很大的差异，针对社会责任作出的战略选择也不一致。如果企业奉行金钱至上的价值观，其在战略决策过程中，对社会责任的因素就会考虑比较少；而对于有些比较看重社会影响的企业来说，企业社会责任便会成为企业决策的主要影响因素。因此不同价值观决定着社会责任思想在决策过程中的重要程度。在不同价值观的指引下，企业会作出不同的社会责任战略选择。

价值观不同，企业在实际活动中追求的目标就会有差异，根据不同的目标作出的战略选择也会不一致，在战略上企业对社会责任的定位也就会不一致。企业对社会责任问题的认识影响企业社会责任战略的选择。现在企业的目标正在从单一的利润最大化向可持续发展的目标转变，企业社会责任的战略选择层次也会不一样。根据企业对社会责任战略的分类，如果企业在社会责任战略选择中采取不服从或者被动服从的战略，就不能适应经济全球化趋势下企业履行社会责任的要求，企业的经济利益与社会责任之间存在张力，会制约企业社会责任与经济的共同发展。我们应当把社会责任战略融入到企业的价值观和理念中，融入到企业文化中，使它成为企业竞争力提高的必不可少的因素。中国移动在“正德厚生、臻于至善”的核心价值观的指引下，在服务中着力展现“责任”与“卓越”的内涵，认为企业是社会环境的重要组成部分，服务社会是企业公民责无旁贷的使命和义务，这种服务社会的价值观充分显示出公司对于社会责任的重视程度。因此在“汶川地震”过程中，为了能够积极履行自己的社会责任，中国移动总部紧急调度了广东、贵州、重庆、河南、云南等地分公司的11 辆应急车和 160 台油机赶赴四川支援，抗震救灾，保障通信畅通。还参与多项公益事业，用自己的实际行动在公众心中树立了良好的品牌形象，赢得了社会各界的广泛赞誉。

二、企业的规模、经营目标

企业的规模以及经营目标也是影响社会责任战略选择的重要因素。企业利润和企业社会责任之间并不是完全一致的，二者在一定程度上有一定的偏差。企业社会责任战略具有滞后性，一项社会责任行为，可能不会收到立竿见影的效果，它所带来的是一种长期的利益。企业需要在短期利益与长期利益之间进行权衡。

企业的规模不同，经营目标的定位也会存在很大的差异。一些规模比较小的企业，会比较重视自己的短期目标；而规模比较大的企业，则会比较侧重于长期目标。这就决定了不同规模的企业，对履行社会责任的重视程度会不一致，进而作出的战略选择也会有很大的差异。这是因为企业社会责任是企业的一种战略性投入，企业履行社会责任是需要一定资金支持的，这可能在一定程度上会增加企业进行生产经营的成本，减少企业的利润，损害企业的短期利益。而企业社会责任的投入是若干年后才能得到补偿的，这种补偿的滞后性要求企业必须有雄厚的财政实力的支撑。因此对于一些生产规模较小，资金并不是很充足的企业，可能没有能力来承担更多的社会责任。由于规模与资金的限制，这些小企业会比较注重企业的短期效益，尽可能少履行社会责任。而对于一些资金实力雄厚，比较注重长期目标的企业来说，他们可能不会在意履行社会责任的成本，会把社会责任融入到企业战略中，承担更多的社会责任。一般来说，具有下列因素对企业履行社会责任有促进作用：公司财务状况良好，有承担社会责任的企业文化，公司有良好的质量管理体系，公司有进行变革的策略空间等。

三、企业的发展阶段

企业商业目标和社会责任长远看来是一致的。但是在企业发展的不同阶段，企业需要在这两者找到不同的平衡点，承担与自己的发展水平相一致的社会责任，避免过高或过低的状况。承担的社会责任水平过高，就会成为企业的一种负担，制约企业的发展。而过低的社会责任水平，不利于赢得消费者的信任，也不利于企业的长期发展。因此要具体分析企业发展各阶段的特征，找到二者的最佳结合点。由于在企业不同发展阶段，实施企业社会责任战略的驱动力和压力是不同的，这就决定了企业会作出不同的战略选择。四种企业社会责任战略选择动因见表5-2。

表5-2 四种企业社会责任战略选择动因

战略动因	不服从型战略	被动服从型战略	适应型战略	双赢型战略
企业目标	企业经济利润最大化	利润最大化的同时，少承担社会责任	开始把经济、社会、环境目标作为企业绩效的一部分	经济、社会和环境目标作为企业战略的一部分
利益趋向	利己	利己	利己与利他结合	利他、利己的统一
互惠性	单赢	单赢	单赢	双赢
时间趋向	短期利益	短期利益	中期利益	长期利益
伦理标准	最低	较低	较高	最高

资料来源：姜启军，顾庆良．企业社会责任和企业战略选择［M］．上海：上海人民出版社．2008.

根据企业社会责任战略的分类，采取不服从型战略的企业，仅仅把追求企业利润的最大化作为企业的唯一目标，追求短期利益，而没有动力去主动承担社会责任。而采取被动服从型战略的企业，虽然会在外界压力的情况下承担一些社会责任，但是该企业认为，社会责任履行与企业的经济利益之间存在张力，它会在二者之间进行选择，它会选择承担最小的社会责任来换取更大的经济利益。随着企业的进一步发展，意识到企业社会责任能给企业带来巨大的好处时，就可采取适应型战略，主动承担社会责任，从其成本、竞争环境以及利益相关者给予的压力等方面综合考虑企业战略中的社会责任。随着企业的进一步扩大，企业会更加注重自己的长远利益，而社会责任恰恰可以给企业带来长远的好处，能够促进企业的可持续发展，他们会把社会责任作为企业战略中重要组成部分，主动地承担社会责任，实现经济利益与社会效益的双赢型战略。

当企业把承担社会责任作为可持续发展战略的客观要求时，就会重新定位企业的角色，使企业社会责任成为企业活动的一部分，实现经济绩效、社会绩效和环境绩效的统一。另外，在企业不同发展阶段，企业面临的主要问题有一定的差异，这也会导致企业作出不同的战略选择。例如在企业发展的初期，企业面临生产以及开拓市场的压力，都会需要大量的资金，而可能无力再承担一些如捐款类的社会责任。随着企业生产规模的不断扩大，企业的整体实力增强，从管理层到员工的素质普遍提高，高瞻远瞩的管理者就会着眼长远，重视企业可持续发展目标的实现。而社会责任则是有利于企业长期目标的，它能够提高企业的信誉，改善企业的形象，对企业来说可以将其作为一种营销手段来宣传企业，社会责任的观念会逐步得到企业的认可，使企业采取双赢的战略。

第五节 企业社会责任战略管理的措施

现今社会，社会责任的观念正逐步深入人心，也被越来越多的企业所接受，并将其和企业的战略结合在一起。在企业承担社会责任过程中，也从社会中收益，得到社会的回报。企业承担社会责任行为，在无形中提升了企业形象，使企业赢得越来越多顾客的信赖，更有利于扩展自己的市场份额。但是，企业在履行自己社会责任战略时会存在一些问题，使社会责任战略的选择与制定缺乏科学性，盲目追求承担过多的社会责任，而忽视企业自身的能力，这也是不利于企业可持续发展的，因此，有必要对企业社会责任进行管理，使社会责任战略更加科学有效，保证企业的长期可持续发展。

一、企业社会责任战略管理的重要性

企业社会责任战略管理，可以使社会责任成为提高企业竞争力的重要因素。虽然企业承担社会责任活动不能够给企业带来直接的收益，但作为企业战略的一部分，是有利于企业长期可持续发展的。

首先，企业承担社会责任的行为可以更好地维护利益相关者的利益。企业的利益相关者包括股东、员工、消费者，政府、债权人等各个方面，企业承担社会责任的行为可以更进一步地提升企业的形象，提升企业的知名度，扩大市场份额，提高竞争力，从而创造出更多的经济效益，增加股东的收益。能够主动承担社会责任的企业必定有高度的责任感，会切实考虑到产品的质量等一系列问题，从而保障了消费者的权益。随着公众社会责任意识的逐步增强，他们在选择自己职业时不是单单把目光局限于经济利益好的企业，而是更倾向于选择社会形象好、责任意识强的企业，因此主动承担社会责任可以吸纳更多的优秀人才，同时也会使企业内部的员工更加忠实，积极性更高。总之，对于企业社会责任战略的科学管理可以使企业的利益相关者受益。

其次，对企业社会责任战略进行科学的管理有利于把握企业前进的方向，推进企业的可持续发展是应对全球化的竞争压力，促进可持续发展的必然要求。企业是现代社会中最主要

的组织形式。一个国家的竞争力主要是通过该国企业的竞争力表现出来的，在市场经济条件下，企业竞争力的强弱突出表现为其对利润的追逐能力，并且实现企业的可持续经营和发展。企业在追求长久生存和可持续发展的过程中，既要实现经营目标，确保市场地位，又要使企业在已经领先的竞争领域和未来的扩展经营环境中保持优势，持续盈利。而企业社会责任战略是企业可持续发展的重要保障，因此要加强社会责任战略对企业的正确引导，通过科学的社会责任战略管理，提高战略的科学性，真正实现企业的经济效益、社会效益、环境效益的结合。

二、企业社会责任战略管理的具体措施

企业在进行社会责任战略管理过程中应注意以下几个的问题：第一，企业需要对自身进行定位，确定自身的发展阶段来谋求适宜的社会责任管理战略。第二，企业应当分阶段承担适合自身的社会责任。第三，当企业承担社会责任时，明确提出自己的社会责任愿景，以求给社会一个负责的形象。第四，企业应在内部建立负责社会责任管理的部门或机构，对社会责任进行评估。第五，制定和完善企业相关的规章制度，强化企业的社会责任意识和承担社会责任的企业文化。企业社会责任战略管理措施见图5-6。从这些方面出发来探究对企业社会责任进行管理的具体措施。

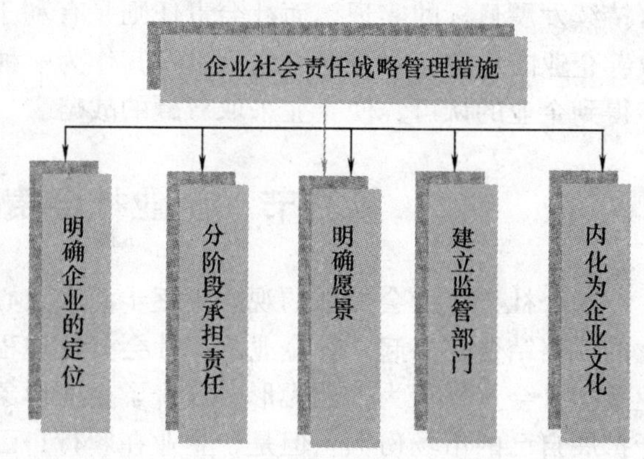

图5-6 企业社会责任战略管理措施

（一）明确企业的定位，根据自己的发展阶段寻求适宜的社会责任管理战略

积极主动地承担社会责任的企业通常会受到社会公众的认可和赞誉。但是承担社会责任需要一定的成本，需要资金实力的支持，因此正确的企业社会责任战略需要从企业的实际条件出发。如果企业本身不具备承担过多社会责任的能力，而勉强承担与自己的实力以及发展水平不相符的过多的社会责任，可能会得到相反的效果，这时的企业社会责任战略不但不会转化为企业的竞争力，反而会成为企业的负担，不能集中精力也不能集中物力、财力去开展企业的生产活动，如果企业连基本的业务活动都不能保证，那么它的社会活动做得再好，也会给社会公众和利益相关者造成一定的负面影响。因此，企业必须对自己有一个清晰的定位，选择适合企业自身的社会责任管理战略，不能盲目地为了企业的公众形象而不顾企业的利益。

（二）分阶段承担适合企业自身的社会责任

成功的企业社会责任战略管理要能够使企业社会责任行为与企业经济利益达到互利共赢的目的。分阶段地承担企业社会责任，这样在享受到企业社会责任战略所带来好处的同时，也不会影响到企业的经济利益。企业承担社会责任的水平要与企业的发展阶段以及企业的经济水平、发展目标相适应。在企业发展的初始阶段，资金短缺，企业自身的生存问题是企业首先要考虑的问题，此时如果过多地承担社会责任就会造成企业的负担。只有当企业步入成熟期的时候，具备了相当的经济实力，才有能力承担更多的社会责任，将社会责任纳入企业

发展的战略中，做好计划与安排，分阶段地承担起企业的社会责任，实现企业的发展与社会责任承担的有机结合。适当的企业社会责任战略管理可以促进企业的自身发展。而随着企业的健康发展，企业的盈利能力会进一步的增强，就具备了承担更高的社会责任水平。

（三）明确社会责任的愿景，与企业目标相结合

当企业具备承担社会责任能力的时候，就要做好企业社会责任战略规划，着眼长远，将承担社会责任作为自身发展的一个长期的发展战略，要在企业社会发展战略中反映企业对于社会责任愿景和规划，表明企业对于社会发展的态度，向社会展示企业负责任的态度。在现实社会中，企业仍然将经济利益作为发展的终极目标，而忽视企业其他利益相关者。有一些企业为了自己的经济利益，不顾其他人的安危，前几年的三鹿毒奶粉事件，说明现实中还存在社会责任意识严重缺失的现象。因此加强社会责任战略的管理意义重大，每个企业都应在自己的能力范围内履行尽可能多的社会责任，维持良好的市场秩序，把社会责任与企业的目标结合在一起，保证企业的正确方向，促进企业的可持续发展。

（四）在企业内部建立负责社会责任管理的部门或机构

有效的企业社会责任战略管理需要与之匹配的组织或管理部门的协调配合，企业在制定社会责任战略之前需要相关部门作出评估，来确定承担社会责任为企业带来的潜在收益，对社会责任的投入与回报进行评估。同时社会责任管理部门还要负责协调企业与社会环境的关系，处理好企业与利益相关者的关系，处理好短期利益与企业可持续发展之间的关系，最终目的是保证企业社会责任战略的成功。

（五）将社会责任意识内化为企业文化

托马斯·彼得斯和小罗伯特·沃特曼认为："企业文化是由企业领导积极倡导的，由企业领导和员工恪守的共同信念或共同价值观念"，企业文化是企业在长期的实践活动当中形成的，是企业在特定环境下形成的企业独特的信仰、价值取向和行为方式等，每个企业的企业文化都是独特的。如果能把社会责任意识植根于企业文化中，就能使企业员工更加认同、更加积极地履行企业社会责任，也会使领导更加高瞻远瞩，制定出适合企业的社会责任战略，让这种社会责任文化引导企业的员工积极地承担企业的社会责任。另外，社会责任成为企业文化还需要企业采取一定的措施，制定相应的规章制度以及一些奖惩、考核措施来激励积极承担社会责任的行为，惩罚对社会造成不利影响的行为，使企业社会责任行为经常化、规范化、制度化。通过这些具体的规定，可以更好地形成承担社会责任的企业文化，强化承担社会责任的意识，使企业内部上下一心，共同为企业的可持续发展而努力。

企业是社会经济的细胞，是最重要的市场主体，是社会财富的源泉。但是企业的发展也离不开社会的支持，因此积极地履行社会责任，将企业的发展成果回馈社会，用于社会福利和公益事业，也是企业不可推卸的责任。企业要在日常活动中加强对企业社会责任的管理，将社会责任融入到企业战略过程中。将单纯的社会责任理念转化为企业的具体实践活动，利用社会责任构建企业的竞争优势，促进企业的长期可持续发展，形成企业发展和社会发展的良性互动，促进经济和社会的共同进步，这也是构建和谐社会的重要要求。由此可见，企业社会责任与战略的结合意义重大，企业要对社会责任战略的选择、选择的影响因素以及相应的管理措施有一个比较清晰的认识，这样企业才会把社会责任与战略的结合做得恰到好处，让两者融合，实现社会责任向战略高度转变。

本章小结

如何把抽象的企业社会责任转化为具体的企业行动？将社会责任与企业战略相结合，能很好地解决这一问题。社会责任战略的实施有利于提升企业形象，提高企业竞争力，吸引、留住人才。总之，实施社会责任战略可以给企业带来各方面的好处。因此，企业要积极地把社会责任融入到企业的使命、目标当中，发挥社会责任战略在实现企业经营目标以及提升企业品牌竞争力中的作用。

企业应从自身的实际出发，作出适合企业社会责任战略的选择。企业社会责任战略选择受到企业价值观、企业的规模、经营目标以及企业所处的发展阶段等因素的影响，企业要从这些方面的实际出发，选择最适合企业的社会责任战略，实现经济效益和社会效益的统一。

选择了正确的社会责任战略之后，还要对社会责任战略进行管理，以使这一战略在企业中取得最好的效果。具体措施主要有明确企业定位以及企业的使命和愿景，并加强对社会责任战略实施过程中的监督，并且要逐步把企业社会责任内化为企业文化，才能确保社会责任战略在企业中的重要地位，为企业积极履行社会责任提供保障和支持。

思考题

1. 如何理解企业社会责任战略的具体内涵？
2. 企业社会责任战略管理的类型有哪几种？
3. 影响企业社会责任战略选择的因素有哪些？
4. 企业社会责任战略可以给企业带来哪些好处？
5. 社会责任战略管理的具体措施有哪些？

第六章　企业社会责任投资

【学习目标】

理解社会责任投资的含义，社会责任投资发展的现状与趋势；了解各种社会责任投资指数；掌握社会责任投资的三种实现方式。

【关键词】

社会责任投资；社会责任投资的实现方式；社会责任投资指数

【导入案例】

首届“亚洲社会责任投资圆桌论坛”在京召开

日前，兴业全球基金、日本住友信托银行、BSR联合在北京举办首届“亚洲社会责任投资圆桌论坛”。会上，社会责任投资在中国的发展以及所面临的问题，成为中、日、韩各方代表关注的焦点。

与西方国家相比，亚洲尤其是中国的社会责任投资起步较晚，各方面的制度建设，以及市场各方对社会责任投资的认识相对不成熟。但近几年来，伴随着中国经济的发展，以及环境、资源矛盾的日益凸显，社会责任的履行正日益成为优秀企业关注的焦点，公众对于社会责任的关注也在不断升温。目前，企业自愿披露社会责任信息的意愿逐渐增强；媒体、政府、公众等社会各方对企业社会责任的关注和监督也与日俱增；加上一些第三方研究机构逐渐兴起，都为中国社会责任投资的发展提供了良好的市场环境，使得社会责任投资产品发展迅速。作为国内首家发行社会责任基金的公司，兴业全球基金从很早就开始了对社会责任投资理念的探索。副总经理徐天舒在论坛上指出，目前国内社会责任投资过程中也存在着一些阻碍因素，如一些上市公司管理层在经营理念上的滞后，一些企业对供应商的责任管理没有做到位等。

对此，上海证券交易所研究中心主任胡汝银、深圳证券交易所综合研究所所长金立扬指出，沪深两大交易所分别于2000年和2006年发布了上市公司治理指导意见和《上市公司社会责任指引》，同时还与证监会合作起草了上市公司治理准则，希望推动上市公司对社会责任的履行。

住友信托银行受托资产企划部副总经理 SeijiKawazoe 则认为，结合欧美的成功经验，更多投资人对社会责任投资的践行也将推动上市公司的公司治理，特别是个人投资者要与机构投资者共同协作，其合力必可产生极大的推动作用。

近年来，随着社会责任观念的盛行以及企业对社会责任越来越重视的大趋势下，一种新型的可以反映企业社会责任形象的新型投资方式——社会责任投资在国际投资领域的影响力日益增大，并逐渐成为主流的投资策略和方法之一。社会责任投资可以理解为基于多方利益相关者模型的公司价值的发现过程，它不是仅仅考虑风险与报酬的传统方式，而是把社会和环境绩效也作为考察公司价值的范围，是一种与可持续发展相适应的投资方式。积极履行社会责任，顺应社会责任投资已经成为一种国际潮流，社会责任投资将会得到越来越多人群的关注，社会责任投资的发展也将会越来越完善。社会责任投资的最终目的是为了影响企业的行为，从而促使企业履行社会责任。现在，社会责任投资的发展在国外已经深受重视，而在我国重视程度也逐渐在增加，企业也开始意识到社会责任投资的重要性。

资料来源：根据上海金融报 . http：//news. hexun. com/2011-04-12/128650011. html 相关资料整理.

随着社会责任观念被人们普遍接受，一种新型的投资理念——社会责任投资逐渐发展起来，投资者在投资过程中不仅考虑经济利益，而且也开始注重社会效益和环境效益。这种投资方式的发展一定程度上促使企业更积极地履行社会责任。

第一节 社会责任投资的内涵

一、社会责任投资的含义

亨利·明茨伯格认为，是爱德华·鲍曼（Edward Bowman）首先在《企业的社会责任和投资者》一文中提出社会责任是一种明智的投资。美国社会责任投资论坛将社会责任投资定义为："社会责任投资是这样一种投资过程，即以消极（如将违背道德或伦理标准的烟草、军火、赌博等行业剔除在投资组合外）和积极（即依照社会、环境、可持续发展和企业社会责任等标准发展起来的一系列标准来筛选投资对象）的投资筛选方法，在严格的金融分析框架内，考虑投资的社会和环境结果或影响。"澳大利亚社会责任投资联盟（The Responsible Investment Association Australasia）认为，"社会责任投资是一个把环境、社会、治理以及道德因素考量纳入投资决策过程之中的综合概念。"欧洲可持续性投资论坛（The European Sustainable Investment Forum）2008 年研究报告认为，社会责任投资是一个持续发展中的概念，其包括了道德投资、责任投资、可持续性投资等任何其他将环境、社会、治理因素与财务目标一起纳入到决策过程中的投资。加拿大社会责任投资组织（Social Investment Organization）2008 年的投资评论认为，界定社会责任投资的路径有二：其一是源于价值投资（Values-based approach to investment），以预定的道德观念来选择与运作投资；其二，从信义义务的角度（Fiduciary view），建立在考虑环境、社会、治理因素基础上的投资有利于转移风险并增加收益。

"社会责任投资是指在投资决策中遵循财务和道德双重标准的投资工具"。它是整合了社会及环保因素在内的一种新型的投资方式，而非仅考虑风险与报酬的传统方式。社会责任投资相对于股东利益至上的投资策略而言是一种进步。它认为，股东是公司价值创造的一方，但不是唯一的利益相关者，应该将顾客、员工、供应商等在内的其他利益相关者作为公司价值创造的考虑因素，因此社会责任投资实质是对传统投资策略的丰富和发展。社会责任投资使那些积极主动履行自己社会责任的企业融资能力增强，能更进一步促进企业发展的资金需要，也会增加促使企业履行自己的社会责任。

企业社会责任投资是应经济的可持续发展而产生的，社会责任投资与可持续发展在本质上是一致的。在投资过程中，除了要考虑经济指标外，还要注重社会效益和环境效益，实现三者的协调发展。社会责任投资是一种基于环境准则、社会准则以及金钱回报准则的投资模式。投资者通过考虑投资过程中的多方面因素（社会正义性、环境可持续性和财务绩效），使得社会责任投资可以同时产生财务绩效和社会绩效，所以社会责任投资又被称为"三重底线投资”。它是将融资目的与社会、环境以及伦理问题相统一的一种融资模式，即以股票投资、融资等形式为那些承担了社会责任的企业提供资金支持。它要求企业在强调自己的经济绩效的过程当中，也不能忽视企业的经济行为对社会和环境所造成的影响。不能为了短期的经济利益而不顾企业的长期发展，尤其是在当今社会责任观念日益深入人心的条件下，企业只顾经济发展的做法已经不合时宜，企业要积极、主动地承担自己的社会责任。

从投资者的角度来看，社会责任投资实际上是在投资决策中结合了个人的价值取向和对社会的关注，不仅考虑投资者的财务需求，而且强调投资的社会影响。社会责任投资理念允许投资者在关注传统的金融问题的基础上，把目光投向诸如社会公平、经济发展、人类和平、环境保护等问题上来，在投资选择中加入个人或组织、团体的价值理念和信仰，表达他们对经济和社会、利益和伦理、当前状态和未来持续发展的选择。因此，社会责任投资通常以财务、社会公益和环保表现绩优的企业为对象。

综上所述，社会责任投资是指在传统的财务指标外，以预期稳定利润分配的持续性、遵守法律、雇佣习惯、尊重人权、消费问题、社会贡献程度和对环境问题的关注等社会伦理性标准为基础评价并选择企业所进行的投资。此外，社会责任投资还包含“以社会正义、地区贡献、行使股东权利等为目的的资金投入行为”。总之，社会责任投资是一种考虑多方面因素的综合性的投资。它是在社会责任越来越受重视的条件下发展起来的。它可以使一些在环境和社会活动方面表现出色的企业脱颖而出，获得社会的认可，也可以说这是对企业积极履行社会责任行为的一种积极的反馈，可以看成社会对企业的一种回报。

二、社会责任投资的特征

与传统的投资方式相比，社会责任投资具有几个明显的特征。

（一）投资目的的二元性

社会责任投资与传统投资最大的不同就是投资目的的差异。传统投资方式的目的是比较单一的，就是为了获取投资收益，实现资本最大程度的增值，在选择投资的对象过程中，经济因素是其考虑的重要因素，甚至是唯一的因素。投资者仅仅着眼于公司经营状况的好坏，而不考虑企业的公众形象，对企业是否积极主动地履行社会责任关注的很少。而社会责任投资具有二元的投资目的，除了获取财务收益外，还包含有公益性的投资目标，即积极促进投资的公司在公司治理、环境及职工权益保护等方面有出色的表现。这是对社会责任方面做得好的企业的一种积极的反馈，可以鼓励企业更加重视自己的社会责任行为。

（二）投资对象选择标准的复杂性

与传统的证券投资方式不同，除了要严格考虑被投资对象的短期经济、财务绩效外，社会责任投资还要将社会和环境标准纳入到具体的投资决策中，即要考虑上市公司的社会和环境表现或社会效益和环境效益，并试图实现上市公司在经济、社会和环境三方面的三重盈余，这是一种更为全面的投资模式，是对传统的以经济绩效作为投资标准的丰富和发展，这种投资方式更有利于整个社会的协调发展，形成良好的经济秩序，可以自觉抵制一些能给企业带来经济利益却损害社会的行为，能够改善社会风气。将社会和环境标准作为证券投资的决策依据之一，就要求证券投资必须承诺一个前提，即证券投资决策应当尊重投资者的个人价值观和意愿选择，必须将社会、环境和伦理准则融入证券投资的决策过程中，使得证券投资能相对反映投资者的价值观。

（三）奉行积极的股东行权策略（Shareholder Activism）

传统投资者在公司经营不善时一般采取华尔街规则，即用脚投票的方式退出，以避免投资损失的进一步扩大，而极少通过积极参与企业治理来改善企业管理，从而实现营利目的。社会责任投资者则奉行股东的行权策略，其经常主动与董事等管理层就环境保护、公司治理、职工权益等社会责任议题进行有效沟通，或者直接向股东大会提出公益性的社会责任议案，通过各种法律、非法律方式来促使投资的企业更好地践行社会责任。社会责任投资者们意识到仅仅通过退出企业的方式，无法避免企业作出有损社会公共利益的行为，更无力促进企业积极、主动地满足社会公众对其责任履行的期待。因此，社会责任投资者必须驻守在企业内部，通过积极地行使股东权利，防止企业作出有损人权、破坏环境等行为，促进企业自觉履行社会责任。

三、社会责任投资的市场主体与对象

在西方，随着社会责任投资逐渐成为一种主流的投资哲学，社会责任投资主体也不再局限于宗教信徒，越来越多的个人、企业、大学、医院、宗教团体和其他非营利性的组织也开始利用手中的资本进行社会责任投资，主要包括机构投资者和个人投资者两大类。机构投资者主要是指那些以有价证券投资收益为其重要收入来源的证券公司、投资公司、保险公司，各种福利基金、养老基金及金融财团等。机构投资者是推动社会责任投资发展的重要力量，要加强对机构投资者的引导，推动社会责任投资的发展。

社会责任投资的对象主要包括社会责任投资基金以及专户理财账户。

（一）社会责任投资基金

从目前来看，社会责任投资基金是在社会责任投资市场中最为流行的，在美国发展较快。社会责任投资基金包括股票基金、债券基金、货币市场基金、收益率基金和平衡基金等形式。

1. 股票基金

股票基金的数量较多，基金类型也较为丰富。例如，帕斯世界基金系列中的增长基金，公民基金系列中的公民基金和小型公司基金等，卡尔弗特股票基金系列中的大型公司增长基金及世界价值全球增长等。社会责任投资股票基金都盯住一些社会责任指数，如道琼斯可持续发展指数、多米尼 400 社会指数、富时 4Good 指数等。围绕着这些社会责任指数构建的指数基金，现在已经成为社会责任投资股票基金的一个重要趋势。

2. 债券基金

债券基金是指 80% 以上的基金资产投资于债券的基金，在国内，投资对象主要是国债、金融债和企业债等。

3. 交易所交易基金

交易所交易基金（Exchange-Traded Funds，ETF）是指可以在交易所交易的基金。交易所交易基金从法律结构上说仍然属于开放式基金，但它主要是在二级市场上以竞价方式交易；并且通常不准许现金申购及赎回，而是以一揽子股票来创设和赎回基金单位。对一般投资者而言，交易所交易基金主要在二级市场上进行买卖。自 2005 年起，伴随着社会责任投资的第一个交易所交易基金在美国出现，社会责任投资交易基金是投资市场上的又一个重要的发展趋势。

4. 货币市场基金

货币市场基金是指仅投资于货币市场工具的基金。该基金资产主要投资于短期货币工具，如国库券、商业票据、银行定期存单、政府短期债券、企业债券、同业存款等短期有价证券。如同其他社会责任投资基金一样，货币市场基金在社会责任投资基金家族中也占据了一定的地位及影响。例如，卡尔弗特社会投资货币市场基金、公民货币市场基金和多米尼货币市场基金等。

（二）专户理财账户

除了上述社会责任投资的基金产品外，另一种投资产品类似于“专户理财”，被称为社会筛选的分类账户（Screened separate accounts），这是不同于社会责任投资基金的一类个性化投资组合产品，主要是针对那些具有特殊或具体的原则或使命的富裕个人投资者或机构投资者，使得社会责任投资的相关投资组合能准确地反映投资者的核心信仰理念。

四、社会责任投资与企业社会责任的联系

（一）社会责任投资对企业社会责任的评价

社会责任投资的快速发展表明，企业积极履行社会责任行为已经得到了公众的普遍认可。投资者在选择自己的投资组合时，倾向于选择社会责任履行较好的公司。从传统的仅考虑企业经济利益的投资向同时关注经济效益、社会效益和环境效益的观念转变，表明了社会责任的受重视程度。社会责任投资是随着社会责任观念的逐步深入人心而发展出来的投资方式，而这种新型投资方式的发展，也在一定程度上促使企业更加注重社会形象，更加积极、主动地履行社会责任，因此，社会责任与社会责任投资是相促进而发展的。现在，在一些社会责任迅速发展的地区开始研究企业社会责任投资对企业社会责任的评价，很多社会责任基金管理公司已经形成自己比较完善的评价方法。总的来看，社会责任基金在对社会责任进行评价时，主要关注环境、社会和伦理三方面的内容，社会责任投资者在选择自己的投资组合时，也主要从这几方面对社会责任进行评价，见表6-1。虽然不同的投资者在决定自己的投资组合时，对各个因素的重视程度不是很一致，但都是通过表中的这些指标对企业履行社会责任的程度进行评价。

表6-1 社会责任投资对企业社会责任的评价项目

	环境	社会	伦理
分析评价的内容	1. 能源的节约和利用 2. 全球气候变化 3. 水资源与水污染 4. 空气、土壤污染 5. 有毒废料 6. 资源破坏及生态影响 7. 生物多样性 8. 产品与服务的生态效益 9. 环保创意 10. 推动职工参与	1. 利润分享：员工所能得到的利润的百分比 2. 工作福利：员工流失率、健康及安全记录、员工家庭福利政策 3. 平等机会及包容性：妇女及少数代表与管理层的关系，包括其代表性 4. 员工参与及权益：参与管理及沟通的工时百分比、员工满意比率调查 5. 员工行动：员工进行抗争的次数以及小组抗议次数 6. 推动供应商：鼓励和建议供应商改善环境服务社会 7. 社群及公众政策：参与社群活动、提供赞助 8. 企业监督：相关信息披露的透明度	军事 赌博 色情 烟草 酒精 基因工程 核能 动物试验

资料来源：任荣明，朱晓明．企业社会责任［M］．10版．北京：北京大学出版社，2009.

（二）企业社会责任与社会责任投资的关系

（1）社会责任战略的发展为社会责任投资指明了方向，为社会责任投资的发展创造了良好的外部环境，使社会责任的发展有了相关理念的支撑，从而改变投资者的投资观念。企业在社会责任战略的引导下，会把积极承担社会责任作为自己的愿景，把社会责任理念贯穿于价值链的各个环节，在自己的活动中就会自觉地以社会责任的标准要求自己，能够诚实经营，在生产过程中注重对资源的节约、环境的保护，还会实行更加人性化的管理，自觉维护利益相关者的利益，热衷于公益等与社会责任相关联的事业，使社会责任变成企业的内在约束力，形成企业的竞争力。企业积极履行社会责任，会提升企业的品牌形象，赢得更多顾客的信任。在内部，积极履行社会责任的企业能更好地吸引和挽留人才，这些因素都有助于企业抵御外部环境政策变化的能力，促进企业长期可持续发展。在我国，社会责任投资也逐渐受到了重视，下面以前一段出现的双汇瘦肉精事件来作一简单说明。

例 6-1　　　　双汇激战一周：国泰诺安夺路狂奔兴业全球站岗

“我们是一家注重社会责任的公司，所以在双汇出了问题之后，我们就认为在双汇食品安全问题真正得到控制之前，不能投资这样的公司。这段时间以来，我们一直在减持双汇。”4 月 29 日，一家基金公司向理财周报记者表示。自双汇发展复牌以来，机构投资者明显表现分歧。既有认为公司不履行社会责任、风险尚未完全释放而毅然出逃的基金，也有坚持认为双汇发展资产重组确定、因为“瘦肉精”事件下跌出现投资机会而入场抄底的基金。而据双汇发展 4 月 29 日公布的季报，在“瘦肉精”事件发生之后，双汇发展一共接待过 3 拨机构投资者实地调研。其中包括 3 月 23 日，兴业全球基金和国泰基金，了解“瘦肉精”事件对公司的影响；3 月 31 日，兴业全球基金、国泰基金、华夏基金等机构投资者了解“瘦肉精”事件对公司及本次重大资产重组拟注入资产的影响。

资料来源：http://finance.ifeng.com/news/special/shchouwen/20110503/3974985.

（2）企业社会责任投资所取得的效果为企业社会责任战略的实施提供了支持。企业社会责任投资是一种新型的投资方式，投资者在选择自己的投资组合的过程中，在重视经济效益的同时，更加重视环境效益和社会效益。随着社会责任投资的发展，积极履行社会责任的企业，符合外部企业社会责任投资者的要求，企业不仅可以获得充足的资金进行更大规模的投资，而且可以获得社会的充分信任，从而获得了一个健康的社会经济环境，实现了自身的可持续发展。社会责任的履行需要企业支付一定的成本，这种成本在短期内通常是难以得到补偿的。而通过社会责任投资的发展，这些积极承担社会责任的企业融资能力均较强，这就为社会责任的进一步发展提供了相应的资金支持。企业进行社会责任投资，会对社会发展提供支持，因此这样的企业也更容易得到政府的认可，二者是相促进而发展的。

（3）社会责任投资与企业社会责任都是为了企业的可持续发展。企业积极承担社会责任是为了树立更好的公众形象，提升企业的竞争力，归根结底是为了企业的可持续发展。而企业在进行社会责任投资中，也必须在短期利益与长期利益之间进行权衡，也是为了实现企业的可持续发展。

社会责任投资与企业社会责任之间的关系见图 6-1。

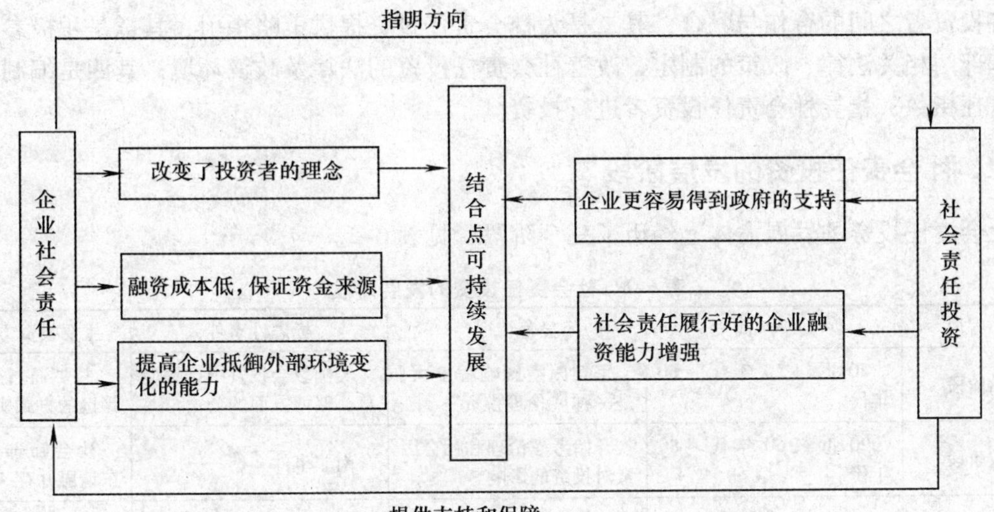

图6-1　社会责任投资与企业社会责任之间的关系

资料来源：崔秀梅．企业社会责任战略和社会责任投资的对接、耦合［J］．财会月刊，2009（9）．

第二节　社会责任投资的发展

一、社会责任投资发展的原因

社会责任投资的发展是随着经济可持续发展而产生的。社会责任投资强调了可持续性在改良公司行为中的重要性。随着公众社会责任观念的日益增强，企业仅仅考虑经济利益的行为已经行不通了，企业在追求经济效益的同时，必须追求一定的社会效益和环境效益。随着社会责任的发展引发了社会责任投资行为。社会责任投资在20世纪90年代以后发展极为迅速，已成为证券市场上一支重要的力量。社会责任投资作为一种新型投资方式，与传统的投资方式相比，社会责任投资考虑的因素更为全面，将经济绩效与社会绩效相结合，更加适合当今社会的理念。在可持续发展观念深入人心的条件下，社会责任投资的提法也比较容易被公众接受，因为二者在本质上是一致的，都强调经济效益、社会效益和环境效益的结合。社会责任投资发端于美国之后，凭借其理念与效益优势，现在已经迅速扩展至全球范围，且发展速度极为迅速。社会责任投资在资本市场上已经迅速成长为一支不可忽视的力量，以至于任何上市公司都不得轻易忽视其意见。各国的社会责任投资基金的发展势头都很好，大多数国家的社会责任投资基金的增长速度都超过了普通投资基金。社会责任投资迅速发展的重要原因之一是，由于传统投资基金如养老基金、大学基金、保险基金等注重价值投资的机构投资者纷纷将环境、社会及公司治理等社会责任因素纳入其投资决策中。社会责任投资也是对企业积极履行社会责任行为的一种积极的反馈，有利于环境和社会责任业绩突出公司的发展。

另外，社会责任投资论坛、社会责任研究机构等的设立大大促进了社会责任投资的发展。社会责任投资论坛与社会责任投资研究机构等可以统称为社会责任投资服务机构，其至少在以下方面促进了社会责任投资发展与功能发挥：其一是加强社会责任投资机构的联系，促进各投资者之间的合作与联合；其二是为社会责任投资提供策略指引；其三是积极参与政府及其部门相关法律、政策的制定，改善社会责任投资的法律及政策环境；其四是编制各种社会责任指数，指导社会责任投资者进行投资。

二、社会责任投资的发展阶段

社会责任投资的发展大体上经历了三个阶段，见表6-2。

表6-2 社会责任投资的发展阶段

阶 段	时 间	显著特征	标志性事件	主要投资方式
初始阶段	20世纪20年代～60年代	宗教因素影响程度大，是一种“伦理投资”	美国教会投资中排除烟草、赌博方面的公司	主要通过社会筛选的方式实现
扩散阶段	20世纪60年代～80年代	开始考虑伦理和社会因素对投资的影响	南非事件	社会筛选和股东请愿并存
增长阶段	20世纪90年代以来	大量与社会责任投资有关的契约标准文件形成	多米尼社会责任投资指数的出现，英国社会责任投资论坛的建立	筛选、股东请愿、社区投资相结合

资料来源：任荣明、朱晓明．企业社会责任［M］．北京：北京大学出版社，2009.

（一）初始阶段

西方的社会责任投资可以追溯到几百年前的传统宗教时代，当时的犹太法律规定了许多道德投资的条款，以约束商人们的行为。在16世纪，乔治·福克斯（George Fox）在美国创建了贵格会教派。该教派教徒信仰人权平等并且反对暴力战争，同时也把这些社会标准用来规范投资行为。18世纪中叶，卫理工会主义创始人约翰·卫斯理（John Wesley）在其教义上明确指出：“赚钱时不要在物质上和精神上损害邻人。”并且劝告教徒避免超强度和超长时间使用劳动力，可以说该教义就考虑到了社会责任的因素。与此同时，其他宗教团体也要求教徒避免涉足烟草、酒精、赌博等危害他人的生意。这些理念成为现代社会责任投资的基础。因此，在社会责任发展的初始阶段，宗教因素产生了广泛而深刻的影响，宗教团体运用其宗教教义和信仰的价值作为股票筛选所依据的基本标准，避免投资于一些不符合社会准则，不利于社会发展的股票，如将从事军火、烟草、赌博和色情等行业的相关企业剔除在股票投资组合之外。这种观念的推动和影响，推动了社会责任投资的出现和深入发展。

（二）扩散阶段

现代社会责任投资起源于20世纪60年代，这一时期社会责任投资开始从主要基于宗教道德戒律或教义基础之上的狭隘范围，转向集中关注越南战争和南非事件等更为宽泛的社会问题。越南战争开始后，美国有不少反战的团体及知名人士向社会及投资者大声疾呼抵制军火企业及有关公司，对此社会反应异常积极。不少支持反战的投资者不是把手上的相关公司股票卖掉，就是干脆不买这类股票。这种做法给当时的军工制造企业造成了沉重的打击，同时也开启了现代社会责任投资的先河，通过投资活动来表达自己的价值与信仰，促进社会改良。其后美国人对南非白人政府所实行的种族隔离政策非常反感，于是采取反越南战争时的同样做法，呼吁投资者抵制那些在南非投资的股票。在南非事件中，也出现了养老基金和其他非社会责任基金转向社会责任投资基金所关注的问题，不再仅仅考虑经济因素，而逐渐开始加入除经济之外的伦理和社会因素对于投资的影响，再后来有人把保护环境、反吸烟、公司如何对待员工及商业道德等方面也作为挑选公司股票的一个因素，反映了公众社会责任观念的增强。

在这一时期，社会责任投资基金开始出现，并呈现出逐渐发展壮大的趋势。1971 年，派克斯全球基金（Pax World Fund）——第一支社会责任基金诞生，首次系统性地提出了规避性投资筛选标准（Avoidance Screening Criteria），告诉投资者什么样的公司和项目是不应该投资的。不久该公司又提出了积极性投资筛选标准（Positive Screening Criteria），鼓励投资者投资那些能对社会作出积极贡献的公司和项目。基金成立最原始的动机是为了规避那些有关军火、战争的投资，为具有这种偏好的投资者提供服务，并在西方投资市场中掀起了一股社会责任投资基金发展的新潮流。与此同时，与社会责任投资基金有关的一些组织也相继出现，如美国环境责任经济组织联盟、公司互信责任中心、投资者责任研究中心机构股东服务公司等，它们的服务促进了社会责任投资的进一步发展。

（三）增长阶段

20 世纪 90 年代后，社会责任投资步入了快速发展阶段。经济全球化所带来的环境、人权、可持续发展和公司治理等问题也逐渐成为社会责任投资所关注的焦点问题，同时社会责任投资进行股票筛选所遵循的一些基本标准也在逐步形成。增长阶段的显著特征就是与社会责任投资有关的契约标准文件的形成，如世界环境与发展委员会的布兰德报告（1987），经济合作与发展组织（Organization for Economic Cooperation and Development，OECD）的《跨国公司投资协议》（1977），《联合国全球契约》（1999），《可持续发展报告指南》（1999）及其他企业社会责任的全球化标准等。这些标准规范了社会责任投资，在不同程度上推动了全球社会责任投资运动的快速发展。全球社会责任投资的快速发展中也形成了一些社会责任投资的工具和投资策略。伴随着大型机构投资者持续加入市场，将公司治理和可持续发展等标准逐步加入到股票筛选的主要标准中开始成为潮流。社会责任投资的发展是适应这一潮流的，企业在内部动力以及外部压力的条件下，为了获得更好的融资能力，将会更加注重履行社会责任。而社会责任观念的发展，也会推动社会责任投资的发展。

1990 年多米尼 400 社会指数的发布和 1991 年英国社会责任投资论坛的成立，是社会责任投资发展史上的标志性事件。随着 1996 年美国社会责任投资论坛的成立，1999 年道琼斯可持续全球指数以及 2001 年英国伦敦《金融时报》富时社会指数（FTSE4 Good World Social Index）的相继发布，标志着社会责任投资已经成为了金融业的重要组成部分。伴随着这一趋势，社会责任基金也得到了快速的发展。

随着社会责任投资基金数量的增多、管理资产规模快速膨胀，各社会责任投资基金也建立了自己的组织联合体。1991 年英国社会投资论坛（UK Social Investment Forum，UKSIF）成立；1996 年美国建立了社会责任投资论坛。其后，欧洲建立了欧洲可持续性发展投资论坛，澳大利亚、加拿大等国也建立了类似的社会责任投资论坛。各社会责任投资论坛的工作内容各不相同，但主要有：为社会责任投资提供高度透明的资讯信息；进行有关前沿性问题的研究，发布社会责任研究报告；参与政策的制定；为增强社会责任投资策略提供计划等；促进社会责任投资理念。社会责任投资论坛的设立大大促进了社会责任投资机构之间的联系，增强了社会责任投资的社会影响力，成为各国影响社会责任立法的一支重要力量。同时，各种国际性社会责任投资指数的发布也推动了社会责任投资的发展。1990 年，多米尼 400 社会指数（Domini 400 Social Index）的发布可谓是社会责任投资发展史上的里程碑，这是美国第一个以社会、环境及治理因素（ESG）为筛选标准的指数。1999 年，道琼斯可持续全球指数（Dow Jones Sustainability Global Index，DJSGI）、2001 英国伦敦《金融时报》富时社会责任指数（FTSE4 Good World Social Index）以及 2002 年比利时的 ESI 指数等的发布，意味着社会责任投资基金成为国际金融市场不容忽略的组成部分，受到了越来越多的重视。

三、社会责任投资发展的现状与趋势

（一）社会责任投资发展的现状

随着公众社会责任意识的逐步增强，履行社会责任、顺应社会责任投资已经发展成为一种国际潮流。社会责任投资基金的需求将会呈现逐渐增加的趋势。有社会环境观念的群体，如绿色组织等，已公开表明他们对社会责任投资的兴趣。随着社会责任观念的增强，对社会责任投资感兴趣的人群会越来越多。社会责任投资基金数量将会持续增长，筛选技术将会更加多元化；股东对话中直接对话方式取代了提起议案方式；新型市场国家的社会责任投资多以社区投资形式出现；全球越来越关注社会责任投资，会进一步推动社会责任投资市场的发展；一些社会责任投资还处于初级阶段的国家，社会责任投资也会呈现出稳步增长的趋势。

（二）社会责任投资发展的趋势

1. 社会责任投资的发展前景

社会责任投资的发展前景是十分广阔的，发展规则也会越来越完善。为了更好地促进社会责任投资的发展，需要企业、政府、社会从以下几方面作出一些改变：

首先，企业要建立、健全社会责任信息披露制度，编制企业社会责任报告。因为社会责任投资重要的信息渠道之一就是各个企业的社会责任报告，投资者从企业社会责任报告中可以更加真实地了解到企业所承担的社会责任，来对企业的投资前景作出评价。

其次，有相关的政策、法律法规支持，完善企业社会责任法律、法规，鼓励积极承担社会责任的行为，惩罚一些对社会造成不利影响的行为。我国社会责任投资起步较晚，仅靠民众的监督是不够的，因此必须加强政府的引导，完善相关的政策法规，有了硬性的规定之后，才会更加引起人们的重视。

最后，有相应的社会责任投资绩效评价体系，才能使社会责任投资更加科学合理，进一步地推动我国社会责任投资的发展。

2. 社会责任投资发展存在的问题

现阶段社会责任投资的发展还存在一些问题，见图 6-2。虽然西方国家对社会责任投资的研究很多，但并没有形成完善的体系，因此，社会责任投资的发展仍然不是很完善，社会责任投资的良性健康发展还有很长的一段路要走。

首先，社会责任投资的界定并未达成共识。许多人都乐于接受这种投资战略，但对其真正含义并没有一致的见解，仅仅局限于支持却出现行动不够的局面。造成这种情况的原因，除了人们对社会责任投资的研究视角不同外，更重要的是社会责任投资的内涵和外延随着时代的发展而不断地变化，使人们对它难以把握，也不敢将自己的投资都集中在这一领域。为了使人们对社会责任投资有一个更深刻的了解，理清它的概念是必要的，同时研究的广度与深度也要加强，消除公众的不解和困惑。

其次，社会责任投资的绩效研究尚未形成完整的体系。对于社会责任投资与传统的投资方式相比，哪种投资方式的绩效更好一些，还没有形成科学统一的结论。虽然已经发展出许

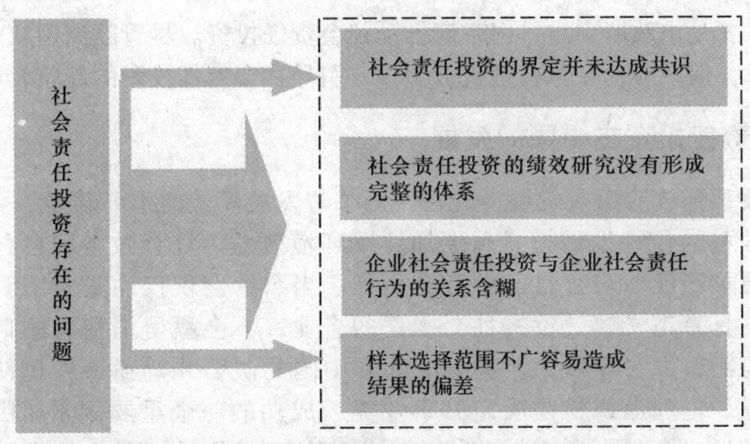

图 6-2 现阶段社会责任投资发展存在的问题

多对投资组合绩效进行衡量的有用方法，但由于投资组合绩效受到众多因素的影响及自身的复杂性，要对其真实绩效进行客观的衡量也并非易事。

再次，对于社会责任投资如何影响企业履行社会责任的关系问题的研究还不够系统，要探究出社会责任投资与企业社会责任行为之间的关系。

最后，在实证研究方面，由于样本选择的局限性，样本的范围不是很广，这就很可能会导致样本选择不具有代表性，可能会导致研究结果的偏差，不能很好地反映实际情况。

可见，对于社会责任投资的研究在很多方面还有待于进一步的深化。但是，随着对企业社会责任重视程度的提高，社会责任投资的发展前景仍然是十分广阔的。

3. 社会责任投资在欧美国家的发展

欧美国家社会责任投资成长的外部环境越来越好，社会责任投资逐渐从过去由少数投资者青睐的边缘投资，发展成为如今金融市场上的主流基金投资模式，并已为大部分投资者所接受。美国的第一支社会责任基金是在 1971 年设立的，美国的社会责任投资基金大部分都落在晨星大盘平衡型、大盘成长型和蓝筹股稳健配置型上。最近几年出现了一些新的社会责任投资基金，这些新的投资基金主要是价值型、小规模资本型和国际基金类型。

美国的社会责任基金有多种多样的分类，如果以地域划分，可以分为国内社会责任基金和国际社会责任基金；以投资品种划分，可以分为股票基金、债券基金、货币市场基金、收益率基金和平衡基金等形式。

欧洲的社会责任投资基金起步比较晚，20 世纪 80 年代从英国兴起，后来在各国的政策和法令的推动下逐渐兴盛起来，成为了继美国之后社会责任投资的另一个重要领域。欧洲市场是紧随美国其后的世界第二大社会责任投资市场，发展程度较高。欧洲的社会责任投资策略主要包括基于可持续发展、社会、环境和道德因素的复杂筛选策略，同时欧洲市场出现了社会责任投资指数。欧洲企业以及金融分析师也开始注重社会责任投资策略，综合考虑环境、社会、公司治理等综合因素。

欧洲国家在企业社会责任和社会责任投资的发展历程上与美国存在差异。这种差异主要表现在政府的参与程度上。美国的社会责任投资主要由非政府的行为引导，它是以民间发起的社会责任投资类型的股票投资为杠杆的，非政府组织是监督企业行为、追求企业社会责任的主体，政府的干预较少，人们将承担社会责任的企业作为股票投资对象。而欧洲国家的社会责任投资则主要是由政府引导，由政府推动社会责任投资。尽管欧洲国家的非政府组织比美国的影响力大，但政府仍在积极地进行干预，引导社会责任投资的健康发展。

四、社会责任投资在中国的发展

随着我国改革开放的深入发展，现在正面临着发展模式的重要转变，企业应该改变过去仅重视经济效益的传统发展模式，更加注重环境效益、社会效益问题，改变过去急功近利的行为，更加积极地履行自己的社会责任。当今社会仅仅注重经济利益的企业已难以生存。一个不具有道义感、没有社会责任的企业，不会赢得消费者的信任，会最终失去自己的市场份额，失去竞争力。金融海啸和中国的假婴儿奶粉事件也使中国的企业家意识到社会责任、伦理道德将是决定其事业能否成功的一个重要因素。因此，在投资决策中更多地考虑社会责任，考虑企业行为所带来的环境影响，是企业界面临的一个重要的转型，这为社会责任投资在我国的发展提供了广阔的发展空间。在社会责任重要性日益突出的情况下，研究社会责任投资在我国意义重大，是与我国经济可持续发展、构建和谐社会相适应的新型的投资方式。

（一）社会责任投资在中国的发展现状

我国的社会责任投资还处于了解阶段，国内大部分投资者对社会责任投资仍然知之甚少，并且国内对于社会责任的相关研究也大多停留在相关介绍与概念的梳理上，还没有形成系统的理论框架，国内的基金市场的发展也不是很健全。截至目前，仅有一家社会责任投资基金——兴业社会责任股票型证券投资基金。传统的机构投资者还是坚持传统的投资策略，没有受到社会责任投资倡导者的影响，没有把环境以及社会方面的因素考虑在内，还是仅仅考虑投资与经济绩效的关系。并不是所有的投资者都认为有着出色的环境效益、社会效益及经济效益的公司最终将在股票市场获得回报。总体来讲，社会责任投资在我国的发展还有待于进一步加强。但我国也作出了不少努力，中国香港地区在亚洲可持续发展投资协会的协助下，已陆续推出了一些相关的金融产品。

虽然在我国社会责任投资还是一个相对陌生的概念，这与我国资本市场本身成熟度以及公众社会责任意识整体不强有很大关联，但是大多数人却对可持续发展的观念比较熟悉。我们可以换一个角度来理解社会责任投资。可持续发展与社会责任投资在本质上是一致的，可以用可持续发展的理念来理解社会责任投资，唯一的差别就是可持续发展强调的主要是一种战略思想，而社会责任投资更体现为一种注重社会责任和可持续发展的市场机制。应该将可持续发展战略与社会责任投资机制有机结合起来，积极、广泛地倡导社会责任投资的理念和方法，尽快建立起社会责任投资机制，企业将会更加积极履行社会责任，推进社会责任理念的形成和发展，让社会责任观念与社会责任投资相促进而发展。到 2008 年 3 月 7 日，中国证监会批准设立兴业社会责任股票型证券投资基金。至此，社会责任投资基金终于首次出现在我国证券市场上，我国也拥有了自己的社会责任投资基金。该基金 2008 年 3 月 28 日起向全社会公开募集，到 4 月 25 日顺利结束。按照每份基金份额 1.00 元计算，募集有效认购份额及利息结转的基金份额，两项合计共 1 388 696 479.84 份。该基金的投资目标是追求当期投资收益实现与长期资本增值，同时强调上市公司在持续发展、法律、道德责任等方面的履行。该基金的投资理念是投资决策中综合考虑企业发展的经济、持续发展、法律与道德等因素，在追求投资业绩的同时，影响或者推动企业社会责任的履行，促进社会的和谐发展，这也是社会责任投资发展所应该达到的效果。在未来的企业行为当中也要一如既往地注意自己的社会影响，形成全社会注重社会责任投资的局面，为我国社会责任投资的发展打下良好的基础。

（二）中国社会责任投资发展的措施

社会责任投资很好的发展，需要具备以下几个条件：①政府部门要制定较高的企业治理规范；②做好信息披露，提高信息透明度；③采取在国际上比较有影响力的企业社会责任标准，如 ISO 14001（环境管理体系认证）；④开放的资本市场；⑤具有一定数量的慈善团体及非营利性组织团体；⑥社会、投资机构及投资专业人员要有强烈的环保意识、社会责任认知。

因此，我国要促进社会责任投资的较好发展要着重从以下方面努力：

首先，要注重发挥政府的作用，建立健全社会责任的法律、法规以此加强政府对企业社会责任的引导，规范企业的行为，鼓励企业积极地履行企业的社会责任，惩罚造成严重社会影响的负面行为，促使企业注重社会责任。政府要加强社会责任方面的关注程度，可以通过每年表彰一批在环境保护、员工发展、热心公益活动等领域表现较优异的企业，对不符合社会责任投资的行为加以批评，对于严重危害社会的行为，要按照国家有关法律进行处罚等手段，来引导企业的社会责任行为，使企业充分意识到社会责任的重要性。

其次，加强企业信息透明度，建立上市公司的企业社会责任信息披露制度。鼓励企业编制自己的社会责任报告，以报告的形式向社会公布，介绍企业的社会责任绩效，有利于接受社会各界的监督，塑造良好的企业形象，提升企业的品牌价值，增强企业的可持续竞争力，这也是投资者充分了解企业社会责任行为的一种重要的渠道，更好地吸引投资者；还要在上市公司信息披露中增加环保、工资和职工福利保障等方面的内容，达到信息的公开化，并且要使信息包含的内容更为全面。

在社会责任方面，很多企业现在已经开始认识到环境问题对企业形象的影响，一些出口型的企业，为了符合外国买家的要求，要率先采取 ISO 14001 及 SA 8000 等认证标准，树立更好的环境和社会形象，有些企业还要在年报中体现出环保政策，表明企业对社会绩效和环境绩效的重视程度在提高。

最后，要普及公众对于环保和社会责任的认知。可以利用教育机构以及媒体来宣传社会责任的理念，或者以法规及奖励的方式来提高企业对于社会责任投资的认知程度，调动各种因素来推动社会责任投资的发展。

（三）社会责任投资在中国发展的动力以及发展的前景

在我国举办 2008 年奥运会期间，为实现“绿色奥运”的目标，我国竭尽全力加强对自然环境的保护，这也为证券市场社会责任投资理念的形成提供了内在的发展动力。另外，随着人们对于社保基金长期投资需求的增加，也为社会责任投资的发展提供了一定的市场条件。2004 年《关于推进资本市场改革开放和稳定发展的若干意见》的出台，推进了资本市场的改革，同时也为我国实践社会责任投资提供了一个重要的契机。在“十一五”规划当中，用于环境保护的投资占据了重要地位，这些都为社会责任投资的发展起到了巨大的带动作用。因此，我们有理由相信社会责任投资在我国的发展前景是十分广阔的。社会责任投资是综合考虑经济、环境、社会因素的全面的投资方式，在我国面临经济转型、发展模式转变的阶段，这种新型投资方式是适合这种趋势的，是有助于和谐社会构建的投资方式，在这一大趋势下，社会责任投资会有很大的发展空间。

第三节 社会责任投资的实现方式

随着各国社会责任投资的迅速发展，世界各国的社会责任投资方式日趋稳定，形成了三种主要的风格，包括：筛选策略，由正面筛选和负面筛选组成；股东请愿（也被称为“股东行动”或“股东决议”）；社区投资策略。三种方式各具特色，都是投资者进行投资决策的重要标准。

一、筛选策略

筛选策略是指投资者在选择投资组合时，不仅考虑到企业的财务绩效，还要考虑到环境绩效和社会绩效，将社会责任作为一个重要的筛选标准。社会筛选的分析项目主要包括环境影响、劳资关系、人权、产品和服务等广泛的领域。筛选策略是由最初进行社会责任投资的教会投资者实施的，他们根据自身的价值标准，排除一些他们认为没有道德的企业，如从事烟草、赌博行业的企业，这些行业往往会被排除在投资者的选择标准之外。筛选策略的主要原理在于任何领域都要接受的道德监督，包括金融投资领域也是如此，一个没有道义准则的企业在现今社会已很难立足。现在的投资不能仅仅考虑经济因素，必须考虑更广泛的方面，考虑企业行为所造成的环境影响和社会影响。以前的投资者主要关注企业生产的产品，投资标准主要针对产品是否符合伦理标准。而现在投资者不再仅仅局限于产品，而是关注整个产品的供应链，包括企业提供的产品和服务、企业在生产产品或提供服务过程中的活动、企业的供应商等，涉及广泛的利益相关者，这也是企业更加注重自己的社会形象，积极承担社会责任的结果。

（一）筛选策略的分类

筛选策略分为正面筛选和负面筛选两种。正面筛选是指社会责任投资者在选择自己的投资组合时，希望投资于对社会有正面影响的企业，试图找到那些积极履行社会责任的企业并对其进行投资。负面筛选则是采用排除的方法，避免投资于对社会造成伤害的企业，如从事烟草、赌博类的企业，这些企业会造成一些不利于社会健康发展的因素，现在的投资者也回避对这些企业进行投资，这也是公众社会责任意识逐渐增强的表现。投资者有独立的投资权利，他们有权决定投资哪一家企业。社会责任投资者运用这种权力来筛选投资的对象。采用消极筛选策略的投资者对不积极承担社会责任、社会形象不好的公司拒绝投资；对于已投资的对象，当他们的社会责任履行变差时，投资者有权选择退出。采用积极筛选策略的投资者寻找那些社会责任投资良好的企业，并予以投资。这就促使企业更加重视社会责任，为了获得好的融资环境，企业必须考虑自己行为所造成的环境影响和社会影响。因为投资者在选择自己的投资组合时，除了要对投资对象的财务标准进行审核外，还要对企业社会责任的履行情况进行审核。

早期的一些投资者在选择筛选标准时，主要是选择负面标准，以此来排除那些不道德的企业。负面筛选比较简便易行，应用较广。开始的负面标准主要涉及酒精、烟草、赌博和武器等行业，后来扩展到包括南非种族隔离、污染环境、侵犯人权、色情、劳资关系、人流和动物实验等更广泛的领域。投资者认为要避免投资这些企业，因为它们危及人类的健康，对社会的发展有负面的影响。负面标准直到今天，仍是社会责任投资筛选的主要标准。2005年，美国社会投资论坛（Social Investment Forum，SIF）对201个社会责任基金进行调查的过程当中，发现它们的筛选标准中，烟草、酒精、赌博和武器这些传统的负面标准仍占据着重要的地位，仍然是基金投资者进行投资组合选择的最重要的因素。近年来，由于企业丑闻的层出不穷，企业治理、董事会组成及信息的揭露度也逐渐成为新的筛选标准。虽然筛选策略优势明显，但在实践中仍存在很多的问题。首先，筛选标准的选取并没有达成一致意见。社会责任投资的界定到目前为止仍存在争议，所以对于到底社会责任投资应该选取怎么样的标准也存在很大的争议。兴业社会责任基金采用消极筛选法和积极筛选法两种方法，低配或规避在环保、公益以及创新等方面具有较差责任表现的行业；超配或寻求环保、公益、创新等方面具有较好责任表现的行业；对于某些社会责任指标出现问题尤其是严重社会问题的企业将不予投资。

社会责任投资者在选择自己的投资组合时，一般是将这两种筛选标准综合起来加以运用，先通过负面筛选标准排除一些对社会有危害作用的企业，然后再通过积极地筛选标准找到积极履行社会责任，企业声誉与公众形象比较好，并且经济效益也比较好的一些企业进行投资。两种标准的同时运用，更有助于投资者作出正确的投资决策，推动社会责任投资的发展。

（二）筛选策略的评价

1. 筛选策略的优势

筛选策略在实践中应用最广，与其他两种方式相比，其优势很明显，具体表现在以下三个方面：

（1）它是最早的社会责任投资标准，从最初的宗教组织开始，一直沿用至今，是应用比较广泛也是应用时间比较长的投资标准且简便易行，比较容易掌握，因此也比较容易被公众接受。

（2）在多元化的社会中，所有投资者不可能有完全相同的价值与信仰，所以要找到适合所有人的筛选标准比较困难。而对于投资管理企业来说，发行一系列特定的基金去迎合每一个市场细分下的投资者也是不经济的，所以只要选出与认购者信仰大致相同的标准即可，使社会责任的投资标准满足大多数投资者的要求。这种方式很实用，要找出与投资者价值相违背的标准比较简单，而且可操作性强，通过负面筛选标准可以比较容易地排除掉一些企业。

（3）筛选策略特别是负面标准的筛选策略具有良好的效果，可以通过投资好的企业在市场上发出信号，鼓励企业积极地履行自己的社会责任。如果大部分投资者决定在任何价位都不购买某个企业的股票（被认为是不道德的企业），会影响到该企业的融资能力，必然会影响企业的长远发展，这种外在的压力必然强迫该企业考虑社会和环境因素。

2. 筛选策略的不足

虽然筛选策略优势明显，但在实践中仍存在很多的问题，具体有以下四点：

（1）筛选标准的选取并没有达成一致意见。社会责任投资的界定到目前为止仍存在争议，所以对于到底社会责任投资应该选取怎么样的标准也存在很大的争议。

（2）塞西（Sethi）等认为，正面标准与负面标准相结合的方式虽然有很多种，但这些方式存在一个共同的问题，即哪些是积极因素并未达成共识，而且也没有很多的数据来评估。

(3) 迈克逊(Michelson)等人指出,负面标准的排序也存在问题。投资者拒绝投资武器制造行业,但他们可能会投资钢铁或电子等行业,而这些行业是武器制造的供应企业。

(4) 斯通(Stone)认为,以前的筛选标准主要集中在企业的产品和服务上,其实企业的行为更为重要。持有一个企业的股份并从中获利就意味着默许或支持企业的某个活动。所以筛选标准不应局限于产品这一个环节,更多地要体现企业的整个运营过程的社会责任。

总体而言,筛选策略仍然是投资者进行投资选择的比较简便易行的方法,比较容易掌握,虽然也存在标准很难统一等一系列的问题,但是随着社会责任投资的逐渐发展,标准也会逐渐统一,越来越规范化。

二、股东请愿

股东请愿是指参与社会责任投资的投资者充分发挥股东的权利,与企业交涉谈判,必要时采取一些行动,用自己的影响力来纠正企业的行为,使企业能够更加积极地履行自己的社会责任,以达到企业社会责任更完善的目的。股东请愿是企业实现长期的可持续发展的一种重要的方法,目前,这种方式已经被越来越多的大企业所采用。

(一) 股东请愿的含义

股东请愿有利于企业行为的改变,使企业的治理以及社会责任更加完善。企业社会责任包括企业重要信息的披露,企业有关环保、劳工、种族、健康与安全等政策的制定。投资者可以采取多种方式来影响企业的决策,包括与所投资企业的管理层对话、信件沟通、提起股东决议案或者集中委托书表决的方式来改变企业的决策,使企业的行为更加有利于社会,形成更好的投资形象,同时也会吸引更多的投资者,这是一个互利共赢的过程,在积极履行社会责任的过程中提升企业的形象,改善企业的投资环境,赢得公众的信赖。企业股东请愿的方式是指有社会责任意识的股东通过企业所有者的身份,影响企业的行为,促使企业履行社会责任。社会责任投资者越来越积极利用这种方式以达到影响企业行为的目的。一般而言,股东请愿是在年度股东大会上提交股东解决方案。另外,还有很多其他的形式,如公开宣传股东团体的目标或与企业经营者对话解决争议。在美国提交社会和环境议题的股东解决方案十分普遍,其主要目的是给董事会很大的压力,迫使他们对企业社会责任议题作出肯定的反应。

股东请愿最明显的特征在于,它使投资者从被动的筛选方式转变为积极主动的方式,通过股东自己的行为来影响企业的行为,这是一种更加积极主动的方式,在充分反映股东利益的同时,也有利于改善企业的外部形象。机构投资者对股东请愿方式的使用,意味着社会责任投资的逐渐发展成熟,从边缘地位上升成了主流。随着社会责任投资地位的上升,对大部分企业经营者来说,他们不能再忽视社会责任问题了,必须充分尊重股东的意愿,在股东采取积极主动的方式——股东请愿来表达他们要求企业积极承担社会责任的意愿时,企业必须加以重视,充分考虑股东的意见,积极地承担企业应当履行的社会责任,改善企业以前不适当的行为,满足股东的需求。由此可见,股东请愿的方式在促使企业改善自身行为的过程中起着重要的作用,以更加积极主动的方式,使企业重视自己的社会责任。

(二) 股东请愿的形式

投资者可以采取与所投资企业的管理层对话、信件沟通、提起股东决议案、集中委托书表决等方式来影响公司的行为，改变公司的决策。近些年，股东请愿在企业决策中的作用越来越大，也逐渐形成了一套大致的程序，尤其是在美国提交社会和环境方面决议案是十分普遍的，形成了自己公认的一套程序。这套程序的具体步骤为：首先股东与企业经营者进行初步对话，告知企业机构投资者们关注的企业社会责任议题，这被称为“邀请参与”。这种讨论对机构投资者和企业经营者在敏感的企业社会责任议题上交流意见时很有效，而且效果能维持很多年。一旦没有达成共识，社交代理的解决方案就会提交到企业的年度股东大会上，让股东对此进行投票。众所周知，仅仅是提交社交代理就足以威胁到企业以股东期望的方式作出改变，在这个阶段，问题就顺利解决了，解决方案在企业年度股东大会召开之前就会被发起人撤销。下面以一则案例可以进一步了解股东请愿这种方式。

例 6-2　　从双汇事件看社会责任投资之股东倡导

中国社会责任投资刚处于起步发展阶段，投资者的股东倡导意识还不成熟。不过，我们很高兴地看到，最近成立了社会责任投资基金、社会责任指数和社会责任 ETF 等投资产品后，中国投资者的股东倡导运动又迈出了实质性的一步，那就是双汇发展事件。2011 年 3 月，双汇发展股东大会决议中《关于香港华懋集团有限公司等少数股东转让股权的议案》被否决。表决时，1.1 亿股反对票占出席会议所有非关联股东所持表决权的近 85%。资料显示，双汇发展今年一季报前十大流通股东中，公募基金占了 8 席，而此次双汇事件也被媒体视为“基金集体否决事件”。这次之所以否决议案，一方面是双汇“先斩后奏”，早在 2009 年已经发生的股权转让，却在一年之后才提出议案，表明公司治理方面存在问题和漏洞；另一方面，公司放弃 10 家优质子公司股权的优先受让权，转而受让给公司高管间接控股的公司，损害了公司和流通股东的利益。对这种行为，机构投资者一致认同通过行使投票权争取股东应有的权益。经过努力，双汇公司管理层已修正错误，并有望在股东大会上提交有利于上市公司的新方案。双汇事件受到了媒体和公众的广泛关注，因为这是中国股东倡导运动第一个实质性的成功案例，同时也获得了不错的社会效应。它说明中国的基金公司已具有股东倡导的意识，也说明以基金为代表的机构投资者可以积极发挥股东作用，促进上市公司的治理和保护股东权益。

实际上，海外的社会责任投资，股东倡导是一个非常重要的策略，它利用了公司股东对企业管理的特定权利和相应责任，通过与公司管理层的直接对话，更快速、有效地解决问题，从而受到海外社会责任投资的青睐。

股东倡导通常可以分为参与议案和发起议案两种方式。参与议案是指公司提出议案时，持股的基金公司直接与上市公司进行沟通，必要时也可以在表决中投反对票，如双汇发展案例。而另一种更积极的方式，是基金公司主动发起议案，并且呼吁其他股东进行投票决议。这些议案包括管理层变动、公司治理、环境保护、员工福利等。对处于产业升级、经济结构转型的中国经济而言，基金公司可以发起要求企业关闭污染源，改进污染治理，保护劳工权益等议案，发挥股东倡导的作用。股东倡导对于企业并非坏事，事实上还能提升企业价值，帮助企业回避风险，提升公司估值和股票价格。

协办：兴业全球基金管理有限公司

资料来源：http：//news.163.com/10/0625/06/6A0KDCIF00014AED.html.

（三）股东请愿的评价

与筛选策略相比，股东请愿这种方式使投资者从被动的筛选方式转变为积极主动的方式。这个转变在南非种族隔离运动中表现得很明显。南非运动使社会投资者从只关注个人价值与个人投资的一致性，转变成迫切地希望能改变企业的行为。筛选策略只是根据企业的既定行为来作出判断，对社会责任履行较好的企业，投资者通过正面的筛选标准作出选择，通过负面筛选的方式排除那些不积极承担社会责任、社会形象比较差的企业，这种方式只是让投资者根据企业的行为作出被动的选择，而不能通过自身的实际行动，向企业表达自己的意见，影响企业的行为。股东请愿则弥补了这一不足。

股东请愿能影响企业的行为，从而促使企业履行社会责任。机构投资者开始采用股东请愿的方式，意味着社会责任投资逐渐地发展成熟，从边缘地位上升成了主流。因为对大部分企业经营者来说，他们在面对边缘团体时可以忽视社会责任投资问题，但面对那些在发达经济中上市公司最重要的所有权团体——机构投资者时，在他们采取积极主动的方式——股东请愿来表达他们要求企业履行企业社会责任时，再想忽视企业的企业社会责任就不可能了。如果企业不考虑股东的意愿，继续按自己的行为方式办事，不满足股东要求企业积极承担社会责任的要求，就会逐渐失去股东的信任与支持，影响企业的发展。因此明智的管理者便会越来越重视股东的愿望，根据股东的意愿来逐渐地改善自己的行为，更加积极地履行社会责任。

三、社区投资策略

社区投资策略是指通过社区发展金融机构将资本投资于传统的社会金融机构服务所忽视的社区，向其提供所缺乏的信贷资本和其他基本的银行服务产品。社区发展金融机构为那些无法从传统的金融机构获得资本的低收入社区融资，使当地机构为低收入家庭提供金融服务以及向小企业和重要社区服务提供资本成为可能，这主要是一种针对低收入群体、小型企业和社区急需的金融服务，有助于打破城乡二元经济结构，更好地促进社区的发展。社区投资除了向低收入群体和社区小型企业提供信贷、担保等基本的金融服务产品外，还向扶贫和促进社区发展的关键社区服务提供资金，如教育、住房、健康保健、幼儿保育、技术支持等服务项目。另外还向那些致力于开发创造性解决环境和社会问题的产品或服务的企业，或者具有巨大潜力技术的企业提供资金和管理帮助。社区投资在整个社会责任投资基金中比例很小，但它发展速度很快。社区投资通常被划分为四种类型：社区发展投资银行、社区发展借贷基金、社区发展信用和社区发展风险投资基金。

这一方式一方面提供了通往信贷、期权、资金和基本的银行产品的途径，在一定程度上对低收入的个人提供经济服务，并且为小企业提供资金，也为大型的社区服务机构提供基金；另一方面有利于为企业的发展争取更好的外部环境，促进积极履行社会责任企业的良性健康发展。

第四节 社会责任投资指数

社会责任观念得到了各国的普遍认可，国际社会对环境问题和社会问题的关注也得到了金融市场的积极响应，为了满足社会责任基金在挑选投资组合上的要求，同时也为了反映社会责任基金的市场行为以及总体表现，一些社会责任投资研究机构以及一些国际知名的投资指数研究机构纷纷创立了社会责任投资指数，使上市公司的社会责任信息更加公开、透明，以帮助投资者正确地选择相应的投资组合策略。这些社会责任投资指数不仅成为社会责任投资基金投资者的重要参考指标，满足社会责任投资基金经理人选择投资组合的需要，更成功地推动了社会责任投资的发展。

一、主要的社会责任投资指数

目前，国际上流行的社会责任投资指数主要有多米尼400社会指数，ESI（Ethible Sustainable Index）、市民指数、卡尔弗特社会指数、道琼斯可持续发展指数、富时社会责任指数、南非社会责任投资指数、马来西亚社会责任投资指数。上述社会责任投资指数的创立，是社会责任投资发展史上的里程碑，代表了国际金融投资界对于社会责任投资的广泛关注。随着社会责任投资的不断发展，社会责任投资指数也将发展和完善。现在，在各类国际社会责任投资指数中，比较有影响力的有四种，即上面所列出的前四种。但是其他的指数也是社会责任投资者的重要参考依据。

（一）多米尼400社会指数

多米尼400社会指数（Domini400Social Index）是美国第一个以社会性和环境性议题为筛选标准的指数，由KLD研究与分析有限公司（KLD Research & Analytics, Inc.）于1990年编制。它展示了如何运用社会责任投资准则衡量社会责任投资的财务绩效，目的是提供一支由美国普通股票组成的市值加权指数，为社会责任投资者提供了一个比较基准。该指数是以标准普尔500指数为蓝本，然后从这500家企业中选择250个符合社会责任投资准则的公司，再补上其他100个符合社会投资准则的公司与50个特定社会性质的公司，就构成了这400家企业。这400家企业是通过广泛的社会甄别而选拔出来的，这些企业在社区、平等机会、雇员关系、环境及产品安全等方面都有出色的表现，并且均不涉及烟草、赌博等不利于社会健康发展的行业。

在指数的建立过程中，首先是由KLD使用了标准普尔500指数中一些传统的社会性筛选准则来筛选，大约有一半名列在标准普尔500指数中的公司符合了第一阶段的筛选。而剩下大约150家非名列在标准普尔500指数中的公司则需要再列入此指数中，但这些公司必须符合两个目标：一是这些公司必须能具有广泛的产业代表性，以期能充分反映现存市场的状况给社会责任性投资人；二是要能界定出具有强烈企业社会责任性质的公司。虽然多米尼400社会指数是以标准普尔500指数中名列公司为首先选择基础，但并不代表多米尼400社会指数尝试去复制标准普尔500指数。因为多米尼400社会指数只是尝试去反映现存股票的市场行为，提供给一般社会责任性投资者作为参考。KLD维护着一个有1 000家以上的上市公司的社会责任性相关信息的数据库，以作为评选、研究的基础，筛选准则分为排除性筛选准则以及量化性筛选准则，各个准则中所考虑的因素见图6-3。

随着时代的发展，社会责任内涵的改变，标准也要跟着变化。所以列入其中的公司有可能会被除名，也可能会有一些新的标准的公司加进来。因此，这一指数也处在不断发展完善中。

因为多米尼400社会指数的筛选准则是借由全球各地的社会责任性投资者在各产业的投资习性来决定的，所以名列其中的公司不需要符合每一个人的标准。然而，即使是对于那些曾表示在多米尼400社会指数中发现他们不喜欢的公司的投资者而言，他们仍感觉到多米尼400社会指数是较客观的一种筛选方法。需要注意的是，多米尼400社会指数并不意味着名

图 6-3　排除性与量化性筛选准则的考虑因素

列其中的公司是400家最好的公司，而仅能代表这些公司符合一定程度的社会责任性绩效。此外，对不同公司的股票有不同的权重比例的问题，主要是考虑其市场资本的大小。如果A公司的规模是B公司的两倍大，则A公司股票的权重也将是B公司股票的两倍。但这并不代表A是比较好的公司，而只是单纯地反映公司的规模而已。

（二）道琼斯可持续发展指数

该指数是道琼斯公司与位于瑞士苏黎世的可持续资产管理公司合作的产物。该指数创立于1999年，是全球第一个用来衡量处于领先地位具有可持续发展能力的公司的财务表现的指数，这一指数的出现反映出可持续发展理念逐渐深入人心。这种基于可持续性的企业发展思路，尝试通过利用机遇和控制经济风险、社会风险和环境风险，来为企业创造长期的价值，促进企业的可持续发展。它从道琼斯全球指数中2 500多家大公司中挑选出各个产业在可持续发展方面表现最好的前10%的企业，大约200余家，来自36个国家64个不同的行业，是一套追踪全球在可持续发展方面绩效最优企业的指标，目前已有15个国家数十家基金管理公司使用该标准作为选择基金的依据，极大地促进了社会责任投资的发展。

（三）卡尔弗特社会指数

2000年，卡尔弗特（Calvert）集团公布了卡尔弗特社会指数（Calvert Social Index），用于衡量美国社会责任企业的市场表现，这是衡量美国大型企业社会责任业绩的又一个重要的基准。该指数从纽约证券交易所、纳斯达克和美国证券交易所上市的有代表性的1 000家美国上市公司中进行筛选，并根据这些上市公司的季度平均市值作降序排列，每年的九月依据五月底最新的前1 000名企业排名对指数进行重新编制。卡尔弗特集团还在公司的网站上公布各个企业的社会表现，为投资者作出明智的选择提供借鉴，这是促进社会责任投资发展的又一个重要的指数。

（四）富时社会责任指数

2001年英国伦敦证券交易所与金融时报合作，创立了富时社会责任指数（FTSE4 Good Index），这也是一种注重可持续发展的投资指数。这项计划是伦敦证交所（FTSE）与联合国儿童基金会共同发起的，旨在提倡和促进社会责任投资，主要针对四个地区范围，包括英国、欧洲大陆以及美国等国的100家公司，这些企业在环境、人权和社会责任方面均有较出色的表现，有着可靠可信记录的企业。这些重要的社会责任投资指数的发布使社会责任投资基金成为国际金融市场的重要组成部分。这些社会责任指数同时关注环境和社会问题，具有良好的社会形象，积极承担社会责任的企业就会成为投资选择时的重要考虑对象，为投资者和基金经理人在选择投资组合时提供了重要信息，也为投资者比较这些企业的股票与市场总体的表现提供依据，鼓励企业更注重自己的社会形象，使社会责任观念深入人心，为社会责任投资的发展提供良好的外部环境，也为其发展提供理论支撑。

（五）ESI 指数（Ethible Sustainable Index）

该指数是 1992 年，比利时一家名为 Ethible 的非政府组织设立的。该组织最初进行的活动只是局限于研究环保与和平，主要研究发展中国家的一些问题。从 2002 年 6 月开始，该公司从具有可持续发展潜力的股票记录中，挑选出了一些股票市场价值较高的企业，然后制成了该公司的可持续发展股票指数。公司选择出具有可持续发展潜力的一流企业，用这些企业的股价来编制指数，既确保了稳定的金融收益，又会对社会产生积极的影响，使机构投资者、资金管理公司、银行以及其他的投资者能更充分地了解企业信息，从而更好地作出自己的投资决策。目前的 ESI 指数是由四个部分组成的，分别为综合性 ESI 指数，以及三个区域性的指数——ESI 美国、ESI 欧洲、ESI 亚太。

（六）市民指数

该指数出现于 1994 年，是根据美国最大的 300 家上市公司普通股票的市场加权编制的。而这 300 家企业是根据财务、社会和环境三方面的综合考虑而挑选出来的，符合社会责任投资的选择标准，即综合考虑到经济、环保和社会问题。

（七）ECP 指数

该指数是在 2002 年，由意大利的独立研究机构 E. Capital Partners（ECP）编制的。该指数包含了 2 个社会责任型股票指数和 5 个债券指数。2 个股票指数是指欧洲道德指数与全球道德指数。欧洲道德指数主要衡量在欧洲股票市场上市的 150 家大型企业的绩效，全球指数包括 24 个国家的 300 家企业。这两个指数分别以股价和总报酬来表示，每两年检视一次。

（八）南非社会责任投资指数

2002 年，英国《金融时报》指数 PEST 集团与南非约翰内斯堡证券交易所合作发表了一份南非社会责任投资指数的“理念与准则”的草案文件，这为南非社会责任投资指数的出现奠定了基础。2007 年 10 月，社会责任投资指数发布，在这一指数之内的公司必须要在经济责任、社会责任以及环境保护方面达到一定的标准，主要标准涵盖环境质量的持续改善、员工培养、抗艾滋病和对公众及股东的信息披露方面。这一指数与美国的卡尔弗特社会指数、英国的富时社会责任指数比较相似。

（九）马来西亚社会责任投资指数

马来西亚社会责任投资指数覆盖了马来西亚和新加坡的社会责任领域，在将来可能会扩展到东南亚的其他国家。这种评估方法是为了帮助全球的社会责任团体获得马来西亚和新加坡两国的公司在环境、社会以及公司治理方面的可靠信息，为多样的投资组合发展提供机会。

以上这些社会责任投资指数的创立，对社会责任投资的发展有巨大的推动作用，可以说是社会责任发展历史上的里程碑，代表了社会责任投资得到了国际金融投资界的重视，也使投资者可以更方便地了解到企业的信息，使企业的社会责任信息更加透明。随着社会责任投资的进一步发展，从各个方面反映企业社会责任履行状况的指数也将会不断增加，不断发展完善。

二、主要社会责任指数的投资回报

主要社会责任指数的中长期市场表现并不弱于其他股票指数，长期投资回报接近甚至超过国际上著名的股票指数，这一点恰恰是社会责任投资吸引越来越多的社会责任投资者加入并推动全球社会责任投资运动的重要原因。从发展的角度分析，目前全球主要社会责任指数的市场价值在快速增长，各种市场指数越来越多，交易也变得越来越活跃。这表明，社会责任投资的长期回报吸引了越来越多的社会责任投资者进入。作为一种新型的投资方式，社会责任投资将会受到越来越多投资者的关注。随着社会责任投资的逐步发展和完善，社会责任投资指数也将会逐步发展和完善，投资者在选择自己的投资组合的过程中，可供参考的标准也会越来越多。

本章小结

社会责任运动的发展引发了社会责任投资。社会责任投资是在精确的财务分析的背景下，将投资所造成的正面及负面的社会或环境结果列入考虑因素的投资过程。这是顺应社会责任理念的一种新型投资方式，在投资过程中充分考虑社会以及环保因素，而不是传统的仅考虑经济效益的投资方式。与传统投资方式相比，这是一种更为全面的投资方式，同时社会责任投资运动的广泛开展也促进了企业积极履行社会责任。

社会责任投资主要有三种投资形式：筛选策略、股东请愿、社区投资策略。筛选策略分正面筛选和负面筛选两种形式。正面筛选是指在选择基金产品时，主要投资于一些对社会有正面影响的企业，而负面筛选是指使基金避免投资于对社会有伤害的企业。股东请愿的方式目前较为流行，股东通过充分利用自己的权利，影响企业的行为，对企业积极承担社会责任起到了促进作用。

为了更进一步地满足社会责任基金在挑选投资组合上的要求，一些社会责任投资指数出现，更好地指导投资者作出选择，目前比较有影响力的社会责任投资指数主要有多米尼 400 社会指数、道琼斯可持续发展指数、卡尔弗特社会指数等。

思考题

1. 什么是社会责任投资？简述其具体内涵。
2. 社会责任投资经历了哪几个发展阶段？各个阶段的特征是什么？
3. 社会责任投资的筛选方式有哪些？各自的特点是什么？
4. 社会责任投资指数主要有哪些？阐述它们的具体特点及作用。

第七章　企业社会责任实施

【学习目标】

主要了解企业社会责任在生产中的实施，社会责任沟通的重要性；理解企业社会责任与市场营销结合给企业带来的巨大效益。

【关键词】

企业生产；社会责任营销；财务目标；社会责任沟通

【导入案例】

惠普公司

惠普公司（以下简称“惠普”）有这样一个未来愿景：让世界上每一个人都能够获得这个数字时代所提供的社交、教育和经济机会。仅2002年，惠普就为促进这一愿景的实现，在全球范围内投入了价值超过6 200万美元的资源。这种投入的一部分就表现为落后社区的员工志愿者活动。

在2003年举行的BSR年会上，惠普前总裁卡莉·费奥瑞纳在演讲中清楚地阐述了她对社会责任的看法：“我们已经发现，当我们深入地参与到社区当中，并用真正的资源——不仅仅是资金和时间，更重要的是惠普的员工和产品——去支持这种努力时，我们就变成了推动改善的催化剂，因为这样一来，政府机构、非政府组织、社区领导者甚至是其他的企业，就会更加自愿地作出自己的贡献。”

她引用了这样一个令人鼓舞的例证：一个针对社区发展项目的员工投入，也要求给企业带来利益。这项名为“网络社区”的计划向落后的社区派出员工，让他们在最长可达三年的时间里与当地居民并肩合作，通过奉献管理知识和提高科技应用的培训，帮助社区居民实现各自的目标。在印度的一个贫困乡村里，当惠普的员工们发现当地的电力非常不可靠时，他们就想到了一个新的产品创意：太阳能打印机和太阳能数码相机。“在这个过程中发生了什么呢？”卡莉设问说。“我们开发了一种新产品；我们帮助当地人建立了可持续发展的新公司；我们还创造了一批终生的合作伙伴和顾客。”

在她的发言中，最后的评论体现了惠普公司对员工的表现和赞赏。“我想我最后要说的是，惠普的员工代表了这家企业的一切真善美——包括我们的渴望和奉献的影响力。而且当你们拥有了140 000名员工时，他们也可以通过树立个人榜样来产生巨大的影响；我知道，我们的员工正是这样做的。”

资料来源：菲利普·科特勒．企业的社会责任［M］．姜文波，等译．北京：机械工业出版社，2005.

从此则案例中我们可以了解到企业社会责任行为可以为企业带来巨大的市场契机，也体现出惠普对于员工的信任与尊重，体现出企业社会责任行为与企业生产以及人力资源的结合。企业社会责任活动是融入到企业的具体行为当中的，以下我们主要从企业生产、市场营销、人力资源、财务管理的角度来进一步了解企业社会责任行为与这些具体企业活动的关系。

企业社会责任已经逐渐成为企业发展的一个要素，但它不是独立存在的，企业社会责任行为要通过企业的各项活动表现出来，与企业的各个部门都具有密切的关系。我们由波特价值链模型可以了解到企业的价值活动，分为基本活动与辅助活动两大类。基本活动包括：内部后勤、生产经营、外部后勤、市场营销和售后服务；辅助活动包括：采购、技术开发、人力资源管理和企业基础设施（财务、计划等）。企业社会责任的实施要与这些活动相结合，这些活动分别涉及企业生产、市场营销、人力资源、财务管理、信息沟通这几个方面，从而进一步探讨企业社会责任与企业其他部门的关系。通过将社会责任与企业的具体活动结合在一起，可以对社会责任的理念、社会责任的实现方式有一个更加深刻的了解，有助于企业更加积极地承担社会责任，将社会责任分解到企业的各部门的活动当中。

企业战略实施是将战略规划转化为具体的战略行为的过程，而社会责任战略的实施也应是这样一个过程，是将抽象的社会责任转化为企业的具体行为，体现在企业的各个职能部门的实践中。

第一节 企业社会责任实施与企业生产

企业是最重要的市场主体，企业的生产活动是企业的基础活动，是企业生存发展的基础。随着社会责任观念的发展，对企业形成了一定的外在压力，传统的只强调经济利润的生产方式已经不能适应企业长远发展的需要。为了提升企业可持续发展能力，获得新的市场契机，企业要承担一定的与企业发展水平相适应的社会责任。企业的社会责任行为内涵是比较广泛的，因此可以将社会责任的理念渗透到企业生产的各个环节，把社会责任抽象的理念转化为企业生产的具体行为，这样企业社会责任行为才会更好地得到公众的认可。

虽然社会责任的观念已经逐步深入人心，但是与西方发达国家相比，我国企业履行社会责任的程度还存在一定的差距，还不乏一些企业在利益的驱使下铤而走险，无视道德和社会责任。例如，一些食品企业为了降低成本而不顾顾客的生命健康，或者生产垃圾的任意排放，危害当地人们的生活，造成环境污染，这些都是企业严重缺乏道义感，缺乏社会责任的表现。日前，重庆警方查获三聚氰胺含量超标奶粉26t，时隔三年三聚氰胺再次出现在人们视野中。这些年来，国内奶粉事件层出不穷，从2004年安徽阜阳的大头娃娃，到2008年三鹿的三聚氰胺，再到2010年圣元的性早熟………奶粉安全事故频发，一次又一次地冲击国人脆弱的心灵，以及前几年频繁发生的山西煤窑事件。虽然这种安全事故的发生有多方面的原因，但是企业社会责任观念不强也是一个重要的原因。因此，企业生产的健康发展呼唤社会责任，而企业积极履行社会责任的过程中也有可能获得新的市场契机，因此把企业生产和社会责任相结合是企业一种明智的选择。

一、企业生产目的与责任

生产企业是追求经济目标的组织，企业的首要目标和动机就是获得利润，实现企业的经济目标。但是企业不是独立存在的，企业是在社会中生存和发展的，企业在生产过程中必须注意产品和服务的质量，注意生产过程中的社会影响和环境影响，把社会责任的理念贯穿于生产的全过程。获取经济利益是企业进行生产的直接目的，但是在社会主义市场经济的范畴内，企业生产也要为增进社会福利而努力。企业生产的安全是与社会支持分不开的，因此企业也要在一定程度上对社会作出回报，积极地承担一些基本的社会责任。企业生产中的很多行为都可以和社会责任联系起来，如提供安全的工作环境，不对当地环境造成污染，为职工提供安全保障，把企业生产与服务社区相结合等。企业在秉承这些理念的过程中，也是积极践行企业社会责任的表现。下面以百事可乐为例，来看一下其生产中的社会责任的履行。

例 7-1 百事公司是履行企业社会责任的典范之一。他们在生产薯片时，把原料的生产与改善当地环境结合起来，利用专业技术的优势，把原来的沙丘变成高产、高效的土豆良田，这样使原料生产和环境保护一箭双雕。百事公司以订单形式收购农民的土豆，既保证了原料的供应，还扶持了当地农民，可谓是两全其美。同时，他们还把对于环境的保护贯穿于薯片的整个生产过程之中。百事公司生产饮料，就在水资源方面尽着自己的责任，他们联合中国妇联在边远缺水的地区为农民修建水窖，并不断地将其专业的技术和理念融入到项目的实施中，改善水质，保证农民能够使用安全的水。

资料来源：http：//news. xinhuanet. com/fortune/2007-03/28/content_5905940. htm.

在社会责任观念被越来越多的人所熟知的过程中，企业的生产目的已经不仅包括实现企业利润的最大化，也要秉承为社会生产的观念，把企业的生产与社会的进步相结合，增进社会的福利，提升人们的生活水平，这也应该是企业生产的较高境界，富有社会责任企业生产的产品也才更容易得到顾客的信任，更有助于实现企业的生产目的，这是一个相辅相成的过程。

二、企业生产与社会责任相关理论

弗雷里克（W. C. Frederick）强调，社会责任意味着商人应该监督经济体制的运行以满足社会的期望，促进社会的进步。他强调生产的经济意义在于生产和分配应以提高总体社会经济福利为目标。这就把企业生产与企业的社会责任结合在了一起。1971 年，美国经济发展委员会在《工商企业的社会责任》报告中指出，“企业应该为美国人民生活质量的提高作出更多贡献，而不仅仅是提供产品和服务的数量”，在生产过程中，提供优质产品和服务，一定程度上也是在积极地履行自己的社会责任。

这份报告详细阐述了“三个中心圈”的企业社会责任规定：内圈代表企业的基本责任，即为社会提供产品、工作机会并促进经济增长的经济职能；中间圈是指企业在实施经济职能时，对其行为可能影响的社会和环境变化要承担责任，如保护环境、合理对待雇员、回应顾客期望等；外圈则包含企业更大范围地促进社会进步的其他无形责任，如消除社会贫困和防止城市衰败等。对于内圈的社会责任界定就涉及与企业生产的关系。

国内学者常凯把企业社会责任划分为三个方面：一是对内部员工的诚信，公平地分配企业利润，为员工提供良好的工作环境，保障员工的合法权益；二是对社会的诚信，不生产假冒伪劣产品，不欺骗消费者，依法纳税；三是社会要求企业要有公益心。其中第二个方面不生产假冒伪劣产品就涉及企业生产中的社会责任。

（一）用卡罗尔模型分析企业生产中涉及的社会责任

企业生产的各个方面几乎都与一定的社会责任标准相联系，可以应用卡罗尔关于企业社会责任的内容理论来具体理解企业的生产是如何与企业社会责任相联系的。卡罗尔精确回答了企业社会责任所包含的具体内容，是对社会责任内容的一个全面的概括。卡罗尔认为，企业的社会责任包括经济、法律、伦理以及慈善四个方面。

对于经济组织而言，首先，经济责任是企业最基本也是最重要的社会责任，但并不是唯一责任，企业生产追求经济利益的行为无可厚非，但是如果把生产的目的仅仅定义为经济利益而不顾生产过程中的道德因素，为了节约生产成本而使用一些对人体有害的便宜的原料、生产不合格的产品、进行不安全的生产等，将会受到人们的指责，会失去顾客的信任，也留不住忠诚的员工。其次，企业作为社会的一个组成部分，社会赋予并支持企业承担生产性任务、为社会提供产品和服务的权利，同时也要求企业在法律框架内实现经济目标，因此，企业肩负着必要的法律责任。此外，企业还要承担相应的伦理责任，并在企业允许的范围内承担一些慈善责任，资助慈善项目，增加社会福利。从企业考虑的先后次序及重要性而言，卡罗尔认为这是金字塔形结构，经济责任是基础，也占最大比例，法律责任、伦理责任以及慈善责任所占的比例依次向上递减。企业生产的首要目的就是经济利润，企业只有足够的经济利润才有可能具有从事慈善事业的能力。

（二）外部性理论分析企业生产的社会责任

企业的经营活动会对外部环境造成影响，同时受到外部环境制约。这就要求企业履行其对社会的责任。这就涉及企业生产的外部性理论。企业的外部性是指一方面企业的生产活动会影响到企业外部的一些利益相关者，如其他企业、公众等，企业的不正当竞争，会使市场环境恶化，威胁其他企业的发展，对其他企业会产生负的外部性。另一方面，企业外部利益相关者的活动也会反过来影响到企业的生产活动。外部性理论是基于“外部经济”的概念提出的。当企业的活动对外部利益相关者带来有利的影响，能增进其福利时，我们就称该企业的活动是外部经济的。当企业的生产活动给外界利益相关者造成了不利影响时，便会产生生产的外部不经济。例如企业的生产过程中，可能因排放废水而污染河流，会使附近的居民和整个社会遭受损失，或者企业的生产过程中，不注意产品质量安全，危及消费者的生命健康。我们可以把企业履行社会责任行为与企业的外部性相结合。作为企业，作为最重要的市场主体，企业不能再以单纯的利润最大化为目标，不能为了企业的自身利益去危害外界其他利益相关者的利益，要尽量避免外部不经济的状况出现。

三、企业社会责任对企业生产的影响

（一）企业社会责任对企业生产差异化的影响

差异化竞争优势的一个重要表现是企业拥有良好的“信号标准”。信号标准反映影响买方对企业满足其使用标准看法的价值信号。在信号标准的内容中，信誉或形象是最重要的因素。企业社会责任可以作为产品差异化战略的一种有效途径。产品和服务的差异化是指企业开拓新的市场并产生溢价效应的一种有效的方式。现在很多企业已经把社会责任上升到战略的高度来考虑，将社会责任纳入到企业的战略中，以社会责任作为获取差异化的一种有效方式，通过企业社会责任行为发现新的生产契机，获得新的经济增长点。例如，企业生产过程中的研发投入，可能出现与企业社会责任有关的生产过程创新和产品创新；又如，企业出于环境保护以及对消费者负责的社会责任理念，而生产绿色食品，这就为企业的发展提供了一个很好的发展契机，可以与其他产品截然分开，形成自己的风格。

近年来随着家庭收入的增加，社会责任意识的提高，现在的消费者越来越倾向于购买具有社会责任特征的产品，因此企业要充分利用这种发展趋势，去探求新的市场契机。企业可以通过瞄准具有社会责任价值趋向的消费群体，针对消费者的特点，开发出差异化的产品，获得差异化优势。

（二）企业社会责任与生产成本

1. 社会责任成本构成

企业社会责任行为是需要企业支付一定成本的，这些成本是可以用货币直接计量的，这和社会责任收益的不确定性有着明显的区别。从成本发生的时间维度考虑，社会责任成本包括一次性成本和持续性成本。一次性成本的发生是一次性的，很容易直接归属于某个特定的社会责任项目，如一次性捐赠支出、一次性环保支出等。社会责任持续性成本支出主要包括对某项社会责任活动的持续支持，如贫困学生学费的持续支出、持续性环保支出、对员工人力资本的持续性投入，以及其他为社会责任而发生的连续性物质与货币投入等。

2. 企业社会责任对企业生产成本的影响

企业社会责任可以看成是企业的一种投入。投入就需要相应的成本。而企业对于社会责任的质疑和担忧也主要是对企业生产成本的考虑。从成本收益的角度考虑，只有当所得超过付出，承担社会责任才是企业明智的选择。生产过程中的社会责任行为，可能会增加企业的短期生产成本，但从长期来看，却有利于提升企业的竞争力，能促进企业创造更多的收益，并且有些社会责任是可以直接减少生产成本的，如厉行节约、减少浪费等可以直接提高资源的利用效率，带来成本节约。分析企业社会责任行为与企业成本之间的关系要充分考虑到沉没成本和机会成本。

分析沉没成本可以从以下三个主要方面入手：

第一，对员工承担责任所造成的成本。企业应当为员工提供安全、舒适的工作环境和定期的培训。良好的工作环境的创造和外部专家的聘请需要企业投入额外的成本。

第二，对自然环境承担责任所造成的成本。某些企业为达到保护环境的目标会选择购买有助于环境保护的生产设备，或者研发某些环保的生产程序。一方面，这些环保设备都比较昂贵；另一方面，新工序的研发往往需要投入一大笔资金。因此，在进行成本分析时，为保护环境而支付的成本不容忽视。

第三，对社会公众承担责任所造成的成本。企业应当定期为社会公众提供及时、可靠的与决策有关的财务和非财务信息。这些信息的披露主要以各种报告为载体，而各种报告的编制需要投入额外的人力、物力。另外，企业资助慈善活动或者向慈善机构捐款，都会带来成本。

西方经济学认为，由于资源的稀缺性，当企业使用一定的资源用于生产用途的过程时，这种资源就不能被用于其他的目的，这就产生了机会成本的概念。经济学上的机会成本是指生产者所放弃的使用相同的生产要素在其他生产用途中所能得到的最高收入。机会成本往往是潜在而不易被定义的，所以在分析成本时应当予以足够重视。企业社会责任行为需要企业投入一定的资金，这时企业必须放弃相同的资金用于企业生产中所带来的收益。比如，可以利用这些资金改进生产设备，这样企业的收益也会增加，关键是权衡企业的社会责任投入给企业带来的好处与这些资金单独地用于生产目的给企业所增加的收益。而很多的研究表明，企业社会责任的投入是有助于企业长期发展的，虽然有一定的机会成本，但从长远来看，这种行为是可取的。

3. 企业生产与社会责任的相互影响

企业是从事生产、流通、服务等经济活动的组织。企业的生产活动是企业生存发展所进行的基本活动，是企业存在的基础。通过企业的生产活动，生产出消费者满意的产品或服务，从而获得利润。企业生产是企业利润的源泉，为企业承担社会责任提供了一定的资金支持。社会责任作为企业的一种战略性投入，是需要企业提供一定的资金支持的，而企业的生产活动是确保企业资金来源的最重要也是最基本的途径。企业在生产过程中坚持社会责任的理念，会充分考虑到员工、消费者、社区、政府等广泛的利益相关者。充分考虑到消费者的利益和需求，会使企业生产的产品适销对路，更好地满足消费者需要的同时，增加企业的利润。而企业生产中充分考虑到员工的利益就会促使企业构筑安全的生产环境。企业充分尊重了员工的利益，员工也会以更加积极努力的工作作为回报，有助于企业生产效率的提高。付出就会有回报，企业为社会责任付出的过程中，也会获得丰厚的回报。把社会责任与企业生产相结合，是促进企业和社会互利共赢的一种有效途径。

第二节 企业社会责任的实施与市场营销

随着社会责任观念越来越受重视，也在逐步地改变传统的市场营销观念，市场营销观念开始与社会责任相结合，这也为市场营销指明了一个新的发展方向——社会责任营销。在一定程度上，企业社会责任行为可以起到企业营销所达到的作用，如在提高企业的声誉，赢得客户的信任，提高企业的品牌竞争力以及扩大企业的知名度等方面，和营销要达到的效果是一致的。因此，现在越来越多的企业将社会责任观念加入到企业营销活动中，实现企业和社会的共同发展，实现互利共赢。

一、市场营销理念的发展

美国市场营销协会认为：市场营销是创造、沟通与传送价值给顾客，以及经营顾客关系以便让组织与其利益关系人受益的一种组织功能与程序。菲利普·科特勒（Philip Kotler）认为，市场营销是个人和集体通过创造并同他人交换产品和价值以满足需求和欲望的一种社会和管理过程。随着经济以及社会的发展，市场营销观念也在逐步地转变，最初只重视企业利润的生产观念、产品观念，后来随着消费者地位的上升，顾客的重要性逐步受到重视，推销观念的出现开始意识到客户的重要性，一种更为全新的营销观念开始把企业和顾客放在了同等重要的地位。随着营销观念的不断发展，菲利普·科特勒提出了全面营销观念，开始注重把企业社会行为与营销战略结合在一起，社会市场营销观念逐步发展起来。目前市场营销领域发展很快，又在此基础上衍生出新的观点和理论，如绿色生态营销、文化营销、关系营销、服务营销、整合营销、善因营销等，这些新的观点和理论基本上还属于社会市场营销观念的延伸。市场营销理念的发展见图 7-1。

在以市场为导向的营销观中占据重要地位的是社会市场营销观以及绿色生态市场营销观。社会市场营销观念认为，企业的营销活动不仅要满足消费者的欲望和需求，而且要符合消费者和全社会的长远利益，要变“以消费者为中心”为“以社会为中心”。因此，企业在市场营销中，一方面要满足市场需求，另一方面要发挥企业的优势；同时，还要注重社会利益，确保消费者的身心健康和安全，确保社会资源的合理、有效利用，防止环境污染、保持

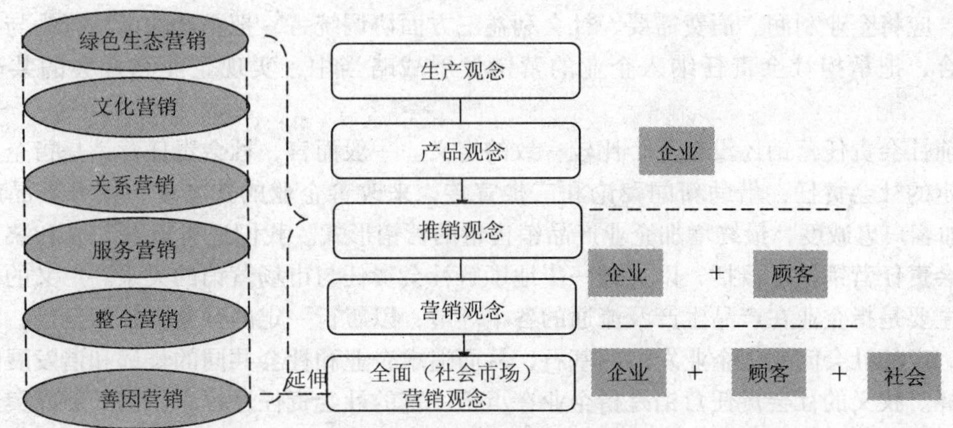

图 7-1 市场营销理念的发展

资料来源：万广圣. 企业社会责任营销研究述评［J］. 中国市场，2010（48）.

生态平衡，要将市场需求、企业优势与社会利益三者结合起来，来确定企业的经营方向。绿色生态营销观念认为，企业在营销活动中，要顺应可持续发展战略的要求，注重地球生态环境保护，促进经济与生态协同发展，以实现企业利益、消费者利益、社会利益及生态环境利益的统一。这就在很大程度上把营销策略和企业社会责任结合在了一起，产生了社会责任营销的概念。

二、社会责任与市场营销结合的相关理论

企业的营销活动是指通过一系列的营销活动在满足消费者利益的基础上，实现企业的利润最大化的目标。企业承担社会责任就要求企业在实现经济效益、满足股东利益的同时，关注广泛的利益相关者的利益，包括员工、消费者、政府、环境等。企业在市场营销活动中考虑社会责任，就要求企业在开展营销活动过程中，遵守社会、道德以及环境因素，重视消费者、政府等广大公众的利益，运用蕴含社会责任理念的营销方式，通过正确的营销手段和方法，向社会提供富有责任感的产品，在促进企业发展的同时，也推进社会的进步。一些把社会责任与市场营销观念相结合的理论，有助于我们更进一步地理解二者的关系。目前比较熟悉的就是社会责任营销以及善因营销，二者把社会责任融入企业的营销活动当中，形成了独特的营销方式。

（一）社会责任营销

探究企业的社会责任与市场营销的关系，可以引入“社会责任营销”的相关理论。社会责任营销观念把社会责任和市场营销紧紧地结合在了一起。进入 20 世纪 70 年代，社会责任营销观念得以形成。它认为企业的任务是确定诸多目标市场的需要、欲望和利益，并以保护和提高消费者及社会福利的方式，比竞争对手更有效、更有利地提供目标市场所期待的满足。有“营销学教父”之称的菲利普·科特勒开创了企业营销和企业社会责任相结合的先河，1971 年，杰拉尔德·蔡尔曼和菲利普·科特勒最早提出了“社会市场营销”概念，指出社会市场营销观念则是对市场营销观念的重要补充与延伸，是市场营销观念的巨大进步。鉴于市场营销观念回避了消费者需要、消费者利益和长期社会福利之间隐含着冲突的现实，社会市场营销观念要求企业不仅要满足消费者的需求与欲望，而且要符合消费者和社会的长

远利益，应将企业利润、消费需要、社会利益三方面协调统一，把企业的市场行为与社会责任相结合，把承担社会责任纳入企业的营销发展战略当中，实现企业和社会的共赢和谐发展。

目前社会责任营销还没有一个比较一致的定义。一般而言，社会责任营销是指企业通过承担一定的社会责任，借助新闻舆论和广告宣传，来改善企业的知名度，提升其品牌知名度，增加客户忠诚度，最终增加企业产品销售量的营销形式。我们还可以从广义和狭义的角度对社会责任营销作一概括，以更进一步地了解社会责任与市场营销的关系。广义的社会责任营销主要是指企业在产品生产及流通的各个环节，以履行一定的社会责任为己任，以关注及解决一定的社会问题为企业发展的基石，从而追求企业和社会共同的长远和谐发展的一种战略选择。狭义的社会责任营销是指企业在承担一定的社会责任过程中，借助新闻舆论影响和广告宣传，来改善企业的名声，美化企业形象，提升其品牌知名度，增加客户忠诚度，最终增加销售额的营销形式。因此社会责任营销的核心就是信任营销，社会责任营销的目的就是与客户建立信任的纽带，取得客户的信赖，最终得到基业长青的回报，达到企业和社会的双赢目的。社会责任营销是一种倡导社会责任的营销观念，要求企业在追求单纯地以企业利润为目标的营销方式，向更加关注社会、公益事业的营销方式转变，通过企业的社会责任行为，来起到宣传企业的营销作用。

（二）善因营销

1. 善因营销的内涵

随着社会、经济环境的变化，企业对营销方式的策略化和科学化提出了更高的要求。社会责任营销的理念固然有助于企业形象的提高，但是由于其针对性不强，对于消费者的态度影响不是很明显，会导致营销策略的失败。而善因营销可以把企业的慈善活动与产品的销售直接相联系，对顾客行为的影响是比较明显的，因此越来越多的企业家开始重视这种营销方式。

善因营销又名公益事业关联营销，这是推动企业与公益事业双赢的一种营销方式。善因营销被定义为企业在进行市场营销过程中，利用伦理和社会责任行为进行品牌建设，提高企业的收益、销售量或者改善客户关系。通过企业的社会责任行为，使产品差异化，进而影响企业声誉。善因营销的理念为公益事业的发展提供了必要的财务支撑，增进了社会福利，同时也提高了企业自身的声誉以及客户忠诚度，对企业的长期发展也是比较有利的。正如雅芳公司负责人所言，“善因营销超出了普通营销项目的意义，这成为公司与顾客融洽关系和提高营销声望的法宝。这种营销项目能有力地调动销售人员的积极性，其价值怎么高估也不过分”。盛世长城广告公司公益事业联络部前任总监玛哲丽·汤普森和现任总监哈米什林格尔在1999年合著的《品牌的精神：相关目标营销如何打造品牌》（Brand Spirit：How Cause-Related Marketing Builds Brands）认为，可以把善因营销看成一种战略性定位工具，它将某个公司或品牌与相关的慈善事业或公益活动联系起来，为了相互的利益结成伙伴关系。相关目标营销（善因营销）可以提高公司的声誉，提升品牌知名度，增加顾客忠诚度，扩大销售，并能诱发新闻报道等，从而扩大企业的影响力，刺激消费者的购买行为。善因营销是一种新型的营销方式，是将社会责任充分融入到企业的战略当中，而不至于成为企业负担的一种非常有效的方式。

一般认为，美国运通公司是善因营销的开山祖师。1981 年，运通公司与位于旧金山的

“精美艺术团体”开始宣传活动，顾客每使用一次运通卡，运通公司就捐赠 1 美分，或每增加一位运通卡开户客户就捐赠 1 美元，用于翻新自由女神像，活动期间捐赠款项高达 170 万美元。当时美国的旅游服务部把善因营销作为一项服务标志，向美国国家专利局申请注册。后来美国以及欧洲的其他公司也开始纷纷效法。在英国开展善因营销的企业还会得到奖励，这在客观上促进了善因营销的发展。而善因营销的发展激励着企业开展一些社会福利活动，这本身又在客观上促进了社会责任与市场营销的结合。随着社会责任观念的进一步发展，一些与社会责任相结合的其他营销方式也会应运而生，这是一种趋势。符合社会责任的营销方式在促进企业经济增长方面也会发挥越来越重要的作用。

2. 善因营销中应注意的问题

善因营销能否获得预期的效果，企业与公益事业的匹配程度是一个重要的因素。企业与公益事业的匹配度或者说关联度，是指企业的形象、定位及目标市场与公益事业形象及受众之间在认知上的联系。高匹配度意味着企业的目标与公益事业的契合度较好，有助于产生品牌联想。当企业赞助与自身高度匹配的公益事业时，顾客对其评价越高，而这种积极的评价和友好的态度又会提高顾客对产品的购买意愿。如果使公益团体接受企业的捐赠时改变了企业的原则，就会使公众对企业的动机产生怀疑，这样反而会失去顾客对企业的信任，造成负面的影响。因此企业社会责任与市场营销结合的善因营销理念必须要找到企业的使命、目标与公益事业的契合点，通过企业的公益行为来进一步扩大企业对客户的吸引力，为提高企业的品牌竞争力服务。因此，企业应避免一些与自己的目标完全背道而驰的社会事业作为自己的投资对象，找到公益事业与企业自身发展的最佳结合点，在营销和公益二者之间建立起长久的平衡关系，使二者相促进而发展。

（三）社会责任营销与善因营销的关系

社会责任营销涉及的范围较广，企业通过开展广泛的社会责任活动，来达到提升企业知名度，赢得顾客信任等营销效果。而善因营销则比社会责任营销的目的性强，它是直接把企业的社会责任作为一种营销的方式来加以利用，把社会责任行为与企业的业务、目标直接相连。社会营销以行为改善为中心，而善因营销旨在增加某种特定产品的销售，主要以获得企业收益为中心。一般认为，社会责任营销可以包含善因营销。

三、社会责任与市场营销的相互作用

（一）履行社会责任与营销活动相结合的意义

社会责任与市场营销相结合是营销观念发展的巨大进步。与传统营销观念相比，社会责任营销可以给企业的发展带来更大的好处。社会责任营销的优越性见图 7-2。

1. 进一步提高顾客的忠诚度

社会责任营销的实质就是与顾客建立信任的纽带，取得顾客的信任，基于此围绕社会责任开展的营销活动可以更容易得到顾客的信任。传统的产品营销方式，有一些以对顾客进行劝说性购买的方式来说服顾客，这种方式极易引起顾客的反感。比如一些推销行为，对于推销人员极力劝说顾客购买的商品，消费者很可能会认为该产品有某些缺陷，或存在某种质量问题而拒绝购买。但是社会责任营销行为却会避免这种尴尬的局面，企业以社会责任为前提进行营销宣传，这样企业会更好地考虑到消费者的利益与需求。因为社会责任的观念要求企业对广泛的利益相关者负责，而营销活动中涉及比较多的就是消费者，因此企业在制定营销

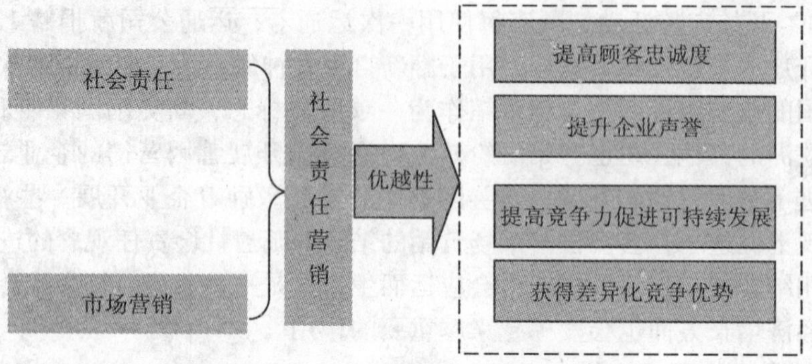

图 7-2 社会责任营销的优越性

策略的过程中，会站在消费者的角度为顾客着想，这种换位思考的方法，有助于为顾客提供更为细致周到的服务，而顾客也会被这种服务所感动，而比较容易形成对企业的忠诚，这也是社会责任与营销结合给企业带来的无可比拟的优势。

2. 有利于为企业赢得良好的声誉

企业声誉是企业的一种特殊的无形资产，在企业生产经营活动中发挥着重要的作用。良好的企业声誉对于企业的长期健康发展有重要的影响：①可以给企业提供更高、更好的机会平台；②在外部突发事件对企业的巨大冲击中，帮助企业缓解各种不可控因素造成的损失，可以获得外界的信任与支持；③可以增强利益相关者的忠诚度，强化企业生产系统和价值链在企业网络中的整合力度，有效地降低交易成本等。总之，良好的企业声誉可以使企业在很多方面获得利益。因此，企业营销观念的重点在于通过各种营销策略提升企业的声誉，而将社会责任的观念融入到市场营销的理念当中，是提高企业声誉的一种有效的方式。企业社会责任营销行为会让顾客看到企业为承担社会责任所作的努力，更容易赢得公众的认可，企业的形象影响力以及品牌知名度将会大幅度提升，从而形成企业独特的资源，提高企业的竞争力，提升企业的整体价值。

3. 有利于企业长期发展，提升企业竞争力

企业将社会责任与企业营销结合在一起，会使企业营销行为涉及得更加长远，是一种有利于企业长期可持续发展的营销理念，能够从战略的高度上对企业发展进行总体的把握，从而使企业发展更具有前瞻性，能够更好地把握住时代的脉搏，能够开拓出独特的营销模式，有利于提升企业的竞争力。同时，企业社会责任营销将成为继产品、价格、渠道、品牌竞争之后的一个新的方向，推动着企业的发展。

4. 有利于企业从问题中发现商机，获得差异化优势

社会责任营销的主要特点就是通过对社会问题的关注来选择适合的营销方式，而社会问题本身就蕴含着巨大的商机。虽然社会责任行为需要企业付出一定的成本，但如果能从社会问题中发现蕴藏的商机，那么企业的付出是完全可以得到补偿的，并且会给企业带来意想不到的机遇，形成自己独特的差异化优势。企业可以差异化方式锁定一些特定的社会问题，成为这些社会问题的积极倡导者和推动者。企业要具有战略眼光，从战略高度看待企业社会市场营销问题，从中判断出哪些社会问题是有社会意义但并未受到足够重视且同自身行业密切相关的，在此基础上进行开拓创新，充分利用企业的资源，形成自己独特的差异化产品。丰田公司是在汽车公司中率先认识到节能环保的趋势所带来的商机。它及时开发了 Prius 混合

燃料汽车，与其他汽车截然分开，形成了自己的差异化产品。英国石油公司也在防治气候变暖这一本来对它极为不利的浪潮中发现了潜在机会。该公司新设立了一家低碳能源公司，计划在未来10年投入大约80亿美元，并预期到2015年低碳能源公司每年的利润将达到60亿美元。

（二）承担社会责任给营销活动带来的风险

尽管大多数理论和实践证明，承担社会责任与营销绩效之间存在正相关的关系，但这种正相关关系一般是针对企业的长远发展而言的。然而，承担社会责任毕竟需要企业的一些资金支持，当企业社会责任营销给企业发展带来的效果不是很显著时，可能会给企业的发展带来一定的风险。

企业参与公益事业会增加企业的短期成本，使企业收益受到一定的影响。当企业以社会责任为内容而开展的营销活动未得到社会公众的广泛关注时，企业为社会责任行为所做的付出就得不到有效的回报，会挫伤企业承担社会责任的积极性，给企业的发展造成困难。另一方面，企业以社会责任与市场营销结合开展的活动，可能会激起利益相关者之间的矛盾。企业的生产经营活动存在广泛的利益相关者。如股东、消费者、政府、社区等，而这些利益相关者的利益并不是完全一致的，有时候会出现矛盾。例如，企业在努力为消费者提供物美价廉的商品的过程中，企业的利润会相应地减少，这时股东的利益就会受到影响。因此，企业社会责任与市场营销的结合一定要在各方面之间做好权衡，一旦企业的社会责任行为不当，就可能会激化矛盾，给企业带来风险。如果企业社会责任与市场营销的结合点把握不准确，就会变成企业的一种负担和压力，因此，企业要根据自身条件出发，找到适合自身的社会责任营销战略。

（三）市场营销对社会责任的影响

企业的发展，知名度的提高，需要成功的营销策略支撑，在成功的营销策略的指引下，企业的经济利益才会逐步提高，进一步增强企业的经济实力。而社会责任的承担是需要一定财力支持的，这就为企业积极承担社会责任提供了可能。一般而言，营销策略较成功的企业会拥有高素质的人才队伍，较广泛的社会号召力。这些企业的社会责任意识会比较强，会更加注重商业伦理和社会责任，能够积极地去承担社会责任，对其他企业也会起到一定的示范作用，企业社会责任行为又会反作用于企业的营销策略，促进企业营销战略的成功实施，二者可以相促进而发展，达到互利共赢。

第三节　企业社会责任实施与人力资源

现代企业的竞争归结为人力资源的竞争，拥有知识和技能的雇员是企业获得竞争优势的重要因素。人力资源是企业得以发展的重要因素，在社会中，员工不是单纯的“经济人”，他们是“社会人”，也需要获得尊重，获得鼓励。但是企业在对人力资源进行管理中，不尊重员工，不能保障员工基本的休息权利，将员工当机器等各种行为层出不穷，富士康的员工跳楼事件也反映出我国企业在人力资源管理方面不道德的行为时有发生，人力资源管理领域呼唤企业社会责任行为。企业社会责任管理要在人力资源管理过程中充分体现出来。

例7-2　漠视员工价值，企业社会责任何在：“部分企业仅仅关注员工的劳动剩余价值，不从人性关怀的角度考虑员工的发展，增加了员工的生存压力，负有不可推卸的责任。”

当社会仍然在富士康九连跳的震惊中没有回过神来，5月21日清晨第十跳的紧随而至，让这个企业再次成为舆论焦点。不到半年，深圳富士康因为跳楼受到伤害的人数已经上升到10人，而且均是18~27岁的新生代打工者，其中，20岁左右、刚进入职场的90后占到一半。

有媒体报道，深圳市总工会调查时认为，富士康管理机制的“半军事化”、管理层级的“壁垒化”和“把人当做机器”的刚性管理手段，“对员工造成的心理压力乃至伤害是明显的”，客观上是导致员工由于个人问题选择自杀的一大诱因。

资料来源：http：//www. aqsc. cn. 2010-05-24. 工人日报。

这种完全忽视员工需求，将员工当机器的做法，严重危害了人权，是不道德的，当代社会公众的社会责任意识已经初步具备，对于这样一个严重忽视员工利益的企业，会在公众心中造成极其恶劣的社会影响，严重损害了企业的社会形象，这样的企业再想吸引优秀的员工进入是比较困难的。没有优秀人才的企业，发展会受到严重的制约。由此可见，研究社会责任与人力资源的结合对企业发展的意义重大。

一、企业社会责任与员工

企业社会责任要求企业对内积极维护员工的利益，满足员工的期望和要求。员工是企业最主要的构成部分，是企业存在和发展的保障，企业社会责任的实施需要员工的积极配合。

（一）相关理论介绍

20世纪50年代，美国经济学家舒尔茨和贝克尔通过对社会经济增长的研究，首次提出了“人力资本”的概念，将人力资本解释为个人所具备的知识、才能、技能和资本等要素的总和，它是一种非物质资本。近年来，不断发展的人力资源特别是人力资本的相关理论，主张企业应该承担一定的社会责任，特别是要求企业对员工承担适当的社会责任。

企业积极履行社会责任，就要求企业能够对广泛的利益相关者负责，维护利益相关者的利益。美国弗吉尼亚大学教授爱德华·弗里曼（Edward Freeman）将利益相关者定义为：“任何能够影响或被企业达到目标影响的组织或个人。”他把利益相关者分为六个类别：股东、员工、消费者、供应者、社会和政府。雇员是企业重要的人力战略资源，相对于其他利益相关群体而言，企业雇员在与企业组织的交互作用关系上更为紧密，因此，企业社会责任实施在企业内部最核心的就是积极地承担对员工的责任。世界经济论坛则认为，企业社会责任包括四个方面：良好的公司治理和道德标准，主要包括遵守法律、道德准则、商业伦理等；对人的责任，主要包括员工安全、平等就业、反对歧视等；对环境的责任，主要包括提高环境质量，应对气候变化和保护生物多样性等；对社会进步的贡献，如参与社会公益事业、消除社会贫困等。在对人的责任方面就涉及企业社会责任与人力资源管理的关系，企业社会责任的实施，要求企业承担对员工的责任。

企业承担社会责任是为了进一步提升企业形象，是为促进企业发展服务的，而获得社会责任标准认证，也是一些大型企业追求的目标，以便更好地参与国际化竞争，减少进入障碍。SA8000是全球第一个可用于第三方认证的社会责任国际标准，是以保护劳动环境和条件、劳工权利为主要内容的，旨在通过有道德的采购活动，改善全球工人的工作条件。在经济全球化趋势的驱使下，为了更好地参与国际化竞争，企业在承担社会责任过程中必须充分尊重员工的利益，这样才有可能获得社会责任标准认证。SA8000标准有九个要素构成，基本内容见表7-1。其中基本都是与员工切身利益相关的。

表7-1 SA8000中与员工有关的各项要素及内容

要 素	内 容
童工	1. 不使用或支持使用童工 2. 救济童工 3. 童工和未成年教育 4. 童工和未成年人的安全卫生
强迫劳动	1. 不使用或支持使用强迫劳动 2. 不扣押身份证件或收取押金
健康与安全	1. 健康、安全的工作环境 2. 任命高层管理代表负责健康与安全 3. 健康与安全培训 4. 健康与安全检查，评估和预防制度 5. 厕所、饮水及食物存放设施 6. 工人宿舍条件
结社自由及集体谈判权利	1. 尊重结社自由及集体谈判条件 2. 法律限制时，应提供类似方法 3. 不歧视公会代表
歧视	1. 不从事或支持雇佣歧视 2. 不干涉信仰和风俗习惯 3. 不容许性侵犯
惩戒性措施	不使用或支持使用体罚、辱骂或精神威胁
工作时间	1. 遵守标准和法律规定，每周工作不超过48h 2. 至少每周休息一天 3. 每周加班不超过12h，特定情况除外 4. 额外支付加班工资
工作报酬	1. 至少支付法定最低工资，并满足基本需求 2. 依法支付工资和提供福利，不罚款 3. 不采用虚假学徒计划

（二）社会责任对员工的影响

企业积极承担社会责任表现在企业内部就是切实地维护员工的利益，保障员工的基本权益。员工对企业社会责任的需求包括为员工提供健全的劳动保障、适宜的工作环境、充分的尊重，适当的专业培训、与员工签订公平的劳动合同，为员工提供广阔的生存和发展空间，不搞任何形式的种族、性别、工种歧视，让每一个员工在工作中都得到足够的尊重。企业在满足员工的相关社会责任方面的要求时，会充分调动员工的工作积极性和工作热情，有助于提高企业的劳动生产率。对于能够充分尊重员工利益的企业，员工也会以积极的态度回应企业，提高员工的忠诚度，这对企业的发展是至关重要的。社会责任较好的企业，都会非常重视员工的利益，积极地维护员工的权益，能够想员工所想，切实地解决员工的问题。腾讯的首席执行官马化腾认为“员工是腾讯最宝贵的财富。2010年，CPI、房价上涨等种种因素影响了每个腾讯员工和小家庭的生活品质。”于是，腾讯“加大2011年度调薪力度，让员工的年收入有力增长；优化薪酬结构，提高员工每月的可支配收入；调整北京住房公积金缴交比例；投入10亿元设立并实施‘腾讯安居基金’”。这些举措难道不会深深打动员工的心吗？员工应该会真心实意地为公司服务，而且也会赢得员工对公司的忠诚，减少人员的流动性。

虽然企业与员工最基本的是经济上的契约关系，但员工是企业内部利益相关者，员工的积极性、主动性对于企业的发展起着至关重要的作用，是企业在激烈的竞争中取胜的关键因素。因此，企业尊重员工，为员工提供舒适的工作环境、良好的工作氛围等，要用社会责任的观念来引导企业积极承担对员工的社会责任。

二、企业社会责任实施对人力资源管理的影响

（一）我国人力资源管理存在的问题

人力资源管理是企业的重要管理活动之一，能否对人力资源进行有效的管理，能否通过科学的管理机制、合理的薪酬制度、人性化的管理模式吸引和留住员工在一定程度上决定了企业的经营成败。尽管人力资源管理如此重要，但是一些企业在人力资源管理方面仍然存在着各种问题，阻碍着企业的发展，没有充分践行企业社会责任在人力资源管理方面的作用，集中表现在以下几个方面：

（1）薪酬体制不合理。一些企业，尤其是私营企业，剥削工人的现象仍然是十分普遍的，一些黑心老板任意克扣工人工资，增加员工的劳动时间，严重损坏了员工的利益。对于员工来说，报酬已经不仅仅是一种谋生的手段，它还是员工自我满足的需要，是员工自我价值的体现。如果员工的努力付出不能得到合理的回报，员工的积极性就会降低，影响企业的效率。

（2）劳动合同不合理。一些企业在劳动合同中添加一些不合理的条款或者不给员工提供基本的劳动保障。

（3）人才激励机制不健全，不能充分调动员工的积极性和工作热情。

（4）员工培训重视不够。一些企业把培训看成企业成本的增加，却没有看到培训对企业带来的巨大收益，这是非常不明智的选择。因为培训不仅可以提升员工的技能，更是激发员工活力、培育员工忠诚度的方法，有助于企业绩效的提高。

（二）企业社会责任实施对人力资源的基本要求

企业社会责任实施与人力资源管理之间关系密切，企业社会责任实施依赖于企业全体员工的共同努力。为了使人力资源管理配合社会责任的实施，企业要做好以下方面的工作：

1. 人力资源部为社会责任的实施营造文化基调

企业社会责任只有内化为企业的核心价值观，成为企业文化的重要组成部分，才有可能在纷繁复杂的企业事务中，在激烈的市场竞争中得以切实的履行。为此人力资源部可以通过制定各项规章制度，通过对员工进行社会责任方面的培训等措施，来加强企业责任观的内部宣传，可以通过自上而下等活动形式开展社会责任价值观的宣传，使企业责任观在企业上下逐步深入人心，促进员工责任意识的有效提高，营造一个积极履行社会责任的文化基调，使社会责任的履行分解为每个员工的具体行动，成为员工价值理念的一部分，引导在企业的使命与核心价值观中体现对履行企业社会责任的承诺与要求，进而将其内化为企业与员工的自觉行动，让员工主动承担企业社会责任，稳步提升企业责任履行的规范性和实效性。

2. 对员工实施企业社会责任培训计划

企业社会责任的相关理念在我国还不是很成熟，企业通过对员工进行社会责任的相关培训，可以加深员工对于社会责任相关内容的理解，形成全员共同践行企业社会责任行为的良

好氛围。企业需要有意识、有计划地设计并实施相关培训计划，寻求履行社会责任与人力资源管理的最佳结合方式，提高全体员工的社会责任意识，有利于社会责任行为得到切实的贯彻执行，达到提高企业经济绩效和社会绩效的目的。

3. 实施导向社会责任的考评方案

对员工的社会责任培训是提升企业对社会责任的了解程度，但是企业要确保员工把社会责任的理念应用于具体的实践活动中，还要有一些硬性的规定，有可供考核的标准，这样才会督促员工切实地按照社会责任的理念、方法来监督自己的行动，把社会责任贯穿于企业人员的具体活动中。

履行社会责任是对现代企业的要求，也是企业扩大社会影响力，提高企业声誉，提升企业竞争力的重要途径。因此，优秀的企业必须切实践行企业社会责任，除了保障企业的基本行为不与社会责任的目标相抵触外，还要把社会责任的履行细化为各部门及其管理者的重要目标。作为人力资源管理部门，应该将社会责任标准的要求纳入到企业的管理流程中，提高企业员工的社会责任意识，形成企业上下同心协力践行企业社会责任的良好氛围，提升企业的社会形象。

（三）企业社会责任实施对人力资源的影响

人力资源是企业最重要的财富之一，人力资源的质量是企业在竞争中取胜的重要法宝。企业员工的流动对企业的发展是极为不利的，因此，企业要在如何吸引优秀的人才到企业中就职，如何留住现有员工，充分发挥员工的潜力，是企业必须慎重考虑的问题。而目前随着企业社会责任观念的发展，企业的社会形象，社会责任的履行程度，在很大程度上影响着企业对人才的吸引力以及员工的忠诚度。很多调查也显示，人们比较倾向于到社会责任感比较强、社会形象比较好的公司就职。企业社会责任的实施对于企业更好地吸引人才、开发人才、激励人才方面发挥着重要的作用。

1. 吸引人才

能够持续不断地吸引优秀的人才到企业中就职，是企业提升竞争力的重要途径。企业通过积极地承担自己的社会责任行为，向社会传达出企业对于社会责任的态度，一定程度上折射出企业发展的基本理念，反映出企业的价值观，从而会吸引到对企业的发展理念比较认同的员工。企业在积极承担社会责任的过程中，可以树立良好的企业形象，就会对人们的择业产生影响。调查发现，当人们选择新雇主时会充分地考虑企业的声誉，并且是位于起薪和附加福利之前。企业的社会责任行为和企业的声誉是直接相连的，由此可见，企业的社会责任履行程度也是人们选择企业的重要考量因素。根据社会识别理论，员工的自我形象是和企业的形象紧密相连的，因此员工会倾向于在社会形象好的企业工作，进而使自身的形象也得以提升。现在很多大型企业，已经把其履行社会责任状况作为吸引和留住人才的重要手段。

2. 开发人才

企业社会责任行为在企业的人才开发过程中发挥着越来越重要的作用。例如，企业投资一些教育项目，资助一些贫困学生，或者与一些大学合作，为学生提供实习机会等措施，促进了未来人才的培养。

3. 激励人才

把优秀的人才吸引到企业当中之后，为了更好地留住人才，还要有一定的激励措施，来提高员工的忠诚度和工作热情。对不同员工实行不同的激励方法，除了要建立以经济利益、权利和地位为主要方式的激励机制之外，还要注重对员工的精神激励。企业在积极承担社会责任的过程中，就向员工发出了一种信号，即自己所在的企业是一个负责任、守信誉的企业。而且企业社会责任行为也会得到外界的称赞和认可，当大家都在称赞自己的企业时，自己也会由衷地感到高兴和自豪，这在无形当中就增加了员工对于企业的认同感，会激励员工更加积极、努力地工作。由此可见，企业社会责任行为也是企业激励员工的一种行之有效的方式。

三、人力资源管理在社会责任实施中的作用

企业是由人组成的，企业能否真正地把社会责任落到实处，有赖于企业全体人员为社会责任所作的努力，包括管理者与员工具体的行动。管理者是企业履行社会责任的关键因素，管理者拥有机会，通过规划好的计划、政策和实践，在企业社会责任价值方面来吸引组织和它的利益相关者。而社会责任计划的执行程度又依赖于员工的努力。人力资源管理是企业积极承担社会责任的载体，当社会责任的理念内化为企业内部人员的价值观时，员工们便会成为企业积极承担社会责任的忠实支持者，在自己的活动中自觉地以社会责任的标准来要求自己。

第四节　企业社会责任实施与财务管理

财务管理是企业的一项业务活动，处理企业与有关各方财务关系的经济管理工作，是企业管理的一个重要组成部分。企业社会责任贯穿于企业各项活动当中，社会责任战略的实施要有财务部门的支持，财务部门要做好规划，把社会责任与财务管理相结合，降低与社会责任相关的规制风险，获得政府税收优惠和相关补贴，获得其他财务上的优惠，降低融资活动的成本。

一、企业社会责任与财务绩效的相关理论

企业社会责任行为与企业财务状况是否有关系是国内外学者都比较关心的问题，而对于二者关系的研究，大多都是通过实证分析方法得出的，但是由于样本的差异、产业的特性或者是研究方法的不同，研究得到的结果也不尽相同。尽管对以往众多实证研究的综合分析表明，只有很少的研究证明两者存在负相关关系，更多的研究认为两者之间存在正相关关系。但这种归纳也不是完全具有代表性，企业社会责任与财务关系还有待于进一步的研究。

（一）国内外研究成果

在国外，关于企业社会责任与财务管理的关系问题，不论是理论上还是实务上，都已有相当的论述。科克（Cochran）和伍德（Wood）（1984）、普雷斯顿（Bannon）（1997）、沃多克（Waddock）和鲍德成（Grave）（1997）、吴建福（C. F. Wu）（2001）等认为，企业的社会责任与财务管理存在正向相关的关系。还有的学者却得出了完全相反的结论，认为企业的社会责任与财务绩效之间是负相关的，如英格拉姆（Ingram）（1983）等均在研究中有此发现。以他们的观点来看，主要是认为企业社会责任作为一种战略性投入是需要企业的资金支持的，会在一定程度上占用企业的资源，这样便会增加企业的生产成本，使企业在不承担或者少承担社会责任的企业竞争中处于不利的财务状况。他们的观点有一定的局限性，社会

责任在增加企业成本的同时，却可以提高企业的声誉，给企业带来收益，而带来的一般是比所付出的成本多得多的收益。第三类观点认为，两者之间根本没有关系，威廉姆森（McWilliams）和西格尔（Siegel）用一种回归模型检验了企业社会绩效与企业财务绩效的关系，发现二者并无联系。对于二者的关系问题，至今还没有比较权威的观点证明，还有待于进一步的研究论证。

国内学者对企业社会责任和企业财务业绩关系的研究多是通过理论定性的探讨来完成的，大多从利益相关者的角度出发，研究企业利润在利益相关者间的分配。沈洪涛选取了1997～2003年在深圳和上海两个证券交易所上市交易的所有非金融业的A股公司作为样本，从社会责任的利益相关者的角度出发，对我国企业社会责任与财务绩效的相关性进行了实证检验得出，无论用哪种财务指标来衡量财务绩效，当期的社会责任行为与当期的财务绩效之间是正相关的关系。李正以我国上海证券交易所2003年521家上市公司为样本，研究了企业社会责任活动与企业价值的关联性得出结论认为，从当期的状况来看，承担社会责任越多的企业，企业价值越低；但从长期来看，承担社会责任并不会降低企业价值，即从长期来看企业社会责任与企业的价值没有相关性关系。

由此可见，由于选取样本不同以及研究方法的差异等原因，研究结论不尽相同，但大多数学者认为，企业社会责任与财务绩效之间是存在正相关关系的。

（二）至今未达成一致意见的原因

企业社会责任与财务绩效的关系如何，至今仍未达成一致意见的原因是多方面的。

1. 企业社会责任的内涵界定不明确

对于企业社会责任的概念及其内容的界定至今仍然不是很明确，这是造成企业社会责任与财务管理关系未达成一致意见的重要原因。来自经济学、管理学、社会学、伦理学等不同领域的学者对企业社会责任的内涵及其边界范围一直存在争议，如果从不同的角度来研究企业社会责任与财务绩效的关系，得出的结论也会不一致。有的学者对社会责任的定义比较宽泛一些，而有一些涵盖的范围则比较窄。例如，戴维斯（Davis）认为企业社会责任是指至少部分超越企业直接的经济或技术利益之外的有关决策和行动。而卡罗尔（Carroll）则认为，企业社会责任包含经济责任，他认为企业社会责任是指在特定时期内社会对企业在经济、法律、伦理和自由决定（慈善）上的期望，二者所包含的社会责任的内容就是不一致的，前者不包括经济责任而后者却包括。这就会导致在选择样本的过程中样本的范围会有差别，因而很可能会导致实证研究结果的不一致，有的甚至会出现完全相反的结果。虽然关于社会责任的内涵有几种比较权威的观点，如从利益相关者角度出发定义的企业社会责任以及卡罗尔的经济、法律、伦理、慈善责任的界定，但是对社会责任内涵的争议仍然没有完全结束，这就使在研究社会责任与财务绩效的关系方面多了很多不确定的因素。

2. 研究方法上的缺陷

首先，在企业的经营环境中，有很多复杂多变的因素，很多变量会影响到企业的财务状况，因此在研究时要对这些变量进行控制。在研究企业社会责任与财务绩效的过程中，要尽量控制额外的影响因素，使研究结果能充分反映二者的关系。其次，在实证研究中，案例研究方法也是一个重要的研究方法。时间在案例研究中是一个非常重要的变量，研究时间的长短对研究结果有很大的影响，这种研究时间的不统一使得研究缺乏实用性。最后，指标的设置不一致，包括社会责任指标和财务绩效指标两个方面，财务绩效的衡量相差不大，而各个研究对于社会责任的衡量并不一致，这些因素都会对研究结果产生一定程度的影响。

3. 模型构建上存在一定的缺陷

对社会责任与财务绩效关系的研究要置于一定的条件之下，否则模型会过于宽泛以致得不出任何实质性结论。而一些实证研究在对模型设计的过程当中，未对前提条件进行限制，或者是在限定前提条件的情况下，遗漏了重要的影响变量，这些因素都会导致研究结论的不一致。例如，伍德（Wood）和琼斯（Jone）就认为，对财务绩效影响变量的遗漏或忽视或未加以控制是产生无效结论的原因。

二、企业社会责任与财务目标

近年来，随着社会责任观念的发展，公众的社会责任意识增强，人们关注的不仅仅是经营利润，而且越来越关注经营过程中的社会责任问题。从社会长远发展的角度来看，企业的财务目标必须要和社会责任目标结合起来，在实现企业财务目标的过程中，积极地承担社会责任。而企业在承担社会责任过程中会进一步提升企业的社会形象，赢得公众的信任，最终会有助于企业财务目标的实现。

（一）企业财务管理目标的含义

企业财务管理目标是企业经营目标在财务上的集中和概括，是企业一切理财活动的出发点和归宿。财务管理目标是企业制定财务政策的依据，制定财务管理目标也是现代企业财务管理成功的前提，为财务管理工作指明了方向。企业财务目标的制定要从企业的实际情况出发，量体裁衣，切忌制定过高或过低的财务目标。过高的财务目标，会使企业生产负荷过重，给整个企业造成的压力也比较大，而一旦企业制定的财务目标不能达到时，就会使企业的员工以及管理者有一定的挫败感，打消其积极性，对企业劳动生产率的提高造成负面影响。财务目标过低，可以轻而易举达到，又会滋生企业内部的自满情绪，也会在一定程度上造成企业资源浪费，对企业的长期发展不利。因此企业应根据自身的实际情况，科学合理地选择、确定财务管理目标，主要有：利润最大化、股东财富最大化、企业价值最大化、相关者利益最大化等。

1. 利润最大化

利润最大化观点是西方微观经济学的理论基础，也是我国流行甚广的一种观点。企业是从事生产经营活动的经济组织，经济目标是企业的首要的基本目标，它被许多企业作为理财目标是有其可取之处的。但是不能把利润最大化作为企业的唯一财务目标，这样会导致一些不正当的行为。随着市场经济的发展，这种观念正在逐步地演进与发展。

2. 股东财富最大化

股东财富最大化是指企业通过合理经营，采取科学的财务管理策略，在考虑资金时间价值和风险价值的前提下为股东带来最多的财富。在股份制为主体的经济中，股东财富由其所拥有的股票数量和股票市价共同决定，当股票数量一定，股票市价越大，其股东财富就越大，从而股东财富最大化又演变为股票价格最大化。利润最大化与股东财富最大化是一脉相承的，企业的经营状况好，获取最大利润的同时，也会使股东财富最大化，这是古典经济观下的财务目标。随着社会责任观念的扩展以及利益相关者理论的进一步深化，股东财富最大化的观点也是有局限的，它不能充分反映广大利益相关者的要求。随着政府对企业期望的提高，企业面临着积极履行社会责任的外在压力，企业的财务目标考虑的范围要进一步扩展。

3. 企业价值最大化

企业价值最大化是指企业全部资产的市场价值最大化，市场在对企业评价时，看重的不是企业已经获得的利润水平，而是企业潜在的获利能力。企业价值最大化的观点已经开始对利润最大化的观点提出了挑战，企业已经获得的利润水平不能够代表企业今后的发展，企业要注重长远的发展，因此财务目标在制定过程中要兼顾当前利润和长远获利能力，不能为了当前利润最大化而不顾及企业未来的发展。近年来，随着我国市场经济的飞速发展，企业的财务管理目标越来越趋向于企业价值最大化，这种目标更能代表企业整体的、长远的利益。企业价值最大化与企业的社会责任统一与企业的可持续发展，二者都关系着企业的长期发展状况。

4. 相关者利益最大化

1984 年，弗里曼在《战略管理：利益相关者方法》一书中明确提出了利益相关者管理理论。利益相关者管理理论是指企业的经营管理者为综合平衡各个利益相关者的利益要求而进行的管理活动。相关者利益最大化是指企业的财务活动必须兼顾和均衡各个利益相关者的利益，使所有利益相关者的利益尽可能地最大化。相关者利益最大化理论是以利益相关者理论为前提的。这种理论为企业追求价值最大化及企业社会责任的承担提供了理论支持，一旦利益相关者价值最大化成为企业财务管理目标并得以实现，企业就达到了经济效益和社会效益的统一，促进了二者的协调互动发展。

这些财务管理目标是在不同的经济条件下形成的，随着时代的发展而不断变化。企业的财务目标考虑的因素在逐步完善，与社会责任所倡导的越来越接近，发展到相关者利益最大化的目标已经与社会责任的目标十分相近。

（二）企业财务目标与社会责任的关系

在实现财务管理目标的过程中，企业为社会作出了一定的贡献，承担了一定的社会责任。但是企业社会责任与财务目标之间也有一定的矛盾。企业的社会责任行为必然要求企业支付一定的成本，使企业的运营成本增加，这在一定程度上会加重企业的财务负担，但从长期来看，企业社会责任履行是完全可弥补它所花费的成本的。因此，对企业财务目标与社会责任的关系要有一个清醒的认识，不要因为社会责任的投入没有转化为当期的财务利润，就放弃社会责任的履行，而要从长远的角度把握二者的关系。

1. 二者的矛盾性

企业承担社会责任会提高企业的经营成本，增加企业的经济负担，会在一定程度上影响到企业经济效益的提高，使利润减少。而利润是企业存在的基础，也是企业存在的理由和发展的动力，如果企业的社会责任行为使企业的利润持续减少，就会打消企业承担社会责任的积极性。因此，企业社会责任的承担必须以企业的自身条件为依据，承担与企业的发展水平相适应的社会责任。如果企业承担的社会责任超出了企业的承受能力，就会使社会责任的承担成为企业的沉重负担，不但不会给企业带来收益，还有可能会导致企业的亏损，甚至导致企业破产。而企业一旦破产，就会严重损害到各个利益相关者的利益，危及股东利益，造成大量工人失业，给社会带来的消极影响要比企业承担社会责任的积极作用大得多。但只要企业能从自身的实际情况出发，找到社会责任与财务目标的结合点，就可以实现互利共赢。

虽然相关者利益最大化的目标与企业社会责任的要求是一致的，但是相关者利益最大化的目标有可能造成企业财务的混乱，而使相关者利益最大化的目标比较难以实现。这是因为如果企业采用利益相关者价值最大化，就会导致企业的财务目标出现多个参照标准，要同时兼顾各方利益，而有时利益相关者的利益会出现对立的状况，这就会造成决策者在制定财务目标时的困惑，很难作出理性的选择，也就不会有科学的理财行为。

2. 二者之间有一致性

社会责任的履行，虽然会占用一定的企业资金，但从长远来看，社会责任的实施与财务目标的实现是具有一致性的，社会责任的实施有利于财务目标的实现。承担社会责任并不会影响到财务目标的实现，很多履行了社会责任目标的企业，会达到比社会责任付出多得多的财务收益。从长远来看，企业的社会责任对财务目标的积极作用还是比较明显的，主要表现在：首先，企业承担社会责任有利于提升企业形象，有利于企业创造更多的经济价值。企业在承担社会责任的过程中，更有助于吸引和留住人才，企业的产品也比较容易得到公众的认可，为企业的经营发展提供了良好的外部环境，在这样的环境下进行生产和经营，毋庸置疑，企业的经济效益会提高。其次，企业在承担社会责任过程中，能给企业带来一定的广告效应，减少广告的财务支出。企业在对自己的企业以及产品宣传过程中，广告费用的支出会占据很大的比重，而通过企业的社会责任行为，企业直接投资一些慈善、教育事业等，会更进一步得到公众的认可和信任，公众对企业的评价会进一步地提高，与单纯的广告宣传相比，给企业带来的收益更大。此外，企业的社会责任行为可以降低与社会责任相关的规制风险，获得政府税收优惠和相关补贴，获得其他财务上的优惠，降低融资活动的成本。

社会责任理论强调企业在进行决策时要考虑到企业行为的社会影响，但这并不意味着由此否定了企业价值和企业财务管理目标的实现，经济利益仍然是企业考虑的重要因素，二者是一个相互促进的过程，社会责任的履行必须以企业正常的财务目标的实现为前提，而社会责任的履行在一定程度上也会促进企业财务目标的实现。随着社会的不断发展，政府乃至全社会必将把企业履行社会责任作为衡量企业经营绩效的重要参考标准，这在一定程度上也促进了企业社会责任与财务目标的结合。

第五节　企业社会责任实施与信息沟通

在信息化经济时代，沟通变得越来越重要，没有沟通的企业是不能维持企业基本发展的。在社会责任实施的过程中，信息沟通同样起着举足轻重的作用。首先要在企业内部进行沟通，向管理者、员工传播社会责任的理念，形成企业内部对社会责任的认同感，从而能够采取更加实际的行动。同时还要加强外部信息沟通，外部信息沟通是为了进一步提高企业社会责任行为的透明度，让外界了解到企业的社会责任行为，使社区、政府等广泛的利益相关者加深对企业的了解，从而为企业的发展赢得良好的外部环境。在社会责任日益深入人心的时代，企业别无选择，要积极地承担社会责任。但是企业毕竟还是一个经济组织，追求经济利益仍然是企业的重要目标，企业积极地承担社会责任也是为企业的进一步发展服务的，因此企业的社会责任行为一般也不会是默默无闻的，要通过有效的沟通渠道传递到外界，以达到提升企业形象，得到外界的支持和认可的效果。

一、与利益相关者进行沟通

随着经济的发展、社会的进步，公众的社会责任意识增强，包括消费者、员工、投资者、商业伙伴、政府、非政府组织、媒体在内的广泛的利益相关者，对企业履行社会责任的要求和期望进一步提高，要求更多地了解企业社会责任的信息，这就需要履行社会责任的企业要进一步加强与利益相关方的沟通。

企业的社会责任行为涉及广泛的利益相关者，企业社会责任价值实现需要利益相关者的积极配合，但这是以利益相关者知晓并认同企业社会责任活动为前提的。而让利益相关者对社会责任的了解，必须通过社会责任沟通来实现。社会责任沟通是指企业主动通过各种信息传播方式，让利益相关者知晓企业履行社会责任行为的原因、现状以及进程等。只有当利益相关者充分了解到企业社会责任的信息，才能更好地对社会责任作出判断，也才能使企业的社会责任行为达到企业所期盼的效果。为此要加强信息沟通，尽量消除社会责任履行中的信息不对称。一些企业在社会责任的实施过程中有闭门造车的现象，在内部不向员工沟通，纯粹是领导者的决策，在外部不向公众沟通，公众便不会完全了解到企业的初衷，如此社会责任的实施效果便会大打折扣。因此，企业在社会责任的实施过程中必须与信息沟通相结合，让利益相关者获得完全的信息，如此他们才会对企业社会责任活动有相关的价值判断，从而改善利益相关者与企业的关系，作出有利于企业契约整体利益的行为。下面以移动公司在社会责任中比较完善的信息沟通为例，希望可以起到一定的借鉴作用。

例 7-3 2009 年，为进一步提升相关方沟通管理水平，中国移动制定下发了《利益相关方沟通指导手册》，从沟通信息、沟通对象、沟通渠道等方面明确相关方沟通重点与参与方式，为全集团统一、针对性地实施相关方沟通提供了指引。

为与一般性的企业沟通活动区分，中国移动明确了利益相关方沟通模型，明确了学习、分享、合作三种沟通参与方式。

在此基础上，制定了中国移动相关方沟通“三步走”工作规划，用以指导公司上下系统性开展相关方沟通。

2009 年，为更加深入了解相关方诉求，中国移动进一步丰富了相关方意见收集渠道：建立了 CSR 外部信息追踪系统，对 200 多家中外媒体的 CSR 相关报道进行追踪分析，日均追踪相关报道百余篇，全面收集公众对公司 CSR 活动的评价、建议与期望。首先，定期走访不同省公司利益相关方，召开相关方座谈会，邀请客户、政府、合作伙伴、员工、媒体等相关方代表参加；以 CSR 报告为平台收集意见和建议，对报告反馈信息进行收集与整理，用以指导日常管理工作改进。其次，结合科学发展观学习实践活动、中国移动可持续发展指标体系建设、CSR 风险管理等重大项目，针对性进行员工及外部相关方访谈调研。其中仅可持续发展指标体系试评估第三方调查就覆盖 40 473 个样本，涵盖员工、政府、媒体、合作伙伴等多类相关方。

资料来源：http://www.10086.cn/aboutus/res/2009csr_cn/04/040101.htm.

中国移动通信集团公司 2009 年企业社会责任报告

现在很多企业在与利益相关者沟通方面做得不是很好，因此社会责任沟通有待于进一步的加强。要根据企业自身的特点，选择适合的沟通策略，使企业的社会责任行为得到更好的理解，从而使社会责任的实施取得更好的效果。

二、社会责任信息沟通

（一）社会责任信息沟通的内容

企业社会责任信息沟通的内容应该涉及企业实施社会责任实施的原因、社会责任现状、社会责任实施方式以及社会责任实施的结果等方面。它具体包括：社会责任承诺及行动、社会责任影响、社会责任动机、社会责任与企业业务的一致性。

社会责任承诺及行动的沟通主要涉及企业社会责任行动计划及具体履行内容，如慈善捐赠、社区投资，环境问题、对雇员平等的机会、人力资源、产品质量与安全等。由于现在社会责任具体内容的界定还不是很清晰，但是企业在进行一项具体的社会责任活动时，要对利益相关者阐明活动的具体内容，而一项具体的社会责任内容也是可以完全阐述清楚的，具体手段可以通过多种投入指标进行沟通，如投入资金总额、责任履行持久性、投入持续时间等。除了从投入角度外，还可以从社会责任具体产生的效果角度出发，对企业社会责任行为进行具体的描述，包括社会责任具体受益对象从中所获得的利益，企业社会责任行为产生的具体的社会影响等方面来考察。第三种社会责任沟通内容是企业进行社会责任活动的动机，通过对社会责任动机的阐明，可以避免公众的怀疑，更容易得到公众的认可和支持，吸引更多的与企业社会责任行为认同感相同的顾客。企业社会责任的动机表述要同时反映社会责任目标与企业目标的关系，这样会增加可信度，切忌投资的公益事业与企业目标不契合的状况，这样的社会责任行为会引起公众的怀疑，不但不会赢得公众的支持，甚至会产生相反的效果。社会责任信息沟通的另一重要内容是企业社会责任与企业商业目标的一致性。利益相关者常常只希望企业从事既有较好社会效益又与企业目标、业务相协调的社会责任活动。如果社会责任与企业目标的匹配度低，会引起利益相关者对于企业的动机产生怀疑，从而降低利益相关者对社会责任的积极反应。因此，如果社会责任与企业核心业务匹配度较低时，企业要对社会责任作出合理性解释，来解除公众的困惑，加深对于社会责任的理解。

（二）社会责任信息沟通的方式和策略

信息沟通可以采用口头或书面形式，也可以采用其他适当的方式，如电话、传真、电子邮件、座谈会、研讨会和新闻发布会等。国外企业在与员工沟通的主要途径中，电子邮件是效率最高的方式，应用范围比较广。也有的企业倾向于采取面对面的沟通交流方式，这种方式比较直观，互动性也比较强，有问题可以直接提问。在企业内部宣传社会责任大多采用面对面会议式，在外部可以采用新闻发布等形式。社会责任的沟通方式多种多样，企业可以探索性地选择出最适合自己的方式，没有必要去寻求一个普遍适用的方式。

官方文件是企业社会责任信息沟通的最重要的方式，包括社会责任年度报告、产品质量说明等与社会责任相关的官方文件，这种官方文件说服力较强，可以加深公众对企业社会责任行为的了解。或者企业可以通过大众传媒进行社会责任信息沟通。在信息爆炸的时代，这种方式比较快捷，影响力也比较大，包括报纸、杂志、电视、广播新闻网站、企业网站等媒体。通过这些媒体传播社会责任信息比较适用于公共关系管理上的特定事件所进行的传播，这种方式使企业社会责任行为到达公众的时间比较短，时效性较强。但是成本会比较高一些。

随着社会责任观念的发展，卡罗尔（Carroll）等人调查发现，公众对企业社会责任的诉求在不断提高，而且他们的诉求与他们的感知之间的差距也在不断扩大。因此企业要进一步加深了解公众对与社会责任的要求，然后“对症下药”，挑选出有效的社会责任信息沟通策略。舒尔茨（Schultz）从企业的角度概括出了企业社会责任与利益相关者沟通的三种策略：利益相关者告知策略、利益相关者反应策略和利益相关者参与策略（见表7-2）。利益相关者参与策略最符合企业社会责任的内在本质，企业的社会责任行为只有充分调动起各个利益相关者的广泛参与，才能够使社会责任的履行有切实的保障，也才能使企业社会责任行为产生更广泛的社会影响力。因此，加强与利益相关者的沟通至关重要，上节已经有所提及。不同的利益相关者群体之间，甚至同一利益相关者群体内部，往往会出现不同的意见，企业在社会责任的实施过程中，必须充分考虑到他们的不同诉求，并且要鼓励他们积极地表达自己的观点，鼓励他们参与到企业的社会责任行为中，只有将各方的积极性都调动起来，才能更好地确保社会责任的履行。思腾（Schouten）在分析了壳牌石油公司的有关实践以后进一步指出，企业必须具备三种核心能力才能促使利益相关者参与：一是创造企业自身的社会责任语言，以便更好地把社会责任内化为企业员工的意识，内化为企业的文化，企业便会自觉不自觉地使自己的行为与社会责任的标准相契合；二是倾听和理解利益相关者，积极鼓励利益相关者参与企业的社会责任活动；三是洞察有利于开展企业社会责任活动的要素与时机，以便取得企业社会责任活动的成功。

表 7-2 企业社会责任与利益相关者沟通的三种策略的对比

沟通策略	告知策略	反应策略	参与策略
沟通方式	公开披露信息	双向不对等沟通	双向对等沟通
利益相关者	要求披露更多有关企业社会责任结果的信息	相信企业讲道德、有社会责任感	共同取得履行社会责任的成果
利益相关者的角色	支持或反对	对企业行为作出反应	参与企业社会责任活动，并主动提出建议
企业社会责任识别	由高管决定	由高管决定，对民意测验、对话、网络和合作关系方的反馈意见进行调查研究	通过与利益相关者互动的方式进行协商
战略沟通任务	向利益相关者披露企业的社会责任决策和活动	向利益相关者披露企业如何统筹解决自己所关注的问题	积极搭建与利益相关者对话的常态机制

资料来源：Morsing M，Schultz M. Corporate social responsibility communication：Stakeholder information，response and involvementst rategies［J］. Business Ethics：A European Review，2006，15（4）：323-338.

（三）社会责任信息沟通的作用

企业社会责任行为要想取得预期的效果，社会责任的实践得到切实的履行，社会责任信息的沟通至关重要。企业向利益相关者披露自己在履行社会责任方面的信息，能给企业带来员工承诺、顾客忠诚和财务回报等商业利益。首先，与员工沟通是改进企业社会责任绩效的重要影响因素，是社会责任得以切实履行的重要保障。通过沟通能够使企业员工正确认识和处理责任与利益的矛盾，培养社会责任观念，不断提高自身的社会责任伦理素质；其次，与高管层的沟通同样重要，企业高管必须认识到承担社会责任的必要性与紧迫性，这样在企业计划方案的制定过程中，会充分地考虑到社会责任因素，能制定出适合企业的社会责任战略，从而实现企业的经济绩效和社会绩效的统一。

（四）社会责任信息沟通的影响因素

社会责任信息沟通效果除了受到沟通内容、沟通渠道的制约外，沟通效果还受到企业内外因素的影响。影响社会责任沟通的内部因素主要包括企业声誉和企业社会责任定位。对于企业声誉较好的企业，人们对于其社会责任的行为比较易于接受，沟通效果会较好，并且公众对其社会责任行为还会有夸大的效应。而对于一些企业声誉不太好的企业的社会责任行为，公众本身就会比较排斥，对企业的动机产生怀疑，对社会责任的沟通内容也会提出质疑。企业的社会责任定位在一定程度上可以反映出企业的社会责任行为与企业的目标、业务的契合程度。社会责任定位比较准确，与企业的业务关联度比较高，公众对企业的社会责任行为比较易于接受，在沟通过程中会比较容易一些。而在社会责任定位不明确的状况下，公众的困惑也会比较多，沟通效果会受到一定程度的影响。

社会责任与信息沟通相结合，使社会责任的理念可以在企业内外都获得深刻的理解，会进一步促进社会责任的实施，使社会责任的效果与企业预期的效果差距缩小。这也是使企业的社会责任行为产生最大影响，获得预期效果的明智之举。

本章小结

企业社会责任在企业中不是孤立存在的，企业的社会责任行为要通过具体的企业活动表现出来。在生产中坚持安全生产，注意生产过程中对于资源的节约以及环境的保护等。在市场营销方面，出现了一些与社会责任相关联的营销方式，社会责任营销以及公益事业关联营销等，更好地传播了社会责任的理念。在人力资源管理方面的社会责任表现为尊重员工，为员工提供舒适的工作环境等，而企业的社会责任行为又可以更好地吸引人才、留住人才、鼓励人才，从而充分地调动企业内部人员的积极性。企业的社会责任行为与企业的财务目标短期来说，有一定的矛盾性，但从长远来看是一致的，企业的社会责任行为可以更好地提升企业的形象，提高企业竞争力，增加企业的财务绩效。而企业的社会责任行为要更好地转化为企业的价值，就必须处理好与信息沟通的作用，加强与利益相关方的交流，披露社会责任信息。

思考题

1. 企业社会责任与企业生产成本、生产目的的关系如何？
2. 企业社会责任与市场营销结合给企业带来哪些利益？
3. 企业社会责任在人力资源管理方面的具体体现是什么？企业对员工有哪些责任？
4. 企业社会责任行为与财务目标的关系如何？
5. 企业应如何加强社会责任信息沟通？

第八章　企业社会责任评价

【学习目标】

了解企业社会责任评价的原则；掌握企业社会责任评价的模型和方法；熟悉企业社会责任评价的指标体系。

【关键词】

企业社会责任评价；模型；指标体系

【导入案例】

兴业银行：绿色发展 责无旁贷

一、公司简介

兴业银行是经国务院、中国人民银行批准成立的首批股份制商业银行之一，于1988年8月在福建省福州市成立。2007年2月5日正式在上海证券交易所挂牌上市，注册资本50亿元。

截至2008年6月末，兴业银行资产总额为9169.64亿元，股东权益为438.82亿元，上半年累计实现净利润65.44亿元。根据英国《银行家》杂志2008年7月发布的全球银行1 000强的最新排名，兴业银行按总资产排名列第124位，比2007年提升21位。

二、需要解决的问题

能源是人类生存和发展的重要物质基础，也是当今国际政治、经济、军事、外交关注的焦点。在经济全球化深入发展和中国现代化加快推进的大背景下，节约资源、节能减排、减少污染、实现经济与环境的可持续发展，是企业的重要社会责任，对环保事业的支持，也是银行业责无旁贷的责任。

三、解决方案

兴业银行自建行以来，始终关注自身的环境责任，在严格要求自身的同时，也凭借金融专业优势资源，大力支持环保项目，积极为优化生态环境，为保持社会和经济的可持续发展贡献一己之力。在2008年3月，兴业银行率先公开承诺采纳赤道原则，成为中国第一家"绿色银行"。

（一）新型贷款帮助节能减排

作为国内最早关注节能减排、倡导绿色信贷的商业银行，兴业银行在可持续金融方面的探索由来已久。2006年5月，兴业银行与国际金融公司（IFC）合作，创造性地引入贷款本金分担机制，在国内首先推出节能减排的项目贷款。

节能减排贷款是指针对支持中国企业节能技术改造项目资金需求的新型贷款产品，项目包括提高能源利用效率、温室气体减排、可再生能源的运用或与环境保护相关的其他项目。贷款定价根据节能项目产生的实际经济效益而定，通过项目内部收益率测算，以及实施后的净现金流分析，确定贷款利率和还款期限。

能效融资项目主要面对的是节能技术改造市场上的中小型企业。由于节能技术改造项目的投资额普遍较大，中小企业的自有资金有限，存在较大的资金借贷需求，但是可提供的担保或者抵押条件有限，这是我们重点支持的对象。通过设计合理的能效融资模式，在无法提供足额的担保和抵押条件下，给予中小企业中长期的项目贷款，协助其开展节能技术改造项目，并将项目风险控制在较低的范围是能效融资所要面对的市场需求。

能效融资属于中长期的项目贷款，和其他的项目贷款相比，具备以下较为独特的差异化特征：首先，以项目自身的现金流作为贷款考量的中心，弱化对抵押品和担保人等第二还款来源要求；其次，在传统经济可行性为主的评价基础上引入对技术、设备的专业评价机制；再次，对中小企业给予长达五年的长期贷款，突破了中小企业贷款难、中长期贷款更难的困境；最后，经济效益和社会效益并重。在评估项目对银行带来的经济效益的同时，也注重项目实施产生的能源节约和环境效益。

能效融资项目，不仅使兴业银行获取了相当可观的报酬，提高了自身的盈利能力，还给银行带来了包括提高信贷审批水平，在新市场和新领域的业务增长等在内的商业利益，并打造了兴业银行自己的绿色品牌。

（二）合理营销产品，经济环保双赢

提高能源利用效率、温室气体减排、可再生能源的运用或与环境保护相关项目，这些都不是单一的产业。他们更是不同产业中的分块型投资。这也决定了节能减排贷款不是孤立的企业金融产品。兴业银行通过对企业提供能效融资介入各个行业，如冶金、水泥、精炼厂和化工、医药、汽车制造业、矿产业、制陶业、玻璃和玻璃制品、建筑等，创造了新的商业机会。

节能减排融资产品作为兴业银行企业金融系列产品“财智星”的组成部分，从2007年开始作为营销推广的重点产品，在贷款开展的过程中运用了市场化手段进行推广，以商业和社会利益并重的考虑方式进行项目审查。

在产品实际销售过程中配合其他的企业金融产品进行配套营销，如票据产品、国际结算产品和企业网上银行产品等，为节能减排贷款产品提供配套服务。

四、成效

自2006年年底至2008年10月末，兴业银行中国境内受理了超过400个节能减排项目融资申请。通过有关专家对项目节能效果和经济效益进行鉴定后，兴业银行在全国累计发放节能减排项目贷款82笔，金额31.84亿元，这些节能减排融资支持的项目可实现每年在中国境内节约消耗标准煤322.47万t，年减排二氧化碳963.94万t。

兴业银行以节能减排贷款产品为切入点，在促进节能减排、绿色社会的同时，也给银行本身提供了更多商机，带来了更多的经济利益。兴业银行开展能效融资项目提升了兴业银行的形象和品牌声誉。2007年3月，兴业银行获得英国《金融时报》（FT）和国际金融公司（IFC）联合举办的“2007年度可持续银行奖”的“年度可持续发展交易奖”亚军，这是中国银行业首次获此殊荣。

五、展望

作为中国首家“绿色银行”，兴业银行将坚定不移地走可持续发展道路，切实履行社会责任。作为中国节能融资市场的先行者，兴业银行将充分利用在能效贷款的融资模式和营销管理上积累的经验，持续改进提高合格项目认定、模式设计、项目贷款的管理。兴业银行初步计划在三年内在中国境内投放100亿元的节能减排贷款规模，积极支持中国的节能减排市场的发展，推动中国实现经济与环境的可持续发展。

资料来源：陈晞．兴业银行：绿色发展责无旁贷［J/OL］．企业社会责任中国网，［2009-12-22］．http：//www. csr-china. net/templates/node/index. aspx？ nodeid = 42e1a02f-ee91- 4f0d- 952d- 22d4298887e6&page = contentpage&contentid = b790077d-c21e-44a9-83cc-c28192dfd198.

随着社会和经济的发展，企业社会责任成为国内外各界广泛关注的问题，并且当今社会公众及各组织密切关注的不仅仅是企业履行社会责任的状况，还有关于企业社会责任行为的评价。因为这既能反映企业履行社会责任的效果，又可以在一个更为具体、客观、科学的层面向社会公众传达企业社会责任的情况，并为企业下一步的行动提供经验和借鉴。

第一节　企业社会责任评价的原则

一、全面性与系统性相结合原则

全面性原则是指在考虑企业社会责任组成要素和内容的基础上，设置相应的指标来全面地反映企业社会责任的状况，也就是说指标的选择要有一定的综合性。简言之，所选的指标范围要尽可能地广泛，数量要尽量多，深度要尽可能深，否则的话，企业社会责任综合评价的结果将失去公平性。

系统性原则是指为评价所选择的指标之间要有一定的联系，或者各指标是按照一定的方法进行分类，使评价目标和评价指标联系成一个有机的整体，而不是只罗列出各项指标。

二、定量指标与定性指标相结合原则

定量指标一般是指可以进行量化的指标，通常可以用数量、货币、比率等来表示，如资产负债率、现金流量等。定量指标能够科学、客观地反映所评估对象的实际情况，因此在进行评估时要尽量选择定量指标。但现实并非是所有的指标都能够量化的。比如在对企业社会责任进行评估时，对于是否使用童工就难以用定量化的指标来进行描述。这种无法通过直接数据计算分析评价内容，需对评价对象进行客观描述和分析来反映结果的指标就是定性指标。在对企业社会责任进行评估的过程中，为了科学、合理、公正，在不影响结果的情况下，应该尽量选择定量指标，避免使用主观指标。

三、财务指标与非财务指标相结合原则

对于企业社会责任的衡量，传统上往往从企业的经济效益出发，侧重于用财务指标来表述。财务指标一直是对企业社会责任的经济责任评估的主体。随着现阶段企业社会责任内容的不断扩展和延伸，对各利益相关者的关注程度不断加深，对这些利益相关者社会责任内容的评估指标变得比较复杂，有相当多的部门是非财务指标，如组织中的性别歧视等，这些不能用财务指标来衡量的内容也是企业社会责任的重要方面，所以企业在对社会责任进行评价时财务指标与非财务指标都必不可少。

四、简明性与重要性相结合原则

简明性是指对社会责任的评估指标要尽量能够简化那些复杂的信息，便于人们理解和掌握。通过简明化的处理，使得社会各利益团体都能够了解企业社会责任的真实状况。

企业社会责任的评价不仅要符合简明性原则，而且还要突出重点，符合重要性原则要求。也就是说，并不是所有的指标都简单明了，还必须把重要的指标突出显示出来，或者加以注释说明，或者用指标权重等对其重要程度加以表述。而且在重要性原则的指导下作实证研究时，可以根据重要性对指标进行筛选、删除等。

五、可比性与可控性相结合原则

可比性原则是指各项指标的含义、规范化、标准化等不仅要与历史资料具有可比性，而且还要注意与竞争对手的指标相比具有一定的可比性，一方面便于人们能够对企业社会责任的信息进行衡量比较，另一方面也可以对企业社会责任的履行起到一定的推动作用。但是不能为了指标的可比性而失去指标的可控性。可控性原则要求在对企业社会责任进行评价的过程中，对企业无法改变或者控制的指标，如重大意外灾难、汇率变动、利率变化等，都应该尽量排除在评价之外。

六、可操作性原则

可操作性原则是指企业社会责任评价指标选择要考虑获取数据的难易程度、成本和可靠性，还要保证指标可以计量。在信息量表达充分的前提下，尽量选择较少的指标，避免含义相近的变量重复出现。

七、社会性原则

企业的一切经济活动都必须站在社会的角度，而不是企业自身的角度来进行考量。因此在对企业社会责任进行评估时，应该考虑企业对全体利益者的贡献，而不是单纯地追求对股东利益的衡量。

八、目标一致性原则

目标一致性原则是指在指标选取时要考虑行为目标的一致性，即企业承担社会责任的目标要与企业的可持续发展目标一致。企业在承担社会责任的过程中要培养与企业可持续发展所需要的各种资源与能力。

按照以上企业社会责任八个原则所生成的企业社会责任评价指标，在一定程度上综合、客观、科学地反映了企业社会责任的实际情况。

第二节 企业社会责任评价的模型

从20世纪80年代开始，西方理论界针对企业社会责任的评价问题相继提出了各种模型，如索尼菲尔德模式、RADP模式、KLD指数法、声誉指数法和内容分析法等。

一、索尼菲尔德模式

索尼菲尔德模式是对企业社会责任评价中影响比较大的模型之一，它是由美国学者索尼菲尔德提出来的。

索尼菲尔德认为，企业社会绩效评价应该使企业为了完善自我管理而由企业的外部利益相关者对自身的社会绩效进行的评价，应该更多地考虑社会敏感性，即企业的利益相关者管理的社会影响。例如，企业的生产经营是否合法，企业的行为是否导致了严重的污染，企业是否恰当地处理与社区的关系，是否及时地处理顾客投诉等。这样使企业可以清楚地认识自己的社会绩效在同行业中的位置，明白如何分配企业的资源，如何与利益相关者沟通等。

索尼菲尔德通过社会责任和社会敏感性两个方面，对美国六家林业企业的外部利益相关者进行调查，对企业的社会绩效进行研究。这几家企业的规模和市场相当。他通过与这六家企业的103位经理进行了反复面谈最终确定了调查的内容和对象。问卷要求利益相关者（包括工会领导、投资分析家、环保主义者、国会议员、行业协会官员、政府监管员、联邦监管员、学者等）对这几家企业的社会责任和社会敏感性进行综合评价，同时将社会敏感性分为七个维度，这七个维度分别是：局外人的可接近性（“Accessibility”to Outsiders）；对公共事务的准备性（“Preparedness”for Public Issues）；企业对外言论的可信性（“Credibility”of Company Statement）；在公共活动中的可靠性与一贯性（“Reliability or Consistency”in Public Actions）；对外界重大事件的关注程度（“Attentiveness”to Outside Events）；在外部批评者严重的可信性（“Perceived Legitimacy”of Outside Critics）；公共利益与企业利益的清晰度(the“Clarity of Company Interests”from Public Interest)。对这七个维度分别评价，评分标准为五分制，4~5分为较好，3分为一般，1~2分较差。

索尼菲尔德研究发现，外部相关者的评价与企业经理们对本企业的社会绩效评价并不一致，没有一家企业对自己在同行业中的社会绩效排名与利益相关者的评价一致。企业内部和外部利益相关者对企业绩效的评级和理解有着显著的差异。

索尼菲尔德模式的优点在于：①引入了定量统计分析方法，使不同的企业间的社会责任具有一定的可比性；②通过外部利益相关者来对企业社会责任进行评价，使得对企业的评价结果更为客观；③按照利益相关者的类别进行统计分析，避免了不同利益相关者的偏好对整个评价结果的影响。但是这个模式本身也存在着一定的缺陷。例如这个方法不但缺乏对内部视角的考虑，而且对社会责任和社会敏感性两个概念的界定模糊。

二、RADP模式

RADP模式是克拉克森于1996年提出来的。克拉克森认为，企业不是慈善机构也不是政府，只需要处理企业与利益相关者的问题，而不需要处理社会问题。因为很难精确地界定企业社会责任和社会敏感性的定义，以及社会责任和社会问题的区别，所以对企业社会责任的评价模式不应该建立在概念的基础上，而应该以企业的利益相关者管理框架为基础。

克拉克森认为，企业的利益相关者是指在企业的过去、现在和未来的活动中具有或者要求所有权、权利、权益等的个人和集团。他还将企业的利益相关者分为主要的利益相关者和次要的利益相关者。主要的利益相关者是指与企业的运行密切相关的利益相关者，离开了这些利益相关者企业将无法正常运转。典型的主要利益相关者主要包括企业的股东、员工、顾客、供应商、政府和债权人。次要的利益相关者是指与企业互相影响的群体，这类群体并不介入企业的事务。企业典型的次要利益相关者包括社会团体、宗教组织、媒体、民族团体和其他一些非营利组织等。

克拉克森经过长期的实证研究，认为应该从企业、股东、员工、顾客、供应商、公众利益相关者等方面来收集数据对企业社会绩效进行评价。其中，企业方面是指企业自身的状况，包括企业的历史、企业的组织结构、企业所处行业的背景、企业的竞争环境、经济效益，企业在利益相关者管理方面的准则和目标，以及企业的利益相关者和社会问题管理系统的情况等。其他方面则是企业对不同利益相关者的管理政策，对企业员工在不同利益相关者管理方面的培训记录、考核和对不同利益相关者管理的结果与反响。例如，在公共利益相关者方面，克拉克森认为主要从以下六个方面搜集数据：公众的安全、健康与保护；能源与原料的保护；社区关系；公共政策参与；投资项目的环保评估及其他环保问题；社会投资与捐赠。

对于如何收集数据和具体收集哪些指标，克拉克森编制了指标描述与数据收集指南。本书仍然以公众利益相关者为例进行阐述。

（1）公众的安全、健康与保护。公众的安全、健康与保护是指企业与公众安全、健康和保护相关的政策、目标、行为准则等。具体来说主要是指企业对员工在此方面的培训以及绩效考核，以及对供应商、分销商、客户等在此方面的政策延伸。其绩效数据主要有：公众投诉与批评的原始记录，企业处理紧急事件的效率，企业是否只有在政府施压时才会变革政策，企业公关危机的处理效率，与竞争对手的比较。

（2）能源与原料的保护。能源与原料的保护是指企业在能源保护与原材料的节约方面的政策、目标与计划，包括企业对员工在这方面的培训与绩效考核；企业在能源和原材料的保护方面所采取的措施；企业废品管理措施；企业对供应商、分销商和客户在这方面的政策延伸。其绩效数据主要有：原材料节约的数据，企业消耗量变化的数据，废物减少的数据，企业的研发费用，与竞争对手的比较。

（3）社区关系。社区关系是指企业与社区的联系和沟通以及与之相关的政策和计划，企业对员工在这方面的考核，企业是否与利益相关者制定影响社会的决策，以及企业是否给予当地社区一定的回报（为社区提供的就业机会等）。其绩效数据主要有：企业与利益相关者协商制定决策的记录，企业为社区提供的价值与利益，企业员工为社区贡献的记录，企业用于奖励在社区服务方面表现优异的员工的费用。

（4）公共政策参与。公共政策参与是指企业在制定公共政策中所发挥的直接或者间接作用，以及企业董事会在公共政策制定过程中的作用。其绩效数据有：企业参与公共政策制定的记录，与竞争对手的比较。

（5）投资项目的环保评估及其他环保问题。投资项目的环保评估及其他环保问题主要是指企业是否贯彻环保的宗旨以及对投资项目的环保评估。其绩效数据有：在投资项目中成功处理环保问题的记录，企业宣称的环保准则与企业实际情况的比较，利益相关者对企业投资项目的投诉情况。

（6）社会投资与捐赠。社会投资与捐赠是指企业在社会投资、捐赠方面的政策、准则和计划。其绩效数据有：企业每年的社会投资与捐赠费用占企业销售收入的比率，与竞争对手的比较。

在此基础上，克拉克森借鉴了科克伦（Cochran）等人描述企业社会绩效战略的四个术语建立了评估企业社会绩效的 RDAP 模型（见表 8-1）。这四个术语是“对抗型”（Reactive）、“防御型”（Defensive）、“适应型”（Accommodative）和“预见型”（Proactive）。企业社会绩效的这四种类型，“预见型”企业的社会绩效最好，“适应型”次之，“防御型”较差，“对抗型”最差。

表 8-1 RDAP 模型

等级	战略或定位	绩效
对抗型	否认责任	拒绝承担社会责任
防御型	承认责任但消极对抗	尽量少地履行社会责任
适应型	承认承担责任	履行全部规定的社会责任
预见型	预见将要承担的责任	履行超出规定的社会责任

例 8-1 曼维尔（Manville）公司否认对他们的职工和顾客方面的行为后果负责。他们的定位和绩效可以评定为“对抗型”，反之强生公司（Johnson & Johnson）允许员工带孩子去企业，并负责孩子们暑期夏令营的接送，因此他们的社会绩效可以评定为“预见型”。

资料来源：陈维政，吴继红，任佩瑜. 企业社会绩效评价的利益相关者模式［J］. 中国工业经济，2002（7）.

在这个模型中，克拉克森认为，对企业绩效的要求主要来自四个方面：一是法律层面的要求；二是在交易过程中由利益相关者规定的企业必须履行的义务；三是企业利用媒体或者其他手段特别宣称的对利益相关者的责任；四是企业为了维护与主要利益相关者的关系，提高其满意度而对自身的要求。

RDAP 模式清晰地界定了企业的利益相关者，并首次从利用相关者视角来对企业社会责任进行评估。但是用定性的方法将企业的社会绩效分为四种类型，难以精确比较同一类型的企业履行社会责任的状况，而且用于评价和分析的数据均来自企业内部，缺乏外部监督，对于数据的真实性和可靠性值得深思。

三、KLD 指数法

20 世纪 90 年代后，从利益相关者角度来衡量企业社会责任的 KLD 指数法得到了普遍的应用。KLD 指数是由 KLD 公司分析师们独立创立和设计的一种评价企业与利益相关者关系的评价标准。KLD 公司的分析师用了八个与企业社会绩效相关的方面来评价企业对其利益相关者的责任。这些变量由 KLD 公司的 KLD 指数来确定和评估，它们分别代表企业对员工、顾客、社会、环境和整个社会的责任。这些变量分别是社区关系、员工关系、自然环境、产品的安全与责任以及妇女和少数民族问题、核能、南非事务、军备等。企业在这些方面的表现和努力程度被划分为五个等级（-2 ~ +2）。其中，-2 表示企业对利益相关者不负责任；+2 表示企业对利益相关者负责任；中间状态则被分为三个等级 -1、0 和 +1，由利益相关者对其进行打分。该评分有各个社会阶层的人员参与，在一定程度上保证了评价的公平性与客观性。

KLD 指数被认为是评价企业社会责任较好的方法，因为一方面它反映了社会投资者的关注，上市公司独立于企业而由相关的社会标准来评价，这样在一定程度上保证了评价的科学性、客观性和公正性。另一方面，它涵盖的范围比较广，包括了诸多行业（大约 650 家企业），可以跨越时间的限制而对企业社会责任进行连续的评价，从而可以看出企业社会责任履行情况的变化状况。这种方法被利益相关者理论的权威专家伍德（Wood）和琼斯（Jones）评价为“研究设计最好同时也是最容易理解”的方法。

四、声誉指数法

声誉指数法（Reputation Index）是20世纪70年代中期用于衡量企业社会责任最常用的方法之一。声誉指数法是指由专门的学者（甚至MBA学生）通过对企业各类社会责任方面的相关政策进行主观评价后得出企业声誉的排序结果。

随着时间的推移，衡量企业社会责任的方法也在不断地改进。20世纪80年代初期，对企业社会责任和企业财务绩效的研究多采用《财富》杂志所创的企业声誉评价法。

《财富》采用的声誉指数法是由专家学者通过对企业各类社会责任方面的相关政策进行主观评价后得出企业声誉的排序结果。从1982年开始，《财富》杂志每年提供大约40个行业的300多家企业的声誉排名，调查对象包括超过8 000名高管、外部董事和分析师。《财富》的声誉指数法包括各方面的指标，分别是产品和服务质量、财务状况、长期投资价值、管理质量、资产使用、创新、人才吸引、培养与使用以及社区和环境责任。评价方法是将公司与其领先的竞争对手进行比较并打分排序，声誉指数是各项指标得分的算术平均数，评级结果在次年一月公布。

《财富》2008年全球100强企业社会责任排行榜（前十名）见表8-2。

表8-2 《财富》2008年全球100强企业社会责任排行榜（前十名）

排名	公司名称	500强排名	责任得分	行业	国家
1	沃达丰	85	77.7	计算机与电子	英国
2	通用电气	12	70.2	公用事业	美国
3	汇丰控股	20	67.7	金融	英国
4	法国电信	84	67.3	计算机与电子	法国
5	苏格兰哈里法克斯银行	45	66.2	金融	英国
6	诺基亚	88	63.8	计算机与电子	芬兰
7	法国电力公司	68	62.3	公用事业	法国
8	苏伊士集团	97	61.8	公用事业	法国
9	英国石油公司	4	61.6	石化	英国
10	英荷壳牌集团	3	61.2	石化	荷兰

资料来源：《财富》，2008年.

五、内容分析法

内容分析法是第二次世界大战后从新闻传播领域逐步兴起的一种方法，是一种对于传播内容进行客观、定量与定性相结合的描述与分析方法，是较高层次的情报分析方法。传播学先驱拉斯韦尔（H. Lasswell）曾在对两次世界大战的宣传技巧研究中大量地使用了这一方法，传播学家贝雷尔森（B. Berelson）1952年发表了《内容分析工具：传播研究的一种具体》，这部著作奠定了内容分析法的方法基础。

内容分析法于20世纪70年代用于衡量企业社会责任。内容分析法是通过分析企业已公开的各类报告或者文件（特别是年度报告）来确定每一个特定项目的分值或者数值，然后得出对企业社会责任的评价。

内容分析法可用于大样本研究，它是对企业的文件或者报告进行内容分析，按照企业文件中披露的企业社会责任活动的字数、行数、页数或者按照企业从事社会责任活动的小类进行指数赋值等来评价企业社会责任活动数量，然后得出企业社会责任的评价。例如，阿尔伯特（Abbott）和瓦格（Monsen）所描述的，内容分析法是一种用于收集数据的技术，这类数据包括以奇闻轶事和文学等形式记载的定性信息，然后将数据分类以推算出反映不同复杂程度的定量指标。国外所采用文件一般是"年度社会报告"、"可持续发展报告"、"企业社会责任报告"等专门披露企业社会责任信息的报告，而在我国，除了一些大企业，如中国移动、中石油、中国电网等近几年发布了专门的企业社会责任报告外，尚有不太多的企业会自愿披露相关信息。所以，企业社会责任内容分析法所用文件一般为"公司年度报告"，该种方法的优点是一旦选择了企业社会责任活动的变量，余下的内容比较客观，并且企业的年度报告格式较大的相似性使相关指标的可比性更强；其缺点是变量选择比较主观，企业社会责任行为往往与企业其他行为混杂在一起难以分辨。

第三节 企业社会责任评价方法

对企业社会责任的评估是一个综合评价问题。近年来，随着各领域知识的不断渗入，多指标综合评价方法不断地丰富，迄今为止，国内外的研究学者对于综合评价方法已经提出了几十种。总体上可以归为两大类，即主观赋权评价法和客观赋权评价法。前者主要是由专业知识、专家经验和对实际问题的主观判断而确定权重，如层次分析法、模糊综合评价法等，这是采用定性的方法进行评估的；后者主要是根据各评价指标的实际数据矩阵，通过资料数据反映的统计信息给予指标赋权，如TOPSIS法、主成分分析法。

另外，随着企业社会责任运动的兴起，国内外一些组织和机构如《财富》、胡润百富等对企业社会责任的评价也获得了国内外的广泛认可和关注。

一、主观赋权评价法

（一）层次分析法

1. 层次分析法概述

层次分析法（AHP）是在20世纪70年代中期由美国的运筹学家托马斯·萨迪提出来的。它是一种将定量与定性相结合、系统化、层次化的分析方法。层次分析法对于处理复杂的决策问题有一定的实用性和有效性，它的应用已经遍及经济管理、行为科学、运输、农业、教育等领域。

层次分析法的基本原理是：把一个复杂问题的各个指标，通过划分相互之间的关系使其分解为若干个有序的层次，每个层次中的元素都具有大概相等的地位，并且每一层次与上下层都有一定的联系，层次之间按照隶属关系建立一个有序的递阶层次模型。这个层次模型从上至下依次为目标层、准则层和方案层等几个基本的层次。在这个递阶层次模型中，按照对客观事实的判断，对每层中的各个元素重要性通过定量的形式加以反映，即为通过两两比较的方式对每层中元素的重要性进行确定，并用定量化的方式表示出来，进而建立起判断矩阵。最后借助数学方法判断矩阵中各指标的相对重要性权数，并通过递阶层次结构内各层次相对重要权数的组合，得到全部指标的相对重要程度权数。

2. 企业社会责任的层次分析评价

（1）建立层次结构。将企业社会责任评价作为一个系统，也是该评价方法的目标层；准则层则是基于不同视角下对企业社会责任的划分，使用者可根据研究的视角对企业社会责任进行的准则层进行划分；方案层则是对企业社会责任各个层面的具体计算指标，本书将在下一节对该指标进行详细论述。

（2）构造判断矩阵。构造判断矩阵是层次分析法的关键步骤，它是层次分析法的出发点。构造企业社会责任评价的判断矩阵，就需要对元素间的重要性有定量的判断，一般来说，都采用美国运筹学家萨迪提出的1～9标度法，具体含义见表8-3。然后对判断矩阵进行一致性检验以判断其是否符合标准。

表8-3 1～9标度法的具体含义

标　度	定义（比较要素 i 和 j）
1	要素 i 比 j 一样重要
3	要素 i 比 j 稍微重要
5	要素 i 比 j 较强重要
7	要素 i 比 j 强烈重要
9	要素 i 比 j 绝对重要
2、4、6、8	两相邻判断要素的中值
倒数	当比较要素 j 和 i 时

资料来源：蒋长兵．物流系统与物流工程［M］．北京：中国物资出版社，2007.

（3）层次单排序。层次单排序是计算某层次各指标之间重要性次序的权值，可转化为计算判断矩阵的特征根和特征向量的问题，即对判断矩阵 $\boldsymbol{B}$，计算满足：

$$\boldsymbol{B}^{w}=\boldsymbol{X}_{\max}\boldsymbol{W}\text{ 的特征根和特征向量}$$

式中 $\boldsymbol{X}_{\max}$ 为 $\boldsymbol{B}$ 的最大特征根；$\boldsymbol{W}$ 为对应于 $\boldsymbol{X}_{\max}$ 的规范化特征向量；w 为对应指标单的权值。

其具体计算步骤如下：

1）矩阵各列归一化

$$\overline{b}_{ij}=\frac{b_{ij}}{\sum_{k=1}^{n}b_{kj}},\ (i,j=1,2,\cdots,5)$$

2）每一列正规化后的判断矩阵按行相加

$$\overline{w}_{i}=\sum_{j=1}^{n}\overline{b}_{ij},\ (i=1,2,\cdots,5)$$

3）对向量 $\overline{w}=(\overline{w}_1,\overline{w}_2,\cdots,\overline{w}_5)^{\mathrm{T}}$ 正规化

$$w_i = \frac{\overline{w}_i}{\sum_{j=1}^{n} \overline{w}_j},\ (i = 1,2,\cdots,5)$$

所得到的 $\overline{w} = (\overline{w}_1, \overline{w}_2, \cdots, \overline{w}_5)^{\mathrm{T}}$，即为所求特征根向量

4）计算判断矩阵的最大特征根 $\lambda_{\max}$

$$\lambda_{\max} = \frac{\sum_{i=1}^{n} (\boldsymbol{B}^{w})_i}{n w_i}$$

式中的 $(\boldsymbol{B}^{w})_i$ 表示向量 $(\boldsymbol{B}^{w})$ 的第 i 个元素。

进一步要计算一致性指标 CI、平均随机一致性指标 RI 以及随机一致性比率 CR。

$$\mathrm{CI} = \frac{\lambda_{\max} - n}{n - 1}$$

式中　n 为矩阵阶数。

当 CI = 0，$X_{\max} = n$ 时，则判断矩阵具有一致性。此外，还需要判断矩阵的平均随机一致性指标 RI，它可以根据阶数 n 的大小查表获得。对于 1 ~ 10 阶矩阵，RI 见表 8-4。

表 8-4　判断矩阵的平均随机一致性指标 RI

阶数/n	1	2	3	4	5	6	7	8	9	10
RI	0.00	0.00	0.58	0.90	1.12	1.24	1.32	1.41	1.45	1.49

资料来源：T L 萨蒂. 层次分析方法［M］. 许树柏，等译. 北京：煤炭工业出版社，1986.

最后，当 CR = CI/RI < 0.10 时，即可判定判断矩阵有很好的一致性，即权向量可信有效；否则需要调整判断矩阵，直至具有很好的一致性。

（4）层次总排序与一致性检验。总排序为单排序的延伸，根据单排序的结果，每上一层都由其下一层所包含指标的权重再进行一次单排序。

最后再进行一次类似单层次排序的一致性检验。同理，当 CR < 0.10 时，则判定层次总排序的计算结果具有很好的一致性，否则还需对本层次的各判断矩阵进行调整，以达到很好的一致性。

层次分析法体现了分解、判断、综合的辩证系统思维方式，提高了解决复杂问题的效率。层次分析法将主观的逻辑判断分析与客观的精确计算相结合，保证了决策过程的条理性和科学性。但是，这种方法在评价过程中存在一定的随机性，评估专家的主观不确定性和认识上的模糊性容易使得出的判断矩阵出现严重的不一致性。

（二）模糊综合评价法

1. 模糊评价法概述

“模糊”一词译自英文“fuzzy”。模糊综合评价法［美国控制论专家扎德（L. A. Zadeh）于 1965 年创立］是指在模糊的环境下，运用模糊集理论，以模糊数学为基础，将一些边界不清、不易定量的因素定量化，通过构造等级模糊子集把反映被评事物的模糊指标进行量化（即确定隶属度），然后利用模糊变换原理对各指标进行综合评价的一种方法，进而作出相关决策。

企业社会责任的评价指标是多元的、多层次的指标体系，所以对企业社会责任的评价应该严格依据多层次的模糊综合评价法。多层次模糊综合评判的方法是综合运用层次分析法和

模糊综合评判解决多因素、多指标权重和综合评价问题的方法。层次分析法（AHP 法）把一个复杂的问题表示为有序的递阶层次结构，一般步骤为：

第一步：确定评价指标集，可以将多层次评价分为多级评价。

第二步：确定各指标集的权重集，多层次评价需要给出多层次权重集。

第三步：建立评价等级集，即指标评价评语集。

第四步：确定隶属关系，建立模糊评价矩阵。

第五步：进行模糊综合评价，得到模糊综合评价结果。

2. 企业社会责任的模糊综合评价

（1）企业社会责任的模糊综合评价的层次。对企业社会责任的评价，企业社会责任社会效果、企业社会责任反应、企业效果三方面能较全面地反映企业社会责任的总体状态。企业社会责任的模糊综合评价的层次见图 8-1。

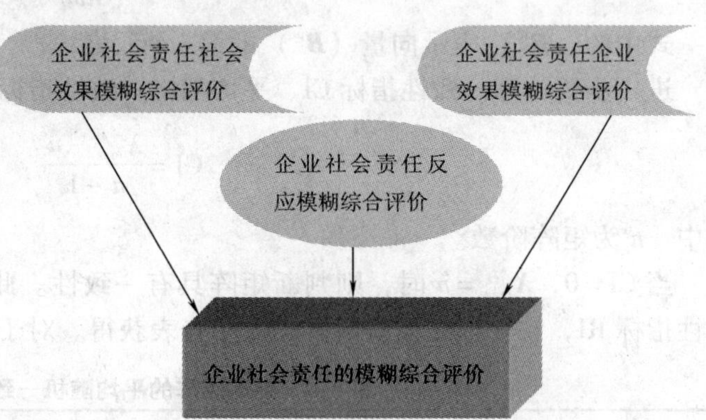

图 8-1 企业社会责任的模糊综合评价的层次

（2）企业社会责任的模糊综合评价步骤。本书对企业社会责任进行的模糊综合评价的具体步骤如下：

1）确定评价指标集，可以将多层次评价分为多级评价。

企业社会责任集：

$$E = \{S,\ R,\ T\}$$

一级评价指标集：

① 社会效果集：

$$S = \{S_1,\ S_2,\ S_3,\ S_4,\ S_5\}$$

② 社会责任反应集：

$$R = \{R_1,\ R_2,\ R_3,\ R_4,\ R_5,\ R_6,\ R_7\}$$

③ 企业效果集：

$$T = \{T_1,\ T_2,\ T_3,\ T_4,\ T_5\}$$

二级评价指标集：

根据需要对一级评价指标集中的各个维度进行展开。

例如，$S_1 = S_{1j}$

2）确定各指标集的权重集，多层次评价需要给出多层次权重集。

企业社会责任集的权重集：

$$R = \{s,\ r,\ t\}$$

一级指标的权重集：

$$s = \{s_1,\ s_2,\ s_3,\ s_4,\ s_5\}$$

$$r=\{r_1,\ r_2,\ r_3,\ r_4,\ r_5,\ r_6,\ r_7\}$$

$$t=\{t_1,\ t_2,\ t_3,\ t_4,\ t_5\}$$

二级指标的权重集：

$$s_i=(s_{ij})(i=1,\ 2,\ \cdots,\ 5)$$

$$r_i=(r_{ij})(i=1,\ 2,\ \cdots,\ 7)$$

$$t_i=(t_{ij})(i=1,\ 2,\ \cdots,\ 5)$$

其中，重要的是：

$$s+r+t=1,$$

且
$$s=\sum s_i(i=1,2,\cdots,5),$$

$$r=\sum r_i(i=1,2,\cdots,7),$$

$$t=\sum t_i(i=1,2,\cdots,5)。$$

3）建立评价等级集，即指标评价评语集。

$$N=\{N_1,\ N_2,\ N_3,\ N_4,\ N_5\}$$
$$=\{差，一般，较好，好，很好\}$$

即对于每一个指标用五种状态来表示它的等级。其中定性等级：N_1 被评价指标表现较差；N_2 被评价指标表现一般；N_3 被评价指标表现较好；N_4 被评价指标表现好；N_5 被评价指标表现很好。其中定量等级：$N_1\in\{0,2\}$；$N_2\in\{2,4\}$；$N_3\in\{4,6\}$；$N_4\in\{6,8\}$；$N_5\in\{8,10\}$。

4）进行单指标评价，确定隶属关系，建立模糊关系矩阵。

单指标模糊评价矩阵分别为：

① 社会效果

$$U=\begin{pmatrix}U_1\\U_2\\U_3\\U_4\\U_5\end{pmatrix}$$

且

$$U_i=(s_{ijk})_{j\times5}\ (k=1,\ 2,\ 3,\ 4,\ 5)$$

其中，U_i 表示指标集 S_1 的单指标评价集；s_{ijk} 表示指标 s_{ij} 对评价 N_K 的隶属程度，如下式得到：邀请 n 人评价 s_{ij} 属于 N_K 的隶属程度 s_{ijk} = 选择 N_K 的人数除以 n。

② 社会责任反应

$$V = \begin{pmatrix} V_1 \\ V_2 \\ V_3 \\ V_4 \\ V_5 \\ V_6 \\ V_7 \end{pmatrix}$$

且

$$V_i = (r_{ijk})_{jx5} \quad (k=1,\ 2,\ 3,\ 4,\ 5)$$

其中，V_i 表示 R_I 的单指标评价集；r_{ijk}表示指标 r_{ij}对评价 N_K 的隶属程度。

③ 企业效果

$$I = \begin{pmatrix} I_1 \\ I_2 \\ I_3 \\ I_4 \\ I_5 \end{pmatrix}$$

且

$$I_i = (t_{ijk})_{jx5} \quad (k=1,\ 2,\ 3,\ 4,\ 5)$$

其中，I_i 表示对 T_i 的单指标评价集；t_{ijk}表示指标 t_{ij}对评价 N_K 的隶属程度。

5）进行模糊综合评价，得到模糊综合评价结果。

进行综合评价，就是给出从评语集 N 到指标集 E 一个模糊映射 T_f，其中涉及权重向量与单指标模糊评价矩阵间采用的模糊算子的选择。模糊算子通常包括普通的数乘（·），有界和（⊕），逻辑乘（∩）逻辑加（∪）等，其中，$a \cdot b = ab$，$a \oplus b = \min(1,\ a+b)$，$a \cap b = \min(a,\ b)$，$a \cup b = \max(a,\ b)$。相关的模糊算子有三类，不同类型的模糊算子可得到侧重不同的模糊综合评价结果：

第一类，模糊算子采用 $M(\cap,\ \cup)$，得到的结果称为主因素决定型模糊综合评价。

第二类，模糊算子采用 $M(\cdot,\ \cap)$，得到的结果称为主因素突出型模糊综合评价。

第三类，模糊算子采用 $M(\cdot,\ \oplus)$，得到的结果称为加权平均型模糊综合评价。

考虑企业根据评价结果进行分析的需要，本研究模糊算子采用第三类 $M(\cdot,\ \oplus)$，即利用模糊数学的模积合成矩阵计算。

① 企业社会责任的第一层次评价。

企业社会责任的社会效果的模糊综合评价结果：

$$S = \sum S_{ij} \cdot s_{ij}(\ i\ = 1,2,\cdots,5)$$

企业社会责任的反应的模糊综合评价结果：

$$R = \sum R_{ij} \cdot r_{ij}(i\ = 1,2,\cdots,7)$$

企业社会责任的企业效果的模糊综合评价结果：

$$T = \sum T_{ij} \cdot t_{ij} (i = 1, 2, \cdots, 5)$$

② 企业社会责任的第二层次的评价。

企业社会责任的模糊综合评价结果：

$$E = S + R + T$$

在科学确定企业社会责任评价体系和选择合适的评价方法的基础上，就可以正式开展企业社会责任评价了。

二、客观赋权评价法

（一）TOPSIS 评价法

1. TOPSIS 评价法概述

TOPSIS（Technique for Order Preference by Similarity to Ideal Solution）评价法是由申齐润（Yoon）等于 1981 年首次提出来的。该方法于 1994 年被应用于规划多目标决策问题。TOPSIS 评价法是对有限方案多目标决策分析的一种方法，此方法可用于卫生决策、卫生事业管理、效益评价等多个领域。

本方法的基本思想是：基于归一化后的原始数据矩阵，采用余弦法找出有限的方案中的最优方案和最劣方案（分别用最优向量和最劣向量表示），然后分别计算各评价对象与最优方案和最劣方案间的距离，获得各评价对象与最优方案的相对接近程度，以此作为评价优劣的依据。

2. 企业社会责任的 TOPSIS 评价

（1）首先，确定企业社会责任评价的对象，其次根据需要选择相应的视角，并确定企业社会责任评价的指标。TOPSIS 评价对象与指标见表 8-5。

表 8-5　TOPSIS 评价对象与指标

评价对象	指标 1	指标 2	…	指标 m
1	$x11$	$x12$	…	$x1m$
2	$x21$	$x22$	…	$x2m$
⋮	⋮	⋮	⋮	⋮
n	$xn1$	$xn2$	…	xnm

（2）指标属性的趋同化处理。通过指标属性趋同化处理可以将低优指标和中性指标全部转化为高优指标 X'_{ij}，方法为：

$$X'_{ij} = \begin{cases} x_{ij} & \text{高优指标} \\ \dfrac{1}{x_{ij}} & \text{低优指标} \\ \dfrac{M}{M + |x_{ij} - M|} & \text{中性指标} \end{cases}$$

另外，可以适当地扩大或者缩小一定的比例对原始数据进行转化。

（3）趋同化数据的归一化处理。

$$z_{ij}=\begin{cases}\dfrac{x_{ij}}{\sqrt{\sum\limits_{i=1}^{n}(x_{ij})^2}} & \text{（原高优指标）}\\[2ex] \dfrac{x'_{ij}}{\sqrt{\sum\limits_{i=1}^{n}(x'_{ij})^2}} & \text{（原低优指标或中性指标）}\end{cases}$$

然后可以得到归一化处理后的数据矩阵 **Z**。

$$\mathbf{Z}=\begin{pmatrix} z_{11} & z_{12} & \cdots & z_{1m}\\ z_{21} & z_{22} & \cdots & z_{2m}\\ \vdots & \vdots & & \vdots\\ z_{n1} & z_{n2} & \cdots & z_{nm}\end{pmatrix}$$

（4）确定最优方案和最劣方案。最优方案 Z^+ 是由数据矩阵 Z 中的每列的最大值构成：

$$Z^+=(\max z_{i1},\ \max z_{i2},\ \cdots,\ \max z_{im})$$

最劣方案 Z^- 是由数据矩阵 Z 中的每列的最小值构成：

$$Z^-=(\min z_{i1},\ \min z_{i2},\ \cdots,\ \min z_{im})$$

（5）计算该模型中每个评估对象 Z^+ 和 Z^- 的距离 D_i^+ 和 D_i^-。

$$D_i^+=\sqrt{\sum_{i=1}^{m}(\max z_{ij}-z_{ij})^2}\qquad D_i^-=\sqrt{\sum_{i=1}^{m}(\min z_{ij}-z_{ij})^2}$$

（6）计算各评价对象与最优方案的接近度 C_i，即为样本点到最优样本点的相对接近度。

$$C_i=\frac{D_i^-}{D_i^+ + D_i^-}\qquad 0\leqslant C_i\leqslant 1,\ C_i\to 1$$，表明评价对象越优。

（7）按照计算出的 C_i 的大小进行排序，给出企业社会责任评价的最终结果。

TOPSIS 评价法对资料无特殊要求，对数据分布以及样本量、指标的多少都无严格的限制，数字计算相对比较简单，使用方式灵活简便，应用范围较广。另外，TOPSIS 评价法的评价对象可以是时间上的，也可以是空间上的。但是这种方法的“最优点”和“最劣点”一般都是从无量纲化后的数据矩阵中挑选的，而且当评判的环境以及自身条件发生变化时，相应的指标值也会发生变化，这就有可能引起“最优点”和“最劣点”的改变，从而导致评判结果前后不一致。

（二）主成分分析法

主成分分析法也称主分量分析，旨在利用降维的思想把多指标转化为少数几个综合指标。主成分分析是求解因子的一个方法，它能找到合理的较少的指标来代替实际的初始指标，而不损失原来指标所包含的各种信息。它的基本思想是通过降维思想按照相关性对变量进行分组，使得同组变量的相关性较高，而不同组别的变量相关性比较低。每组变量代表了一个基本结构，形成公共因子，从而达到降维的目的。

主成分分析法是一种数学变换的方法，它把给定的一组相关变量通过线性变换可以转成另一组不相关的变量，并且这些新的变量能够按照方差依次递减的顺序进行排列。但是在数学变换中保持变量的总方差不变，使第一变量具有最大的方差，称为第一主成分，第二变量的方差次大，并且和第一变量不相关，称为第二主成分。依此类推，m 个变量就有 m 个主成分。主成分分析法也可以由指定给出既定个数的主成分，最后一个主成分具有的方差最小，并且和前面所有的主成分都不相关。具体分析步骤为：假设选取 n 个样本的 k 个原始指标，并给原始指标进行定义：X_i，其中 X_{ij} 为第 i 个样本的第 j 个指标，利用主成分分析法得到因子。在进行综合评价时，首先以累计贡献率不小于 85% 为界限，确定因子个数。然后根据 $Z = \sum CR_i F_i$ 作出最后的评价（CR_i 为各指标的权重）。

主成分分析法的计算既可以用软件来计算，也可以用数学的方法来获得，此处不作详细的介绍。

主成分分析法根据评价指标的相关性在不减少指标信息量的前提下用最少的指标替代了原来较多的指标，从根本上解决了指标信息重叠的问题，也极大地简化了指标的结构，而且各因子权重根据综合因子的贡献率来确定大小，保证了评价结果的唯一、客观、合理。但是这种方法需要的样本量比较大，计算过程相对比较烦琐，但是如果利用统计软件的话，可以克服计算过程烦琐带来的困难。

三、其他评价方法

（一）《财富》企业社会责任评价方法

2006 年，我国发布企业社会责任报告的本土企业只有区区 18 家。但现在，随着我国境内各项企业社会责任法规和报告标准的涌现，情况已经明显改变。2010 年，发布企业社会责任报告的本土企业已经超过了 600 家。《财富》在连续四次进行企业社会责任调查之后，于 2010 推出“中国企业社会责任 100 排行榜”。

《财富》所推出的“中国企业社会责任 100 排行榜”在协调企业社会责任的国际趋势与本土化规范、一系列世界领先的企业社会责任排名方法的基础上，从中找出通用衡量标准，然后参照、比对了中国的法律、法规和企业社会责任现状，与中国的企业社会责任专家进行了沟通，听取他们对中国企业社会责任的看法，进一步完善评分模型。在界定出一系列企业社会责任核心议题后，《财富》研发团队从中抽取了评估指标，围绕环境、社会、企业治理三个领域构建了评分框架体系。

企业排名基于它们在三个领域的加权累计得分，每个领域的得分来自其下各标准。如表 8-6 所示，整个评分框架中共有 12 个标准，并进一步细分为 45 个次级标准和 180 个评分指标。每个评分指标是一系列问题。经过培训的分析员，通过公开渠道信息、第三方发布、媒体报道去回答问题，然后给企业评分。

表 8-6 《财富》企业社会责任分类

环　境	社　会	企业治理
环境管理	劳动关系	董事会结构与多元化
污染防治	消费者	公平市场政策
资源使用	社区	社会责任战略与承诺
气候变化与生物多样性	供应链与人权	社会责任沟通

企业综合得分和排名基于三个领域和12项标准的加权累计。每个领域都由四个权重相等的标准构成，而领域的权重则由企业所在行业决定。对于高耗能、高污染行业内的企业，企业环境表现将被赋予更高的权重。《财富》环境、社会和企业治理各领域行业权重见表8-7。

表8-7 《财富》环境、社会和企业治理各领域行业权重

行业	环境（%）	社会（%）	企业治理（%）
石油与天然气	40	30	30
工业	40	30	30
原材料	40	30	30
汽车	40	30	30
航空	40	30	30
电子消费品	30	40	30
日用消费品	30	40	30
零售	30	40	30
金融	30	40	30
电信	30	40	30
高科技	30	40	30

总之，《财富》的"中国企业社会责任100排行榜"旨在向公众提供一个独立、标准化的评估架构，以衡量在中国优秀企业的社会责任表现和信息披露情况。但是该评分只基于公开渠道的信息披露，包括年报、企业社会责任报告、公司网站以及可靠的媒体渠道。

（二）胡润百富企业社会责任评价方法

从2007年开始，胡润百富将对企业的评判标准从慈善捐赠扩大为企业社会责任。胡润评判标准从捐款金额扩大到包括公益事业领导力和透明度、就业人数、纳税金额、环境保护、员工权益保护六大指标。每部分指标所占权重见表8-8。

表8-8 胡润企业社会责任50强评价指标权重

<table>
<tr><th>指标</th><th>2007年</th><th>2008年</th><th>2009年</th><th>2010年</th></tr>
<tr><td>捐款金额</td><td>40%</td><td>25%</td><td>25%</td><td>+</td></tr>
<tr><td>公益事业领导力和透明度</td><td>20%</td><td>25%</td><td>25%</td><td>—</td></tr>
<tr><td>就业人数</td><td>10%</td><td rowspan="2">25%</td><td>12.5%</td><td rowspan="2">30%</td></tr>
<tr><td>纳税金额</td><td>10%</td><td>12.5%</td></tr>
<tr><td>环境保护</td><td>10%</td><td rowspan="2">25%</td><td>12.5%</td><td>+</td></tr>
<tr><td>员工权益保护</td><td>10%</td><td>12.5%</td><td>—</td></tr>
</table>

2010年该研究院邀请了50位企业社会责任行业专家，评选出他们认为目前国内哪些企业（包括国有企业、民营企业和在华外资企业）的社会责任项目做得最好。每位专家选出最多10家，最少国有企业、民营企业与在华外资企业各1家。这些专家是企业中多年从事社会公益事业的专业人士、专业领域媒体经营者以及非营利组织，他们的评选结果占综合评估的50%。此外，企业纳税数额和员工人数占综合评估的30%，企业公益事业捐赠和环保

占综合评估的20%。

从胡润百富2007~2010年的企业社会责任50强评价标准不难发现，过去胡润百富将企业公益事业捐赠占综合评估的比重设置得较高，但是随着企业社会责任评估标准和评价指标的不断完善，胡润百富企业社会责任评价标准开始更加完善和科学。

第四节 企业社会责任评价的指标

在掌握了企业社会责任评价模型和评价方法的基础上，选择相应的评估指标，则是进行企业社会责任评价不可缺少的步骤。本书从利益相关者的角度出发，对企业社会责任评价的指标进行阐述。

利益相关者的分类问题一直是学术界稍有争论的话题，不同的学者对利益相关者的划分稍有不同。国外对利益相关者分类的研究主要集中于多维细分法和米切尔评分法上。多维细分法主要有克拉克森（Clarkson）（主动的利益相关者和被动的利益相关者，首要的利益相关者和次要的利益相关者）、惠勒（Wheeler）（一级社会利益相关者，二级社会利益相关者，一级非社会利益相关者和二级非社会利益相关者）等人的研究。米切尔则将利益相关者的界定和分类结合起来，对可能的利益相关者进行评分，并根据分值的高低来确定某个人或者某群体是否为企业的利益相关者，是哪一类型的利益相关者。最后根据企业的具体情况，米切尔将企业的利益相关者分为三类：潜在型利益相关者、预期型利益相关者、确定型利益相关者。我国学者陈宏辉和贾生华在此基础上，从利益相关者的主动性、重要性和紧急性三个维度对所界定的十种利益相关者进行分类，最后将企业利益相关者分为核心利益相关者、蛰伏利益相关者和边缘利益相关者三类。本书在这一分类的基础上展开对企业社会责任评价指标的论述。

一、核心利益相关者评价指标概述

核心利益相关者是企业不可或缺的群体，甚至可以直接左右企业的生存和发展。企业核心利益相关者包括股东、管理人员和员工。对于企业的核心利益相关者来说，他们对企业的利益要求是主动的、紧急的，而且这些利益相关者对企业来说又是相当重要的。

（一）股东

企业与股东的关系是企业内部关系中最重要的内容。作为企业的投资者，股东最关心的是企业的预期收益和面临的风险，只有当预期收益高于预期风险时股东才会进行投资。具体来讲，股东最关心的是股东权利、企业利润分配等。但是股东对企业的要求更多的是集中于企业的获利能力，即投资收益上，因此，企业的法律责任和慈善责任相对于经济责任和伦理责任来说还不那么重要。与股东相关的经济责任和伦理责任方面的指标主要有：资产利润率、权益报酬率、股利支付率、每股收益、净资产收益率等。

1. 资产利润率

资产利润率又称投资盈利率、资产所得率、资产报酬率，它是反映企业资产盈利能力的指标。一般而言，该比率越高表明企业的资产利用效益越好，企业的整体经营管理水平越高，企业的盈利能力越强。

$$资产利润率 = \frac{利润总额}{资产平均占有额} \times 100\%$$

2. 权益报酬率

权益报酬率又称净值报酬率，是指普通股投资者获得的报酬率。股东权益报酬率表明普通股投资者委托企业管理人员应用其资金所获得的投资报酬，所以权益报酬率越大越好。

$$权益报酬率 = \frac{税后利润 - 优先股股息}{股东权益} \times 100\%$$

3. 股利支付率

股利支付率是指企业净收益中股利所占的比重，它反映了企业的股利分配政策和股利支能力。

$$股利支付率 = \frac{每股股利}{每股盈余} \times 100\%$$

4. 每股收益

每股收益（Earning Per Share，EPS）又称每股税后利润、每股盈余，是指税后利润与股本总数的比率。它是分析每股价值的一个基础性指标，是测定股票投资价值的重要指标之一，反映了企业的获利能力。每股收益可以衡量普通股的获利水平和投资分享，是企业的投资者用于评价企业盈利能力、预测企业成长潜力、进行经济决策的重要指标。一般而言，该指标越高，表示企业对股东收益的保障力越大，企业对股东履行经济责任的状况越好。

$$每股收益 = \frac{净利润 - 优先股股息}{流通在外的普通股加权平均数}$$

5. 净资产收益率

净资产收益率又称股东权益收益率，是企业税后利润除以净资产得到的百分比率。该指标反映股东权益的收益水平，用以衡量企业运用自有资本的效率。该指标值越高，说明投资带来的收益越高。

$$净资产收益率 = \frac{净利润}{净资产平均余额} \times 100\%$$

（二）管理人员

企业的高层管理人员作为企业所有者的“代理人”，不仅要为企业贡献较多的精力和时间，而且还要承担较大的责任。企业的经营管理人员是最了解企业信息的知情者，我们对企业社会责任的评价在更大程度上是对经营管理人员的评价。从管理者的视角来看，法律责任和慈善责任是相对不重要的因素，企业管理人员主要有三种需求：增加报酬、闲暇、躲避风险。因此，对企业管理人员的评价指标主要包括管理者的工资和福利、对经营者的股权激励、企业的经济表现等。另外，由于管理人员有规避风险的倾向，因此对管理人员的评价指标还应该包括管理人员的社会责任感、对社会责任报告的关注程度、社会地位、知名度、运营能力、努力状况、创新能力、竞争发展能力等。

1. 管理人员的薪酬增长率

管理人员的薪酬增长率是管理人员所追求的经济福利，其衡量标准为本期管理人员的薪酬增长额与上期薪酬之比。

2. 销售利润率

销售利润率概括反映了企业的全部经营成果，在一定程度上也说明了管理人员的经营管理能力。

$$销售利润率 = \frac{净利润}{销售收入} \times 100\%$$

3. 资产报酬率

资产报酬率反映了企业资产的运营效率，同时也表现了企业管理人员运用各种资源赚取报酬的能力。该指标越高越好。

$$资产报酬率 = \frac{利润总额 + 利息费用 - 所得税}{平均资产总额} \times 100\%$$

4. 企业所得率

企业所得率是企业本期留存收益与企业增值总额的比率。这一比率的大小反映了管理人员管理企业的经济水平。

$$企业所得率 = \frac{本期留存收益}{企业增值总额} \times 100\%$$

5. 管理人员的社会地位

社会地位状况是管理人员非常关注的福利之一。企业社会地位的衡量有多种指标，在实践中可以通过问卷调查的形式来获得这一数值。

6. 企业的运营能力

企业运营能力的状况也是反映管理人员管理水平的一个主要指标。企业的运营能力可以通过企业的应收账款周转率、企业的资产周转率和企业的存货周转率等财务指标来衡量。

7. 企业创新能力

企业的创新能力也是对管理人员进行评估的一个重要指标之一，它可以通过企业的新技术采用率和单位收入研发费用来衡量。企业的新技术采用率和单位收入研发费越高，表示企业的创新和开发能力就越强，为人类的进步所承担的社会责任就越多。

8. 竞争发展能力

企业的竞争发展能力可以由企业的市场占有率、市场份额增长率和开发新市场的数目和金额来衡量，这些指标的数值越高，表明管理人员在企业经营管理中在竞争和发展方面的表现越好。

9. 战略社会责任指标和企业社会责任报告质量

战略社会责任指标的衡量主要侧重于对企业履行社会责任意识的强度、企业社会责任管理体系和企业社会责任认证评审指标这三个方面。企业社会责任报告的质量则是对于企业报告的透明度、报告的页数和字数、报告内容的全面程度和深入情况进行的测量。

（三）员工

员工是企业重要的利益相关者，其利益和命运与企业的运营密切相关。从目前员工所处的现状来看，员工在企业中处于相对弱势的地位，而且员工权利与人权密切相关，员工权益是国家和社会密切关注的问题，因此企业在运营过程中要尽可能照顾员工的权利。这一方面的主要测量指标包括小时工资率、人均工资增长率、高管与普通员工工资比率、工资支付率、人均教育经费、员工安全事故率、法定福利支付率、升迁比率、劳动合同签订率、未成年员工比率、社保支付率、超时加班率、教育培训投入率。

1. 小时工资率

员工小时工资率反映了员工基本生活受保障的程度。该指标的数值越大，反映员工得到基本报酬的保障程度越高，企业对员工的生活质量越关注。

$$小时工资率=\frac{当月工资额}{当月工作小时数}\times 100\%$$

2. 人均工资增长率

人均工资增长率反映了员工待遇与企业同步发展的程度，如果该指标数值较高，那么员工的幸福指数也比较高，这样可以增强企业的向心力、凝聚力和员工对企业的忠诚度。

$$人均工资增长率=\frac{本期人均年工资总额}{上期人均年工资总额}\times 100\%$$

3. 高管与普通员工工资比率

企业高管与普通员工的工资差距越大，利益群体的分化态势就越严重。因此，该指标越小，企业的利益分配就越公平，相应地企业对员工履行责任的情况就越好。通过对该问题的考核，能够有效地规范企业管理人员的收入，合理化企业管理者与普通员工的收入比例。

$$高管与普通员工工资比率=\frac{高管人均年工资}{普通员工人均年工资}\times 100\%$$

4. 工资支付率

工资支付率反映了企业支付职工工资的情况。该指标越高，说明企业工资发得越及时，对员工的生活越关心，企业的社会责任感也相应地越强。

$$员工工资支付率=\frac{已付员工工资总额}{应付员工工资总额}\times 100\%$$

5. 人均教育经费和教育培训投入率

这两个指标反映了企业对员工素质的提升和未来发展所承担的责任。该指标越大，表明企业对员工的教育和素质提升越重视，企业对员工的社会责任感也越强。

$$人均年教育经费=\frac{职工年文化教育活动经费支出}{职工总人数}$$

$$教育培训投入率=\frac{教育培训费用总额}{主营业务收入总额}\times 100\%$$

6. 员工安全事故率

员工安全事故率反映了企业对员工人身安全的保障程度。该指标越低，表明企业对员工安全保障程度越高，企业对员工的社会责任状况越好。

$$员工安全事故率=\frac{因工伤亡的职工人数}{职工总人数}\times 100\%$$

7. 法定福利支付率和社保支付率

法定福利支付率和社保支付率反映了企业对员工的福利政策状况。该指标越高，企业对员工的社会责任履行程度就越好。

$$法定福利支付率=\frac{福利支付总额}{工资总额}\times 100\%$$

$$社保支付率=\frac{当年支付的社保基金}{法律规定应支付的社保基金}\times 100\%$$

8. 升迁比率

升迁比率在一定程度上反映了企业为员工提供的升迁机会。这对于提高员工积极性和创造性有一定的刺激作用。

$$升迁比率=\frac{当年员工升迁数量}{当年员工总数量}\times 100\%$$

9. 劳动合同签订率

劳动合同签订率反映了企业对员工基本法律责任的保障和履行情况。这一比例越高，表明企业对员工社会责任的履行情况越好。

$$劳动合同签订率=\frac{当期签订劳动合同的员工数量}{当期从业的员工数量}\times 100\%$$

10. 未成年员工比率

企业使用童工违反有关法律的规定，是不合法的企业行为，不能正当地保护员工的合法权利。该指标越小，表示企业对员工的社会责任履行情况越好。

$$未成年员工比率=\frac{未成年员工数量}{员工总数量}\times 100\%$$

11. 超时加班率

超时加班侵犯了员工的合法权益，是一种违法行为。该指标的高低反映了企业对员工社会责任的履行情况。

$$超时加班率=\frac{当月超时加班小时数}{当月正常工作小时数}\times 100\%$$

二、蛰伏利益相关者评价指标概述

蛰伏利益相关者主要是指企业的消费者、债权人、政府、行业伙伴。对蛰伏利益相关者来说，他们对企业的利益要求有的是主动和重要的，有的是主动和紧急的，还有的是重要和紧急的。总之，与核心利益相关者相比，他们同样会因为对企业进行了专用性投入而对企业提出相应的利益要求，但他们与企业之间的相互作用并不像核心利益相关者那样直接影响企业的生存，而是当他们的利益要求得不到充分满足时，由于他们与企业有着紧密的联系，也会给企业带来很大的影响。

（一）消费者

消费者（顾客）是企业的生命之源，因此企业对消费者的责任是企业最基本的社会责任。企业履行社会责任的好坏在很大程度上是由消费者来评价的。随着消费者社会意识、法律意识和自我保护意识的不断增强，消费者的权益不容忽视。因此消费者角度的评价指标主要集中在消费者权益保护方面，主要包括企业产品的质量、价格、售后服务、消费者满意度等。对于消费者来说，企业的慈善责任和经济责任是相对不重要的因素。

1. 质量抽检合格率

质量抽检合格率反映了企业产品质量的情况，质量抽检合格率越高，表明企业的产品质量越好，企业对消费者越负责。

$$质量抽检合格率=\frac{抽查产品合格数量}{抽查产品总数量}\times 100\%$$

2. 违规产品罚款率

在企业销售额一定的情况下，该指标越高，表明企业违规产品罚款金额越大，企业就不能很好地维护消费者的合法权益。

$$违规产品罚款率 = \frac{违规产品罚款额}{企业销售总额} \times 100\%$$

3. 消费者投诉次数

消费者投诉次数是指“3·15 消费者权益保护日”及其他日期，消费者对企业产品质量、服务质量等的投诉次数。

4. 消费者满意度

消费者满意度可以利用问卷调查来获得相关的信息，它反映了企业的消费者对企业产品或者服务的满意程度。消费者满意度越高，表明企业对消费者权益的维护状况越好。

5. 售后服务状况

售后服务状况主要是指企业是否为消费者提供售后服务以及企业提供的售后服务的状况。该方面的表现反映了企业对消费者的重视程度。

6. 在消费者保护方面的法律表现

企业对消费者的法律责任表现主要是指企业遵守食品卫生法、产品质量法、清洁生产促进法、消费者权益保护法和安全生产法等法律的情况。

（二）债权人

虽然企业的债权人和股东都是企业的投资者，但是企业的债权人和股东对企业的利益诉求有很大的区别，企业的债权人只能作为蛰伏利益相关者。企业的债权人只享受利息收益，另外企业还要为债权人的信贷安全承担一定的责任。因此这方面的评价指标主要有流动比率、速动比率、资产负债率、利息保障倍数、现金流量比率、债权人所得率、企业是否有外部审计和内部审计、企业破产对企业的支取权等。

1. 流动比率

流动比率是企业流动资产总额与流动负债总额的比例，它反映了企业的流动负债是否有足够的流动资产来作保障。该比率越高，企业的短期负债能力就越强。但过高的流动比率会影响企业的盈利能力。

2. 速动比率

速动比率是企业速动资产与流动负债的比率，这一指标是企业偿债能力更为严格的反映。对债权人来说，速动比率越强，企业的短期偿债能力就越强，企业债权人的权益就越有保障。

3. 资产负债率

企业的资产负债率又称财务杠杆系数，是企业负债总额与资产总额的比。该指标反映了在企业的总资产中有多少是通过负债来取得的，该指标越低，表明企业的偿债能力就越强。

4. 利息保障倍数

利息保障倍数是指企业的税前息前利润与利息费用的比。这一指标是衡量企业偿付借款利息的能力。

5. 现金流量比率

现金流量比率即现金流量债务比，是企业经营活动所产生的现金净流量与债务总额的比率，该比率越高，表明企业承担债务总额的能力就越强。

6. 债权人所得率

债权人所得率是企业的利益与企业增值的比值。这一比值反映了企业增值中有多少是债权人的权益。对债权人来说，这一比值越高，对债权人越有利。

（三）政府

国家的宏观经济政策与企业的经营密切相关。同样，企业的税收也是政府财政收入的主要来源，所以政府也是企业重要的利益相关者。从政府角度来看，企业的主要责任为依法纳税、参与政府公益活动，以及在政府或者国家遇到困难时企业给予的资助情况。对于政府来说，企业的伦理责任是相对不重要的。因此，这方面的评价指标主要包括税款上缴率、资产税费率、销售利税率、纳税增长率、罚项支出比率等。

1. 税款上缴率

税款上缴率是企业已缴纳税款与应缴纳税款的比值，该比值越大，表明企业的税收责任越好。

2. 资产税费率

资产税费率是企业会计年度内的纳税总额与企业平均资产的比值，这一比值反映了企业对国家的经济税收责任状况。该指标的评价标准为行业的资产纳税率。

3. 销售利税率

销售利税率是企业会计年度内的利税总额与销售净收入的比值，该比值说明了企业纳税的基本情况。在销售额一定的情况下，该指标越高，反映企业的纳税额越大，对国家的贡献也越大。

4. 纳税增长率

纳税增长率是企业本期的纳税增长额与上期纳税总额的比率，这一比率反映了企业对国家税收收入的贡献程度。

5. 罚项支出比率

罚项支出比率是企业罚项支出总额与企业收入总额的比。该指标说明了企业遵守法律的情况，但它同时也能够反映企业的经济责任状况。

（四）行业伙伴

企业的行业伙伴主要包括企业的供应商、经销商以及企业的竞争对手等。供应商是企业的一个主要利益相关者，是企业生产产品的物质供应者。从供应商的角度来看，该方面的评价指标主要包括企业的赊销、折扣、订货、结算等状况。对于企业行业伙伴，如竞争对手来说，企业对相关法律的遵守则是其密切关注的层面。其中有一些可以从财务角度进行衡量的指标。

1. 超期结算比率

超期结算比率是年超过账期的结算次数与总结算次数之比。该指标反映了企业对供应商及时付账的情况，对供应商来说，该值越大对其越不利。

2. 订货完成率

订货完成率为企业实际订货次数与合同数的比值，这一比值的大小反映了企业履行合同的信誉。一般来说，该指标越接近1越好。

3. 订货增长率

订货增长率是企业本期订货增长额与上期订货总额的比率。订货增长率在一定程度上反映了企业追加订货的能力。

三、边缘利益相关者评价指标概述

边缘利益相关者主要是指社区和特殊的利益团体。对边缘利益相关者来说，他们对企业的利益要求或者是主动的，或者是重要的，又或者是紧急的；他们对企业的影响是无形的，但又是不可忽视的，他们是企业生存发展的大环境。一旦企业对边缘利益相关者的利益造成负面影响，必然会给其带来负面的结果，很多时候企业的损失很大。企业对边缘利益相关者的重视程度远不及核心利益相关者和蛰伏利益相关者，尤其在企业初创期，由于企业利润很少，甚至是负债经营，很少有实力进行社会公益投资。然而，企业只要不危害其边缘利益相关者的利益，或者与之保持友好关系，就会发展顺利。

（一）社区

企业的生产经营活动与其所在的社区有着密不可分的联系。虽然企业能给社区带来经济上的繁荣、提供一定的就业机会等，但是企业也是社区某些行为（如环境污染）的直接受害者。企业对社区的责任主要体现在对环境的保护和资源的利用两个方面。随着企业社会责任运动的兴起和公众意识的逐渐增强，企业对社会的捐赠、企业所设立的慈善基金等也成为衡量企业社会责任新的重要方面。因此在这一方面的主要评价指标为企业节能降耗环保指标、社会贡献率、企业公共设施的投入比例、就业贡献率和捐赠收入比率。

1. 企业节能降耗环保指标

企业节能降耗环保指标主要包括企业的单位收入不可再生资源消耗量、单位收入材料消耗量、单位收入耗能量、单位收入排废量、环保支出比率、环保经费增长率等。

2. 社会贡献率

社会贡献率是企业社会贡献总额与企业平均资产总额的比值，这一比值反映了企业运用资产为社会造福的能力。社会贡献率越高，表明企业在此方面的社会责任表现越好。

3. 企业公共设施的投入比例

企业公共设施的投入比例是指企业本年度内对公共设施的投入与企业销售总额的比，这一比值的大小反映了企业关注社会发展、回归社会等方面的社会表现。

4. 就业贡献率

就业贡献率是企业支付给员工和为员工支付的现金与企业平均净资产的比值。这一比值越高，表明企业为社会提供的就业能力越强。

5. 捐赠收入比率

捐赠收入比率是企业为慈善和公益捐款额与企业总收入的比值，这一比值反映了企业对社会捐赠的程度。该指标越高，表明企业在社区慈善方面的表现越好。

（二）特殊利益团体

企业的特殊利益团体主要包括国际机构、第三方团体、国际共享资源等。企业一般不会直接影响这些利益相关者。对这些特殊利益团体的评价，主要关注企业是否违背国际机构的标准或规章（如 ISO 9000、ISO 14000 等），因此对于特殊利益团体来说，只有企业法律责任才是最重要的因素。

本章小结

企业社会责任评价在企业社会责任管理体系中占有至关重要的位置。企业社会责任评价不仅能够向企业和社会展示企业社会责任的履行情况，而且对于企业改善和提高企业社会责任有着重要的意义。本章主要论述了企业社会责任评价的索尼菲尔德模式、RADP 模式、KLD 指数法、声誉指数法和内容分析法等模型。对于企业社会责任的评价方法，从主观赋权评价法和客观赋权评价法两个视角展开论述。主观赋权评价法主要论述了层次分析法、模糊综合评价法等定性的评估方法；客观赋权评价法主要论述了 TOPSIS 法、主成分分析法。最后论述了利益相关者对企业社会责任的评价指标。

思考题

1. 企业社会责任评价的原则是什么？
2. 简述企业社会责任的评价模型。
3. 简述企业社会责任评价的方法。
4. 简述核心利益相关者和蛰伏利益相关者的评价指标。

第九章　企业社会责任管理

【学习目标】

了解企业社会责任管理的概念、原则与动因；掌握企业社会责任管理模式和体系构建；熟悉企业社会责任管理的评估和绩效改进。

【关键词】

企业社会责任管理；模式；体系；评估

【导入案例】

无锡供电公司：让社会责任根深叶茂

地处长江三角洲的“太湖明珠”无锡，是中国吴文化的发祥地、民族工商业的发祥地和乡镇企业的发祥地。改革开放以来，无锡经济社会快速发展，“十五”期间在江苏省率先基本建成了全面小康社会。2009 年，无锡市 GDP 突破 5 000 亿元。经济的快速发展在给无锡创造了强大的物质基础的同时，也带来了环境压力等社会问题。社会各界对企业社会责任产生了迫切的期望。电网是支撑地方经济社会发展的重要基础设施。供电企业积极履行社会责任，大力弘扬可持续发展，对推动无锡经济社会发展的转型升级和提升人民群众的生活品质意义重大。

在这样的大背景下，2009 年 7 月 16 日，国家电网公司在江苏省无锡市供电公司（以下简称“无锡供电”）正式启动地市供电企业全面社会责任管理试点。这是继天津公司成为国家电网的网省公司试点单位以后，国家电网确定的第一家地市供电企业试点单位。

国家电网选择无锡供电作为地市全面社会责任管理试点单位，有着背后的考量。无锡供电经过多年的发展，各项经济技术指标保持省内先进水平，同业对标综合排名连续四年位居全省第一，良好贯彻了建设“一强三优”现代公司的战略目标，彰显了国家电网“努力超越，追求卓越”的企业精神，大胆推进管理创新，坚持“制度管人、流程管事、文化治企”，具有创新、探索全面社会责任管理的良好基础。

无锡供电总经理周志刚说：“无锡供电的社会责任工作在成为国家电网地市试点之前已经开始。2009 年年初，我们提出了两大实践——企业文化实践与社会责任管理实践。国家电网公司已经连续四年对外发布社会责任报告，屡获好评。作为基层供电企业，怎样使国家电网提出的理念、思路、部署落地？如何在实践中让其生根发芽？全面社会责任管理对于供电企业来说有着与生俱来的重要性。我们与社会的联系紧密，利益相关方非常广泛，如何落实科学发展观，创造可持续发展方式，最终实现综合价值最大化？这些都是我们一直在思考的问题。”

“落地生根”这四个字可以解读无锡供电社会责任实践的基本思路。对这四个字，无锡供电公司总经理周志刚有着深刻的理解：“一棵大树要长得枝繁叶茂、硕果累累，必须根深蒂固。我们把企业履行社会责任看做一棵大树，基层单位推进全面社会责任管理工作就是这棵大树的树根，社会责任管理体系就是根系，社会责任管理体系运行的内环境、外环境就是根系的土壤环境，经济、社会、环境综合价值就是这棵大树的树冠，只有树根扎得深、扎得稳，土壤肥沃，树冠才可能郁郁葱葱，才能长成参天大树。”

一、规划先行：把握好共同点、切入点和关键点

有了这样的思考，该如何推动实施呢？周志刚说：“第一是通过学习、交流、培训，找到企业管理人员和广大职工的共同点；第二是把握切入点。为寻找工作的切入点，我们拟订了全面社会责任管理规划；第三是通过责任的引领为企业创造更多价值，这是工作的关键点。”

据介绍，在被定为地市供电企业全面社会责任管理试点单位之后，无锡供电随即展开了全面社会责任管理规划的调研、论证工作，经过五个月努力，2009 年 12 月底，《无锡供电全面社会责任管理规划》（讨论稿）出台。规划书中明确了无锡供电全面社会责任管理的总体目标：形成全员参与、全方位覆盖、全过程融合的全面社会责任管理模式，构建符合工作实际的全面社会责任管理体系；“安全、高效、绿色、和谐”的履责要求深入人心，综合价值创造能力显著增强，公司成为社会责任绩效卓越的责任表率企业。并列出了具体的工作思路：遵循一个推进模式——基于“Σ（业务 + 改进）R = 工作/价值”的责任工作观，遵循“领导表率、专业融合、班组建设”的全面社会责任管理推进模式；把握两条工作准则（管理融合全面化、责任履行全员化）；抓好三个阶段工作（全面导入阶段、全面融合阶段、全面改进阶段）；建立四项工作机制（建立责任传播机制、建立管理融合机制、建立沟通反馈机制、建立考评改进机制）；落实五项重点工作（品牌定位与传播、责任认识与落实、利益相关方参与、能力建设与提升、系统整合与完善）。这也是全国供电系统中，第一份全面社会责任管理规划。在每一个具体项目下，都有详细的工作方案、完成的指标体系。

二、推进模式：领导表率、专业融合、班组建设

独具特色的推进模式是无锡供电全面社会责任管理试点工作的最大特点和亮点。国家电网试点工作负责人和无锡供电领导班子始终关注的核心问题是“开展全面社会责任管理究竟需要和能够对无锡供电带来什么样的变化？对广大员工的日常工作带来什么样的改进?”。正是对这一核心问题的回答，无锡供电实现了从“业务 + 改进 = 工作”的工作观，向“Σ（业务 + 改进）R = 工作/价值”的责任工作观的演进，责任工作观中的“R”，首先是“责任（Responsibility）”，其次是再反思“R”；“Σ”是全部，就是包括每一项业务、每一项改进；“工作/价值”是指以内部视角审视公司日常运营是广大员工的“工作”，从满足社会需求视角审视公司日常运营是为社会创造“价值”。也就是说，推行全面社会责任管理要求无锡供电管理层和广大员工对每一项业务及其改进方式都要进行社会责任视角的再思考、再认识。对每一项业务进行再思考，考虑业务的社会和环境影响（影响了谁和受谁影响，什么性质的影响，如何有效管理影响），考虑业务蕴含的综合价值（经济、社会和环境）；对每一项改进进行再认识，通过识别、理解和回应利益相关方的期望和要求对业务实现进一步改进，通过对业务进行综合价值创造的考量和评价对改进方式进行丰富和完善。这是对国家电网提出的“内部工作外部化、外部期望内部化”的社会责任工作要求的具体贯彻，让广大员工的工作变成社会价值，让社会的期望和要求成为广大员工改进工作的不竭动力。

国家电网全面社会责任管理试点负责人在解释“责任工作观”的重要性时说：“责任工作观是对无锡供电极具创意的工作观的丰富和发展，便于在无锡供电乃至整个国家电网公司上下宣传贯彻，这是对全面社会责任管理带给供电企业日常运营方式的全方位改进的生动诠

释，让我们能够把业务转化为社会价值，以社会价值定位工作目标和意义；清楚明了地阐明全面社会责任管理视角下的业务改进方式，通过识别和回应利益相关方期望以及有效管理内嵌于运营过程中的利益相关方关系实现业务改进，从创造经济、社会和环境综合价值的视角推进业务改进，全面实现、提升和创造供电企业工作的社会价值。”

三、领导表率：多层次、全方位体现

对于“领导表率”，周志刚认为应该是多层面的。他说，国家电网对无锡供电的全面社会责任试点工作十分重视，公司领导多次到无锡实地考察，试点领导小组成员精心策划，企业社会责任外部专家深入开展实地走访调研，为公司开展全面社会责任管理工作奠定了良好的基础，这是第一个层面。江苏省电力公司对于试点工作也给予了高度重视。自国家电网公司提出开展企业社会责任工作以来，江苏省电力公司成立了社会责任工作领导小组，制定了社会责任工作总体战略和工作目标，江苏省电力公司副总经理黄卫国在无锡试点启动大会上表示，将切实关注无锡供电全面社会责任管理的实施情况，及时给予帮助和指导，这是第二个层面。在国家电网公司、江苏省电力公司的关心和支持下，无锡供电公司的管理层，更要以身作则，为广大员工做好履责表率，这是第三个层面。

四、专业融合：责任理解—责任分解—责任溶解

无锡供电公司党委书记许焕清在接受采访时说，企业全面社会责任管理的目标就是要将社会责任理念全面融入公司的使命、战略、管理和文化中，必须充分利用现有管理体系和资源平台，实现社会责任管理与各专业工作的全面融合。

许焕清介绍，这二者的融合，就是把使命转化为专业目标，用专业目标来引导履责方向；把理念转化为专业标准，用专业标准来控制履责过程；把专业标准具体转化为标准的行为，用标准的行为来践行责任；持续改进履责行为，不断提升履责能力，实现综合价值最大化。

无锡供电通过责任理解、责任分解、责任溶解的方法实现了社会责任管理与各专业工作的全面融合。把责任溶解于管理标准、技术标准、工作标准，把责任溶解于目标、任务和重点工作。

首先，无锡供电系统学习了国家电网全面社会责任理念和《国家电网公司履行社会责任指南》，把握国家电网对于社会责任工作的相关要求；之后，结合无锡供电的实际工作，对国家电网公司提出的12个方面的社会责任，按照“必尽责任、应尽责任、愿尽责任”三个维度进行工作分析和责任分解，根据不同部门职能，对不同责任确定履责牵头部门、具体责任人和配合实施的部门，最终内化责任内容、界定责任范围、明晰责任要求；最后，将具体的履责内容融入公司的各项规章制度、管理标准和工作流程中，最终实现责任的溶解。

五、班组建设：供电企业责任管理成效关键

“基层供电企业开展全面社会责任管理的成败关键在班组。”无锡供电工会主席朱庆连说，“社会责任的具体要求要落实到每一个单位、每一个班组、每一个岗位，这样才能真正全面、全员、全过程、全方位地履行好企业社会责任。”

对于供电企业而言，班组是公司内部最基础、最基本的生产服务管理单元。公司生产经营管理的各项要求均通过班组到达员工，以此保证企业运转高效。所以，班组建设是实现全员、全方位、全过程社会责任管理的最佳路径。班组建设的目的是打造一支具有强烈责任意

识、诚信履行岗位职责、具有熟练业务技能的员工队伍。只有这样的团队才能保质保量地完成各项任务，切实在自己的岗位上践行社会责任。

那么，如何将企业的社会责任“根植”班组？首先，要保证责任理念正确、顺利地传递。由上至下逐层传递会使信息大量损失，造成“上面轰轰烈烈，下面不知所云”的现象。为真正让社会责任在基层中“根植”，无锡供电开展班组管理标准化建设，把社会责任溶解在班组管理标准中，用标准的班组管理来落实责任，持续推进班组5S管理，即整理（Seiri）、整顿（Seiton）、清扫（Seiso）、清洁（Seiketsu）、素养（Shitsuke），提高员工履行社会责任的职业素养，用标准的履责行为来践行责任；创建班组长、技师俱乐部，搭建交流互动平台，改变班组长思维方式，提高班组长履责能力，提升班组工作质量和安全生产、优质服务水平，以点带面，不断深化，真正使社会责任根植在班组、履责在岗位。

无锡供电首创的班组长俱乐部是一大特色。朱庆连介绍，班组长俱乐部通过组织寓教于乐的活动，营造敞开式沟通情境，帮助班组长在观点的碰撞中领悟真谛，从而使班组长树立正确的社会责任观，进而引导班组员工正确理解“什么是企业社会责任”和“履行社会责任的目的是什么”。只有理解了这两个问题，才能够树立并深化履行社会责任理念，提升员工专业技能和综合素质，积极应对工作中的问题和困境，更好地履行岗位职责。

国家电网公司外联部主任尹积军认为，社会责任是对品牌知名度、认知度和美誉度的综合提升，它着眼企业与社会的互动关系，定位企业的社会角色，让社会理解企业工作的社会价值，最大限度地发挥企业和利益相关方的综合价值创造潜力，促进社会资源优化配置。全面社会责任管理给无锡供电带来的最大变化就是视角的转变。从过去更多关注自身，转向关注利益相关方的需求，从利益相关方的角度出发去考虑问题，通过换位思考更好地了解利益相关方期望，也更容易得到对方的理解。

资料来源：林波，张凌宁，王先知．无锡供电公司：让社会责任根深叶茂［J］．WTO经济导刊，2010（1）．（有删减）

企业社会管理对企业社会责任活动的开展和有效改进有着至关重要的作用。随着社会经济的发展和企业社会责任运动的蓬勃开展，人们对企业社会责任的认识以及管理逐渐上升到了一个新的台阶，形成了一个较系统的体系。

第一节　企业社会责任管理概述

一、企业社会责任管理的概念

（一）企业社会责任管理的含义

管理学大师彼得·德鲁克认为管理有三大任务，首先是实现组织的特定目的和使命。一个组织的存在有其特定的目的和使命，以及其特殊的社会功能，放到企业的层面来说，就是企业的经济绩效。企业与非营利机构有所不同，只有企业才有经济绩效这项特殊任务。企业的经济绩效任务不是企业在社会这个生存环境中所必须履行的唯一的任务，但是它处于优先的地位，是企业必须优先完成的。因为企业的其他任务必须依赖于企业经济资源的剩余，而这些资源的剩余又来自于经济绩效产生的利润及其他储蓄，因此企业管理必须始终将经济绩效放在首位。其次，使工作富有成效，员工具有成就感。企业有一个相当重要的资源，那就是人力资源。只有人力资源具有生产力，企业才能高效地运作。企业能否有效地运作，归根结底取决于它能否促使人们尽职尽力、完成工作的能力，因此企业对员工的管理是管理的一项基本职能。最后，处理对社会的影响与承担社会责任。没有一个组织能够跳出社会这个“大家庭”而完全独立地存在，每一个组织也是为了社会而存在，企业也同样不例外。彼得·德鲁克还认为，“无论企业是有意还是无意的，管理层都要对他们的组织所造成的社会影响负责。这是管理层的一项责任——并不是因为它是一项社会责任，而是因为它是一项企业责任。这属于管理层的分内业务。”他从管理的角度提出了企业社会责任管理的独到见解，指出了企业社会责任管理在某种程度上也是企业对其行为所产生的社会冲击的管理。

沃多克（Waddock）等人在借鉴全面质量管理概念的基础上提出了全面社会责任管理的概念与简要定义，即对三重底线责任进行平衡管理的系统方法。我国学者陈炜、王茂祥认为，企业社会责任管理是“通过对企业资源的系统规划和整合使用，以规范的组织、制度和流程，切实保障企业在经济、社会与环境三方面优秀责任行为的有效落实。”卢勇和贾创雄认为，企业社会责任管理是“企业根据其内外环境特征及要求，整合企业内部资源，制定其社会责任目标，依靠企业机制，有效履行企业的经济责任、法律责任、道德责任和自行裁量责任，对实施过程和实施结果进行控制与评价，达到企业内部资源与责任能力相匹配、企业责任能力与社会期望相协调，最终达到经济、社会与环境多赢的动态管理过程”。

根据前面对企业社会责任的界定和学者们对企业社会责任管理概念的研究，本书认为，企业社会责任管理的思想主要包括以下几个方面的内容：

第一，企业社会责任管理是企业应对社会冲击的管理。企业在内外环境变化的压力下所产生的应对社会冲击的管理方法，被视为企业的一个在内外驱动下的被动的管理行为。

第二，企业社会责任管理是实现企业可持续发展的一种手段。企业组织为了实现企业的长期可持续发展，获得可持续性的竞争能力，将企业社会责任提高到企业战略的角度去进行探讨，从某种意义上说，这也是企业的一种积极的管理行为。

第三，企业社会责任管理有其特定的管理主体、行为、目标以及实现这个目标的手段。

（二）企业社会责任管理的演变

从管理学的视角来看，企业社会责任在世界范围内的发展主要经历了五个阶段。

1. 基于纯粹道德驱动的企业社会责任管理阶段

早期企业社会责任概念的产生在很大程度上是基于企业家个人道德追求的基础上的。相应地在这个阶段，企业能否超越股东的利益来关注社会利益成为当时的一个很有争议的问题。企业家作为股东的代表，是受托管理，那么企业家在配置资源时将企业的部分资源用于公益事业是否等于侵犯了股东的利益，在当时有着很大的争议。

例 9-1 美国社会曾经发生过一个非常有名的诉讼：福特汽车的小股东向福特提起诉讼，认为福特汽车不分红，而是将企业红利用于扩大再生产，这固然提升了企业的生产规模，降低了企业生产成本，为企业用户创造了价值，但是却侵犯了小股东的利益，小股东们认为这是不当之举。后来法院的宣判也支持了小股东的诉讼请求。

这一事件说明企业社会责任自诞生之日起就充满了争议，这是企业社会责任管理的第一阶段。

资料来源：李伟阳. 世界企业社会责任管理五个阶段的演变与启示［J］. WTO 经济导刊，2010（8）.

2. 基于社会压力回应的企业社会责任管理阶段

随着时代的发展，劳工权利运动、绿色环保运动、消费者权利运动、人权运动等风起云涌的企业社会责任运动直接推动了企业社会责任的发展。相应地，企业社会责任运动对企业管理形成了巨大的压力。面对这种压力，企业如何进行社会责任管理，是被动回应还是主动回应和管理，就成了企业社会责任管理的重大问题。正是在这种压力的驱动下，才推动了企业社会责任管理的发展，使其向第二个阶段演进。在这一阶段，企业社会责任管理的核心问题是企业对社会压力的回应。当然，不同的企业所采取的方式也不一样，有的企业是被动地应付，而有的企业则积极地制定相应方案，主动响应企业社会责任。

3. 基于社会风险防范的企业社会责任管理阶段

这一阶段的企业社会责任管理与第二阶段有着一定的关系，它们都是与企业对面临的风险进行管理这一问题密切相连的。但是这一阶段也与第二阶段有着本质的差别。在社会压力响应阶段，企业对社会压力所作的回应是企业对社会最关注的重大问题所作的表态，对社会的普遍要求予以认同。但是在这一阶段，企业社会责任管理最重要的议题是对内生于企业运营过程中的环境和社会风险进行主动、全面的关注，并对其进行有效的管理。这一阶段的出现意味着企业社会责任管理已经开始真正地融入企业运营的核心业务流程中。从企业的运营开始就立足于企业战略高度将企业可能面临的社会与环境风险纳入企业管理的范围，这是基于社会风险管理的企业社会责任管理的根本内涵。

例 9-2 根据调查，日本国民中有83%的人普遍认为，企业最重要的社会责任表现在企业向社会提供的产品和服务的可靠性、安全性、质量、性价比、环保等方面。这是一个认同度比较高的调查结论，由此可见，对企业来说，社会责任管理首要关注的是企业的核心业务流程。

资料来源：李伟阳．世界企业社会责任管理五个阶段的演变与启示［J］．WTO 经济导刊，2010（8）．

4. 基于财务价值创造的企业社会责任管理阶段

前文我们所说的责任竞争力，就是基于财务价值创造的企业社会责任管理。也就是说，通过开展企业社会责任业务来实现企业的营利目的，从而提高企业的市场和财务竞争力。从管理的视角来看，可以称其为基于财务价值创造的企业社会责任管理阶段。企业责任竞争力能够使企业发现新的商机和实现资源更优配置的新方式与新空间，但是决不能完全地以工具理性替代价值理性，否则将会对企业社会责任管理的突破产生一定的障碍。

例 9-3 美国杜邦公司从1989年在广东深圳设立生产工厂以来，不仅为员工建立了完善的福利和保障制度，而且创造了“零工伤事故”的记录。“零工伤事故”不仅为杜邦深圳工厂节约了数百万美元的直接费用，并且节约了因为工伤而导致的停工、劳资纠纷、寻找新员工、社会负面效应、客户损失等数倍于直接费用的间接费用。更为重要的是，杜邦的社会责任表现使企业员工的凝聚力、忠诚度以及投入度大大提高，产品质量也得以保障，促进了企业的快速发展。到2004年，杜邦在中国市场的销售额占了杜邦公司全球销售额的5%，而增长率则达到32%，中国成为杜邦全球第二的高增长市场。

资料来源：http：//www.chinaqking.com/%D4%AD%B4%B4%D7%F7%C6%B7/2010/73734.html.

5. 基于综合价值创造的全面社会责任管理阶段

在这一阶段企业向社会提供产品与服务的过程，不仅能为股东创造利润，而且也能够为全社会创造经济、社会和环境的整体价值。企业社会责任不是简单地把生产经营过程变成一个创造利润的手段和方式，而是企业对社会和环境产生影响的过程，是企业与现实的人发生关系的过程，是企业与环境发生关系的过程。在内生的道德动力推动下，有效地管理企业的生产经营对社会和环境造成的影响，最大限度地创造企业发展的经济、社会和环境的综合价值。

企业社会责任管理的演变见图9-1。

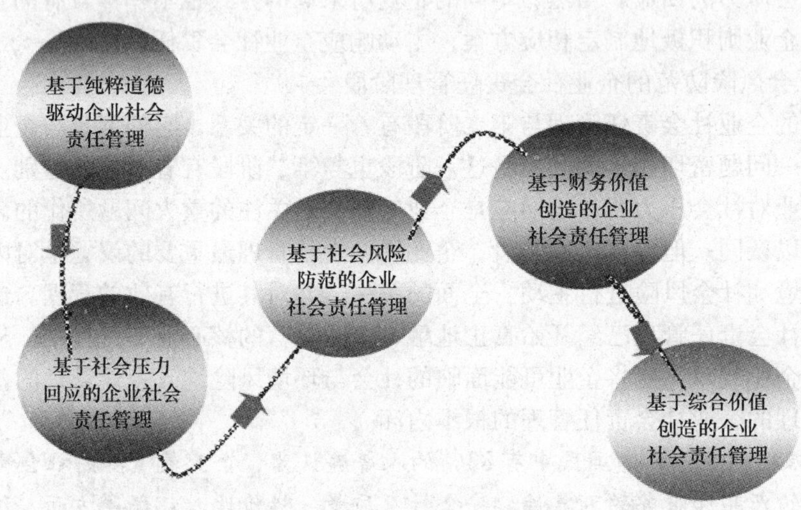

图9-1 企业社会责任管理的演变

二、企业社会责任管理的原则

（一）竞争能力原则

企业的首要社会责任，就是通过企业的努力去丰富人民的物质生活，发挥自己的作用。更直接地说，就是企业要获取更大的效益，获得更大的市场，降低企业的成本，保证企业利益相关者的合法权益。因此，企业在履行企业社会责任方面，必须高度重视企业当前和未来的企业竞争力的培育和增强。

（二）量力而行原则

对企业来说，其各项经营资源和经营实力是有限的。因此，企业在规划和实施企业社会责任管理上，必须坚持量入为出、量力而行的基本指导原则，在企业各项资源能够支撑的范围内和不损害企业自身发展的前提下，积极地承担社会责任。

（三）重点支持原则

企业在积极地承担社会责任的过程中，要根据企业所属行业的性质、企业产品的特征和企业的愿景，来确定企业社会责任应该重点和关键支持的方面，确定企业重点支持的领域，给企业的产品和服务以及企业的竞争实力带来差异化的竞争力，然后在资金投入、企业品牌文化传播、企业捐赠、公共服务等方面切实加以落实。

（四）风险控制原则

由于企业内外环境并不是固定不变的，在其经营的过程中难免会面临一定的风险，企业社会责任的履行也不例外。因此企业在规划和履行社会责任的过程中，企业及其相关的部门应该按照风险管理的相关规定，识别并有效地控制安全、质量、财务、环境、知识产权、技术和人力资源等方面的风险。

三、企业社会责任管理的动因

企业社会责任管理的动因主要来自于两个方面：一是来自社会控制的压力；二是企业自身的认知和推动。可持续发展和可持续性竞争力的实现是企业不断追求的目标。为了实现这个目标，需要不断地改善企业形象和提升企业价值。

（一）社会控制的压力

首先，利益相关者决策的压力以及由此带来的舆论压力、市场压力、合作压力以及企业社会责任运动所形成的新的契约原则，不断地冲击着企业“经济利益最大化”价值理念，特别是“企业公民”运动的兴起，企业需要承担社会责任来改变与利益相关者的关系。例如，消费者对具有企业社会责任行为的企业的产品的高度关注和购买倾向影响企业的社会责任管理决策。从整个社会的发展状况来看，企业社会责任的履行成为时代的潮流，积极地承担社会责任活动成为企业产品差异化和提高企业声誉的重要手段，而消费者也将产品是否符合环保标准和人权标准等作为其购买的准则。

其次，国际企业社会责任运动的发展。20 世纪 90 年代以来，伴随着消费者运动、环境保护运动以及可持续发展运动而成立的企业社会责任组织已经成为跨国公司利益实现的重要力量，国际上企业社会责任运动的兴起和发展促进了企业加强对社会责任的管理。

（二）企业自身的认知和推动

市场和社会控制的双重压力加剧了企业持续生存和盈利增长的压力。一方面，在全球市场结构性过剩的背景下，企业的流程再造、外包等手段虽然有助于企业度过危机，但是这种利益却逐渐被竞争性市场的多种因素“侵蚀”；另一方面，企业社会责任运动导致的各项标准和法规政策的出台，也带来了巨大的社会和环境管理成本。由此可见，企业降低成本和提升效率的空间越来越小。在企业社会责任盛行潮流下，企业能否建立与单位、个人以及社会的关系网络，并与其建立互惠互利、互相信任与信息共享的平台，成为新形势下企业获取竞争优势、降低成本和提高价值的重要途径。

因此，社会责任并不是企业的负担，社会问题也不只是令人讨厌的干扰因素，而是推动企业可持续发展的基本因素。

四、企业社会责任管理模式

从上面对企业社会责任管理的概念和发展可以看出，企业社会责任管理不应该是企业应对社会冲击的应急方案，更不应该是为了规避政府和行业管制的保护措施，而应该是企业的一项重要的战略行为。战略视角下的企业社会责任管理不仅仅涉及企业环保和在当地社区上的贡献，还涉及将企业社会责任融入企业的核心业务，最终获得企业可持续发展的竞争力。结合国内外企业社会责任管理的实践以及众多学者的观点，我们总结绘制了企业社会责任管理模式，见图 9-2。从图中可以看出，企业社会责任管理模式主要包括以下几个方面。

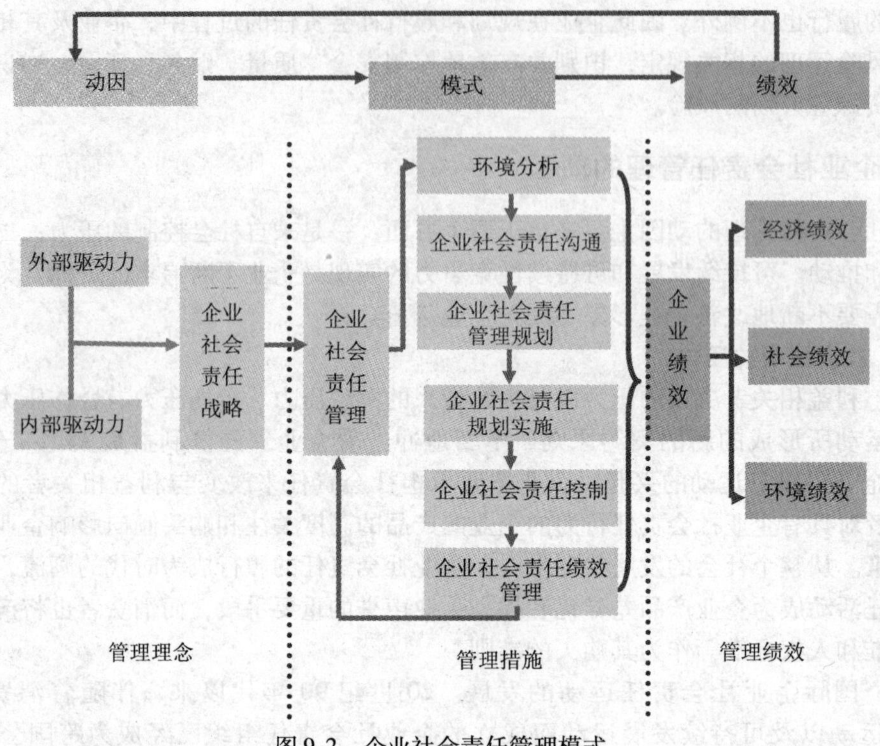

图 9-2 企业社会责任管理模式

（一）环境分析

企业应对其所处的外界环境进行详细的分析，明确外部环境的动向，分析外部环境中存在的机会和威胁，最大限度地利用环境提供的各种资源，并努力避开各种不利的因素。突如其来的社会变故、政策和法规的变化、利益相关者的动向以及一些非营利机构和非政府组织所关心的问题，都可能为企业的战略提供新的机会。企业一定要对环境进行周密的分析，特别是跨国经营的企业，密切关注环境的变化给企业发展带来的新机遇。因此，对战略环境的分析是企业社会责任管理的起点。

（二）企业社会责任沟通

企业社会责任沟通主要包括信息战略和互动战略两大手段，其主旨在于主动地进行沟通，建立互相信任的基础。

1. 信息战略

企业需要主动地宣传企业和社会的关系，并从高效提供社会所需的产品和服务的终极目标上阐述企业的根本宗旨，将企业社会责任作为企业关心的问题，并从组织上支持企业社会责任和企业核心业务的关系。企业还需要向社会表示企业利润的意义并不在于企业利润本身，而是企业更好地满足了社会需求，并在一定程度上追求企业与社会的共同发展。企业可以通过社会责任报告等方式对企业的社会责任理念、行为、战略等进行阐述，并接受社会成员的监督，与各利益相关者保持良好的关系，为企业树立良好的形象。

2. 互动战略

企业要意识到其与各利益相关者之间的关系，尊重并保护利益相关者的利益，与各利益相关者建立互相尊重、互相信任的良好关系，并与之进行有效的沟通，增强利益相关者与企业的认知。在互动的过程中，也需要企业在制定更加严格制度的基础上，积极参与和引导外界对于企业环境问题的讨论。通过有效的互动战略，企业可以与组织内外部的各要素之间建立良好的关系，促进企业有效地实施企业社会责任活动并达到预期的效果。

通过信息战略和互动战略，能够使企业上下、内外进行有效的沟通，使企业社会责任价值观和社会责任战略深入组织的各个环节，保证企业社会责任行为的有效落实和企业目标的实现。

（三）企业社会责任管理规划

企业社会责任管理规划是企业社会责任整体战略的一部分，所以企业社会责任管理应该具有全局性和纲领性。企业社会责任战略应该与企业整体战略保持一致。通过企业社会责任与企业核心价值观、企业使命和企业文化的统一，并依据企业的整体战略和当前的社会环境，结合企业自身的特点，制定合理的企业社会责任规划，明确企业社会责任管理的阶段性目标、工作重点和实施手段及保障措施，确保企业社会责任的有效实施。

（四）企业社会责任规划实施

根据企业社会责任的策略与计划，结合当前的社会热点问题，再次确认现阶段企业社会责任的重大项目，明确项目所需要的人力、财力、物力等各项资源，保证企业社会责任规划的顺利实施，同时要加强与社会责任实施有关的各部门的管理，加强部门之间的合作与交流，有效地推进企业社会责任项目的实施。

（五）企业社会责任控制

著名的管理学大师斯蒂芬·罗宾斯认为，“尽管企业的计划可以制定出来，组织结构也可以调整得非常有效，企业员工的积极性也可以调动起来，但是这仍然不能保证所有的行动都能按照原计划执行，也不能保证管理者所追求的目标一定能够达到。”所以，有必要对企业战略与规划的实施进行控制。

企业社会责任管理部门要加强对企业社会责任项目的信息流、资金流等的控制，监督和指导企业社会责任实施的情况，并及时地将项目的关键环节和阶段性成果通报相关单位，以便与预期的标准进行比较，及时地发现项目执行过程中存在的变差及其严重程度，有针对性地提出相应的纠正措施，保证企业社会责任管理的有效落实和预期目标的顺利实现。

（六）企业社会责任绩效管理

企业根据自身可持续发展的要求和国际通行的 GRI 标准一级以及道琼斯可持续发展指数，在对国际市场和我国企业目前的状况进行分析的基础上，建立企业自身的社会责任管理指标体系，这一指标体系的建立应该具有一定的科学性和权威性，能够有效地指引企业社会责任管理活动的实行，保证企业社会责任目标的实现。

五、企业社会责任管理体系

例 9-4 2009 年 11 月 18 日，企业社会责任网（www.csr9001.com）正式对外发布《CSR9001 企业社会责任管理体系》，这是国内首个企业社会责任管理体系。据企业社会责任网 CEO 郑学勤介绍，《CSR9001 企业社会责任管理体系》适用于所有在中国境内进行经营活动的企业。企业参照该管理体系运行，可迅速与国际相关机构的认证接轨。尽管社会责任已经成为企业的热点话题，但是企业社会责任网对 1 601 家 A 股上市公司的调查显示，只有 33 家企业建立了企业社会责任管理体系，约占 2%。当中，只有万科、中联重科等少数几家公司才有正式的社会责任履行计划、系统的项目设计、科学的决策机制和完善的执行程序与控制系统。由于企业社会责任管理体系严重缺失，导致企业社会责任缺乏有效管理。超过九成的A股上市公司在调查中表示，在践行企业社会责任方面存在随意性、临时性等问题，未能进行科学的规划，各个部门之间更未能协同作战。

资料来源：www.csr9001.com.（有删减）

企业社会责任管理体系是“确保企业有效地履行社会责任、实现良性发展的相关制度安排与组织建设。”企业社会责任管理关系着企业的长远发展，这个体系的建立涉及企业的愿景和使命、企业核心价值观、企业文化，甚至是企业的发展战略，对企业的长期生存和发展有着深远的意义。

（一）企业社会责任管理体系的内容

根据企业社会责任管理的含义和企业社会责任管理流程所涉及的要素，我们认为，一个完整的企业社会责任管理体系大致包括以下六个方面的内容。

1. 企业社会责任组织管理体系

组织管理体系是一个较为复杂的有机系统，主要有组织构架、组织变革、流程再造与组织再造等。相应地，企业社会责任组织管理体系是为促进企业全方位履行社会责任而建立的相应的企业组织结构和运行程序，其组织结构通常包括企业的组织机构，员工的职责、权限和相互关系的安排等。

2. 企业社会责任日常管理体系

企业社会责任日常管理是指将实施企业社会责任的相关要求及其理念融入到企业运行的全过程及日常管理中，逐步地完善企业各部门、各单位和各岗位的工作职责、管理要求与日常行为守则。企业社会责任日常管理体系是对企业现有的日常管理活动的改进与完善。企业组织结构的各个部门全面落实企业社会责任的要求，使企业运营的全过程都贯穿企业社会责任的思想，满足高效、安全、绿色、健康、和谐的要求，确保企业全面、全员、全过程履行企业社会责任。企业社会责任日常管理体系主要有财务资源管理、人力资源管理、信息管理、企业文化构建等。

例9-5 国外某些公司的企业社会责任日常管理体系相对比较成熟，如星巴克公司，该企业社会责任部承担着两个角色：第一个角色是在公司所有公众决策制定之前，他们和全部相关部门进行沟通，将社会责任意识带进各部门的决策制定中，同时，也为企业社会责任进一步的运行提供基础。第二个角色是“保障言行一致”，即跟进相关部门决策的执行和监督其结果，并且将结果公布于众，执行管理职能中的控制职能。

资料来源：http：//www.bylw8.com.（有删减）

3. 企业社会责任指标体系

企业社会责任指标体系是构成企业社会责任管理体系的一个重要组成部分。企业社会责任指标由一些相互联系、相互补充的企业社会责任指标构成，主要是用于加强企业社会责任的实施和管理，促进企业与各利益相关者的沟通，对企业社会责任的效果进行评估的一套标准和工具。

企业社会责任指标的使用也是有条件的，它需要遵循以下几个原则：首先是及时性。及时性是指社会责任信息的采集应该根据要求按时进行，以确保得出的各项指标能够及时、准确、有效地反映企业的最近情况。其次是准确性。企业社会责任指标处理要严格按照要求进行，不能随意地更改指标结果，保证指标能够准确地反映实际的情况。再次是动态性。企业的社会责任指标体系并不是固定不变的，它可以根据企业内外环境的变化来进行调整，以便指标能够真实地反映现实。最后是灵活性。也就是说，企业的社会责任指标要根据实际情况的发展进行灵活的把握，注意区分不同性质的指标。

4. 企业社会责任绩效考核体系

绩效考核是企业的一项重要的系统工程，它涉及企业的整个发展战略、企业目标体系及其目标责任体系、评价标准、评价内容及方法等，其目的是促进企业管理水平的提高和企业目标的实现。绩效管理是企业管理中的一个重要组成部分，对企业预期目标的实现和企业管理水平的提升有着重要的意义。因此，对企业社会责任履行状况进行考核也是企业社会责任管理所必不可少的。

企业社会责任绩效考核是针对企业整体、各部门、各单位及个人履行社会责任的行为和结果是否符合相关的要求和标准，以及是否达到预期的目标所进行的具体的奖励或者惩罚，其根本宗旨是促进企业建立社会责任履行的激励与约束机制。企业社会责任绩效考核由企业社会责任业绩考核制度和考核程序等组成，是企业绩效考核体系的重要组成部分。其中，企业社会责任绩效考核制度是企业履行社会责任的机制与制度保障。

5. 企业社会责任信息披露体系

企业社会责任信息披露体系主要是指建立与健全企业社会责任信息披露程序和渠道，向利益相关者提供真实、可靠的信息并接受其监督和管理的运作体系。企业通过建立多角度、多层次、多渠道的信息披露渠道，向利益相关者提供准确、及时、完整的企业社会责任信息，有助于获得利益相关者的信任，有效地与其在某些问题上达成一定共识，与利益相关者建立信任、和谐、友善的关系。

6. 企业社会责任能力建设

企业社会责任能力是指企业实现其企业社会责任目标或职责必须具备的相关知识、技能和愿望等。工作在企业各个岗位上的人员必须明确自身对企业社会责任管理所应尽的义务和责任，并积极地做好相关职责，保证企业整个组织管理体系有效地运转。企业社会责任能力建设要求企业将社会责任作为一个规范化、制度化的管理体系来实施，将企业社会责任融入企业的文化、战略中，设立专门的部门进行有效的管理。

（二）企业社会责任管理体系的构建

企业社会责任管理是通过对企业资源的系统规划和整合利用，以规范的组织、流程和制度，切实保证企业在经济、社会与环境三方面优秀责任行为的有效落实。参照国际标准，为实现我国企业社会责任的规范化管理，必须建立完整的企业社会责任管理体系，包含四个主要环节（见图9-3）。

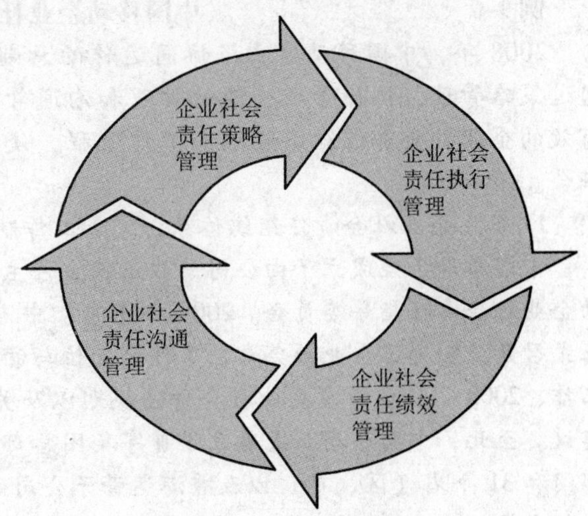

图9-3 企业社会责任管理体系的构建

1. 企业社会责任策略管理

企业社会责任策略应该与企业整体的

发展战略保持一致，企业社会责任管理应该是企业整体战略规划的一部分。从企业的文化、企业核心价值观和企业责任观出发，结合企业的战略，明确企业社会责任的阶段性目标、工作重点和实现的措施手段，并通过自内而外和由外而内两个方面对相关的社会责任议题进行分析，结合企业自身的特点，最终明确企业社会责任的策略核心。

2. 企业社会责任执行管理

企业社会责任执行管理就是做好对重大企业社会责任活动项目的事前分析、事中跟踪和事后评估。根据企业的社会责任策略与计划，在认真分析论证的基础上，结合当时社会关注的热点问题，最终确定企业社会责任的阶段性重大项目，明确该项目实施需要的人力、财力、物力等关键资源和实施的相关部门，加强企业的跨部门、跨单位协作，提高各部门之间的沟通与合作，为企业社会责任的有效执行做好准备工作。

企业社会责任管理部门对企业社会责任项目进行管理和控制，及时地处理项目执行过程中出现的问题，以确保企业社会责任目标的实现。

3. 企业社会责任绩效管理

根据前面对企业社会责任管理的模式和内容的分析可知，企业社会责任绩效管理要完整地覆盖经济、社会与环境三方面的内容，全面建立企业社会责任管理指标体系，并在该指标体系的指引下推动企业社会责任绩效考核相关工作的运行，最终为企业社会责任绩效的提升提供巨大的推动力。

4. 企业社会责任沟通管理

企业要建立良好的沟通机制，建立内外统一的沟通平台，特别是要加强与关键利益相关者的沟通与交流，并做好企业社会责任相关信息的反馈工作。另外，企业还要积极地编制企业社会责任报告，并在报告中有选择地对利益相关者重点关注的问题和社会热点问题予以积极的回应。通过有效的沟通与交流机制，树立企业良好的社会形象，最终保证企业整体绩效目标的实现。

总之，企业社会责任管理体系的建立是一个比较复杂的过程。而成熟、规范的企业社会责任管理体系不仅有助于企业更好地履行社会责任，而且也能为企业的长期生存和发展创造良好的生态环境，不断地提升企业的持续竞争力和综合实力。

例 9-6　　中国移动企业社会责任管理

2008 年，中国移动建立了协同运作的总部与省级公司两级企业社会责任管理体系，通过策略管理、执行管理、绩效管理和沟通管理等四大工作模块建设，初步确立了行之有效的企业社会责任组织架构和工作流程，使企业社会责任管理与公司运作进一步紧密融合。

1. 确立企业社会责任组织体系，完善工作制度与流程

中国移动已经成立了由公司总裁王建宙任主任的企业社会责任最高决策机构——中国移动企业社会责任指导委员会。2008 年 4 月，中国移动企业社会责任指导委员会第一次年会正式召开，明确了企业社会责任工作的定位与管理理念，审议通过了年度企业社会责任重点工作、2008～2010 年度企业社会责任规划以及关于成立企业员工志愿者组织等一系列决策建议。至此，中国移动正式确立了贯穿集团总部与省级公司两个层级、横向协调总部 20 个部门和 31 个省（区、市）以及香港运营子公司的企业社会责任组织体系，实现了全集团企业社会责任工作的统一组织与有效管理。

在各省级公司均建立企业社会责任案例收集与报送制度的基础上，通过明确企业社会责任管理办法，组织制定年度统一企业社会责任工作计划，将相关重点指标纳入绩效考核以及推进电子平台建设，省级公司企业社会责任管理逐步走向科学化、规范化。

2. 建立企业社会责任指标体系，实施企业社会责任对标管理

中国移动2008年建立了针对37个企业社会责任重要议题、包括211项指标的企业社会责任管理指标体系。该指标体系是衡量中国移动企业社会责任工作实施进展的指标全集，通过对指标的归口管理、定期采集、分析和反馈，可以及时了解企业在履行社会责任方面的具体表现，为下一步与国际标准与业界最佳实践的对标分析和针对性提升奠定基础。

3. 开展企业社会责任实践评优，初步形成企业社会责任管理闭环

中国移动2008年开展了优秀企业社会责任实践评选活动，首次在全集团范围内选拔企业社会责任优秀实践。经来自政府主管部门、非政府组织、权威媒体的专家代表与公司内部专家共同评审，最终从109项申报成果中，产生了2008年度企业社会责任十佳实践及最佳企业社会责任创意、最佳员工参与、最佳企业社会责任推广、最佳企业社会责任组织等单项奖共计21个获奖成果和单位，大大提升了公司内部责任文化氛围，初步形成企业社会责任实践策划、执行和评优的闭环管理机制。

4. 强化企业社会责任内部沟通，初步建成企业社会责任管理电子系统

2008年6月，中国移动举办了年度企业社会责任工作培训，针对各省级公司企业社会责任管理工作人员进行了企业社会责任相关理论、关键议题、国际最佳实践和工作方法的专门培训。截至2010年，中国移动已经发布了三期《中国移动企业社会责任通讯》，整理各省级公司企业社会责任典型做法和先进经验，在全集团范围内进行了经验交流与共享。与此同时，中国移动企业社会责任管理电子系统基本建成，包括企业社会责任外部沟通与内部管理两大平台，已于2010年10月上线试运行。

5. 优化企业社会责任报告，实现常态化相关方沟通

中国移动连续三年滚动编制和发布企业社会责任年度报告，形成了报告编制的规范方法与流程。与此同时，一些运营子公司也开始发布企业社会责任分报告，截至目前，黑龙江、上海、浙江、江西、山东、广东、四川等公司均已发布本省（市）的企业社会责任分报告，公开和透明地向社会披露公司在企业社会责任方面的工作进展，实现与相关方的定期交流与反馈互动。

资料来源：http：//www.sc.10086.cn/aboutus/csr_report/2008csr_cn/201007/t20100722_6596.html.（有删减）

六、企业社会责任管理架构

（一）国外企业社会责任管理架构

目前，国外承担社会责任主要有以下两种方式：

（1）董事会决策模式。这种模式的主要特征是在企业董事会层面设置专门的委员会负责企业社会责任事宜。在《财富》评选的“十佳社会责任公司”中有近一半的公司采用了此种模式，他们分别是国际纸业、加拿大铝业、美国铝业和雪佛龙。

例9-7　国际纸业总部位于美国，是世界最大的纸业产品公司之一，建立于1898年，具有1 830万t的年生产能力，主要业务包括：纸、包装和林木产品。该公司董事会下设审计与财务委员会、薪酬委员会、治理委员会、执行委员会，以及公共政策与环境委员会。这里

的公共政策与环境委员会就相当于我们所说的企业责任委员会。

从公共政策与环境委员会章程中可以看到，该委员会对与公司相关的公共政策、法律、健康、安全和环境等事项，负有评估和提出相关建议的责任。该委员会至少由三名独立董事组成，其成员由董事会决定。委员会定期召开会议，会议的内容包括：评估公司的愿景和目标是否与做一个优秀的企业公民相一致；为确定公司的公共政策事项而评估公司的技术与流程；评估公司在环境、安全、健康方面相关的政策、计划与表现；评估慈善和政治捐款，提出建议；评估法律事项以及对法律、法规及道德守则的遵守情况；评估在诉讼案件中对董事和公司员工进行的赔偿，提出建议；评估该委员会的业绩。2005 年，国际纸业公司的公共政策与环境委员会有四名成员（都是独立董事），他们针对上述议题，召开了四次会议进行讨论。

资料来源：http：//finance. sina. com. cn/leadership/stragymanage/20060925/21102944830. shtml.

（2）董事会承担、经理层决策的模式。这类模式的主要特征是：董事会要承担企业社会责任，讨论企业的社会责任战略，并授权企业的管理层负责相关的事宜。在《财富》评选的“十佳企业社会责任公司”中，另外几家公司采用了这一模式。《财富》“企业社会责任单项排行榜”第一的 TESCO 公司就是典型的董事会承担、经理层决策的模式。

例 9-8 TESCO 公司成立于 1924 年，总部位于爱尔兰，它是英国最大的食品零售公司，目前在全球有超过 2 400 家店，遍布英国、爱尔兰、中欧及亚洲各国。在《财富》杂志“企业社会责任单项排行榜”中，TESCO 排名第一。

TESCO 公司董事会下设提名委员会、薪酬委员会、审计委员会与执行委员会，其中执行委员会由公司的 CEO 以及其他内部执行董事组成。在执行委员会下设三个委员会：企业社会责任委员会、财务委员会和遵循委员会，董事会通过这三个委员会对公司的行为进行控制，确保公司在社会、财务、法律三方面都符合社会规定。

TESCO 公司的企业社会责任委员会由公司的内部执行董事——法律事务总裁兼公司秘书露西·娜薇尔-露芙（Lucy Neville-Rolfe）负责，其成员包括公司各个部门的高级管理人员，特别是公司的法律事务部与贸易法律技术部等部门。企业社会责任委员会负责支持、提出和监控公司在社会、伦理、环境方面的政策，评价集团面临的威胁与机会。该委员会的职责主要包括：评估公司关于社会、伦理和环境方面的政策，以此作为风险管理程序的一部分；识别在企业社会责任方面可能帮助公司改善效率、盈利水平和商业前景的机会；选取企业社会责任的关键业绩指标（KPIs），监控并报告这些指标；在整个集团改进对“最佳实践”的理解；增进公司内部对企业社会责任的认识；改善公司利益相关者的沟通与参与计划。

企业社会责任管理方式：

（1）董事会层面。公司董事会在每次会议上，都会讨论公司所面临的战略上的风险。其中，每年会讨论一次企业社会责任战略。在执行委员会的季度会议上，执行委员会的董事们对公司管理层提交的企业社会责任季度报告进行审议，并且对公司未来的风险与机会进行评估，进而提出公司在企业社会责任方面的战略计划。

（2）管理层面。公司的企业社会责任委员会至少每年开四次会，委员会主席定期向执行委员会汇报企业的社会责任事项，而且每年至少一次在董事会上讨论该委员会的工作情况。TESCO 公司使用一种称为“方向盘”的管理工具，以保证公司的平衡、健康发展。“方向盘”分为四个方面——顾客、运营、人和财务。在这四个方面下，又分出更多的项，每一项都与一系列的关键业绩指标相联系，这些指标分别对应着需要不懈努力才能达到的目标。每个季度，公司管理层要向董事会递交这四个方面的业绩报告，并且要整理一份摘要发送给公司的2 000名管理者，再传递给更多的员工阅读。同时，“方向盘”的关键业绩指标与公司管理层的薪酬以及奖金挂钩。

TESCO公司的社会责任通过“运营”部分的“负责任而且安全”对应的关键业绩指标来衡量。通过这种方式，企业社会责任事项就能够与公司的日常运作紧密地结合在一起。企业社会责任委员会按季度监控这些关键业绩指标的实际水平，而且对这些指标反映的业绩每年进行一次评估。TESCO公司的企业社会责任关键业绩指标包括经济、社会、环境三个方面。

资料来源：http：//finance. sina. com. cn/leadership/stragymanage/20060925/21102944830. shtml.

（二）中国企业社会责任管理架构

我国对企业社会责任的关注起步比较晚，因此，相应的企业社会责任管理组织的建设目前也只是处在探索阶段。联想集团是我国最早设置专门的企业社会责任机构和职位的企业。迄今为止，国家电网、中国华能集团公司等一部分中央企业也设置了专门的企业社会责任管理部门。

《联想（中国）企业社会责任报告》和《国家电网社会责任报告》详细介绍了联想集团和国家电网的企业社会责任管理组织架构的实际情况，分别见图9-4和图9-5。

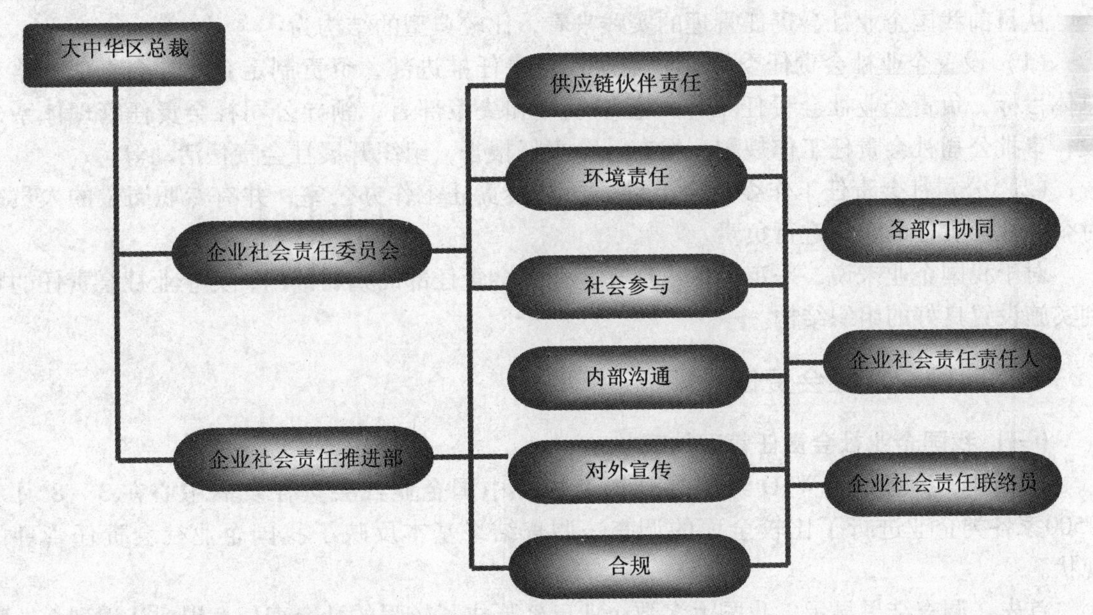

图9-4　联想集团企业社会责任管理组织构架

在我国，虽然一部分公司已经有了专门的企业社会责任管理机构，但是其内部的分工并不十分明确，而且还容易导致企业社会责任管理与企业的经营管理相分离。从整体上讲，我

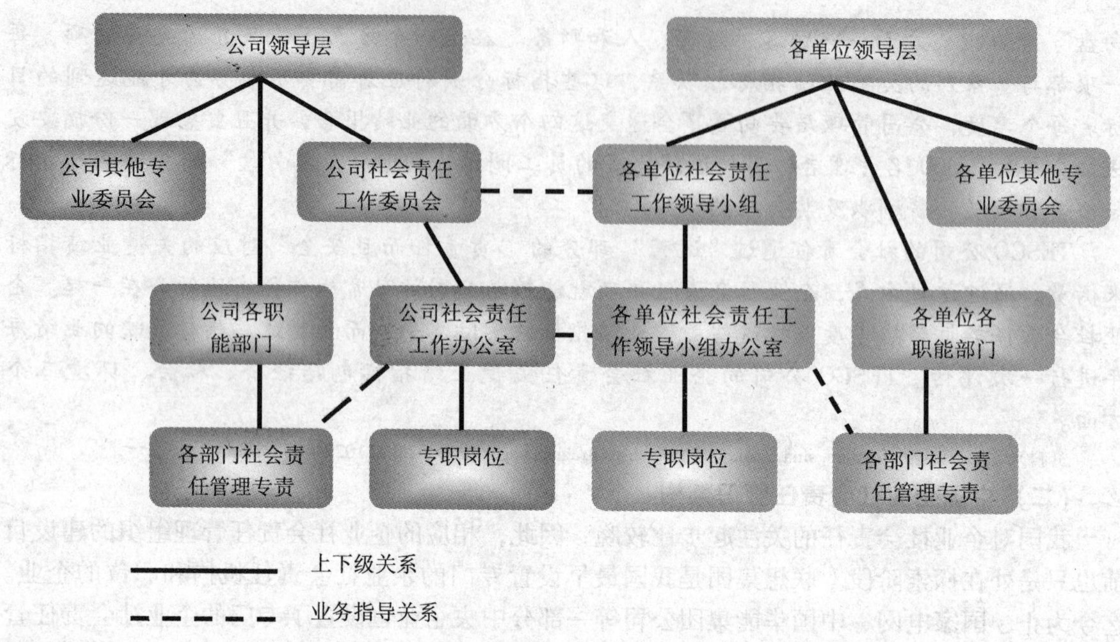

图 9-5 国家电网企业社会责任管理组织构架

国企业目前社会责任管理组织的现状对于其他企业进行社会责任管理组织机构的建设有很大的借鉴意义。

从目前我国企业社会责任管理的实践来看，比较典型的结构为：

(1) 设置企业社会责任委员会和企业社会责任推进部，负责制定企业社会责任战略和总体目标，负责企业社会责任工作的组织领导和决策部署，领导公司社会责任管理体系建设，审批公司社会责任工作规划，发布社会责任报告，组织开展社会责任活动等。

(2) 公司社会责任工作委员会下设公司社会责任工作办公室，并有专职岗位的人员来对企业社会责任的实施进行负责。

对于我国企业来说，一定要慎重选择企业社会责任部的归属部门，为企业社会责任的顺利实施设置良好的组织结构。

七、我国企业社会责任管理

(一) 我国企业社会责任管理的现状

2005 年，商务部《WTO 经济导刊》杂志社中国企业社会责任发展中心在 3 ~ 8 月对 1 500家各类企业进行了比较全面的调查，调查结果基本反映了我国企业社会责任管理的现状。

首先，调查结果显示，我国大多数企业已经形成了较强的社会责任意识，认识到企业除了承担经济责任外还必须履行相应的法律责任和道德责任，并形成了以人为本的责任理念，同时意识到履行企业社会责任对企业的可持续发展有着重要的意义。

其次，符合我国国情的企业社会责任标准尚未建立。我国企业社会责任管理一般以《劳动法》和 SA 8000 作为参考标准和衡量准则。而《劳动法》未能反映企业社会责任的各个层面，SA 8000 是西方制定的标准，与我国的国情有着一定的差异，并不能完全照搬。

再次，我国大多数企业还没有建立专门的企业社会责任管理部门。中国企业社会责任发展中心的调查结果显示，只有8%的受访企业设有企业社会责任部，8%的企业设有可持续发展部，16%的企业设有环境管理部，37%的企业设有公共关系部。由此可见，目前我国大多数企业还没有把企业社会责任作为一个专门的工作来对待，因此也没有设立相应的社会责任管理部门。

最后，近年来，我国企业进行信息披露的数量不断地增加，发布社会责任报告的企业也越来越多。2006年发布企业社会责任报告的本土企业只有区区的18家，到2010年却猛增至600家。但是对于我国大多数企业来说，还未建立企业社会责任报告制度。

（二）我国企业社会责任管理的问题

虽然我国企业社会责任管理已经取得了客观的进展与成就，但是就其整体而言还存在着不少的问题。

1. 缺乏与企业战略的融合

随着国民经济的发展和公众社会意识的不断增强，人们对企业社会责任的认知程度不断提高，但是很多企业还很难做到将企业社会责任管理与企业发展战略相融合。对于我国大多数企业来说，企业很少从战略角度对企业社会责任进行思考，而建立企业社会责任战略的企业更是少之又少。主要原因是目前我国大多数企业还没有认识到企业社会责任的战略作用，缺乏对企业社会责任与企业可持续性竞争力和企业长期可持续发展之间的关系的认知，所以，对于大多数企业来说，其社会责任行为与决策缺乏与战略的融合。

2. 缺乏与企业日常管理的融合

企业社会责任运动的发展引起了社会公众的高度关注，在这种形势下，越来越多的企业也开始披露其社会责任的状况，企业社会责任管理在我国开始开展。但是在企业的实践过程中，企业社会责任管理却与企业的日常管理活动相脱节，这在一定程度上造成了企业资源的浪费。

3. 基础的企业社会责任管理环节相对薄弱

近年来，随着社会责任运动的兴起，虽然越来越多的企业开始投身到企业社会责任活动中，但是却有相当多的企业认为，企业社会责任就是做公益事业，这就在一定程度上造成了企业公益活动热情高涨，而基础的企业社会责任管理相对薄弱的局面。企业对道德意义上的社会责任投入了过多的精力，而对法律意义层面的社会责任却重视不够。

（三）我国企业社会责任管理体系的构建

根据企业社会责任管理体系的相关理论，结合我国企业社会责任管理的现状和问题，我国企业社会责任管理体系的构建可以从以下几方面入手。

1. 完善企业社会责任法律体系

充分挖掘现有法律、法规中与企业社会责任相关的内容，从执法和司法方面建立企业社会责任的落实机制和监督机制。另外，政府可以借鉴和吸收国外企业社会责任的立法成果和经验，结合我国的基本国情和企业的实际情况，大胆地吸收和借鉴外国企业社会责任立法的成果，制定出适合我国国情的企业社会责任的法律、法规。

2. 借鉴和推行企业社会责任标准

继SA 8000等一系列国际标准之后，ISO 26000的问世充分说明了国际社会对企业社会责任的高度关注。我国应该借鉴SA 8000、ISO 26000等标准的合理成分，制定出相关的标准，建立起有中国特色的企业社会责任标准，并以此作为企业社会责任评估的依据来规范企业的行为，最终提高企业的社会责任履行能力。同时争取与国际市场接轨，提升我国企业在国际市场上的竞争力。

3. 建立良好的企业社会责任管理部门

企业的内部治理结构决定了企业的运营方式。目前，我国大部分企业缺少相应的企业社会责任管理部门，使得企业社会责任在执行的过程中难免力不从心，难以达到预期的效果。因此，企业可以建立良好的内部治理结构，设置专门的企业社会责任管理部门，及时地处理企业社会责任执行过程中的问题并对其进行有效的监督，保证企业社会责任目标的实现。

4. 在日常管理活动中执行企业社会责任管理

目前，我国大部分企业都存在日常管理与企业社会责任管理脱节的现象，造成了企业资源的浪费、管理效率不高的局面。企业应该将社会责任放在战略的高度上进行思考，把企业社会责任管理与企业日常的管理活动有效地结合起来，提高组织管理的效率和资源的利用率。

例 9-9 南方电网公司将企业社会责任作为价值理念完全纳入了企业的战略管理中。公司把“主动承担社会责任”的理念上升为公司使命，是为数不多的把承担社会责任作为公司根本任务的企业。公司的宗旨、工作方针、经营理念、核心价值观都深刻诠释了责任意识。2010 年，面对西南旱灾、海南暴雨、广东泥石流等自然灾害，南方电网公司又提出“大灾当前，责任在先”的理念，体现了对履行企业社会责任的不懈追求。在企业社会责任日常管理中，公司的社会责任管理职能由战略策划部承担，和战略研究、创建国际先进电网企业、规章制度管理、责任制考核等工作衔接配合，形成闭环，较好地将社会责任纳入了战略管理，融入了企业日常运营。

资料来源：http：//www. wtoguide. net/html/2011-04/209. html.

5. 建立良好的信息披露机制

良好的信息披露机制不仅能在很大程度上对企业社会责任情况进行监督和制约，而且对于企业形象和企业声誉的建立，甚至是企业持续竞争力的培养，都有着重要的意义。因此，我国企业要积极地建立良好的信息披露机制，为提升我国企业社会责任管理的水平提供有效的提升机制。

第二节 企业社会责任管理评估

从我国企业社会责任管理的现状来看，企业社会责任管理多集中于企业社会责任信息披露、企业社会责任报告、企业社会责任绩效评估等方面，因此，本书对企业社会责任管理的深层次剖析主要集中于企业社会责任信息披露与企业社会责任管理的评估两个方面。

一、企业社会责任信息披露

（一）企业社会责任信息披露的动因

20 世纪 60 ~ 70 年代企业社会责任思想和运动的兴起，西方学者开始对企业社会责任信息披露进行研究。进入 90 年代后，随着全球经济的发展和全球化进程的加速，企业社会责任运动进入了一个新的高峰，企业社会责任信息披露再次成为备受社会关注的热点问题。

例9-10 30年前，世界500强企业只有不到一半提过企业社会责任。直到1997年，第一个企业社会责任有关的国际标准SA 8000才被制定与广泛推行。标准制定后的五年内，已有接近90%的500强企业将企业社会责任看成是组织目标中的要素，并在年报中积极反映其履行企业社会责任的各项举措。如今全球500强企业中，前250家中有超过50%的大公司都通过企业社会责任报告对其社会责任信息进行披露，其中80%的企业社会责任报告都已通过三方认证来增强其公信力。

资料来源：http://www.infzm.com/content/18688.

企业的存在和发展不仅受企业自身利益的驱使，还会受到社会各种因素的驱使，从这个层面上说，企业是社会人，其行为必然会受到社会的约束和限制，并对社会构成一定的影响。因此，对于企业社会责任信息披露的动因，将从外部动因和内部动因两个方面进行阐述。

1. 外部动因

企业社会责任信息披露的外部动因主要源于各利益相关者对企业生产经营的影响和约束。首先，从合法性的视角来说，任何组织的存在和运行都需要符合某种秩序，这种秩序可能是法律规则，也可能是共同体所沿袭的某种惯例和规范。随着企业社会责任运动的兴起和相关的法律、法规和标准的问世，企业披露其社会责任信息在一定程度上是为了满足法律、法规和各种国际、国内标准的相关规定。其次，从利益相关方理论的视角来看，利益相关者在对企业产品或者服务进行购买或者投资时，越来越多地开始关注企业社会责任信息。企业各利益相关者对企业社会责任需求在一定程度上也促进了企业社会责任信息的提升。最后，从企业的特征来看，国内外学者研究发现，企业业绩与企业社会责任信息披露有显著的正相关关系。企业的规模越大、盈利能力越好，就越倾向于披露企业的社会责任信息。

2. 内部动因

从内部动因来看，企业对其社会责任信息进行披露主要是基于经济利益层面的驱动，为了保持其持续的竞争力获得长期的利润。企业进行社会责任信息披露能够为企业赢得良好的企业声誉和树立良好的企业形象，在吸引新的消费者、开发企业产品或服务的同时也能够提升顾客的忠诚度，并为企业吸纳大量的优秀人才，为企业的长期可持续发展积蓄力量。

（二）企业社会责任信息披露的演进

由于我国企业对社会责任信息披露的起步比较晚，在2005年以前，几乎没有一家上市公司在年报中针对企业社会责任状况进行专门的披露。我国中央企业正式发布的第一份社会责任报告（2006年3月10日国家电网发布的《国家电网2005社会责任报告》）的内容也没有全面地涵盖社会责任的各个方面，而且我国对这一问题的研究和探讨也是在西方国家的影响下开始向前推进的。因此，在本书中，我们主要从西方发达国家企业社会责任信息披露的发展来对这一问题进行分析。

在国外，企业社会责任信息披露主要经历了三个阶段。

1. 自愿性披露阶段

随着公众社会意识的逐渐增强，企业社会责任被越来越多的企业所接受，相应的企业社会责任信息也逐渐在企业信息披露体系中出现。1977年，瑞典报道了一个在两家主要制造公司中发展社会会计程序的方案，开启了企业社会责任信息披露的先河。但是当时进行社会责任信息披露的企业主要是一些大型的企业。后来，随着社会责任信息披露的逐渐成熟和完善，一些中小企业才开始逐渐加入到这一行列中。

2. 强制性披露阶段

强制性信息披露是指由国家的相关法律、法规和政策明确规定的企业必须披露信息的一种信息披露制度。

随着企业社会责任理论的不断完善，各国政府和一些非营利性组织对企业社会责任信息披露给予了高度的重视，各国纷纷出台了各种相应的法规要求企业充分地披露社会责任信息。例如，法国政府于1977年颁布法律要求超过750人的组织必须编制年度社会资产负债表，用货币的形式说明企业履行社会责任的情况。但是要完全实现强制性的信息披露似乎有着很大的难度，因此这一阶段，企业披露的社会责任信息大多是企业资源履行的行为。

3. 强制性披露与自愿性披露相结合的阶段

企业社会责任信息披露发展到这一阶段时，大多数的西方国家都制定了相关的披露规则。但是越来越多的企业开始主动提供企业社会责任的状况，企业自愿披露信息的意识越来越强。1982年，蒙德（Maunder）通过对300家大公司1981～1982年会计报表的调查研究发现，不同公司企业社会责任信息资源披露的比例有所差别。自愿信息披露比例影响最大的是企业的人力资源信息。在公平经营的实务信息中，公司所披露的是关于妇女和各种族群体在公司的就业情况。随着企业社会责任的发展和社会文化环境的变化，在自愿性披露方面，“公益事业”、“有关产品”这两类信息有增加的趋势。

从国外企业社会责任信息披露的演进历程上可以看出，随着时代的发展和企业社会责任理论的逐渐成熟，社会问题日益引起人们的关注，企业社会责任信息披露也逐渐走向完善和成熟。

（三）企业社会责任信息披露的内容

伴随着整个社会经济文化的发展，人们在追求物质享受的同时也越来越关注生活质量的改善与提高，其社会意识也在逐渐增强，相应地，企业社会责任会计信息披露也越来越受到各国的重视。但是对于企业社会责任信息披露的内容，不同的学者却有着不同的见解。阳秋林认为，企业社会责任信息披露除了包括财务方面经济效益评价指标中的社会积累率和社会贡献率外，还应该涉及企业在人力资源、改善生态环境、社会福利、商业道德、企业收益等方面的贡献。靳思昌则认为，企业社会责任信息披露应该包括企业在财务方面的贡献、企业对社区的贡献、改善生态环境的贡献、对人力资源管理的贡献、对竞争对手的贡献、企业的产品质量和售后服务的贡献等。但是，由于学者对企业社会责任的认知不同，在企业社会责任信息披露上面也有着一定的区别，这在世界范围内目前还没有形成统一的、规范的标准。

根据学者们的观点和我国的实际情况，本书认为，我国企业社会责任信息披露的内容应该包括以下几个方面。

1. 企业财务方面的贡献

对一个企业来说，生存是其面临的首要问题。因此任何一个企业都不可能忽略财务上的收益。所以企业必须履行对股东的社会责任，保证企业预期收益目标的实现。但是，企业收益的大小也会影响到企业向国家缴纳的税金、对员工支付的工资和奖金等，这也是企业对社会所作的贡献，是企业的一种社会责任和义务。

2. 企业对人力资源方面的贡献

随着知识经济时代的来临，人力资源成为决定企业成败的关键因素，因此企业人力资源方面的信息也越来越备受社会的关注。因此，企业在披露其社会责任信息时需要提供企业员工的招聘、培训、平均工资、福利状况、工作环境和工作条件、高级人员的吸纳和引入及其发挥的作用，以及企业在调动员工积极性、发挥员工创造力等方面所做的工作等。

3. 产品与服务的性能与安全

随着消费者法律意识的增强和自我保护意识的提高，企业在披露其社会责任信息时应该对其产品的使用性能、质量、使用年限、安全性、售后服务等有关信息进行披露，提高消费者对企业产品和服务的认知度，树立良好的企业形象和赢得良好的企业声誉。

4. 企业对所在社区的贡献

企业的生产经营活动与其所在的社区有着密切的关系。因此，企业在对其社会责任信息进行披露时，应该包括企业为社区提供的人力、财力、物力的资助，发展社区公共事业的情况，慈善事业开展情况，提供平等的就业机会情况，以及对弱势群体的关注状况等。

例 9-11　为了保证农民的收入，美国星巴克咖啡在世界咖啡市场价格降到每磅 40 ~ 50 美分时仍然用 1.2 美元来收购咖啡。星巴克同时不忘与国际环境组织合作，向农民们宣传，只要是绿色咖啡，星巴克就愿意出高价购买。星巴克咖啡的 CEO 奥林 · 史密斯说：星巴克的最大成绩之一，就是说服顾客付 3 美元的高价买一杯“有社会责任的咖啡”。

资料来源：http：//news. ccidnet. com/art/1742/20050817/313507_5. html.

5. 企业对环境保护方面承担的责任

环境问题是现代生活中人们普遍关注的焦点问题之一，它直接影响着人们的生活和社会的持续发展。因此环境与生态保护成为评价企业的一个关键指标。企业在披露企业社会责任信息时应该包括为保护和治理生态环境而开展的工作，降低能源和稀有资源消耗的情况，企业生产经营活动对环境的影响和对此采取的措施等。

6. 企业对竞争对手的责任

作为市场经济的主体，企业应该坚持有序、公平的市场竞争原则，因此不能搞恶性竞争，破坏市场的秩序，企业必须认真地处理好与其竞争对手的关系，维持良好的市场竞争环境，反对不正当竞争和垄断等行为的出现。

（四）企业社会责任信息披露的形式

企业社会责任活动涉及社会生活的各个方面，由于世界各国对企业社会责任及其报告的关注程度与内容有所区别，所以不同国家和企业在企业社会责任信息披露的内容、方式与程度上也存在着较大的差别。

从企业社会责任信息披露的演进历程上看，企业社会责任报告经历了一个相互转换和互相融合的过程，即自愿性信息披露到强制性的信息披露，最后到自愿性与强制性相结合的信息披露阶段。我国上市公司的信息披露也经历了这样的一个过程。在企业承担社会责任的初期，进行信息披露的大多是上市公司，但是他们所披露的信息都没有一个固定格式、依据和形式，都是按照自身的某些特点或者要求来决定的。随着证券市场的发展和企业生存环境的变化，人们对企业社会责任关注的内容在不断延伸和扩展，对企业社会责任的关注程度也在不断地提高，在这种形势下，企业社会责任信息披露的内容和形式在不断地规范化。

我国学者季晓东研究指出，企业对其社会责任信息的对外披露主要通过两种方式进行：一是在年度财务报告中披露；另一种方式是单独编制社会责任报告。王旭和周祖成认为，企业可以在现有的报表中添加新的项目或者以附注形式来反映企业社会责任信息，或者在企业年报中单独设立一部分披露企业社会责任信息，抑或以独立报告来反映企业社会责任信息方面的情况。徐家林则认为，企业社会责任报告的基本格式主要有叙述方式、独立报告方式和专门报告方式三种。匡海波认为，企业社会责任信息披露可采用补充报告和独立报告两种方式。

结合学者们的观点，从我国企业社会责任发展的历程来看，我国企业社会责任信息披露主要有文字叙述方式、添加项目或批注披露方式、独立披露方式三种。

1. 文字叙述方式

文字叙述方式又被称为叙述性披露模式，主要是以文字叙述的方式对企业的社会责任状况进行报告。这种方式最大的优点是提供的信息直观，操作简单、灵活、明晰。其缺点是文字叙述具有模糊性，很难对不用的企业进行比较。这种方式主要为早期的企业社会责任信息披露的方式，目前已经基本被独立的模式所取代，文字叙述只是作为一种补充的形式。但是这种方式为企业社会责任信息披露方式的发展奠定了良好的基础。

2. 添加项目或批注披露方式

添加项目或批注披露方式主要是在传统会计报表的基础上，增加新的科目或者以附注形式对企业社会责任信息进行披露。因为对很多企业来说，在现行的财务报表之外再行编制企业社会责任报告可能存在一定的困难，因此可在现有的财务报表中适当地进行补充，增加一些可以披露企业社会责任信息的科目。例如，可以在企业的资产负债表中标示企业社会责任资产（如环境资产）和企业社会责任负债（如企业对环境污染所导致的社会损害）等。这种方式最大的优点是可以与传统的会计报表相结合，不仅符合会计人员的习惯，而且也便于相关部门的审查。但是这种方式没有考虑企业社会责任会计的特殊性。另外，如果企业想全面地反映企业的社会责任状况，则势必会增加更多的会计科目，增加会计难度。

3. 独立披露方式

独立披露方式主要采用独立报表的方式来反映企业承担社会责任的情况。这些独立的报表主要包括企业社会资产负债表、企业社会责任年报、社会收益表、企业社会责任净收益报告等。目前，大部分有能力的企业都采用这种方式来披露企业的社会责任信息状况。与前两种方式相比，这种方式更能全面、系统、有效地反映企业社会责任的情况，而且这种信息披露的方式格式比较统一，指标口径也一致，信息的可用性和可比性比较强，更能够满足利益相关者的需求。

（五）企业社会责任信息披露的影响因素

目前，国内外学者对企业社会责任信息披露的影响因素的研究已经取得了一定的成果。考恩（Cowen）认为企业的规模、盈利能力，以及企业所属的行业、是否有社会责任委员会等与企业社会责任信息披露有显著的正相关关系。普雷斯顿（Preston）的“提供资金假说”理论认为，企业绩效好的话就有更多的资源去承担社会责任，因此也就更有可能披露企业的社会责任情况。我国学者李正在实证研究的基础上发现，企业的资产规模、负债比率、重污染行业因素等与企业社会责任信息披露显著正相关。聂嘉认为，我国上市公司在定期报告中对企业社会责任信息的披露与公司绩效正相关。目前，对企业社会责任信息披露影响因素的研究多集中于实证领域，而且只研究了少数因素的影响。因此，目前对企业社会责任信息披露影响因素的研究还不全面，有待于进一步发展。

在国内外企业社会责任信息披露影响因素研究的基础上，结合企业社会责任信息披露的内容和企业的特点，本书认为，企业社会责任信息披露的影响因素主要有以下几方面。

1. 成本效益

企业自身的成本效益对企业社会责任信息披露有一定的影响。裘丽娅、徐植认为，目前影响我国企业社会责任信息披露的一个主要因素是披露成本过高。特别是对于一些中小企业来说，这种成本甚至会超过提供这些信息的最终产出，因此严重影响了企业进行社会责任信息披露的积极性。

2. 企业规模、所属行业和企业的财务业绩

企业规模、所属行业和企业的财务业绩也会对企业社会责任信息披露产生一定的影响。正如前文所述，国外学者考恩（Cowen）认为，企业的规模、盈利能力，以及企业所属的行业、是否有社会责任委员会等与企业社会责任信息披露有显著的正相关关系。我国学者李正通过对 829 家上市公司进行研究发现，企业的规模越大就越有可能披露企业的社会责任信息，如果企业的财务状况发现异常情况以致企业出现生存危机，此时企业会较少地考虑企业社会责任信息披露的问题；企业社会责任信息披露存在行业相关性，与环境保护相关的企业会披露更多的企业社会责任信息。

3. 利益相关者的需求

利益相关者的要求也会对企业社会责任信息披露产生一定的影响。卡拉尔（Caral）认为，员工、消费者、政府、社区等是企业社会责任信息的主要使用者之一，他们认为企业社会责任信息披露还不够全面、深入，披露信息存在不足。毕马威通过调查研究发现，股东的反应是企业制定政策的参考依据。吕立伟对上市以来因违规被处罚的 295 家公司进行研究发现，公司董事会的规模结构与其税收、保值和信息披露等社会责任承担显著相关，董事会中的专家董事、独立董事的人数和比重的增加将有利于企业履行社会责任。

二、企业社会责任管理绩效评估

（一）企业社会责任管理绩效评估概述

企业社会责任管理的绩效评估是企业在履行社会责任活动中的一个重要环节。企业通过社会责任绩效评估可以发现企业社会责任项目的执行状况，了解其中的问题与存在的不足之处，及时、有效地采取相关的措施纠正企业社会责任项目实施中存在的问题与偏差，以确保企业社会责任战略目标的实现，为企业赢得良好的声誉和树立良好的形象，最终为企业的长期可持续发展积蓄能量。

对于企业社会责任管理绩效评估问题，将从其目的、对象、内容、方法和结果反馈五个方面进行论述。

1. 目的

在内外驱动力的共同作用下，企业开始意识到承担社会责任的重要意义，纷纷加入到企业社会责任运动的行列中来。这就在客观上要求企业在其履行社会责任后对其执行情况进行相应的评估，因此，本书认为，企业社会责任管理绩效评估的目的主要有以下几个方面：

（1）及时地了解企业社会责任管理体系的执行情况。

（2）在实践中检验企业所制定的企业社会责任管理体系的合理性，并在实践中将企业社会责任管理体系与企业现时的内外环境相比较，保证企业社会责任管理体系的时效性和有效性。

（3）企业的社会责任管理体系主要是企业内部管理者和相关人员负责实施的，通过对企业社会责任管理的绩效进行评估，以此来判断企业内部管理人员和相关的项目负责人和执行人的业绩完成情况，为企业社会责任项目的运行和企业绩效的提高提供有效的方法。

2. 对象

企业社会责任管理绩效评估的对象主要是企业社会责任项目或者活动的执行者，以及企业中主要开展企业社会责任工作的岗位和部门等。通过对相关岗位、部门和项目执行者进行评估，不仅能够及时地了解企业社会责任的情况，而且有助于企业社会责任的履行。从当前企业社会责任的发展来看，企业社会责任已经开始逐渐上升到企业战略高度，对企业社会责任管理绩效的评估应该与企业日常运作评估相结合，使企业社会责任真正成为企业战略的一部分，这样不仅有助于节约相关的资源，而且也有助于企业社会责任预期目标的顺利实现。

3. 内容

企业社会责任管理绩效评估主要有以下几方面的内容：

（1）企业制定的企业社会责任预期目标的实现情况、企业社会责任计划的落实和实施状况等。

（2）企业在履行企业社会责任的过程中对与企业社会责任相关的法律、法规的遵守以及执行情况，对目前现存的国际和国内标准的解读和执行情况。特别是对于跨国经营的公司来说，一些广泛认可的企业社会责任国际标准对企业的跨国经营有着重要的作用。

（3）企业管理人员、普通员工等在执行与企业社会责任相关的工作时对企业的内部制度和章程的遵守和执行情况等。

（4）企业与社会责任相关的方针、政策、规范等的实施情况等。

4. 方法

目前，企业社会责任管理绩效评估的方法主要有企业社会责任指标考核体系、企业社会责任会计、社会责任抽样调查和外部评估等。

（1）企业社会责任指标考核体系。这是目前最为广泛和最优先的评估方法，它主要是通过建立企业社会责任的绩效考核指标来对企业社会责任的履行情况进行评估。本书第八章中对这一方法进行了详细论述。

（2）企业社会责任会计。企业社会责任会计产生于20世纪70年代初，是在传统的会计模式上发展起来的。企业社会责任会计是以企业所应承担的社会责任为中心而开展的会计活动，主要目的在于指导企业资源的优化配置，为企业创造良好的环境，反映并计量企业对社会所作的贡献以及造成的不利影响，最终提高社会效益。企业社会责任会计包括两种：一是广义的企业社会责任会计，它既反映经济责任也反映社会责任；另一种是狭义的社会责任会计，它只反映社会责任。从世界范围来看，企业社会责任会计的出现已经有三十多年的历史，而目前我国则还尚未完全建立企业社会责任会计。但是企业社会责任会计在反映企业履行社会责任过程中所花费的组织费用及其达到效果的定量计量上，企业社会责任会计却是完成这一绩效评估的较好的方法和手段。

（3）社会责任抽样调查。抽样调查是从全部的研究对象中抽取一部分单位进行调查，并据此对全部的调查对象作出推断和评估的一种方法。因为在现实生活中，对全部的研究对象进行调研存在着一定的难度，而且也不太实际，这时候就需要借助此方法来达到研究或者调查的目的。同样，企业社会责任抽样调查是在对企业所承担的所有社会责任工作进行普遍绩效评估有很大难度时所采用的一种方法，它不仅能够提高企业的工作效率，而且也能有效地反映企业社会责任的履行情况。

（4）外部评估。从上面对前三种方法的论述中不难发现，它们都是从企业内部来对企业社会责任的履行情况进行评估的，因此难免会出现弄虚作假的情况。结合管理学中管理控制的相关理论和方法，为了有效地解决前三种方法存在的缺陷，可以由企业外部利益相关者或者一些专门的组织和机构来对企业社会责任管理绩效进行评估。通过外部调查来明确企业在社会责任项目或者活动执行过程中外部的满意度和实施效果，从而更为客观地反映企业社会责任工作的绩效，为企业后续工作的展开提供一定的经验与借鉴。

5. 结果反馈

此处所讲的结果反馈，是指将企业社会责任绩效评估的结果反馈给企业的管理者和相应的执行人员，以使管理人员及时地了解到企业社会责任的执行情况，及时地对企业社会责任活动进行有效的管理。另外，通过结果的反馈，也可使相应的执行人员明确自己相关行为产生的结果，并将企业社会责任的履行效果与组织制定的目标相比较，及时地发现在执行过程中的不足，有效地促进后续社会责任活动的顺利进行。企业社会责任管理绩效评估反馈见图9-6。

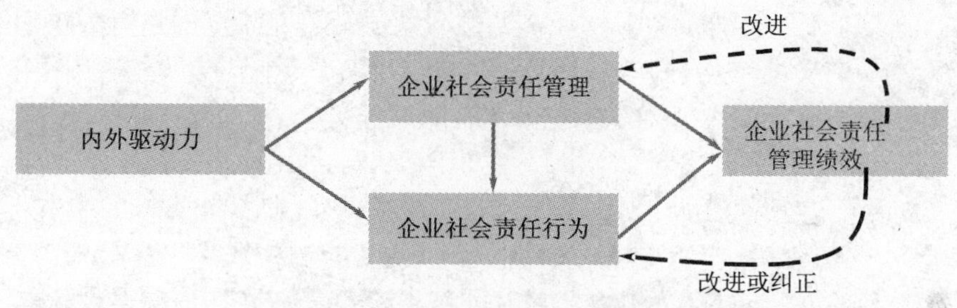

图9-6　企业社会责任管理绩效评估反馈

（二）企业社会责任绩效评估上的企业社会责任改进

通过对企业社会责任管理工作的绩效评估，不仅可以了解企业社会责任项目或者活动的执行效果，也可以发现企业社会责任工作执行过程中存在的相关问题或偏差，对企业社会责任工作的改进提出建设性的意见，推进企业社会责任预期目标的顺利实现。

概括来讲，在企业社会责任管理绩效评估基础上的企业社会责任改进主要有以下几个步骤：

（1）做好企业社会责任实施过程中的控制工作，及时地发现执行过程中存在的问题，以便及时采取有效的措施进行纠偏。

（2）针对执行过程中发现的问题适时开展纠正偏差工作；找出问题出现的原因并对其进行分析，抓住问题的主要方面；分析问题产生的主要原因，防止企业社会责任后续执行工作类似问题的出现。

（3）在查明问题产生原因的基础上，选择适当的措施对该问题进行处理；并将该问题及其出现的原因、已经或者可能造成的影响、问题的处理方案等进行详细的记录，为组织积累相关的知识，便于组织的学习和进步。

本章小结

企业社会责任管理在企业中扮演着越来越重要的角色，有效的企业社会责任管理对于改善和提高企业绩效与企业社会责任活动有着重要的作用。针对企业社会责任管理这一重要问题，本章对其发展演变、原则、动因进行了简要概述，重点论述了企业社会责任管理的模式和体系以及企业社会责任管理的评估，对于改善企业社会责任管理活动提出了建议。

思考题

1. 什么是企业社会责任管理？其原则与动因是什么？
2. 简述企业社会责任管理模式。
3. 简述企业社会责任管理体系。
4. 什么是企业社会责任信息披露？
5. 简述企业社会责任管理绩效评估的内容。

第四篇

企业社会责任规范和操守

第 十 章　企业社会责任规范
第十一章　企业社会责任报告

第十章　企业社会责任规范

【学习目标】

掌握企业社会责任主要的国际、国内规范与操守，并了解企业遵守国际国内规范与操守的动因。

【关键词】

国际标准；ISO 26000；SA 8000；国内标准

【导入案例】

全球契约及其争议

联合国的全球契约是全球最大的企业社会责任倡议组织。截至2008年上半年，加入全球契约的机构有5 892家，其中商业机构4 619家，商业机构中又有相当比重是全球知名的跨国公司。如此大规模与商业部门紧密合作，这在联合国历史上也是首次。

全球契约自成立之日起就充满争议。各方观点针锋相对，呈现两极化的特点。支持方认为全球契约实行自愿原则，是一种范式创新，在促进商业变革、动员企业资源实现社会可持续发展方面，发挥着非常实际的作用。批评方则认为全球契约缺乏约束力，在促进企业遵守社会规则方面作用非常微弱，常常沦落为企业自我“粉饰”的工具。

本文将概述全球契约的基本框架，并介绍公民社会对全球契约的主要质疑，希望通过两方观点的对比，揭示企业社会责任两种流派在理念和工作模式上的不同。

全球契约建立在对企业和市场的信任的基础之上。它认为，企业是全球化的首要推动力，因此纠正全球化过程中产生的社会、环境和治理问题，需要联合企业界的力量。1999年1月，时任联合国秘书长科菲·安南在达沃斯世界经济论坛上呼吁全球商业领袖，与联合国共同打造一个促进共识的“全球契约”。次年7月，全球契约在联合国总部正式启动。启动之时得到了50多家大型跨国企业的支持。全球契约作为一个全球化问题治理方案，从酝酿到启动以及后来的运作过程中，都把企业定位为“合作伙伴”和“方案提供者”。

全球契约的十项原则，包括人权（2项）、劳工（4项）、环境（3项）和反贪污（1项），虽然非常基本，也几乎称得上是一种普世价值。但在实际中，很多企业（包括供应商）仍很难做到不违反。如果没有审核，全球契约如何防止违反原则的企业加入进来，并从联合国的品牌中受益？对此，全球契约实行了三项规定，也就是全球契约的“完整性措施”。

其一，会员企业不得滥用联合国或全球契约的名称和标志，使用需向联合国或全球契约办公室申请。但为了满足企业的推广需要，全球契约办公室设计了一款“我们支持全球契约”的徽标。

其二，会员企业必须定期向利益相关方提交进展通报，即通报企业在执行十项原则方面的进展。在进展通报上，全球契约与全球报告倡议组织合作，共同推动企业社会责任报告的标准化。

其三，利益相关者可就企业的违规行为向全球契约申诉。

在三项措施中，全球契约给予重视并实际推行的是第二项关于进展通报的条款。实际上，进展通报也是全球契约唯一的具有强制性的措施。截至2008年上半年，全球契约大约除名了1 000家企业，在有据可查的信息中，没有一家是因为企业违反徽标使用规定或者是严重违反了全球契约的原则，都是因为没有提交进展通报或者通报不及时造成的。全球契约把进展通报当做审核的替代机制，其官方网站上写道："全球契约相信，这种公开性和透明度将激励参加者的良好实践"。

在企业会员之外，全球契约还有其他类型的会员1 300多家。在全球契约网站上可查询到的包括公民社会组织673家、劳工组织25家、学术机构270家和公共机构44家。非企业会员不必像企业会员一样履行进展通报的义务。全球契约认为，这些组织能够促进伙伴关系发挥实质性作用。

概括而言，全球契约是一个希望改造全球化，使其能够惠及社会和环境的平台机构。它融汇各方的资源力量，尤其寄希望于企业为应对挑战提供解决方案。它并不试图对企业进行评价和审核，也不试图使用具有强制约束力的法律规则，而是相信"自愿"和"承诺"，再加上进展通报，能够推动企业履行十项原则，并进而为实现联合国千年发展目标作出贡献。

质疑一：自愿原则不注重绩效

全球契约在官方网站和其他公开渠道中反复申明自愿机制的作用。全球契约因此成了倡导自愿型企业社会责任，并为之提供理论和实践依据的标杆组织。值得说明的是，长期以来，自愿的观念十分流行，甚至被界定为企业社会责任的核心属性之一。

然而，很多公民社会组织并不认同企业社会责任的自愿性。他们呼吁建立相应的法规，包括全球层面的治理规则，来约束企业行为。与全球契约对企业在全球化中的作用判断不同，这些组织认为，全球化在创造财富的同时也在加剧一部分弱势人群的贫困，企业在侵犯人权、剥削劳工、污染环境和腐败方面，不是消极的被动方，很多时候也是积极的主动方。企业可能是问题的解决方案提供者，同样也可能是问题的制造者或合谋者。自愿型的企业社会责任，往往让人们盯着所谓的"最佳实践"，而对"不合规行为"视而不见，因此容易失之于片面。

针对全球契约而言，企业承诺遵守十项原则，并不意味企业真的履行原则，或者企业准备去履行原则。一家违反了十项原则的企业可以加入全球契约，企业在承诺支持全球契约之后发生了违反原则的行为，但并不会因此被除名。承诺支持但实质上违反，这种本末倒置的现象，在全球契约的框架下，得到了认可和肯定。

基于自愿选择，企业加入全球契约不需要承担任何实质性成本，即可以获得与联合国建立伙伴关系的机会，同时也可以在年报等公开途径中，宣称企业获得了联合国的认可。这对于大多数企业而言具有很强的吸引力。实际上，全球契约在各地吸纳会员的时候，也经常以此来说服企业。

质疑二：进展通报形式化

全球契约并不基于绩效，但仍希望对契约的诚信负责。在全球契约的完整性措施中，进展通报是最重要的内容。全球契约规定：

首份进展通报的提交：企业应从参加全球契约之日起的两年内提交第一份进展通报。如果一家企业未能在此截止日期前首次提交，就将在全球契约网站的数据库中被注明"未通报”。

后续进展通报的提交：所有的后续进展通报都应在前一份进展通报提交后的一年内提交。如果一家公司未能在此截止日期前提交，就将在全球契约网站上被注明为“未通报”。

如果一家公司未能提交一份进展通报，就将被从全球契约的数据库中除名，并在全球契约网站上被列为停止参加。

截至2008年上半年，全球契约因进展通报已经除名了约1 000家企业。这也可以视作全球契约努力把搭便车和不积极的企业排除在外。这些被除名的企业，几乎都是因为在三年内未提交任何一份进展通报，这也充分说明有相当比例的企业，自参加全球契约后，没有任何动力改善其社会表现，甚至连提交一份简单的进展通报的意愿都没有。

公民社会进而批评进展通报只重形式不重内容。企业通报的内容非常肤浅，甚至有错误和虚假信息。透明国际阿根廷办公室2007年的调研显示，企业通报的信息五花八门，很多内容与全球契约十项原则完全无关。全球契约没有能力也没有意愿对企业进展通报的信息质量进行监督和审核。

另外，如果企业因为进展通报，被列为“未通报”或“不积极”，甚至已被除名，如要恢复会员资格，只需要提交一份进展通报即可。

批评者认为，如此质量又如此宽松的进展通报制度，并不能如全球契约所言的那样“激励参加者的良好实践”。

质疑三：申诉机制不透明

自愿的企业社会责任框架，缺乏对企业的约束力，通常都使用“申诉机制”加以弥补。所谓申诉机制，是指利益相关方将企业违反社会准则的行为报告给准则机构，请求其给予调解和处理。社会准则机构一般都没有足够的人力和资源主动去发现企业的违规行为，但申诉机制能够借助广泛的利益相关者尤其是非政府组织的力量，协助识别企业的社会责任绩效，从而采取适当的举措改善企业行为。

质疑四：谁的伙伴关系？

全球契约受到一些公民社会组织的非议，很重要的原因在于它是联合国与商业的联合。全球契约经常使用“伙伴关系”一词，虽然在全球契约的架构中，伙伴关系包括商业和非商业伙伴，然而毋庸置疑的是，全球契约更重视与商业部门的合作。

历史经验表明，很多重大的变革都源自政府、企业、公民社会以及国际组织间各自力量及其结盟关系的变化。在这个动态平衡的结构中，联合国选择了与商业部门的合作，这让公民社会感到不安。已经加入全球契约的公民社会组织，如国际特赦组织等，全球契约对其定位和工作内容的表述，使得他们对全球契约持有非常保守的评价。另一方面，一些专职监督企业的公民社会组织，非常渴望通过申诉机制实质性地参与全球契约。然而这方面的受挫很大，而这更加剧了公民社会对全球契约“伙伴关系”性质的质疑。

在全球契约的影响不断增长的同时，一些公民社会组织也开始了构建自己的伙伴网络对全球契约进行监督和观察，防止联合国与企业的联合会加深社会和环境的不公正。这方面的案例，一是世界社会论坛，它与世界经济论坛相对；另一则是“全球契约批评”，它专职收集全球契约及其批评者的观点和立场，并对全球契约会员企业的行为进行监督。

在这个全球化且市场主导的时代，呼吁建立强制约束力的企业社会责任治理体系，不免有些理想主义。然而，申诉机制以及监督型公民社会组织的参与，仍可能加强社会责任准则的刚性，避免社会责任形式化、泡沫化。另外，平衡的价值观，对于联合国这样的国际组织而言，非常重要。如果要建立一个取得全球共识的企业社会责任框架，联合国需要肯定的不仅是企业的作用，还有那些一直站在监督立场上的公民社会。

资料来源：李志艳. http://www.csrglobal.cn/web/detail.jsp?fid=302380&cnID=300272. 社会资源研究所，2009，10.

步入21世纪，伴随着经济的高速发展，也带来了许多负面效应，如生态环境持续恶化、资源的浪费、贫富差距加大等，使人们逐步认识到在对所有者负责、追求利润的前提下，还要对各个利益相关者负责，对自然环境及子孙后代负责，企业社会责任日益引起人们的重视。各种力量从各自的角度和立场出发，积极倡导和推动企业社会责任。迄今为止，全球不同层次上与企业社会责任相关的公约、原则、标准和方法等已经超过400个，这些规则使社会责任具体化，成为可操作衡量的具体量化指标，社会责任标准日益成为推动企业履行社会责任的重要因素。

第一节　国际企业社会责任标准

一、联合国全球契约

1999年1月在达沃斯世界经济论坛年会上，联合国秘书长科菲·安南提出“全球契约”计划，并于2000年7月在联合国总部正式启动。“全球契约”计划号召企业遵守在人权、劳工标准、环境及反腐败方面的十项基本原则。安南的建议不仅获得了发达国家和国际工会组织的坚决支持，而且得到企业界和国际雇主组织的积极响应。2000年7月，世界50家大公司的代表会见安南，表示他们支持全球契约，国际雇主组织也表示承诺举办区域研讨会推行全球契约。全球契约是一项完全自愿的举措，它有两个目标：一是使十项原则在世界各地的企业活动中主流化；二是催化支持更广泛的联合国发展目标的行动，包括千年发展目标。为了实现这些目标，全球契约通过各种机制提供学习和参与的机会，如政策对话、地方网络以及合作项目等。

（一）全球契约的内容

全球契约要求各企业遵守、支持以及实施一套在人权、劳工标准、环境及反贪污方面的十项基本原则。这些基本原则绝大部分来源于《世界人权宣言》、国际劳工组织的《关于工作中的基本原则和权利宣言》以及关于环境和发展的《里约原则》，涉及四个方面，分别是：

1. 人权方面

（1）企业应该尊重和维护国际公认的各项人权。

（2）绝不参与任何漠视与践踏人权的行为。

2. 劳工标准方面

（1）企业应该维护结社自由，承认劳资集体谈判的权利。

（2）彻底消除各种形式的强制性劳动。

（3）消除童工。

（4）杜绝任何在用工与行业方面的歧视行为。

3. 环境方面

(1) 企业应对环境挑战未雨绸缪。

(2) 主动增加对环保所承担的责任。

(3) 鼓励无害环境技术的发展与推广。

4. 反贪污方面

企业应反对各种形式的贪污，包括敲诈、勒索和行贿受贿。

(二) 全球契约的意义

全球契约是在人们传统观念发生重大改变的背景下提出的。企业社会责任的强调，警示企业管理者不仅仅要对股东投资者负责，还要对自然环境、员工、政府、社区等负责。正是在这样的情况下，联合国秘书长安南提出“全球契约”计划，动员企业界成为解决方案的组成部分，呼吁企业界主动履行责任，遵守商业道德、尊重人权、劳工标准和环境方面的国际公认的原则，建立一个经济可持续和社会效益共同提高的全球机制。全球契约的提出改变了联合国与企业之间的关系，弥补了全球治理中责任不清晰的不足，更重要的是它所倡导的行为规范有利于传播国际社会的规范和国际规则。因此，全球契约对国际社会的发展也起到一定的推动作用。企业应在遵守道德和观念的基础上谋求利润，要为社会改革负责。全球契约的提出，有利于企业扩大国际知名度，建立国际联系，寻找商业机会。参与全球契约的企业管理者认为，企业参与全球契约能够得到以下几项优势：

(1) 体现出一个企业负责的风范，获得社会的认可。

(2) 与商业伙伴、政府劳工组织、非政府组织、国际组织建立良好的合作关系。

(3) 实施一系列负责的管理计划与措施并将企业发展视野扩大到社会范畴，从而使商业机会最大化。

(4) 参与旨在寻找解决世界重大问题的方法的对话。

联合国成立了全球契约办公室，并与联合国人权高级专员办公室、国际劳工组织、联合国环境规划署等共同设立一个工作团队来推进全球契约的实施，并于2005年成立全球契约理事会，为其发展提供持续性的战略和政策建议。

二、《国际劳工公约》

《国际劳工公约》是指国际劳工组织制定的公约，对其批准的成员国具有约束力。国际劳工组织会员国缔结的公约，由国际劳工大会根据《国际劳工组织章程》及《国际劳工大会议事规则》规定的程序而制定。制定《国际劳工公约》是国际劳工组织最主要的任务。

《国际劳动立法》的主要内容涉及人权、就业、社会政策、劳动管理、劳资关系、劳动条件、社会保障、妇女和儿童及未成年工职业保护、老龄、特殊人员及特殊职业就业保护等各个方面。这些公约对各国劳动立法标准化起到了一定的作用。国际劳工组织的核心公约见表10-1。

表10-1 国际劳工组织的核心公约

类　别	公约名称	公约号
自由结社与集体谈判	1948年结社自由与保护组织权公约	第87号公约
	1949年组织权与集体谈判权公约	第98号公约

（续）

类　别	公 约 名 称	公 约 号
废除强迫性劳动	1930 年强迫劳动公约	第 29 号公约
	1957 年废除强迫劳动公约	第 105 号公约
平等权	1958 年（就业与职业）歧视公约	第 111 号公约
禁止使用童工	1973 年最低年龄公约	第 138 号公约
	1999 年最恶劣形式的童工公约	第 182 号公约

三、ISO 26000 组织社会责任体系标准

（一）概念

ISO 26000 是国际标准化组织的一个国际标准文件——《ISO 26000 社会责任指南》（Guidance on Social Responsibility）的技术编号。

在经济全球化背景下，国际市场的竞争日益激烈，企业社会责任问题成为不同利益集团斗争的焦点，衡量企业社会责任的各种守则或标准也相继问世，其中大多由非政府组织制定推出，其内容涉及劳工权益、消费者权益和环境保护等多个方面。随着时间的推移，各种企业社会责任标准的认证被当做企业取得国际市场竞争优势的一种必要手段，已经引起国际社会的普遍关注和高度重视。国际标准化组织（International Standard Organization，ISO）于 2001 年开始进行社会责任国际标准的可行性研究和论证，并专门成立了社会责任顾问组，2004 年 6 月最终决定开发一个适用于包括政府在内的所有社会组织的“社会责任”国际标准化组织指南标准，由 54 个国家和 24 个国际组织共同参与制定，编号为 ISO 26000，是在 ISO 9000 和 ISO 14000 之后制定的最新标准体系。社会责任国际标准的研究制定，立即引起了国际社会的广泛关注。ISO 26000 标准体系旨在帮助组织通过改善与社会责任相关的表现与利益相关方相互信任。2010 年 11 月 1 日，国际标准化组织（ISO）在瑞士日内瓦国际会议中心举办了《社会责任指南标准》（ISO 26000）的发布仪式，该标准正式出台。ISO 26000 的意义在于，在社会责任清晰的定义下，确定了践行社会责任的核心主题，并且描述了可持续发展的目标，将社会责任融入组织战略和日常活动中去。ISO 26000 系统地总结了社会责任的基本特征和基本实践，表达了社会责任的最佳实践和发展趋势。ISO 26000 是国际各利益相关方代表对社会责任达成基本共识的成果。因此，ISO 26000 是社会责任发展的里程碑和新起点。

国际标准化组织开发 ISO 26000 的目标是，使其普遍适用于任何形式的组织、任何性质的组织（如企业，经济，公共事业，服务性行业等），无论其规模大小，无论其活动领域如何，任何地区、任何国家（发达国家，发展中国家）均可采用。同时，开发该指南应当考虑到各组织相关的情况以及文化、社会发展、法律和环境等方面的差异。

（二）ISO 26000 的特点

1. 具有广泛适用性

正在开发的 ISO 26000 有着较强的适用性，它适用于发达国家以及发展中国家公共或者私人部门的所有类型的组织。该标准有三个特性：①它是指导性的文件；②它不用于第三方认证；③它不是管理体系。该标准仅仅是针对组织履行社会责任的指南和指导方针，不是强

制性要求和管理体系标准，也不像 ISO 9001 和 ISO 14001 一样用于认证。

2. 内容全面系统

未来的 ISO 26000 标准，将是一个吸纳先进实践经验，经国际协商保持一致的指南性标准。截至 2007 年 9 月的最新拟订稿就有 101 个页码，标准参照和引用了自 1948 年以来的 68 个国际公约、声明和方针，这是目前其他标准或指南所没有的。ISO 26000 标准是与联合国及其下属相关机构，特别是国际劳工组织（International Labor Organization，ILO）规定条款相辅相成、互为补充的有关社会责任的指导性文件，适用于各种类型的企事业单位，包括国有企业。

ISO 26000 框架大致分为范围、参考标准、术语和定义、组织运作的社会责任环境、社会责任的原则、社会责任的基本目标、组织履行社会责任的指导等十个部分，标准的核心部分覆盖了社会责任内容的九个方面，包括：组织管理、人权、劳工、环境、公平经营、消费者权益保护、社区参与、社会发展、利益相关方合作。相比其他社会责任国际指南与标准而言，ISO 26000 的内容体系更加全面，更靠近全球契约十项原则的要求。

3. 非常规的开发模式

社会责任工作组被分为六个任务小组，其中三个负责内容的起草；另有一个负责项目参与方基金和相关方的参与、沟通和运行过程；一个联络工作组负责草案拟定小组的协调并监控工作完成情况，组织一个编辑委员会负责审阅草案内容，确保其内容清晰且协调一致；最后一个主席顾问组帮助主席策划工作组的整体活动。国际标准化组织与世界劳工组织签署了一个谅解备忘录，这给予标准制定过程一个特殊的地位。这是此项目有别于其他常规项目的一大特点。

ISO 26000 开发的另一个特点是兼顾了“平衡性”的考虑。工作组本身和其他任务小组都设有主席和副主席，秘书和副秘书，推选这些人员的原因是确保发达/发展中国家、区域成员和相关方及性别平衡。工作组的副主席由技术管理委员会指定，他们分别来自巴西和瑞典。这一原则需要时也适用于各专业小组。中国作为该标准的成员单位之一，也派出了六人专家组参与了标准的开发。

ISO 26000 项目启动时间是 2005 年，当初拟订在 2008 年上半年发布，但由于整个工作要经过两个阶段，工作组工作结束以后还要经过相关讨论，征求各个国家标准化组织的意见，中间涉及争论观点繁多，大大减慢了标准开发的工作进程，这也说明了制定社会责任国际标准的复杂和艰难程度。

（三）ISO 26000 遵循的重要原则

（1）强调遵守法律法规，尊重国际公认的法律文件。

（2）强调对利益相关方的关注。

（3）高度关注透明度。

（4）对可持续发展的关注。

（5）强调对人权和多样性的关注。

总体而言，ISO 26000 是国际标准化组织在广泛联合了包括联合国相关机构、全球永续性报告协会等在内的国际相关权威机构的前提下，充分发挥各会员国的技术和经验优势制定开发的一个内容体系全面的国际社会责任标准。它兼顾了发达国家与发展中国家的实际情况与需要，并广泛听取和吸纳各国专家意见与建议。尽管由此也导致了其出台过程相对漫长，但可以预见，该标准的诞生将会在更大范围、更高层次的意义上推动全球社会责任运动的发展，并将获得各类组织的响应与采纳。

ISO 26000 国际社会责任标准对我国社会责任运动发展的积极作用主要体现在以下几方面：

第一，该标准对当前社会责任领域的重要概念与原则给出了明确的定义，在一定程度上有助于减少因内容的复杂性导致的对社会责任及其相关问题认识和理解的巨大差异，从而使相关各方能够在基本一致的理论基础上探讨社会责任重大问题，推进社会责任实践，对社会责任运动的发展具有重要意义。

第二，该标准提出了系统的利益相关方分析范式和利益相关方关系管理工具，参照这一范式，企业能够系统分析利益相关方对其履行社会责任的期望与要求，并采取有针对性的回应措施，改善企业的生存环境，促进企业的健康持续发展。

第三，该标准列出了当前全球社会责任的七大重点领域，对每个领域的主要议题及企业应当采取的行动进行了具体说明。同时，该标准对企业将社会责任理念融入日常运营的关键环节及其工作要点进行了详细阐述，便于企业根据自身需要进行选择和运用。

需要指出的是，企业社会责任的有关理论和思想从诞生起就充满了争议，原因在于其与不同国家的政治体制、文化传统、经济制度等有着千丝万缕的联系。该标准在给出组织社会责任的一般框架的同时，并没有说明不同国情、不同发展阶段的企业应当如何运用它。因而，如何科学、合理地利用这个框架推进我国企业的社会责任实践，是需要我们认真研究的。作为发展中国家，我国的传统文化、政治、经济制度等与西方国家有着明显的不同，这些差异是我们研究、运用该标准时必须认真加以考虑的。

（四）我国应对 ISO 26000 标准的思路对策

1. 积极应对 ISO 26000 标准

ISO 26000 标准的出台，发达国家可能把它作为未来限制发展中国家发展的贸易保护工具，成为另一个贸易技术壁垒，同时给我们的加工制造业造成影响，从而加大我国国际化进程的难度。但融入全球经济发展的格局已定，我们没有退路可选，只有认真地去面对，从现在起要求每一个走向国际化的企业认真按着国际惯例去运作，认真遵守 ISO 26000 标准、遵守国际法规，克服自身的不足，提高企业领导与全体员工的全球化意识，树立中华民族的良好形象和威信，弘扬中华民族的光荣传统。

2. 加强国际各国之间的合作与交流

通过开展国际之间的合作与交流，特别是文化交流，增进相互了解，消除文化与语言等方面的障碍并得到认可。在企业履行社会责任过程中，注重树立企业自身良好的形象，跨国公司到中国需要融合异国和本土文化，中国企业也需要吸收现代西方社会的管理理念和文化。日本松下公司的一个技术部门，在一年的时间里，到这个技术部门的交流人员达到18 000人，这个技术部门能够获得的信息、技术和知识有多少就可想而知。然而，我国企业的技术部门几乎都是封闭的，所以要尽快从根本上改变企业关门自守的现状。

3. 引进高尖端人力资本，提高现代化水平

中国已经成为世界制造中心，需要大批国际化高尖端人才，只有引进高尖端人才才能快速提高我们整体的技术水平。法国公司的总经理很多是德国人和西班牙人，这是利用国际人力资本发展企业的典型例子，而中国企业在人才引进上却非常有限。我们要突破传统观念和

落后的思维，大胆地引进国外高尖端人才，促进我国企业的现代化水平与国际化进程。

4. 建立综合的研究机构，推进国际化进程

我国中小企业占绝大多数，其中主要是民营企业，目前企业国际化进程中遇到的困难和急需解决的问题是企业进出口贸易中的壁垒，顺畅的物流环境下全球供应链管理，低端产品提升问题，国外高危产业安全隐患转移我国带来的治理问题以及在文化习俗和政府、工会联盟的协调等诸多问题。针对上述问题，要建立综合的研究机构，树立为企业服务的观念，帮助企业积极应对 ISO 26000 的挑战。该类机构不仅与国内企业建立紧密联系，还需要与国际相关标准技术组织沟通，增进各方的了解，发挥中介作用，推进国内企业国际化进程。

5. 打造中国企业国际品牌

打造企业的国际品牌，需要对品牌进行进一步的定位和延伸、创新和营销策划等。品牌的发展是一个复杂的系统，需要诸多要素的整合，包括柔性的生产制造系统，实施质量管理战略，创造使顾客满意的名牌产品，在设计中要将文化的内涵引入品牌建设中。创品牌不仅仅是企业的事情，也是政府、媒体、消费者和多方共同努力和被国际上所认可的结果。企业产品从企业走向国际市场涉及部门与环节多、企业遇到问题时无法解决，需要政府出面指导、协调和决策。政府应该关心和支持企业品牌的发展，为企业提供技术、指导、咨询与服务等。

6. 实行国际市场准入制度

为严格贯彻 ISO 26000 标准，维护我国在国际上的信誉，规范企业和履行国际社会责任，对进入国际市场的企业以及产品实行准入制度，目的在于防止和杜绝不良企业与不良产品流入国际市场。

7. 全球化整合与产业集约

企业国际化发展是整个产业链、市场链、信息链与服务链有机地整合、产业集约化的过程，是资本、制造业、技术和人力资本四大要素的国际化优化配置的结果。中国企业要想成功地走向世界，不仅需要综合考虑这些因素，还要提升管理水平，并赢得世界各国的尊重。只有这样，中国企业才能在国际化的道路上立于不败之地。

例 10-1　　亲历 ISO 26000 五年协商路

2010 年 5 月 21 日 11：23，在由 470 名委员参加的国际标准化组织史上最盛大的哥本哈根工作小组会议结束日上，ISO 26000 的最终草案在全体起立的鼓掌声中通过。这是多方利益相关方历时五年协商终于开花结果的瞬间。其后，确定的最终草案在 9 月 12 日各国际标准化组织成员国所进行的国际投票下得到了最终承认，并决定于 11 月正式发行。

值得一提的是，赞成票达到了 93%，这应该是最终投票中的高支持率了。在 2010 年 2 月进行的前期工作——对国际标准草案的投票中，只有 67% 的支持率，勉勉强强地得到了通过。与此相比，最终的投票有了很大的变化，特别是上一次投了反对票的中国在这次转投了赞成票。我认为这一转变起到了增强该标准正统性的效果，对今后在世界各地的接纳及渗透而言具有重大意义。

一、什么是 ISO 26000

用一句话来说，ISO 26000 就是有关组织社会责任的指南文件，是以令可持续发展这一价值观在所有组织中得到渗透，将对环境及社会的关怀作为组织社会责任列入其决策及活动之中作为目标的全面且具体的指南。

2001年，在成为标准起草之源头的消费政策委员会（ISO/COPOLCO）上，当问题被提出之时，曾作为企业社会责任标准进行过探讨。然而，在接下来探讨标准起草之必要条件的阶段，大家认为“应该履行社会责任的不仅仅是企业”，于是决定去掉代表企业的C，将其作为更普遍的社会责任标准开始起草。尽管如此，对于企业来说，当然可以将其作为企业社会责任标准来利用。

说到ISO，众所周知，如同环境管理方面的ISO 14001一样，是对标准的要求事项进行符合性认定的认证标准。但此次的ISO 26000是本身没有要求事项的指南文件，因此，不可能进行符合性评估。正因为如此，不仅不能进行第三方认证，也无法自己宣称自己符合。它被定位为详尽记载了所有必要建议的文件，以便组织能致力于履行社会责任。

二、ISO 26000记载了什么

现有关于企业社会责任的国际性标准，有联合国全球契约及GRI指南等。ISO 26000并不是将这些文件排除在外或包含其中的文件，而是与其并存的。ISO 26000的特征是，从社会责任的背景、原则到活动主题、具体行动、参照文献，应有尽有，应该是最全面、最包罗万象的国际行为准则。即使说它是记载了所有想要知道的有关社会责任事项的最新、最强指南也毫不夸张。

标准中提出了七项原则、七个核心主题，还记载了400多例具体的组织行动案例。组织应该致力于环境与人权等全部七个核心主题，但可以选择性地实施更详细的活动课题及具体行动。其优先顺序的排列应该在倾听利益相关方意见的同时，由组织自己来进行。

这样的对话等于和利益相关方之间积极交流，这就是利益相关方参与，且被认为是重要的方法之一。参与不仅是活动课题的集中，还使有关社会责任的活动得到方方面面的鼓励。此外，对于组织方面联合利益相关方开展合作也很有效。可以说，参与是组织在积极致力于社会责任时不可或缺的条件。

在七个核心主题中应该特别加以关注的就是人权。在起草时是以2008年约翰·鲁杰（J. Ruggie）教授向联合国人权理事会提交的报告书《有关商业和人权的框架》，即所谓的Ruggie报告的框架为基础的。作为在企业与人权领域中的具体行为准则新标准，虽然实践性的指导及理论体系等与环境领域等相比还不是非常完善，但今后必定会影响到各个方面。例如，在寄望于已开始修订并将于明年春天完成的OECD跨国企业行动指南中，人权也被设定为应该充分叙述的主题，预计ISO 26000中所记载内容将在其中得到参照并产生深远影响。

同时，在履行社会责任方面最重要的就是“融入”的观点。融入社会责任指的是使社会责任与组织的活动一体化。举例来说，就是不能视慈善活动为社会责任替代物，而是应该将组织对社会及环境的关怀作为日常活动及决策中不可分割的一部分。

三、企业应如何有效地利用ISO 26000

ISO 26000不是认证标准，也不是受某种方法论或程序束缚的内容。正因为自由度太大，企业间出现了不知所措的反应。那么，应该如何使用才好呢？

对于正考虑致力于社会责任的企业而言，作为集最佳实践之大成的ISO 26000，无疑是点子及启发的宝库。而且，不会“只见树木不见森林”，在审视社会责任、从整体观来集中活动目标方面，应该也可以有效利用。

对于已经开展活动的企业而言，ISO 26000将成为用于进行自我评估、了解自己的优势与缺点等的最佳工具。由于它是基于国际协商、集利益相关方的期待之大成并具体记载的文件，因此，可在重新认识自己企业以往的活动，制定今后的战略之际加以有效利用。

不论哪种情况，首先必须充分理解社会责任的背景及原则等基本内容。企业社会责任是应用方面的问题，无视自己企业的事业特征等，机械地致力于所有项目是完全没有必要的。反之亦然，ISO 26000 中的行动并不是社会责任的全部内容，应该认识到这些毕竟只是示例。从记载的行动中获得启发，从而致力于与自己企业事业相符的独有课题，这是应该受到鼓励的。

此外，企业在遵循 ISO 26000 的同时，对重新评估现有的指南等，加以有效利用也应该是有益的。

在 ISO 26000 发布之际，日本经济团体联合会时隔六年对 1991 年制定的企业行动宪章进行了修订。该企业行动宪章将 1 282 家会员企业就自主履行事项商定的内容作为日本企业企业社会责任的行为准则，已得到了最广泛的利用。迄今为止宪章已经修订了五次。这次对于包括实施指南在内的全部内容进行了大范围的修订，其主要目标是与 ISO 26000 相呼应。不仅是宪章本身，在新增具体行动的实施指南中也反映了该国际行为准则的精髓，成为与新时代相应的且全球通用的行为准则。

由于日本经济团体联合会将每年的 10 月定为企业伦理月，因此，已经赶在这之前对该企业行动宪章进行了修订，9 月 14 日正式发布，现已在网站上公布，并计划在今后刊登全文的英文译本。我由衷地希望，借此次修订的机会，该企业行动宪章不仅能作为让 ISO 26000在日本企业中得到渗透的一个工具发挥作用，还能在中国及世界各国也作为可以参照的行为准则得到有效利用。

四、独一无二的制定过程及其意义

ISO 26000 之所以被称为新时代的标准，不仅在于它的理念及标准的内容，还在于其独一无二的制定过程。

此次，ISO 首次采用了正式的多利益相关方参与过程。由来自政府、企业、劳动者、消费者、非政府组织及其他有识之士的六类代表，以全部平等的立场彻底讨论、不断协商的方法参加工作小组会议。不难想象，这五年来对于全体参加者而言，也是一个珍贵的学习过程。

在这个过程中，另一个重大特征就是有 ISO 史上前所未有的大量发展中国家的参与。每多开一次工作小组会议，都会不断地增加发展中国家的委员。最终，发展中国家的委员人数竟然达到了发达国家的两倍。应该说，在发展中国家接纳指南，自主自发地开展行动，使其在各国得到渗透方面，参与过程的这一行为具有极其重大的意义。

要汇总这么多的意见是一件极其困难的事情，审议居然从原本计划的三年拖延了两年之久，这也成为史无前例的工作小组会议。就如组织实施起草小组的负责人乔纳森·汉克斯（Jonathan Hanks）先生所说："我的工作就是给所有参加者带来不幸。我总是要注意应该如何平衡地去分配牢骚和怨言。"从某种意义上来说，完成的指南也是妥协的产物。但是，这应该称之为 best compromise（能够做到的最好的折中办法）吧。过程中的广泛参与以及利益相关方之间的协商，就是该标准的显著特征，同时，也是正统性的源泉。

在日本，日本经济团体联合会的社会责任经营小组会议中设有 ISO 26000 的工作小组，这五年间竟举行了多达 140 次的聚会，为日本产业界能够始终不断地提出意见和方案作出了重大贡献。

例如，在工作小组会议的初期阶段，快速提出的日本产业界的全文草案就作为一种雏形，对促进工作小组会议的讨论起到了很大的作用。同时，在从标准的框架到细节方面，都对现行草案产生了深远影响。我认为，为了使 ISO 26000 成为便于使用的指南，可以说正是他们在努力反映作为企业社会责任实践者的经验和见解的同时，还提出了日本式或亚洲式的社会责任观，为标准的制定作出了不朽的贡献。

资料来源：关正雄．亲历 ISO 26000 五年协商路［J］．WTO 经济导刊，2010，12．（有删减）

四、SA 8000

我国加入 WTO 之后，随着经济全球一体化速度的持续加快，全球自由贸易程度逐渐提高，关税壁垒、市场准入这些人为的障碍将逐步放宽到最终取消，我国的企业将在国际市场中与国外企业处于平等的竞争状态，国内企业纷纷尝试走出国门，走向世界。而西方发达国家为了保护本国企业，筑起了各种非关税壁垒来保证贸易增长。SA 8000 就是西方国家设立的一个现实而严峻的非关税壁垒之一。

1997 年，美国的社会责任国际（Social Accountability International，SAI）制定了《SA 8000社会责任国际标准》（Social Accountability 8000 International Standard，SA 8000），建立了 SA 8000 社会责任管理体系认证制度。其核心内容是要求企业在赚钱的同时也要承担对环境和利益相关者的责任，从而确保供应商所供应的产品皆符合社会责任标准的要求。SA 8000 是全球第一个与订单挂钩的社会责任认证标准，也是全球第一个可用于第三方认证的社会责任管理体系标准。任何企业或组织可以通过 SA 8000 认证，向客户、消费者和公众展示其良好的社会责任表现和承诺。

（一）SA 8000 的主要内容

1. 童工

关于使用童工的准则如下：

（1）公司不应使用或者支持使用童工。

（2）如果发现有儿童从事符合童工定义的工作，公司应建立、记录、保留旨在救济这些儿童的政策和措施，并将其向员工及利益相关者有效传达。公司还应给这些儿童提供足够的支持以使之接受学校教育，直到超过法定年龄为止。

（3）公司应该建立、记录、维持国际劳工组织第 146 号建议条款所涉及的，旨在推广针对儿童及符合当地义务教育法规年龄规定，或正在就学中的青少年教育的政策和措施，并将其向员工及利益相关方有效传达。公司所采取的政策和措施还应包括一些具体的方法，来确保在上课时间杜绝使用儿童或青少年工人的现象。另外，SA 8000 允许这些儿童和青少年工人每日工作、上课和用于路上（工作地点与学校之间）的时间加起来不应超过 10h。

（4）公司不得将儿童或青少年工人置于危险、不安全、不健康的环境中。

2. 强迫性劳动

关于强迫性劳动的准则如下：

公司不得使用或支持使用强迫性劳动，也不得要求员工在受雇起始时交纳押金或寄存身份证件。

3. 健康与安全准则

（1）公司出于对普遍行业危险和其他具体危险的了解，应提供一个健康、安全的工作环境，并应采取必要的措施，在可能条件下最大限度地降低工作环境中的危害隐患，以避免在工作中或由于工作发生或与工作有关的事故对健康的危害。

(2) 公司应指定一个高层管理代表为全体员工的健康与安全负责，并且负责落实本标准有关健康与安全的各项规定。

(3) 公司应保证所有的员工经常接受健康与安全培训，并应记录在案，还应给新进及调职员工重新进行培训。

(4) 公司应该建立起一种机制来检测、防范及应付可能危害任何员工健康与安全的潜在威胁。

(5) 公司应给所有员工提供干净的厕所、可饮用的水，在可能情况下为员工提供储藏食品的卫生设施。

(6) 公司如果提供员工宿舍，应保证宿舍设施干净、安全且能满足员工的基本需要。

4. 结社自由及集体谈判权利准则

(1) 公司应尊重所有员工自由组建和参加工会以及集体谈判之权利。

(2) 在结社自由和集体谈判权利受法律限制时，公司应协助所有员工通过类似渠道获取独立、自由结社以及谈判的权利。

(3) 公司应保证此类员工代表不受歧视，并可在工作地点与其所代表的员工保持接触。

5. 歧视准则

(1) 在涉及聘用、报酬、培训机会、升迁、解职或退休等事项上，公司不得从事或支持基于种族、社会等级、国籍、宗教、身体残疾、性别、性取向、工会会员、政治归属或年龄之上的歧视。

(2) 公司不能干涉员工行使遵奉信仰和风俗的权利，公司应满足员工涉及种族、社会阶层、国籍、宗教、残疾、性别、性取向、工会会员和政治从属需要的权利。

(3) 公司不能允许强迫性、虐待性或剥削性的性侵扰行为，包括姿势、语言和身体的接触。

6. 惩戒性措施

关于惩戒性措施的准则如下：公司不得从事或支持体罚、精神或肉体胁迫以及言语侮辱。

7. 工作时间

关于工作时间的准则如下：

(1) 公司应遵守适用法律及行业标准有关工作时间的规定。正常的周工作应依循法律规定，但无论如何不得经常超过48h。员工在每七天周期中至少应有一天休息时间。所有超时工作应付额外报酬。在任何情况下每个雇员每周加班不得超过12h。

(2) 除非符合(3)条（见下款），所有的加班必须是自愿性质。

(3) 如公司与代表众多所属员工的工人组织（依据国际劳工组织定义）通过自由谈判达成集体协商协议，公司可以根据协议要求工人加班以满足短期业务需要。任何此类协议应符合(1)条要关规定。

8. 报酬准则

(1) 公司应保证在一标准工作周内所付工资至少达到法定或行业最低工资标准并总能满足员工基本需要，以及提供一些可随意支配的收入。

(2) 公司应保证不因惩戒目的而扣减工资，并应保证定期向员工清楚、详细地列明工资、待遇构成；公司还应保证工资、待遇与所有适用法律完全相符。工资、待遇应用现金或支票，以方便员工的形式支付。

(3) 公司应保证不采取纯劳务性质的和约安排或虚假的学徒工制度以规避涉及劳动和社会保障条例的适用法律所规定的对员工应尽的义务。

9. 管理系统准则

(1) 政策。高层管理阶层应制定公司社会责任和劳动条件的政策以确保该政策：其一，包括遵守本标准所有规定的承诺；其二，包括遵守国家及其他适用法律，遵守公司签署的其他规章以及尊重国际条例及其解释的承诺；其三，包括不断改进工作的承诺；其四，被有效地纪录、实施、维持、传达并以明白、易懂的形式供所有员工随时取阅，包括董事、经理、监察以及非管理类人员，无论是直接聘用、合同制聘用或以其他方式代表公司的人员；其五，对公众公开。

(2) 管理评审。高层管理人员应依据本标准规定以及公司签署的其他规章要求定期审查公司政策、措施及其执行结果，看其是否充分、适用和持续有效，必要时应予以系统的修正和改进。

(3) 公司代表。公司应指定一高层管理代表，来确保公司达到本标准要求；公司应协助非管理类人员选出自己代表，以针对与本标准相关事项增进与高层管理阶层的沟通。

(4) 计划与实施。公司应确保公司上下都通晓、执行本标准规定，包括但不限于下列方法：①明确界定职能、责任和职权；②聘用时对新进或临时员工进行培训；③对现有员工定期进行培训和宣传；④持续监督有关活动和成效来检验所实施体系是否符合公司政策及本标准要求；⑤对供应商/分包商及下级供应商的监控。

1) 公司应建立并维持适当程序，在评估及挑选供应商/分包商时，应考虑其满足本标准要求的能力。

2) 公司应保留适当的纪录来载明供应商对社会责任的承诺，包括但不限于下列书面承诺：其一，遵守本标准所有规定（包括本条款）；其二，在公司要求下参与公司的监察活动；其三，及时补救任何与本标准规定不符之处；其四，及时、完整地向公司通报与其他供应商、分包商所发生的任何相关业务关系。

3) 公司应保留合理的证据来证明供应商及分包商能够达到本标准各项要求。

4) 除上述1) 及2) 条规定外，如果公司接受、处理或经营任何可列入家庭工人的供应商、分包商或下级供应商的货物或服务，公司应采取特别措施保证这些家庭工人享有本标准规定直属雇员提供的相似程度的保护。这些特别措施包括但不限于：订立具法律效力的书面购买合同载明最低要求（应与本标准相符）；确保家庭工人及所有与该书面购买合同有关人员理解并能贯彻合同要求；在公司场地内保留详细载明有关家庭工人身份、其所提供的货物/服务以及工作时数的全面资料；频繁进行事先声明及未声明的审查活动，以确保该书面购买合同得以贯彻实施。

(5) 处理意见和采取纠正行动。

1) 当员工和其他利益相关方质疑公司是否符合公司政策或本标准规定的事项之时，公司应该调查、处理并作出反应；员工如果提供关于公司是否遵守本标准的资料，公司不可对其采取惩处、解雇或歧视的行为。

2）如果发现任何违反公司政策或本标准规定的事项，公司应该根据其性质和严重性，调配相应的资源予以适当的补救和纠正。

（6）对外沟通。公司应该建立和维持适当程序，针对公司在执行本标准各项要求上的表现，向所有利益相关方定期提供数据和资料，所提供的应该包括但不限于管理审核和监察活动的结果。

（7）核实渠道。如果合约有此要求，公司应该给有关方面提供合理的资料和取得资料的渠道，以供其确定公司是否符合本标准规定；如果合约中有进一步的要求，公司应该通过采购合约的条文，要求供应商和分包商提供以上相似的资料和渠道。

（8）纪录。公司应该保留适当的记录，证明公司符合本标准中的各项规定。

（二）SA 8000 的特点与实质

SA 8000 是国际上第一个道德规范标准，它通过规定企业必须承担的对利益相关者的责任，来确保其所供应的产品符合社会责任标准的要求，以此保护各方的基本权益。与其他的企业标准相比，从内容上看，SA 8000 主要有以下几个特点：

（1）SA 8000 是一个民间认证，而非依靠政府或正规的国际组织来推进强制性实施。这一特点决定了它只是企业共同遵守的协议同盟，是企业以自发的自律行为来履行相关规定、道义要求而非法律约束规定企业必须承担对社会和利益相关者的责任，对工作环境、员工健康和安全、员工培训等具体问题提出要求。在多数情况下，它以舆论压力、消费者运动和企业的责任观念来自觉实现的。但是，在某些非政府机构和跨国公司的极力推动下，SA 8000 逐渐被越来越多的组织和个人接受，因此，它正逐步成为国际贸易领域的一项贸易规则，而与法律约束挂钩也只是时间问题。

（2）SA 8000 将劳工标准与订单挂钩。SA 8000 标准要求企业在赚取利益的同时，要承担起相应的社会责任，例如环境保护、消费者利益等。从出口的角度考虑，SA 8000 将对我国产业界，特别是对劳动密集型产业高度集中的珠江三角洲与长江三角洲会造成不可估量的损失。这个认证将劳工权利与订单挂钩，通过片面强调劳动力重要性，消除了我国企业在劳动力方面的成本优势。

（3）SA 8000 是对资本权力的制约。这个标准是社会对资本权力进行的一种制约，站在保护劳工的角度来看，SA 8000 将会在很大程度上规避不合理工资、超强度劳动、不安全劳动环境和雇用童工等侵犯劳工权益的事情。

SA 8000 标准并不仅仅是针对企业产品和服务的质量，它的实质和目的是通过社会责任意识对资本权力实行一种制约，督促企业履行其责任，保护处于弱势地位的员工，降低资本相对于劳动力强势地位的一种手段，使资本和劳动处于相对平等的地位，形成劳资双方实现共赢的局面。它促进企业改变目标方向，使企业由以单纯的营利为目标向以经营利润和社会责任综合效益最大化为目标转变。SA 8000 的宗旨是保护劳工的基本权益。这项标准主要关注的是企业内部劳工的权利，规定企业必须承担对员工这一利益相关者的责任。SA 8000 标准有九个要素，每个要素由若干子要素组成，这些要素规定了企业必须承担对员工的责任，将一些基本的要求以制度化的方式巩固下来，将人们的一些道德信念公开具体化。企业为了获得竞争优势，就需要使自己的道德标准高于竞争对手，产生道德竞争优势。企业竞争力提高的一个重要途径就是吸引、激励员工以及高效地利用人力资源。实施 SA 8000 可以提高一个企业对现有的和潜在的劳动者的吸引力。尤为关键的是，SA 8000 在企业中传播一种公平、公正的信念，员工可以彼此信任，在一个公平的环境下，企业员工才会创造出更好的成果。

（三）SA 8000 对我国企业的影响

SA 8000 对我国企业带来的影响有利有弊。SA 8000 对提高我国国内企业的经营管理质量、道德水平和企业社会责任等方面有着积极的影响。同时，我们也应清醒地认识到，这种新的标准将会对我国企业进入、参与国际市场竞争和吸引外资等方面产生一些不利影响。

1. SA 8000 的正面影响

（1）它有利于企业完善人力资源管理的政策和手段，有效地防止企业优秀员工的流失。企业人力资源管理不能用“胡萝卜加大棒”的方法，在强调企业员工是社会人的今天，企业在关心员工物质利益的同时，更要给员工提供机会，创造更好的职业发展平台，促进企业与员工共同发展，实现双赢的过程。

（2）它有利于企业增强法律意识，有效地缓解劳资矛盾。我国大部分企业都存在劳资矛盾，而在立案的众多劳资纠纷中，一般员工的胜诉率为85%，而企业的胜诉率仅为15%，由此可见，劳资纠纷中更多的责任是在企业一方。SA 8000 的出现及全面推行必将起到有效地缓解劳资矛盾的作用。

（3）它有利于企业增强其道德观念，提高企业的信誉。SA 8000 促进企业在道德和经济之间作出选择时更注重对道德的重视。在企业社会责任日益深入人心的今天，企业的各个利益相关者们都更加重视企业的责任意识，促使企业承担起相应的责任。这样就能降低企业由道德风险转化而成的商业风险，有利于市场的有效配置。

（4）它有利于企业提高竞争优势，实现可持续发展。推行社会责任管理的战略选择，与企业可持续发展的思想统一于企业的战略目标、环境的应变、生产、销售等各环节之中。其优点是满足客户的要求，确保与改善客户与供货商长期合作关系，并且可以协助供应商改善劳动条件，提高管理水平，从而提高产品质量和生产效率，降低成本，增进企业竞争能力，凝聚员工向心力，改善现有社会责任管理，提升企业形象。事实上，许多跨国公司推行 SA 8000 都起到了推动企业发展的杠杆作用。

综上所述，SA 8000 的益处有：保护公司品牌形象，避免公司声誉受损；改善公司守法意识，避免负面的法律诉讼；关注股东意见，吸引股东投资；满足消费者需求，避免消费者抵制而失去市场；避免贸易制裁；提高生产率，优化供应链管理。

2. SA 8000 的负面影响

（1）它不利于企业的市场进入。我国有些出口企业由于没有取得SA 8000 标准认证或者无法满足要求，产品出口受阻或者被取消供应商资格，影响了企业的市场进入。一方面，由于我国出口产品不符合外国采购商的社会责任标准要求，将被拒之门外；另一方面，要实施 SA 8000 标准，必然增加出口成本，高额的认证费用使我国出口企业尤其是大多数中小企业望而却步。大多数学者认为，SA 8000 在我国的推行对我国的外贸出口的冲击首当其冲。我国产品的优势体现在低廉的劳动力成本上，如果实行严格的劳工标准与企业社会责任标准，人力成本必将会提高。例如，如果企业按 SA 8000 标准执行，某些劳动密集型生产商的平均人力成本会上升 50% ~100%，生产成本的上升对发展中国家企业的打击将是灾难性的，无异于将发展中国家的产品逐出国际市场。因为实施 SA 8000 的认证和维护，需要企业投入巨大的人力、物力、财力去申请和更新，无疑将大大增加成本，使企业不堪重负。

（2）它不利于企业吸引外资和经济发展。近年来，我国吸引外资的步伐较快，除了潜在的经济发展速度和市场因素之外，廉价的劳动力也是外商投资的动力之一。实施SA 8000标准认证，对外资的吸引力将降低，这对我国吸引外资将产生消极作用，劳动力优势可能会丧失，甚至变成劣势。

（3）它对企业竞争力产生消极的影响。

1）SA 8000 对企业竞争力的影响主要是加大了企业的生产成本。SA 8000 标准的实施将会导致三种成本：一是评估现行状况、制定系统原则和程序、控制和记录所需的时间成本；二是采取补救措施所形成的成本，即减少工作时间、提高工资待遇、改善工作与生活环境等所带来的成本；三是认证、审查以及不断进行控制和监督审查的费用。

2）SA 8000 的实施提高了产品成本，削弱产品的国际竞争力。近年来，由于我国丰富而廉价的劳动力成为许多企业获取国际竞争优势的关键，虽然我国在保护劳动者权益方面做了大量的工作，但一些企业承担这方面的社会责任仍不到位。SA 8000 强制要求我国企业以达到社会责任标准作为贸易的前提，许多企业的成本将大幅度提升，必将降低国内企业特别是中小企业的出口竞争力，影响其国际市场的竞争优势。

（四）SA 8000 的发展现状和发展趋势

1. SA 8000 的发展现状

SA 8000 自 1997 年 10 月出台以后，发展特别迅速，在发展中国家掀起了 SA 8000 认证的热潮。虽然 1998 年年底仅有八家组织获得认证，但截至 2005 年 12 月 31 日，全世界共有 50 个国家或地区的 881 家企业组织通过了 SA 8000 认证，涉及的行业达 57 个。其中认证企业数居前三名的国家分别是：意大利为 324 家，占 36. 8%；印度为 125 家，占 14. 52%；中国为 119 家，占 13. 5%。从认证企业的行业分布来看，主要是以劳动密集型企业为主，如共有 220 家服装和纺织企业，占认证总数的 24. 9%。近年来在国内媒体的宣传影响下，SA 8000认证标准得到国内企业的认可，越来越多的企业接受这项利于企业员工利益和公司长期发展战略的国际认证标准。从通过认证企业的区域分布上看，以沿海省份居多，并逐步向内陆省份推进。

随着企业体制的健全和员工的权益意识的增强，劳工权益保障成为一个日益突出的问题。特别是“企业社会责任”这个概念的深入人心，社会各界也越来越关注企业社会责任问题。在经济全球化发展的今天，不论是各民间团体、商业协会还是国家权力机构大都会对 SA 8000 认证产生了内在需求，在企业实践过程中不断成熟完善。实践证明，保障劳工权益，维护劳动关系的和谐稳定，对社会安定团结、政治稳定、经济繁荣有着特别重要的意义。随着世界经济和社会的发展，人们越来越重视人的价值、社会和道德问题、环境问题、企业员工的健康与安全问题。对于消费者来说，接受一件由剥削童工或囚犯所生产的商品是不可思议的事情。对于员工，包括很多工人在内，工作不再是一种生存的手段，更是生活价值和人生价值的体现。所以企业善待员工，建立和谐的劳资关系，保持舒适的工作环境，也是企业提高员工工作效率、激发创新精神从而为企业带来更大的经济利益的一个关键。

2. SA 8000 的发展趋势

SA 8000 日益成为企业管理的新趋势。在经济全球化快速发展的背景下，企业的竞争优势正在悄悄地发生变化。传统的成本、质量、供货期等要求已经成为最基本的标准，另外又对企业提出了一些选择性的标准，如速度、灵活性、创造性、安全性和商业道德等。企业界已经将SA 8000看做是一项竞争优势，将企业对员工的社会责任纳入战略考虑层面，企业取得良好业绩的一项必备功课。在目前的商业环境下，问题已经不是“是否应该”实施社会责任政策，而是如何有效地实施。继ISO 9000和ISO 14000之后，SA 8000是一个最新的管理体系标准，大多数企业意识到，消费者在选择购物时越来越多地考虑企业的道德表现，大多数商业发展计划都需要道德评估和环境影响分析。

案例10-2 **蓝色壁垒**

一、蓝色壁垒的含义

蓝色壁垒（Blue barriers）是指以劳动者劳动环境和生存权利为借口采取的贸易保护措施。蓝色壁垒由社会条款而来，是对国际公约中有关社会保障、劳动者待遇、劳工权利、劳动标准等方面规定的总称，它与公民权利和政治权利相辅相成。目前，蓝色壁垒的核心是SA 8000标准。总部设在美国的“社会责任国际”（SAI）根据国际劳工组织公约、联合国儿童权利公约及世界人权宣言于1997年发起并联合欧美跨国公司和其他国际组织，制定了SA 8000社会责任国际标准，作为全球第一个可用于第三方认证的社会责任管理体系。它包括核心劳工标准（涉及童工、强迫性劳动、自由权、歧视、惩戒性措施等内容）、工时与工资、健康与安全、管理系统等方面。SA 8000标准强调企业在赚取利润的同时，要承担保护劳工人权的社会责任。因此，被称为“社会责任标准”。

二、蓝色壁垒的产生与发展

蓝色壁垒产生是发展中国家和发达国家在国际市场上竞争关系失衡后的一种调整。

在这一背景下，欧美等发达国家把社会责任标准同其对发展中国家事实的普遍优惠制度挂钩。同时，一些国家，一种以社会责任标准为主要内容的、新的贸易壁垒即以SA 8000标准为核心的蓝色壁垒逐渐建立起来。

随着国际贸易的发展和贸易自由化程度的提高，关税已经大幅度下降，一些传统非关税堡垒也在逐步地被消除和规范。与此同时，一些发达国家正在利用与发展中国家之间的经济水平、教育文化和道德标准的差异，构筑起一种新型的、更为隐蔽的国际贸易壁垒。

蓝色贸易壁垒就是其中一种新型的国际贸易壁垒。

蓝色贸易壁垒最典型的代表是SA 8000标准，它是由美国经济优先权委员会认可委员会（现以更名为“社会责任国际，”简称SAI）制定并实施。SAI由来自11个国家的20个大型商业机构、非政府组织、工会、人权及儿童组织、学术团体、会计师事务所及认证机构组成。SAI在纽约召开的第一次会议上就提出了标准草案，最初名为“SA 2000”，最终定名为《SA 8000社会责任国际标准》，并在1997年10月公开发布。2001年12月12日，经过18个月的公开咨询和深入研究，SAI发表了SA 8000标准第一个修订版。SA 8000标准一经产生就得到了西方发达国家的大力支持，成为最重要的认证标准之一，并成为“蓝色贸易壁垒”的代名词。SA 8000标准在童工、强迫性劳动、组织工会的自由与集体谈判的权利、歧视、惩戒性措施、工作时间、工资、健康与安全、管理系统等领域制定了最低要求。

目前，蓝色贸易壁垒主要有六种表现形式：对违反国际公认劳工标准的国家的产品征收附加税；限制或禁止严重违反基本劳工标准的产品出口；以劳工标准为由实施贸易制裁；跨国公司的工厂审核（客户验厂）；社会责任工厂认证；社会责任产品标志计划。

三、蓝色壁垒的特征

近十几年来，随着关税和一般非关税贸易壁垒不断削弱，“蓝色壁垒”越来越多地被贸易保护主义者所利用，成为限制发展中国家劳动力密集型产品出口的有利工具，其在运用中有以下特点：

(1) 名义上合法。“蓝色壁垒”及其核心表现——《SA 8000 社会责任国际标准》名义上都以改善工人工作条件和环境为目的，主要依据《国际劳工组织公约》、《联合国儿童福利公约》和《世界人权宣言》的一些要求，具有合理的成分，发达国家的贸易保护主义者正是利用了这一特点，主张在国际投资与贸易协定中忽略各国在社会经济发展上的差异，制定统一的蓝色条款，从而为发达国家建立贸易壁垒创造了条件。

(2) 形式上隐蔽。“蓝色壁垒”在应用中，发达国家往往凭借一系列国际公约对进口商施加压力，对违背 SA 8000 标准的企业及其产品采取征收附加税、限制或禁止进口等强制性贸易措施，在执行中，往往利用民间力量、公众舆论，以反“社会倾销”为借口，强制推行，因此具有形式上的隐蔽性。

(3) 实质上具有歧视性。发达国家一直主张各国应该采用相同标准的蓝色条款，来保障各国工人的权利，实现国际贸易的“公平竞争”，表面上看起来一视同仁，但由于发达国家与发展中国家产业结构明显不同，两者的社会经济发展水平也相差悬殊，实际上受“蓝色条款”影响的主要集中在发展中国家的劳动密集型产业。

(4) 波及范围更广泛。“蓝色壁垒”主要影响发展中国家的劳动密集型产业，这是发展中国家运用其劳动力成本的比较优势加入国际经济循环的主要领域，因此波及的范围比传统非关税壁垒更广泛，将对发展中国家的经济发展、就业、国际收支产生不利影响。

(5) 影响更久远。发达国家实施“蓝色壁垒”，往往借口反“社会倾销”，因此受制裁的企业或国家不仅产品出口受影响，同时，还会被塑造成忽视劳工权益、缺乏社会责任的形象，其品牌和国际声望都会受到误导，其后相当长的一段时间内在消费者心目中造成消极的影响。

从理论上讲，SA 8000 等“蓝色条款”反映了人类社会对企业发展的社会期待，它超越了“企业以获取利润作为唯一目标”的传统观念，强调生产过程中对人的价值的关注，强调企业的社会责任与人文关怀，具有积极的意义。但是，从当前国际贸易的实践来看，发达国家极力推广“蓝色条款”通常是从其自身利益出发，达到贸易保护主义者限制发展中国家劳动密集型产业的出口以保护其国内市场的目的。

四、蓝色壁垒产生的主要原因

蓝色贸易壁垒的产生是社会、经济、科技发展的产物，其产生的主要原因有以下几点：

(1) 在关贸总协定多边贸易谈判和贸易自由化的发展中，传统的贸易壁垒措施受到了很大的限制，不仅会受到国际公约制约和国际舆论的谴责，而且也易遭到对等报复。而蓝色贸易壁垒比传统的贸易壁垒措施更具有隐蔽性，同时出于其中所包含的道德因素使蓝色贸易壁垒内容更能为大众认同。这种具有复杂性、政治性、不确定性的劳工标准一出现，就成为发达国家实行贸易保护政策的最佳选择之一。

(2) 具有廉价劳动力优势的发展中国家以大量廉价产品冲击发达国家的国内市场，使发达国家国内的纺织品、服装、玩具、鞋类等相关行业工人因此失业或工资水平下降，对此国内政府不得不引起高度关注。欧美等发达国家为了保护国内市场、减轻政治压力，日益加重了对发展中国家劳工条件及劳工环境的批评指责。一些地区性行业乃至全国、全球性行业组织和非政府组织纷纷参与制定相关规则，以求获得贸易自我保护。

（3）“血汗工厂”的案例大量涌现，引起了许多发达国家公众的强烈不满与关注，甚至出现了“不买运动”。他们在购买产品时不仅关注产品的质量与安全性，还开始更多地关注产品是在哪里、什么人在什么样的劳动环境与劳动条件下生产出来的，以此决定是否购买。这种行为促使政府与企业在进口产品时加强了对劳工标准的审核。这是发达国家设置蓝色贸易壁垒中一个不容忽视的社会因素。

（4）由于全球化的发展中，劳工问题全球化，它与反全球化运动相结合，使得国际组织与非政府组织对劳工待遇日益重视，都急于寻求一个趋同的国际劳工标准，以促进全球化的稳定发展。然而，各国经济发展水平不同，很难提出一个适用于全球约200个国际贸易参与国的工资、工时、职业安全和卫生、社会保障等标准，这为大多数发达国家提供了强行推广其劳工标准规则的借口，打着保护劳工利益和企业社会责任的幌子实施贸易保护行为。

资料来源：http：//wiki. mbalib. com/wiki/%E8%93%9D%E8%89%B2%E5%A3%81%E5%9E%92.

五、ETI原则

ETI（Ethical Trading Initiative）是英国道德贸易组织的简称，目的是改善全球工人的工作条件。ETI由公司、工会和非政府组织三方代表组成。其基本守则与SA 8000类似，都是基于联合国劳工组织基本协议，主要面向服装和食品行业的企业组织。参与ETI的公司和组织有：C&A、拯救儿童、公平贸易协会等非政府机构。ETI和SA 8000的区别在于：SA 8000是全球性的标准，而ETI主要是由英国公司组成；ETI的目的是通过比较改善工人权益的不同方案来改善系统，而SA 8000是可操作的认证系统。无论SA 8000或ETI，都是在广泛咨询后形成的。

（一）ETI认证基本法则

1. 自由选择职业

（1）不可雇用受强迫劳工、奴隶或非自愿的囚犯劳工。

（2）不可要求劳工付“押金”，或将身份证明文件交予雇主保管。雇员给予雇主合理的通知期后，可自由离职。

2. 尊重结社自由及集体谈判权

（1）雇员有权按照自己的意愿，参加或组织工会，并进行集体谈判。同时，不可因此而受到不同待遇。

（2）雇主须对工会的活动和会内之组织活动采取开放态度。

（3）劳工代表不可受到歧视，并可在工作地点执行代表的职务。

（4）若结社自由和集体谈判权受法律限制，雇主须提供方便，协助发展相辅相成的渠道，而非采取阻挠态度。

3. 工作环境安全卫生

（1）雇主须提供安全、卫生的工作环境，并注意相关行业的工业安全知识及危险。雇主须采取足够的措施，以合理可行的方法，尽量减少在工作地点的潜在危险，以避免雇员因执行勤务，在相关情况下或在执行勤务期间发生意外，引致健康受损。

（2）雇主须定期提供有关健康与安全的培训，并将资料存盘。此等培训应为新聘劳工或调任新职的劳工重新举办。

（3）雇主须为雇员提供清洁的厕所设备和饮用水。如有需要，亦须提供储存食物的卫生设备。

（4）若雇主为雇员提供住宿，住宿环境必须清洁和安全，并符合雇员的基本需要。

（5）遵循守则的公司须委任一高级主管为代表，负责劳工的健康及安全。

4. 不可雇用童工

（1）不可招聘童工。

（2）公司须制定参与及协助制定政策和计划，为被发现当上童工的儿童，提供过渡性的服务，使其接受良好教育直至长大成人。

（3）不可聘用十八岁以下儿童及青少年在夜间或危险场所工作。

（4）上述政策及程序，须与国际劳工组织标准的相关条文一致。

5. 基本生活工资

（1）每个正常工作周的工资及福利，至少须达到当地的法定标准或业内的参考标准，并以较高者为主。在任何情况下，雇员工资除应足以维持基本需求外，还应在此之上有所剩余，以供零用。

（2）所有雇员在入职前应获得书面通知，清楚说明有关工资的聘用条件，并在每次发薪时，收到有关支薪期内工资的书面说明。

（3）严禁以扣减工资作为纪律惩处，也不可在没有当地法律依据且未经雇员同意的情况下扣减工资。所有纪律惩处的办法，皆应记录存盘。

6. 工作时间不可过长

（1）工时必须符合当地法律规定及业内参考标准，并以保障较大者为准。

（2）在任何情况下，雇主不可定期要求雇员每周工作超过48h，并且雇员平均每七个连续工作日须至少享有一天休假。加班工作须属自愿性质，每周不可超过12h，也不可视为常规安排。同时，应以较高额度的加班费作补偿。

7. 不可歧视雇员

雇员不可因种族、阶级、国籍、宗教、年龄、残障、性别、婚姻状态、性取向、工会会籍或政治倾向等因素，而在聘用、赔偿、培训、晋升、解聘或退休方面受到歧视。

8. 正常劳资关系

（1）在所有情况下，雇员的工作必须以当地法律或惯例认可的劳资关系为基础。

（2）不可利用仅供劳力合约、分包合约、家庭代工方式，或通过一些无意传授技能或提供正常劳资关系的学徒训练计划，或利用过期使用定期劳资合约，来逃避雇主在劳工法或社会福利法规定下，因正常劳资关系而必须向雇员负担的责任。

（二）ETI 执行原则

联盟订立了一套劳务守则，称为基本守则。此守则反映出与劳务息息相关的国际标准，并成为联盟的工作依据。

联盟的成员应采用基本守则，或自行订立的守则。若属后者，则必须将基本守则的内容纳入其中。基本守则附有一套基本执行原则，为联盟提供了学习理论的基础。联盟的目标是寻求制定及推广执行劳务守则的正面作为。重要项目包括监督和独立审查，透明化及公开化，以决定并讨论守则内的标准是否被达到。联盟会员应接受该条文为总原则，并以此为订立或改善寻求最佳做法的基准。

第二节 国内企业社会责任标准

随着我国政府、企业组织和民众社会责任意识的提高，越来越多的社会责任管理标准、体系和守则出台，并被用来约束企业的行为。本节主要介绍的国内相关标准有《中国工业企业及工业协会社会责任指南》、《中国纺织企业社会责任管理体系》和《中国企业社会责任推荐标准》。另外，从企业角度来考虑，企业行为准则也是规范自身行为的一项好的措施。

一、《中国工业企业及工业协会社会责任指南》

《中国工业企业及工业协会社会责任指南》是由中国工业经济联合会、中国煤炭工业协会、中国机械工业联合会和中国钢铁工业协会等11家工业行业协会联合发布的，包括能源、环境保护、生产安全、产品安全和关心弱势群体等多项企业社会责任指标。《中国工业企业及工业协会社会责任指南》的结构框架见表10-2。

表10-2 《中国工业企业及工业协会社会责任指南》的结构框架

一、导言	根据国家政府所提出的建设和谐社会和可持续发展的要求，需要全社会的共同努力，并付诸行动，承担起社会责任。中国工业经济联合会、中国煤炭工业协会和中国机械工业联合会等11家工业行业协会共同制定了《中国工业企业及工业协会社会责任指南》，倡导和推进工业企业与工业协会履行社会责任，共同构建社会主义和谐社会。企业社会责任是企业在追求经济效益、实现企业自我发展的同时，承担对经济、环境和社会可持续发展的社会责任。工业协会的社会责任在于促进行业发展，维护企业合法权益，实行行业自律，推进企业履行社会责任。《中国工业企业及工业协会社会责任指南》中规定的社会责任行为准则，提出的社会责任目标和指标，是与我国经济社会和我国工业当前所处发展阶段的实际相结合的。从全球视角看，因国情不同，发达国家和发展中国家社会责任的体系标准也有差异。我们力求推出一部既能与国际接轨又切合我国实际，具有中国特色的企业及行业的社会责任指南，倡导并推进我国的工业企业及工业协会履行社会责任。
二、社会责任体系	建立社会责任体系是企业和协会履行社会责任的组织保证和制度保障。 1. 企业社会责任体系 该体系主要包括：管理体系、制度体系、信息体系和监督体系。在完善社会责任体系的基础上，制定规划，组织实施，切实履行社会责任，发布社会责任报告并接受社会监督。 2. 工业协会社会责任体系 工业协会社会责任体系，包括履行自身社会责任的组织制度体系和推动企业履行社会责任的组织制度体系。
三、企业社会责任和社会责任报告	增强社会责任意识，依法经营，科学发展，构建和谐企业，保障利益相关方合法权益，承担并履行社会责任。企业履行的社会责任就是企业社会责任报告的主要内容，而社会责任报告还包括必须公开陈述的其他重要内容，包括发展战略、公司治理、社会责任组织管理体系等。主要内容如下： 1. 公开陈述 2. 科学发展 3. 保护环境 4. 节约资源 5. 安全保障 6. 以人为本 7. 相关利益 8. 社会公益

（续）

四、工业协会社会责任和社会责任报告	增强社会责任意识，履行协会自身社会责任，推进会员企业履行社会责任，发布行业社会责任报告。 1. 推进企业履行社会责任 分析行业特点，根据行业特点指导行业企业积极履行社会责任，交流经验，提高和完善行业企业社会责任的能力和水平，组织、推进更多企业承担社会责任，发布社会责任报告。 2. 履行协会自身社会责任 承担协会自身的社会责任，包括为政府、为行业、为企业服务责任，不断完善协会社会责任。 3. 自律和信用 制定和发布行业自律公约。行业自律与政府监管"他律"结合，实现公平竞争，完善市场秩序。建立行业信用体系，记录、公布、完善行业企业的信用记录。 4. 工业协会社会责任报告 工业协会社会责任报告以综合行业企业的社会责任报告为主要内容，同时包括工业协会自身的社会责任。工业协会要定期（两年期或四年期）发布行业社会责任报告。
五、定义与术语	定义了企业社会责任、利益相关方、和谐社会等9个专有名词，明确相关概念的具体含义。
六、参考的法律法规	参考了《中华人民共和国宪法》、《中华人民共和国劳动法》、《中华人民共和国劳动合同法》、《中华人民共和国工会法》等30项法律法规，依法制定，具有较强的法理依据。
附件：企业社会责任报告参考指标	企业社会责任报告是用文字与数字构成的报告，社会责任报告要尽可能地运用数字和图表表示。因此，企业应采集更多数据和采用更多的指标来编制社会责任报告。《中国工业企业及工业协会社会责任指南》选择了一些基本的指标，供企业编制社会责任报告时参考。

二、《中国纺织行业社会责任管理体系》

《中国纺织企业社会责任管理体系》（China Social Compliance 9000 for Textile & Apparel Industry），即CSC 9000T。它是基于中国相关法律、法规和有关国际公约及国际惯例制定的符合中国国情的社会责任管理体系。该体系旨在为企业规定有效的社会责任管理体系要素，既包括社会责任的具体要求，又涵盖建立企业社会责任管理体系的模式。这些要素可与其他管理要求相结合，帮助企业实现其社会责任目标与经济目标，满足预防风险和持续改进的要求。如同其他管理体系一样，CSC 9000T不增加或改变企业的法律责任。CSC 9000T总则是中国纺织企业公共的社会责任行为准则，它提出了对企业社会责任管理体系的总要求，指导企业建立自己的社会责任目标和指标。CSC 9000T细则是对总则的具体描述，帮助企业在细则的基础上建立社会责任管理体系，实现对行为准则的承诺，达到改善社会责任管理，切实保障所有员工利益，激励员工发展的目的，从而增强企业人力资源的竞争力。考虑到国内企业安全生产的现状，CSC 9000T管理体系特别加强了职业健康与安全的管理规范，以帮助企业切实改进管理，在为员工健康与安全着想的同时，降低企业的运行风险成本。中国纺织行业社会责任管理体系（CSC 9000T）结构框架见表10-3。

表10-3 中国纺织行业社会责任管理体系（CSC 9000T）结构框架

Ⅰ适用范围	本体系以纺织服装企业为适用对象，使用者必须对其正确应用负责，企业遵从本体系并不能免于国家法律法规的约束。
Ⅱ参照的法律法规、国际条约及标准体系	本体系的制定以中华人民共和国相关法律的要求为基础，并充分参考了我国政府已批准的涉及社会责任的国际公约，同时参照了其他标准体系。参考的国内法规法律有《中华人民共和国宪法》及历次宪法修正案、《中华人民共和国劳动法》、《中华人民共和国工会法》等。参照的国际公约有《世界人权宣言》、《联合国儿童权利公约》、《公民和政治权利公约》等。

（续）

Ⅲ定义与术语	定义了企业社会责任、利益相关者、可持续发展等10个专有名词，明确相关概念的具体含义。
Ⅳ总则（企业社会责任行为准则）	接受本准则的企业应将其在显著的位置张贴出来，并确保传达到所有的员工。 1. 管理体系 企业应当在相关的中国法律法规和国际公约的基础上，按照CSC 9000T的要求，制定、实施、保持并改进企业社会责任管理体系，提出具体的企业社会责任目标和指标，形成必要的文件，确定将如何实现这些目标和指标，并审核实施结果，达到持续改进的目的。 2. 劳动合同 企业招用员工时应当订立书面劳动合同。 3. 童工 严格禁止招用童工。 4. 强迫或强制劳动 严格禁止企业使用或支持使用强迫或强制劳动。 5. 工作时间 企业应当遵守国家法律法规有关工作时间的要求。 6. 薪酬与福利 企业应当保证向员工支付的工资、福利待遇不低于法律、法规的要求，并且以货币形式支付。 7. 工会组织和集体谈判权 企业应当承认并尊重员工组织和参加工会以及进行集体谈判的权利。 8. 歧视 严格禁止企业因民族、种族、宗教信仰、残疾、个人特性等原因使员工受到歧视。 9. 骚扰与虐待 企业应当保障每位员工的身体与精神健康，禁止骚扰、虐待与体罚。 10. 职业健康与安全 企业应基于PDCA的运行模式，建立、实施、保持并改进职业健康与安全管理体系，为所有员工提供一个健康和安全的工作环境。
Ⅴ管理体系要求（总则和细则）	这一项是对总则的具体要求解释，详见原标准。
附录：《CSC 9000T自我评估表》	本管理体系的实施有助于企业提高社会责任承担意识，具体表现在： （1）推行CSC 9000T可以维护企业员工的合法权益，增强员工的积极性和工作效率。 （2）推行CSC 9000T可以帮助企业改善管理水平，尤其是企业社会责任管理、职业健康与安全管理和人力资源管理，提高企业核心竞争力。 （3）推行CSC 9000T有助于引导中国纺织业可持续发展，提升中国纺织业在国际上的形象，使中国纺织业更好地融入国际供应链。 （4）推行CSC 9000T是中国纺织业落实“建设和谐社会”精神的具体举措。

三、中国企业社会责任推荐标准

中国企业的社会责任在核心理念上与国际主流观点是一致的，但在具体标准上又必须与国情现状相适应，这样才能引导中国企业更好地承担社会责任。从提高社会责任绩效的途径和方式来看，中国企业不仅应该充分借鉴以跨国公司为代表的全球性企业的良好经验做法，更重要的是通过完善企业治理和开发创新潜力来增强国际竞争力，从而在可靠的基础上真正实现其社会责任绩效的持续改进。

同时，尽管现代市场的范围正随着经济全球化的发展而快速扩大，但企业与其经营活动所在的本地社会之间的嵌入性关系越来越重要（如强调“本地化”）。因此，具体企业的社会责任管理和创新，并不是一种独立的自我设计的过程，在客观上它还要受到当地社会环境的影响。僵化或片面地强调某种“标准”，势必会“拔苗助长”，导致一些原来有本地社会基础和成长潜力的企业及本地社会都会受到损害。

中国企业是企业社会责任标准的最大的使用者群体之一，但在标准制定方面参与不足。为此，中国企业联合会可持续发展工商委员会（CBCSD）特制订中国企业社会责任推荐标准和应用说明及实践范例（以下简称“本标准”），供企业参考，旨在推动中国企业社会责任的能力建设。

本标准确定企业应该遵循的社会责任基本原则，并对其中关键细节进行适当展开，旨在引导企业完善自身的战略、组织、制度和文化，建立有效的社会责任管理体系。作为推荐性标准，其中所列条目多数属于规范意义上（normative，即“应该”遵守）的建议，这些建议正在逐步转变为企业经营的必需条件，虽然与其相对应的系统做法未必已经在一个企业中全部实现。另一方面，作为“标准”，其合理性有三个方面的基础：一是法律、法规，即部分条目或其含义因直接援引法律、法规而具有强制性；二是经营原则，即部分条目或其含义因符合经营决策的经济理性而具有现实性；三是伦理主张，即其他条目或其含义因遵循道德规范而得以自我支持。

在主体内容结构上，本标准与现有其他综合性企业社会责任标准基本保持一致，但突出强调了“社会进程及企业本地嵌入性”，主张应该密切联系企业所嵌入的本地社会的具体发展阶段来切实考虑其社会责任的恰当内容。需要特别说明的是，对于企业治理和安全管理这两项关键责任议题，本标准仅予以概括陈述。企业治理是企业持续发展和承担社会责任的决策支点，是最为关键的内部战略问题，是激励、约束和监督企业内部管理者争取企业价值最大化和社会责任最优化的机制。安全管理则是体现企业持续发展和社会责任绩效的敏感指标，企业必须严格遵守相关的法定要求，并参照专门标准持续改进其管理体系。

四、企业行为准则

企业自己制定的行为守则，主要在企业内部或者其供应链中执行，如《耐克公司行为守则》、《国家电网的企业社会责任》等。企业行为准则是对企业及员工进行规范约束的标准原则，它对企业及员工的行为有很大的适用性，如果能够定期宣传强化，使企业及员工以企业自身的行为准则来约束自己，进而树立企业的良好形象。

企业行为准则应包含以下内容：

（1）信任原则。作为企业组织的一员，员工应当尽职、尽力维护企业的形象并争取为企业获得利益而努力。

（2）可靠原则。这意味着企业组织或员工个人在作出承诺的时候要谨慎，不承诺超出自己能力之外的事情，同时要履行所承诺的事情并尽力做到最好，担当起自身的义务。

（3）透明原则。它的核心理念就是诚实和尊重，这被视为最基本的道德操守。

（4）尊严原则。尊重员工及他们的行为，使组织处于一个融洽和谐的工作氛围中，创造积极、合作的环境，并保护员工的安全、感情和隐私，禁止羞辱、强迫他人等侵犯基本人权的行为。

（5）公平原则。公平能促进合作、保障合法性和保证群体的工作积极性，对待共同努力的员工，应该视绩效、成果而提拔员工，禁止团体内部出现任人唯亲、近亲繁殖的现象。

（6）遵守规定原则。企业中的员工应该遵守企业所规定的相关准则规范，从而促进融洽的企业氛围形成。

（7）响应原则。积极响应企业上层领导所传达的有关文件，执行上级的指示，高效地完成组织任务。

本章小结

本章介绍了国际企业社会责任标准，主要有联合国全球契约、国际劳工公约、ISO 26000、SA 8000 和 ETI 原则，其中以 ISO 26000、SA 8000 两项为主，并解释说明企业缘何青睐于各个准则；第二节介绍国内的三个比较具有代表性的企业社会责任标准，它们分别是《中国工业企业及工业协会社会责任指南》、《中国纺织行业社会责任管理体系》和《中国企业社会责任推荐标准》。企业的内部行为准则对员工及组织自身都有很大影响，所以在本节的最后也简略地加以介绍。

思考题

1. 国际社会责任标准主要有哪些？这些标准对我国企业的作用有哪些？
2. 什么是 ISO 26000？它有什么特点？
3. 什么是 SA 8000？它的主要内容包括什么？
4. 在什么样的背景下由谁提出的《中国工业企业及工业协会社会责任指南》？其对我国工业企业产生何种影响？
5. 通过对本章的学习，论述企业社会责任规范的影响力。

第十一章　企业社会责任报告

【学习目标】

理解企业社会责任报告的含义、作用；了解社会责任审验的内涵、作用；掌握社会责任报告的编制过程。

【关键词】

社会责任报告；社会责任编制；社会责任审验

【导入案例】

2011 中国工业经济行业企业社会责任报告发布会在京举行

5月26日，由国家发改委、工信部、国资委、民政部、环保部、商务部、国家质检总局、国务院安监总局等七部委指导，中国煤炭、机械、钢铁、石化、轻工、纺织、建材、有色金属、电力、矿业等十家全国性工业行业协会（联合会）协办，中国工业经济联合会主办的"2011 中国工业经济行业企业社会责任报告发布会"在人民大会堂召开。本次会议旨在贯彻落实科学发展观，加强工业行业社会责任建设，通过企业发布社会责任报告，强化社会责任意识，进一步持续有效地推动我国工业企业及工业协会履行社会责任。

全国政协经济委员会副主任李毅中在会上说，去年以来，工业企业及行业协会深入贯彻落实张德江副总理的讲话精神，扎实推进工业行业社会责任建设，社会责任实践状况持续改进。企业更加重视诚信建设，诚信体系建设取得积极进展。但总体上看，我国企业社会责任实践虽然取得了一定进展，但仍然存在一些突出问题。例如，一些企业经营思想不端正，违规行为多有发生；信誉意识不强，甚至出现质量事件；劳动者权益受损现象依然突出。因此，加强工业行业、企业社会责任建设，对加快转变经济发展方式、保持工业经济长期平稳较快发展、保障和改善民生、构建和谐社会，都具有十分重要的意义。

他认为，工业行业社会责任建设，要抓住关键领域和薄弱环节，准确把握和有效应对工业行业社会责任热点、难点问题。关键是要建立政府、行业、企业、社会"四位一体"、多元共促的社会责任推进格局。政府部门应发挥管理和指导职能，从各自的职能出发，制定法律、法规，完善相关政策，健全激励约束机制，引导企业履责。行业协会要发挥行业自律、体系建设工具，也是强化企业责任管理、塑造企业责任文化以及培养责任感的有效手段。社会责任报告发布会是企业社会责任工作定期展示和交流的重要平台。自 2009 年以来，累计近百家企业通过在中国工业经济联合会举办的社会责任报告发布平台发布了本企业和本协会的社会责任报告，这些企业是各行业、各地区的骨干企业，在履责方面各具特色，具有较强的代表性和示范作用，也带动了更多企业勇于向社会承诺、履行社会责任。

国资委副主任黄淑和在会上说，"十一五"时期，中央企业在积极履行社会责任，承担社会责任义务方面，发挥了重要的表率作用。中央企业在实现国有资产保值增值，为全社会创造财富，加强资源环境保护，切实履行环境责任，积极吸纳就业，维护职工合法权益，积极参加社会公益事业，救助重大自然灾害等发挥顶梁柱作用方面，作出了突出贡献。

国家安全生产监督管理总局副局长王德学、工信部总工程师朱宏任就环境保护、节能减排、安全生产等企业应承担的社会责任问题在会议上发表讲话。东风汽车、贵州茅台等40余家企业发布了2010年社会责任报告。

本次活动为中国工业企业及工业协会提供社会责任工作展示和交流渠道，建立报告定期发布制度，推进社会责任信息披露，提升中国工业企业及工业协会社会责任管理实践水平，探索社会责任建设与国家、地区、行业发展的契合点，推动我国经济、社会、环境全面协调可持续发展具有如下重要意义：督促引导的推动作用；搭建交流平台；总结推广优秀案例和典型经验；加强政府、协会、企业的相互沟通。广大企业应当继续牢记责任，强化意识，争做履行社会责任的表率。

朱宏任在会议中还表示，社会责任报告是企业展示责任理念的重要手段，是企业建立诚信文化的工具，也是强化企业责任管理、塑造企业责任文化以及培养责任感的有效手段。社会责任报告发布会是企业社会责任工作定期展示和交流的重要平台。自2009年以来，累计近百家企业通过在中国工业经济联合会举办的社会责任报告发布平台发布了本企业和本协会的社会责任报告，这些企业是各行业、各地区的骨干企业，在履责方面各具特色，具有较强的代表性和示范作用，也带动了更多企业勇于向社会承诺、履行社会责任。

资料来源：中国经济网 http：//www. ce. cn/xwzx/gnsz/zg/201105/26/t20110526_ 22444010. shtml.

由此可见，企业社会责任报告在我国已经得到了充分的重视，发布企业社会责任报告的企业数量正呈逐年上升趋势。企业社会责任报告是企业与利益相关方沟通交流的重要载体。随着社会责任运动的发展，社会责任报告的重要性更加凸显。本章主要对社会责任报告的内涵、发展过程作了具体的阐述，指出了社会责任报告的具体编制与发布的程序。

第一节 企业社会责任报告概述

随着公众社会责任观念的提升，利益相关者对企业承担社会责任的期望逐步提高，对企业履行社会责任的透明度也提出了更高的要求；与此同时，企业也希望自已的社会责任行为得到社会的认可，努力对所履行的社会责任进行披露，与利益相关方形成良性互动，使企业的社会责任行为取得更好的效果。因此，企业社会责任报告应运而生。它既是企业了解和回应利益相关方期望的结果，又是企业与利益相关方沟通交流的过程；既是利益相关方评价企业社会责任业绩的重要依据，又是企业深入推进社会责任管理的重要工具，是在社会责任运动的推动下，企业的必然选择。

一、企业社会责任报告的产生

企业社会责任报告经历了一个较长的发展过程，包括萌芽、兴起、发展和趋于成熟四个时期，随着所关注议题的不断变化，社会责任报告从单项（雇员报告、环境报告、环境健康安全报告）向综合性社会责任报告演变。

（一）企业社会责任报告的萌芽——雇员报告

1. 雇员报告产生的背景

在工业革命时期，一些企业家就开始意识到雇员权利和福利的重要性，开始以不同的方式承担对雇员的责任，但是以正式文件的形式来披露，则出现于20世纪70年代的欧美国家。

20 世纪 60 年代的欧美国家经济发展中的社会问题凸显，这些频繁出现的经济和社会问题，迫使公众对企业的道德和社会责任问题进行反思。在这种背景下，各种消费组织、环保组织等纷纷成立，要求企业对自己造成的环境和社会问题进行深入的思考，要积极地承担自己的社会责任，对消费者、雇员、环境、社区等广泛的利益相关者负责。英国作为对社会压力的回应，相继颁布了一些法令，要求企业积极承担对雇员的责任，这些法令是关注雇员责任的重要载体，在此形势下年度雇员报告开始出现。

2. 雇员报告的内容和形式

雇员报告并没有标准的格式和统一的设计，也不是由法律明确规定的，而是企业内部自愿性质的报告。雇员报告的主要内容包括：企业执行雇员权益法律的状况，本年度维护雇员权益的事件，如涉及雇员权益的经营策略、公司的经营收益分配状况等。

3. 雇员报告的动力和社会影响

企业发布雇员报告的主要动力来自于企业管理者对雇员责任意识的增强，同时也随着雇员权益立法保障的加强，极大地提高了企业管理层维护雇员权利的意识，雇员成为企业重要的利益相关方，因此企业更加重视雇员的权益，主动为其提供适宜的工作环境，良好的工作氛围，以充分发挥雇员的工作积极性，更好地吸引和留住人才，提升企业的竞争力。

雇员报告产生的社会效果有限，没有统一的规范和指南，报告的对象主要是雇员，范围狭小，而且公众对雇员报告也没有足够的期望和要求。因此雇员报告也没有被很多企业采用，在社会上也未能得到广泛的推广，但它是企业社会责任报告发展的重要萌芽。

（二）企业社会责任报告的兴起——环境报告

1. 环境报告产生的背景

企业独立环境报告出现于 20 世纪 90 年代，是企业社会责任报告兴起的基本标志。随着公众对企业环境信息的关注程度不断提高，环境问题逐步发展成为各种社会团体、媒体以及普通公民的重要社会话题，环保组织大量出现，要求企业充分地披露企业对环境影响的相关信息。后来政府相关立法又对企业环境报告产生了明确的影响；随着公众环保意识的提高以及法律约束的明显加强，促使企业发布环境报告的意愿增强；重大的负面事件对企业环境报告产生了巨大的推动作用，一些企业希望通过报告企业的环境绩效来消除公众对企业的怀疑和谴责，从而提高企业的声誉。在这些背景下，环境报告应运而生并且逐步发展完善。

2. 环境报告的内容和作用

企业环境报告大体包括了以下内容：环境战略（环境政策、方针、理念以及最高管理者承诺）、环境管理（管理方式、法律法规遵守）、企业活动对环境的影响、环境管理绩效以及与企业活动相关的环境信息等。

企业发布环境报告可以加深利益相关者对于企业在环境保护方面的了解，这也是企业自觉履行社会责任的表现，有利于赢得顾客的信任，提高企业的声誉。此外，环境报告还有助于利益相关方加强对企业的监督，有利于改进企业的目标，促进企业内部环保意识的增强。但是企业的环境报告也并不是非常完美的，主要表现在：环境报告水平参差不齐，外部评价监督体系不完善，企业的环境报告与具体实践之间存在较大差距等。

（三）企业社会责任报告的发展——环境健康安全报告

随着社会责任观念的不断提高，公众对企业的期望也有了进一步提高，企业需要向公众披露的信息也越来越多，所需报告的信息从环境问题发展到包括雇员健康和工作场所安全等社会问题，企业的安全报告也逐渐被环境健康安全报告所取代。

（四）综合性企业社会责任报告

进入21世纪以来，非财务报告正在完成从单项到综合的转变，更多的企业进一步把环境健康安全报告扩展到综合性的社会责任报告，包含的内容更加广泛，如企业与雇员、客户、供应商、社区等。

综合性社会责任报告的产生背景为：可持续发展观念深入人心；西方发达国家的政府对企业全面披露社会责任信息的期望和要求越来越高；公众对社会责任议题的全面关注。

综合性社会责任报告是从责任的角度对企业与社会关系的全面反映，涉及经济、环境、社会的各个方面，通常包括以下内容：企业价值观、公司治理、环境健康与安全、雇员责任、资源使用、供应商关系管理、社区和社会公益事业参与等。

企业社会责任报告的演进见图11-1。

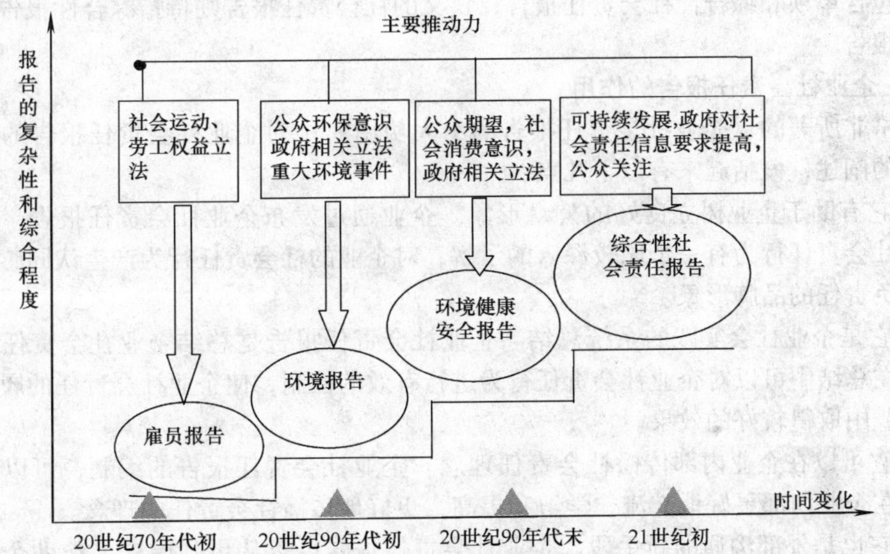

图11-1 企业社会责任报告的演进

资料来源：殷格非，李伟阳. 企业社会责任报告编制指导［M］. 北京：中国人民大学出版社，2010.

二、企业社会责任报告的含义、分类及作用

（一）企业社会责任报告的含义

英国社会与环境会计研究中心的会计学家格瑞教授认为，企业社会责任报告是沟通的过程。沟通内容是企业经济活动对社会利益群体及整体产生的社会影响和环境影响。它是企业责任的延伸，是对传统的只对投资者特别是股东负责的企业角色的超越。责任的延伸是基于以下假设："公司不仅要为股东创造利润，还应该承担更广泛的责任。"综合性企业社会责任报告又可称为可持续发展报告。全球报告倡议组织在其《可持续发展报告指南》版中指出："可持续发展报告是以可持续发展为目标，衡量及披露机构绩效，对内外部利益相关方负责任的实践。"

企业社会责任是企业履行社会责任内容和方式的综合。因此，企业社会责任报告是反映

企业所承担的社会责任的载体与工具。它既可以反映企业承担社会责任的过程，又是企业社会责任绩效披露的工具。企业的社会责任报告可以使利益相关者充分了解到企业的社会责任履行情况，为他们进行正确的社会责任绩效评价提供依据，使企业的社会责任行为更好地得到公众的认可，起到提高企业声誉及形象的目的。简言之，企业的社会责任报告就是将企业的社会责任信息，包括企业社会责任的履行情况，社会责任实现方式、目的、内容等的综合反映，是将企业的社会责任行为与利益相关者进行沟通的过程。

（二）企业社会责任报告的分类

从社会责任的发展来看，企业社会责任报告分为单项报告和综合性报告。单项报告主要包括雇员报告、环境报告、环境健康安全报告等；综合性报告包括社会责任报告、可持续发展报告、企业公民报告等。以企业社会责任报告反映的程度是否全面为标准，企业社会责任报告可以划分为广义的社会责任报告和狭义的社会责任报告。广义的社会责任报告是指非财务报告，包含单项和综合性社会责任报告；狭义的社会责任报告则特指综合性报告中的企业社会责任报告。

（三）企业社会责任报告的作用

在殷格非所著的《企业社会责任报告的十大功用》中对企业社会责任报告的作用作了比较具体的阐述，概括起来有以下几点：

（1）它有助于企业树立良好的公众形象。企业通过发布企业社会责任报告，可以让公众对企业社会责任行为有一个比较深入的了解，对企业的社会责任行为产生认同感，在顾客心中树立负责任的品牌形象。

（2）它是企业社会实践的系统总结。企业社会责任报告是总结企业社会责任实践的最佳工具，在总结中可以对企业社会责任行为进行有效的控制，使企业社会责任的履行更加顺利，在实践中取得较好的效果。

（3）它可以在企业内部传播社会责任理念。企业社会责任报告的编制，可以使社会责任的理念在企业内部更好地交流、学习和提高，更好地传播社会责任的理念。

（4）它也是外部沟通的新手段。企业社会责任报告可以从更高层次上帮助企业传递与经济、环境以及社会机遇和挑战有关的信息，加强与外部利益相关方的联系，为企业赢得良好的外部环境。

除此之外，企业社会责任报告在维持企业的财务稳定，提高管理层评估能力等多个方面都发挥着重要作用。

总之，企业社会责任报告对承担社会责任的企业来说是非常必要的，它是企业社会责任行为的一面“镜子”，利益相关方从中可以充分了解到企业为社会事业所作出的努力，使企业得到公众的认可，提高企业形象，提升企业的竞争力。

三、企业社会责任报告的内容与结构

（一）企业社会责任报告的内容

从现有发布的企业社会责任报告来看，企业社会责任报告的内容大体上包括了三个方面：企业的基本情况简介，包括企业的概况、性质，企业主要的财务目标，企业的价值观，社会责任的目标等；其次是企业的管理体系介绍，描述企业是如何通过企业内部的管理体系来达成企业目标的，包括企业的愿景和战略，企业的管理制度，企业文化；最后是企业绩效指标的披露，通过这些指标可以了解到企业社会责任的实施效果，并且可以加强外部利益相关方的监督，帮助企业发现在社会责任实施方面的问题与不足，以便对企业的社会责任行为进行有效的控制，减小企业的社会责任目标与实际执行效果之间的差距。这是企业与利益相关方进行互动沟通的一种比较好的方式，有助于社会责任的实施。

2002 年，学者在对来自世界各地的 100 份报告作质量测评时发现：企业履行社会责任的状况主要体现在其经济绩效、环境绩效和社会绩效中。经济绩效主要涉及工资、福利、生产率、就业、投资培训等议题；环境绩效主要涉及产品和服务对于空气、土地、生物多样性以及对人体健康产生的影响；社会绩效主要包括工作环境的卫生与安全、员工的满意程度和公司福利、对社区的影响等多个方面。企业社会责任报告中社会绩效的披露主要集中于对企业内部的影响。一般与员工相关的数据、工作环境的卫生与安全等信息披露的概率比较高。而对于当地社区以及一些涉及范围比较广的社会问题披露较少。另外，在企业社会责任报告中还会回避一些难以量化的环境问题，如人权、供应链关系等议题，这些问题难以有一个统一的衡量标准，说服力不强，因此在企业编制社会责任报告的过程中要尽量回避这些因素。

（二）企业社会责任报告的结构

企业社会责任报告的结构是由企业社会责任报告的内容决定的，是报告内容的表现形式。而企业社会责任报告的结构反过来也会影响到报告的内容。企业社会责任报告结构具有稳定性，会在历年的报告中延续下去。

企业社会责任报告的结构也分为三部分：第一部分是总论，包括高层管理人员的序言和致辞，企业的总体介绍、报告编制的重点，报告要达到的目标，提出企业的可持续发展问题；第二部分是关于企业治理的介绍，包含企业的愿景和战略，管理制度、企业文化、员工管理；第三部分是业绩描述，包括过去一年中企业发展对经济、环境和社会的影响。业绩描述是企业社会责任报告结构中的主体部分，一般会占报告一半以上的篇幅。业绩描述表现形式的不同，也就决定了报告的不同结构。

1. 三重底线结构

三重底线概念是由英国学者约翰·埃尔金顿首先提出的，后来被人们广泛采用。该理论认为，企业的行为不仅要考虑经济底线，还要考虑环境底线和社会底线。许多企业采用这种标准，分别描述企业的经济绩效、环境绩效、社会绩效。这种描述方法逻辑性比较强，覆盖面较广，基本包括了企业的各种活动。但是独立的描述，使得对三重底线的联系阐述较少。

2. 利益相关方的结构

我们对企业社会责任的理解很多是从利益相关方的角度着手的，企业的社会责任报告是企业社会责任行为的阐述，可以让包括股东、消费者、雇员、政府、社区、媒体、供应商等在内的广泛的利益相关者充分了解到企业的社会责任行为与自身的关系，调动内部利益相关方的积极性参与到社会责任的履行过程中，让外部的利益相关方更加认同企业，以达到提升企业形象，提高企业声誉的目的。因此，从利益相关方的角度来设计企业的社会责任报告结构针对性比较强，有利于信息的顺利传达。

3. 按产品和企业部门划分的结构

有些企业在描述了企业的经济绩效、环境绩效和社会绩效之后，还会阐述一些重要产品的可持续发展解决方法，阐述产品在减少能源以及资源使用方面的具体做法，或者企业部门在社会责任方面的特殊贡献等。

随着企业社会责任报告的发展，可供参考的结构也逐步增多，一些中央企业按照《国资委关于中央企业履行社会责任的指导意见》来编排自己的结构；也有按上市公司社会责任指引编排的形式或者按行业社会责任指南的形式来编排自己的结构，还有其他的一些编排形式。企业根据自身特点挑选出适合阐明自身社会责任行为的结构即可，无需去追求千篇一律的结构形式，突出自己的特色，才会使社会责任报告得到更多的关注，达到预期的效果。

四、企业社会责任报告的原则

企业社会责任报告通常要遵循一定的原则，确保在报告的编制过程中能够更综合地考虑外界因素，能够更客观地反映出企业的经济绩效、环境和社会绩效。《可持续发展报告指南》中，将企业社会责任报告内容界定的原则概括为四个：实质性原则、利益相关方参与原则、可持续发展背景原则和完整性原则。在界定报告质量方面，包括平衡性原则、可比性原则、准确性原则、时效性原则、清晰性原则和可靠性原则。殷格非、李伟阳主编的《如何编制企业社会责任报告》一书中，将企业社会责任报告的原则简化为六个原则，分别是：①实质性原则；②可信性原则。即报告所披露的内容要能够使利益相关方信任，要如实对各种信息进行披露，也包括一些负面的信息，如果企业大肆渲染企业的正面影响，而对一些负面影响避而不谈就会引起怀疑，因此要使报告增加可信度，就要如实反映信息；③可比性原则。通过与同类报告的比较，可以使利益相关方有一个更深刻的理解；④可读性原则。即要求报告表达清晰，综合运用文字、图片、表格等方式，便于理解；⑤创新性原则。要求企业在编制自己的报告过程中要体现企业自身的特点；⑥完整性原则。要求社会责任报告的信息要全面，遵循一般的格式和规范。下面就《可持续发展报告指南》中阐述的四个原则作进一步的介绍：

（一）实质性原则

实质性原则是指企业社会责任报告所披露的议题和指标，应该能够反映企业/机构对经济、环境和社会的重大影响，或是对利益相关方的判断及决策有着重要影响。

由于企业所需要披露的信息众多，而企业社会责任报告不可能涵盖所有的信息，要挑选出一些有代表性的，对经济、环境、社会有重大影响的信息进行披露，突出重点。实质性原则就强调重要议题或指标的披露。在应用实质性原则时，企业所选择披露的议题和指标应对利益相关方是重要的，并且对企业的战略是有影响的。

目前，实质性原则已经被许多企业应用在企业社会责任报告内容的选择上。例如英国电信、福特汽车、壳牌和英国石油集团的企业社会责任报告都是应用这一原则的领先者。

（二）利益相关方参与原则

利益相关方参与原则是企业社会责任的核心要素，通过参与，企业可以更好地认识其对社会、经济和环境的影响，以及企业在社会责任实施中存在的问题，可以使企业及时地发现问题并加以纠正。良好的利益相关方参与会推动企业社会责任的实施，使企业社会责任报告可以产生更广泛的影响力。企业要在企业社会责任报告中充分响应利益相关方的期望和要求，这样有利于企业创造更多的价值，如提高企业的信誉，改善企业的形象，提高企业的竞争力等。

中国东方航空股份有限公司2010年度企业社会责任报告中指出，“员工热爱、顾客首选、股东满意、社会信任”，是东航社会责任观的价值核心。坚持“员工、顾客、股东、社会”和谐发展，共同进步。在董事长的致辞中指出要继续努力为员工、顾客、股东、社会创造新价值，要和利益相关方一起，继续为创造更美好的生活而共同努力。这些都充分体现了对“利益相关方参与原则”的重视，并在企业社会责任报告中充分地体现了这一原则。大多数编制企业社会责任报告的企业都在严格遵守这一原则。

（三）可持续发展背景原则

可持续发展背景原则是指企业社会责任报告要显示出企业在整体可持续发展背景中的绩效。要把企业社会责任报告置于可持续发展的大背景下来考虑，体现与更广泛的可持续背景有关的绩效。下列问题有助于测试和判断报告内容是否体现了可持续发展的背景：

（1）企业/机构应阐述其对可持续发展的理解，并参考在报告中所包含的可持续发展议题的现有信息及衡量方法。

（2）企业/机构在阐述其绩效时，应提及更广范围的，并在行业、当地、地区或全球的出版物中达成共识的可持续发展情况和目标。

（3）企业/机构在阐述其绩效时，采取的方式应该尽量将其影响和贡献的程度置于适当的地理背景之下。

（4）企业社会责任报告要描述可持续发展的主题如何与企业长期的战略、风险和机遇相联系。

在《英国石油2006年可持续发展报告》中，以“产业背景”（Industry in Context）为标题，用专门的篇幅描述了英国石油的可持续发展背景，包括行业安全、能源安全、高成本环境、各国家能源政策发展、气候变化等相关议题，既概括了广泛领域（如健康与安全、能源安全和气候变化）的趋势及观点，也包括对行业背景（如石油贸易动向）的概括。

（四）完整性原则

完整性原则是指企业社会责任报告所涉及的实质性议题、指标和定义应当足以反映对经济、环境和社会的重大影响，并能使利益相关方评估报告期限内报告机构的真实绩效。

完整性原则关系到企业社会责任报告内容的三个方面，即范围（Scope）、界限（Boundary）和时间跨度（Time）。范围是指企业社会责任报告中所涵盖的议题及其指标要能充分反映企业/机构的行为对经济、环境和社会方面的影响；界限是指企业/机构在企业社会责任报告中披露的实体范围（如子公司、合资组织和下级承包商等）。时间跨度是指企业社会责任报告应当全面披露报告企业/机构所公布的时间范围内的所有相关信息。因此，检验完整性原则的应用，需要看企业社会责任报告是否选择了合理的范围和界限，并在报告所声明的时间内，对利益相关方重点关注的所有信息进行处理和披露。随着企业社会责任报告的发展，报告的内容与完整性的要求差距正在逐步缩小。

五、企业社会责任报告指南

（一）企业社会责任报告指南的背景及分类

企业社会责任报告发布以后，人们很难找到统一的标准来对其内容进行评判，每个企业都按照自己的格式和方法来编制企业社会责任报告，这就增加了利益相关方阅读、对比的难度，同时也会使报告的编写陷入困境，他们不知道用什么样的方式来编写才能满足利益相关方的期望和要求。因此，企业社会责任报告也迫切需要有一个被广泛接受的报告规范和管理规范，可以像财务报告一样，有普遍接受的框架来引导，使企业的各种活动都可以以令人信服的方式传达出来，并且易于阅读和理解。在这种情况驱使下，人们不断寻求对企业社会责任报告可以作出客观衡量和比较的途径，不同的企业开始研发适用于企业社会责任报告和审检的标准和指南。因此，一些度量和评估的方法相继出现并逐步发展起来。具体而言，在指导企业如何编制企业社会责任报告方面形成了三种不同层次的指南性框架，分别是：行业性的企业社会责任报告指南、地区性的企业社会责任报告指南以及全球性的企业社会责任报告指南。

1. 行业性的企业社会责任报告指南

企业社会责任报告可以体现出行业的多样性，但是如何编制出既能够反映企业特点，又能反映出企业所在行业在可持续发展问题上的总体表现的报告，一直困扰着报告的编制者。在这种情况下，某些行业的企业与行业协会共同协作，寻求制定具有统一模式的可持续发展报告框架，行业性的企业社会责任报告指南应运而生，以对比不同行业的社会责任履行情况，同时也为行业内部不同企业的对比带来了便利。

2. 地区性的企业社会责任报告指南

当不同行业的企业处于相同的地区时，会面临一些相同或相似的环境问题和社会问题。地区性的企业社会责任报告指南可以帮助处于同一区域的企业进行社会和环境绩效的评价。同时处于同一地区的企业面临的利益相关群体具有一致性，因此，地区性的企业社会责任报告指南可以有针对性地来满足这些利益相关方的要求，使社会责任的信息传播的效率更高，得到利益相关方积极的反馈，提高公众对企业社会行为的认知。政府是地区性的企业社会责任报告指南的制定者。

3. 全球性的企业社会责任报告指南

为了在全球范围内为企业社会责任报告提供一个共同的框架，建立了全球永续性报告协会（GRI），并把努力完善企业社会责任报告的实务作为自己的目标，推动企业定期发布企业社会责任报告，增强报告的可比性与可信度。GRI 报告框架包含四个部分：《可持续性发展报告指南》、《指标规章》、《技术规章》及《行业附加指引》。《可持续性发展报告指南》阐述如何界定企业社会责任报告的内容以及确保报告质量应遵从的原则，以及标准的披露项目应包含哪些绩效指标及项目，还对与报告有关的特定技术问题提供指导。《指标规章》为指南中的绩效指标提供定义、编制指引以及其他的一些资料，协助汇报者制定报告，并确保对绩效指标有一定的诠释标准。《行业附加指引》提供指南以外涉及个别行业的诠释，指导个别行业对指南的使用，并载有特定行业的绩效指标，它是配合指南而使用的。《技术规章》为报告事宜提供指引，它涵盖大部分机构在制定报告中所遇到的问题，应与《可持续性发展报告指南》和《行业附加指引》同时使用。

（二）企业社会责任报告指南的作用

企业社会责任报告指南可以使利益相关方更充分地了解到企业社会责任的履行情况，并且有助于利益相关者对不同区域、不同行业的社会责任报告进行对比评价，使公众的了解程度更深。同时企业社会责任报告指南也为报告编制者提供了便利，使他们可以比较准确地掌握报告的表达方式，以及如何更好地满足利益相关方的期望和要求，使企业社会责任行为对企业产生更大的影响力。总之，企业社会责任报告指南对于利益相关方以及报告编制者都有重要的作用，具体内容见图 11-2。

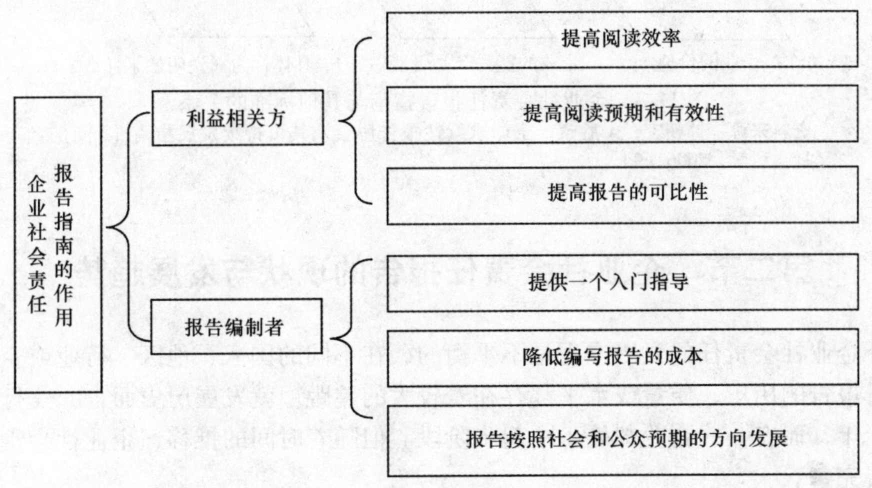

图 11-2 企业社会责任报告指南的作用

（三）企业社会责任报告指南与其他标准的关系

企业社会责任报告指南是企业社会责任报告的统一框架和标准，它与其他一些标准既相互联系又独具特色。其他标准主要包括：联合国的《全球契约》（Global Compact）、经济合作与发展组织（OECD）的《跨国公司行为准则》、国际标准化组织（ISO）于 1996 年起发布的《环境管理体系 ISO 14000 系列》、英国社会道德与责任研究所（Account Ability）开发的《环境与社会责任报告和业绩审验准则 AA 1000 系列》、由社会责任国际组织（Social Accountability International）开发的《社会责任准则 SA 8000》等。此外，GRI 还专门为执行《全球契约》和经济合作与发展组织的《跨国公司行为准则》编写了指南。

《全球契约》是顺应可持续发展的要求提出的，它要求企业遵守在人权、劳工标准、环境以及反贪污方面的原则。ISO 14000 是企业建立和实施环境管理体系并通过认证的依据，它旨在规范组织的环境行为，以达到改善环境，促进可持续发展的目的。SA 8000 为社会责任标准，包括九个方面与人有关的内容：童工、强制性劳动、健康与安全、结社自由和集体谈判权、歧视、惩戒性措施、工作时间、工作报酬以及管理系统。AA 1000 是由英国一家非营利机构英国社会道德与责任研究所（Account Ability）开发的，它是环境与社会责任报告和业绩审检准则，旨在提高社会责任报告的可信度。AA 1000 比较侧重于过程，可以更好地让公众了解到企业的社会责任行为。

这些标准在各自的领域中有所侧重，具有自身的独特性。《全球契约》属于行为规范，SA 8000 属于行为标准，ISO 14000 属于管理体系，AA 1000 属于审验标准。包括 GRI 的《可持续性发展报告指南》在内的企业社会责任报告指南属于报告标准。虽然各种标准之间有一定的差别，但也有一定的联系。GRI 的专家用图示阐明了这些标准之间的关系，见图 11-3。

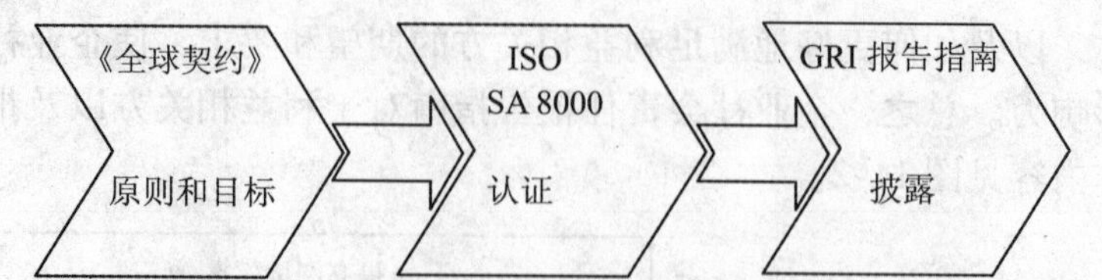

图 11-3 企业社会责任报告指南与其他标准的关系

资料来源：钟朝宏，干胜道．全球永续性报告协会及其可持续发展指南［J］．社会科学，2006（9）．

第二节 企业社会责任报告的现状与发展趋势

国内外企业社会责任的发展进程是不平衡的，在不同的国家、地区、行业或企业中，企业社会责任报告的历史、质量或水平都存在着较大的差距。就发展历史而言，先行者已发展了将近二十年，而有一些企业却处于刚起步阶段。但随着时间的推移，企业社会责任报告会逐步地发展完善。

一、全球企业社会责任报告的现状

对全球企业社会责任报告现状的描述，可以从报告的数量与地区、国别分布，报告的行业分布，报告的种类，报告的内容与审验，报告的动力与使用等方面来分析。

（一）报告的数量与地区分布、国别分布

随着公众社会责任意识的增强，对企业社会责任的要求和期望逐步提高，这就要求企业披露更多的社会责任信息，因此企业社会责任报告的数目不断增加，在一些发达国家中企业发布企业社会责任报告已演变成为一种普遍的现象，成为一股潮流。

20 世纪 70 年代，企业社会责任运动最先在欧美兴起，因此，该地区是企业社会责任报告发布的先锋地区，也是企业社会责任报告发布最活跃的地区；在非洲和中东地区，南非的企业社会责任报告也比较活跃；在拉丁美洲以及除日本和澳大利亚的亚洲和大洋洲，对企业社会责任报告的了解程度还不是很深，发布企业社会责任报告的企业也比较少。

企业社会责任运动最先起源于西方发达国家，因此，这些国家企业社会责任报告的发布者较多。近年来，中国企业社会责任意识的增强，发布企业社会责任报告的企业也在逐步增多。随着社会责任意识的扩展蔓延，更多的国家也会逐步认识到企业社会责任报告的重要性。

（二）报告的行业分布

调查显示，积极发布企业社会责任报告的行业通常是风险较高并且对社会的影响范围较广的行业，如一些石油化工行业、林业、造纸、药品、矿业、建材、电子等行业。同时在消费者运动的推动下，一些与消费者的身心健康联系较密切的行业也急需企业披露相关信息，在这些行业中，企业社会责任报告也在逐步增多，如药品、食品、化妆品等行业。

（三）报告的种类

按照公司注册网（Corporate Register. com）上的统计方法，企业社会责任报告被划分成了九个类型：环境报告，环境健康安全报告，环境健康安全与社会、社区报告，企业责任报

告，可持续发展报告，环境社会报告，慈善报告，社会社区报告以及其他。按照报告反映内容的复杂程度，企业社会责任报告又可划分为单项社会责任报告以及综合性社会责任报告。单项报告中最主要的为环境报告；综合性报告中最主要的包括可持续发展报告、企业公民报告、企业社会责任报告、环境健康安全报告等。

（四）报告审验的必要性

社会责任报告是企业自行编制的，如果没有相应的审验程序，就会使公众对它的可信度产生怀疑，不能很好地实现社会责任所追求的目标，即为使用者提供准确的、可比的以及可核实的信息。尤其是随着近年来商业丑闻的不断曝光，公众对企业社会责任报告的审验提出了更高的要求，以此来更好地保证社会责任报告的可信度，提高公众的认同感。

（五）报告的动力与使用

企业发布企业社会责任报告的动力不尽相同，有的是出于经济利益，有一些是基于伦理理念和价值驱动，还有一些是为了更好地创新与学习，改善劳资关系，提高员工的满意度或者是为了更好地控制风险，提高企业抵御外部环境变化的能力。此外，商业动力也是驱使企业积极发布社会责任报告的重要原因，如改善企业形象，提高企业声誉，占有并维持市场地位，获得金融市场的信任，提高融资能力，提高股东价值，开拓新的市场等。

企业社会责任报告是企业社会责任行为的综合反映，它发布的目的是让利益相关方更好地了解企业社会责任行为，从而可以对企业作出判断，以达到扩大企业影响力，进一步提升企业形象的目的。因此，要使企业社会责任报告获得预期的效果，就必须明确企业社会责任报告的使用者，如此才会更有针对性，以便更好地满足利益相关方的期望和要求。虽然很多企业宣称报告的使用者包括雇员、客户、供应商、管理者、股东和非政府组织等，但事实上，股东和投资者才是报告的最主要使用群体。

二、中国的企业社会责任报告的发展现状及存在的问题

（一）中国的企业社会责任报告的发展现状

1. 中国的企业社会责任报告发展的原因

近年来，许多企业开始充分认识到企业社会责任报告的重要性，发布企业社会责任报告的企业也在逐步增多。中国的企业社会责任报告呈现出较快的发展势头。发展的主要原因有：先进企业的示范推动、各级政府的有力引导以及社会力量的积极推动。

（1）中国的企业社会责任报告的迅速发展，与一大批先进企业的示范带动作用是分不开的。2001 年，中国石油天然气股份有限公司发布了中国首份健康安全环境报告；2006 年，国家电网公司发布了中国央企首份社会责任报告；2008 年，中钢集团发布了中国第一份海外社会责任报告；2010 年，南方电网发布国内第一份五星级企业社会责任报告。随着一系列企业社会责任报告的发布，使企业社会责任报告的关注程度提高，同时在这些企业的积极引导下，使更多的企业认识到了企业社会责任报告的重要性，纷纷编制自己的企业社会责任报告，以加强与利益相关方的沟通与交流，使他们更好地了解企业，同时满足他们对企业社会责任行为的期望和要求，这样可以更好地得到利益相关方的支持，扩大企业的知名度，提高企业的影响力，从而为公司创造更多的经济价值。下面以南方电网为例，简要说明一下先进企业的带动作用。

例 11-1 国内第一份五星级企业社会责任报告“出炉”

南方电网公司于2011年5月20日在广州发布《2010年社会责任报告》、《南方电网绿色发展报告》。两份报告透明、客观、全面地阐述了南方电网公司积极履行社会责任、大力推进可持续发展的理念和做法。其中，报告显示，南方电网去年全年城市客户平均停电时间6.66h，同比大幅下降40.6%。南方电网董事长赵建国告诉记者：“全年帮助客户节约电量22.4亿kW·h。十一五期间，南方电网带动上下游实现节约标煤1.2亿t，减少排放二氧化碳3.1亿t，二氧化硫230万t。”

《南方电网2010年社会责任报告》被中国社科院企业社会责任研究中心评定为国内第一份五星级报告，认为南方电网的责任管理、责任实践和责任创新都走在全国企业的前列。中国社科院经济学部企业社会责任研究中心主任钟宏武说：“南方电网公司在帮助中国在世界社会责任运动中赢得话语权，发挥了重要作用，这是一份充满着民族自信的报告。”

据了解，南方电网公司还在央企率先设立“社会责任日”，当天所辖的广东、海南、广西、贵州、云南等五省区电网公司同步发布本企业的社会责任实践报告，15个地市供电局同步开展主题为“责任南网 绿色同行”的社会责任。

资料来源：http：//www. workercn. cn2011-05-21 中央人民广播电台

在这些优秀的企业以及优秀的企业社会责任报告的带动下，会有越来越多的企业加入到企业社会责任报告的队伍中来，并且在这些优秀报告的指引下，企业社会责任报告的质量也会逐步地提高。总之，中国企业社会责任报告的发展前景还是十分乐观的。

（2）政府对企业社会责任行为的重视，为企业社会责任报告的发展提供了有力支撑。政府出台了一些引导企业积极履行社会责任的政策性文件，更进一步地支持了企业社会责任报告的发展。例如，2007年，中国银监会颁布了《关于加强银行业金融机构社会责任的意见》；2007年，环境保护总局出台了《环境信息公开办法（试行）》；2008年，国务院国资委下发一号文件《关于中央企业履行社会责任的指导意见》，对中央企业履行社会责任的行为作了明确的规定。同时一些地方性政府根据本地的实际情况，也相应地出台了一些政策性文件，来支持鼓励当地企业积极承担社会责任。随着社会责任的受重视程度日益提高，政府关于社会责任方面的法律、法规会进一步增多，可以更好地引导企业积极履行社会责任。

（3）中国的企业社会责任报告的发展，也是各种社会力量积极推动的结果。深圳证券交易所以及上海证券交易所先后对上市公司的企业社会责任报告提出了明确的要求，鼓励上市公司积极发布自己的社会责任报告；以中国工业经济联合会、中国纺织工业协会、中国银行业协会为代表的行业组织的积极推动，是促使社会责任报告发展的又一重要力量。它们分别发布了《中国工业企业及工业协会社会责任指南》、《中国纺织服装企业社会责任报告纲要》、《中国银行业金融机构社会责任指引》，这些规定的出台，为同类型行业的企业社会责任报告提供了一定的指导，推动了企业社会责任报告的发展。

总之，中国的企业社会责任报告的发展存在着各种推动力量，在这些推动力量的作用下，企业的社会责任报告数目会逐渐增多，内容会越来越完善。

2. 中国的企业社会责任报告概况

（1）中国的企业社会责任报告结构化分析。调查显示，在2009年发布的企业社会责任报告中，大部分报告是首次发布，极少数的企业发布报告在两次或者两次以上。

绝大多数企业是以年度周期发布报告的，只有极少数的报告是不定期发布的，这一趋势表明报告定期发布机制正在逐步形成。

大多数报告的篇幅较短，内容阐述不够详细和全面。虽然报告的篇幅与质量没有必然的联系，但是一定的篇幅是报告质量的保证。因此，中国的企业社会责任报告质量还有待于进一步提升。

（2）中国企业社会责任报告主体分析。

1）行业分布。制造业和金融保险业的企业发布企业社会责任报告的比较多，传播与文化行业的企业发布报告的数量比较少。

2）地区分布。在东部地区发布社会责任报告的企业明显多于中西部，因为东部地区是我国经济比较发达的地区，在这些地区的发展过程中，暴露出的环境和社会问题也比较多，因此，在这些地区社会责任的呼声也比较强烈，企业社会责任报告的数目也较多一些。其中北京、广东、上海三省市是我国发布社会责任报告排名的前三位，这在一定程度上说明，在经济比较发达的地区，企业的社会责任意识比较强，社会责任的理念传播较广。但是一些中西部地区也不甘示弱。例如，2011 年贵州举行了首届社会责任报告发布会，并决定从 2011 年起，每年定期召开企业社会责任报告发布会，进一步提升工业企业社会责任报告的公信力、影响力和带动力。这说明在中西部地区对社会责任报告的认识也在逐步深化。

3）企业性质。国有控股企业是企业社会责任报告的发布主体，民营企业发布的报告也占较大的比重，与此相比，外资企业发布的报告就相对少一些。同时，绝大多数的报告都是由上市公司发布的，上市公司是社会责任报告的主力军。

3. 中国的企业社会责任报告的发展趋势

在殷格非、李伟阳主编的《企业社会责任报告编制指导》中，对中国企业社会责任的发展趋势作了概述。

（1）企业社会责任报告趋向成熟：从单项走向综合。随着可持续发展观念以及社会责任观念被越来越多的人所熟知。利益相关方对企业社会责任的期望和要求提高，要求企业注意环境保护外，还要承担更为广泛、更为综合性的社会责任。为了更好地满足利益相关方的期望和要求，企业社会责任报告也开始从单项的环境报告向综合性的社会责任报告和可持续发展报告转变。

（2）发布报告的企业在逐步增加。近几年来，一些企业争相发表自己的企业社会责任报告，从这种形势来看，中国企业发布社会责任报告也将会成为一种潮流。已经发布社会责任报告的企业还会定期地发布自己的报告，以此加强与利益相关方的交流，并且在报告的发布过程中，企业会逐步积累到很多经验，同时也可以发现报告中存在的问题，逐步改进。因此这些企业定期发布的企业社会责任报告的质量以及规范性会得到很大的改善。还没有发布企业社会责任报告的企业会在这种趋势的指引下，开始考虑到企业社会责任报告的重要性，逐步加入这一行列。总体来讲，发布报告的企业会逐年增加。

（3）报告内容、质量、规范性将逐步改善

随着企业社会责任报告的发展，一些发布过企业社会责任报告的企业会在报告的编制过程中积累新的经验，总结过去报告中存在的问题，会使企业社会责任报告逐步变得完善。另一方面，随着利益相关方对社会责任认识的深入，对企业的要求和期望逐步提高，要求企业披露相关的社会责任信息，并且对信息的要求提高；媒体在称赞优秀的企业社会责任报告时，还会揭露一些不符合实际，存在“作秀”嫌疑的报告；非政府组织也会更加关注企业的实际行为是否与报告中所阐述的一致。这些外在的压力都促使企业发布高质量的企业社会责任报告。

(4)报告的广度和深度以及国际化水平会逐步提高

随着企业认识的逐步深化，企业会更加关注对报告广度和深度的挖掘，使企业社会责任报告可以达到预期的效果。随着经济全球化的趋势以及中国企业“走出去”战略的实施，为了更好地进入国际市场，得到国际上更多的认可，企业必须不断提升企业社会责任报告的国际化水平。具体做法主要有：根据企业想进入市场的具体情况发布当地语言的企业社会责任报告，发布中英文双语或多种语言的企业社会责任报告，增强报告的可读性；邀请第三方出具审验报告，更好地满足利益相关方对企业信息真实性的要求，提高报告在当地市场的可信度；采用通用的企业社会责任报告编制指南，增强报告的可比性。在经济全球化趋势的指引下，报告的国际化水平会逐步提高。

4. 中国的企业社会责任报告发展潜力

中国的企业社会责任报告发展潜力巨大，在未来几年，企业社会责任报告的重要性会进一步显现出来，报告的数量会进一步增加。同时随着报告的逐步发展，也会越来越完善，报告的质量会逐步提升，报告的价值也将会充分地体现出来。

随着社会责任理念的传播，企业对社会责任的认识会逐步深入，社会责任对企业发展的重要性也会逐渐显示出来，在中央企业、上市公司以及一些先进示范企业的带动下，在政府的鼓励下，以及各种社会组织的积极推动下，发布社会责任报告的企业会逐渐增多，因此社会责任报告的数量也会呈现逐渐增加的趋势。

随着企业对社会责任报告要求的提高，发布优秀的社会责任报告的企业会逐步增多，这将带动中国的企业社会责任报告整体质量的提升。随着企业对社会责任报告认识的深入，会充分意识到企业社会责任报告在与利益相关方沟通中的重要性，会积极、主动地去展开对企业社会责任报告的研究，以便更好地满足公众的期望和要求，这将在促使企业社会责任报告的完善方面起到重要的作用。一些优秀报告的示范带动作用以及社会力量的广泛参与，都为高质量企业社会责任报告的形成提供了支持。

企业社会责任报告作为企业与利益相关方沟通交流的平台，可以使利益相关方更加充分地了解企业，达到增加客户的忠诚度，提高员工的积极性和工作热情，改善企业形象，提高企业声誉等各方面的好处。会有越来越多的企业认识到企业社会责任不是企业的一项负担，为社会责任所做的付出会得到比付出多得多的回报。企业社会责任报告在提高企业透明度，完善责任管理体系，促进企业的经济绩效和社会绩效的可持续发展方面的价值将充分地显示出来。

(二)中国的企业社会责任报告发展存在的问题

虽然近几年来，中国的企业社会责任报告数量在逐步增加，报告的质量也越来越高，但我国的企业社会责任报告起步较晚，在发展过程仍然呈现出了一系列的问题。

1. 中国的企业社会责任报告的总体水平不高

无论理论界还是企业界，我国对社会责任的研究都起步较晚，企业社会责任报告的重视与实施也是最近几年才兴起的，虽然发布企业社会责任报告的数量在逐步增多，但由于发展时间短，总体水平还不是很高，与西方一些发达国家的企业社会责任报告相比还有很大差距。根据学者殷格非对企业社会责任报告所作的调查显示，大部分报告还处在起步阶段，信息披露的广度和深度仍存在欠缺，报告指标覆盖率和国际化程度不高，与回应利益相关方要求和体现企业价值尚有一定差距。

2. 中国的企业社会责任报告发展不平衡

（1）报告的质量发展不平衡。报告质量与企业规模正相关，领袖型企业的企业社会责任报告的质量相对较高；中央企业的企业社会责任报告的质量远高于所有报告的平均水平；不同行业的企业社会责任报告的质量存在较大差异，采掘、金融保险和电力行业的企业社会责任报告质量处于领先水平；成长型企业、民营企业中有部分企业社会责任报告质量较高，但大多数报告的质量有待提高。

（2）报告发布主体的构成存在很大差异。东部地区发布的企业社会责任报告远远超过中西部地区发布的；国有及国有控股企业发布的企业社会责任报告占很大比重；制造企业发布的企业社会责任报告约为其他所有行业发布的报告的总和；上市公司发布的企业社会责任报告数量远远多于非上市公司发布的企业社会责任报告的数量。

这些不平衡性在一定程度上制约了企业社会责任报告的发展，企业社会责任报告只有在各个地区、各个行业、各个主体之间都得到较充分的发展，才能从总体上提高我国的企业社会责任报告水平。因此，我国企业社会责任报告的发展还有很长的路要走。

3. 企业口号空泛，宗旨脱离实际

发布企业社会责任报告的大部分企业都会提出宏伟的工作目标特别是社会责任目标，但往往在实际行动中对这些目标的实践会大打折扣。一些企业在报告中夸夸其谈企业伟大的愿景和使命，但是对企业在实际行动中，是如何具体地实现目标的描述较少，这就会让人产生质疑，企业的实际行动是否与这些目标相符合的，还是仅仅是企业的“作秀”行为。这一问题是目前国内企业社会责任报告存在的普遍问题。

4. 缺乏反面事例，说服力不强

任何企业都不能把企业社会责任做到天衣无缝的地步，总会存在或多或少的问题，而对于企业在社会责任方面存在的不足，很多企业总是避而不谈，而是大肆宣扬企业好的行为。这样的报告，不能博得公众的完全信任。尤其是当企业出现大的社会问题并被很多人熟知时，就要在企业社会责任报告中反思自己的行动，这样还有可能得到公众的谅解，把负面影响降到最低。企业在企业社会责任报告中，适当地增加一些反面的事例，会给人一种更加真实的感觉，这样的报告也比较容易得到公众的信任。

三、企业社会责任报告的总体发展趋势

随着全球社会责任运动的广泛开展，越来越多的企业想通过企业社会责任报告来让利益相关方更好地了解企业。企业社会责任报告不断发展，在很多方面显现出一定的趋势，见图11-4。

（一）报告数量持续增长，报告类型日趋集中

20世纪90年代以来，企业社会责任报告的发布数量一直保持稳步增长的趋势，进入21世纪后呈现出了大幅度增长的态势。随着对企业社会责任行为要求的提高，企业社会责任报告的发布数量还会继续增多。

企业社会责任报告的类型是逐步演变的。20世纪90年代是企业社会责任报告出现的早期，以环境报告为主；后来，逐渐有企业在年度的财务报告中增加了专门的环境或社会报

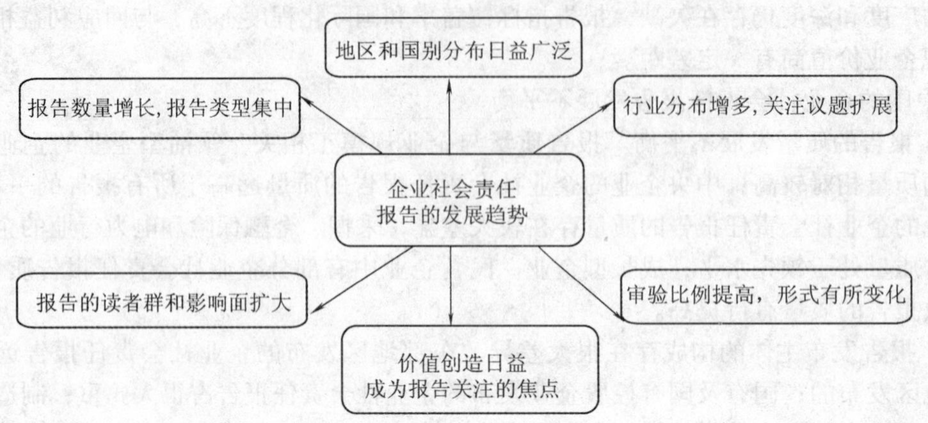

图 11-4 企业社会责任报告的发展趋势

告。进入21世纪，随着商业丑闻的不断曝光，利益相关方对企业的社会责任行为提出了更高的要求，要求企业进一步披露社会责任信息，而企业也充分认识到有必要把企业的经济绩效、环境绩效和社会绩效与利益相关方进行沟通，因此，企业社会责任报告逐渐从单项的环境报告向综合性的社会责任报告或可持续发展报告转变。

（二）报告在国别和地区的分布日益广泛，但增长速度有所差异

（1）各国的企业社会责任报告的发布均有所增长，但增长速度有所差别。调查显示，日本从2002年开始，出现快速增长趋势，英国的增长趋势一直比较稳定；德国、挪威和美国有一定的起伏，排名出现一定程度的下滑。总体而言，日本、英国、美国、德国、瑞典、荷兰、挪威、芬兰、加拿大和法国这些国家的企业社会责任报告都发展较好，是企业社会责任报告的领先者。

（2）在地区发展方面，各个地区的发展存在一地的差距。企业社会责任报告在亚洲总体发展比较缓慢，但这种状况正在逐步得到改善。就最新趋势而言，日本已经成为企业社会责任报告的领先国家，韩国以及东南亚的一些国家也在逐步发展。欧美一直是社会责任报告发展较好的地区。在非洲，南非是企业社会责任报告表现较突出的地区。而在中东地区，发布企业社会责任报告的企业还比较少。

（三）行业分布越来越广，并且报告关注的议题不断扩展

早期发布企业社会责任报告的企业一般为媒体和公众比较关注的，对环境和消费者影响较大的传统行业，如石油化工行业、食品等行业。近几年的发展趋势表明，对环境影响不是很大的一些企业也充分认识到企业社会责任报告的重要性，纷纷加入进来，如银行以及一些保险企业的加入，改变了金融行业在企业社会责任方面报告落后于其他行业的状况。另有一些服务行业，如零售业、旅游业等也开始编制自己的企业社会责任报告。这种趋势表明，企业的社会责任报告得到了越来越多行业的认可。

企业社会责任报告关注的议题在不断丰富、不断扩展。企业社会责任报告最开始关注的议题主要有环境问题、雇员关系和慈善捐助等。近年来，越来越多的企业开始关注其他一些议题。例如，国际标准和守则；经济议题，除了关注传统的销售额、利润等经济指标外，一些企业还开始关注非股东利益相关方的经济收益；供应链议题，来自内外部的压力，企业不仅自身要积极承担社会责任还要敦促供应链上的企业承担社会责任，从而使供应链议题成为社会责任报告的新领域；气候变化，随着政府以及公众对气候变化的广泛关注，也一定程度上促使企业开始关注这一全球性议题；企业治理，很多企业设立了具体的社会责任治理部门。随着社会责任的不断延伸，未来的社会责任报告关注的议题会更加丰富，更加全面。

（四）报告审验比例提高，形式有所变化

根据加拿大斯特拉多斯（Stratos）公司的调查表明，报告审验比例从20世纪90年代中期的10%～20%，已经提高到30%～40%，报告的审验比例在逐渐提高。但是与企业社会责任报告的增长速度相比，审验比例的增长速度还是比较缓慢的，经过审验的报告在总的报告数量中所占的比例还是比较低的，报告的审验程度还有待于进一步的加强。

在报告的形式方面，以独立形式发布的企业社会责任报告已经成为普遍形式，非独立报告的形式减少。很多企业在发布报告的时候，会同时发布一份概要的纸质版本，以及详尽的电子版本，可以同时满足不同偏好读者的需要。在报告的载体方面，电子版本报告已成为主流。在报告的风格设计方面，越来越多的企业开始追求风格的一致性，尽量保持语言、色彩、版面、图案等方面的一致性，这样可以给读者带来很多方便，增强报告的可读性。

（五）价值创造日益成为报告关注的焦点

依据报告的发布目的，可持续发展咨询公司将社会责任报告的演进划分为三个阶段。第一阶段发布报告的目的是回应法规；第二阶段是为了履行企业作为社会公民应该承担的责任和义务；第三阶段是为了更好地为企业和社会创造财富。企业发布社会责任报告的目的已经从单纯的风险规避发展为获得更多的市场机会，创造更多的市场价值，价值创造日益成为报告关注的焦点。

（六）报告的读者群和影响面不断扩大

随着社会责任运动的广泛开展，以及全社会范围内对环境和社会问题的广泛关注，企业社会责任报告的读者群以及影响面都在不断扩大，对报告感兴趣的人逐步增多，从股东和投资者扩展到包括雇员、消费者、媒体、社区、非政府组织等广泛的利益相关群体。在一定程度上，企业社会责任报告成为公众进一步了解企业的一个重要途径。随着企业社会责任报告的日趋完善，它的影响面还会进一步扩大，关注群体的范围也会进一步扩展。

第三节 企业社会责任报告的编制与发布

在充分了解到企业社会责任报告的重要性之后，一些企业会着手编制自己的社会责任报告，因此需要了解报告编制的过程，编制的准备工作、注意事项等。

一、企业社会责任报告的准备与组织

企业社会责任报告的编制不是一蹴而就的，之前要做大量的准备与组织工作，主要包括组建工作小组、制定工作计划、选定报告名称等方面，在这些具体的准备工作做好之后，才能保证报告的编制工作顺利、高效地完成。

（一）组建工作小组

企业的社会责任报告是企业信息的综合反映，它涉及企业活动的各个方面。因此企业社会责任报告的编制工作也是需要企业各方面的协调配合才能得以完成。当企业决定编制自己

的社会责任报告时，首先要组织一个报告编写小组，把各个部门的优秀人才吸引进来，负责报告的组织、编写、设计和发布等具体工作。工作小组的组建不是任意的，需要遵从一些原则。

1. 关键领导参与原则

这是报告编制工作能顺利进行下去的重要保障。企业社会责任报告包含企业信息的各个方面，涉及企业的理念、战略以及企业的可持续发展等，因此必须要有高瞻远瞩、运筹帷幄的高层领导的支持和引导，才能从总体上把握企业社会责任报告，并能有效地协调小组成员的关系，保证报告顺利、高效地完成。同时，小组中有来自高级管理层的代表，报告撰写过程中的问题可以得到及时解决并纳入到企业的管理过程中，以免以后的报告会产生同类错误，从而不断提高报告的质量。

2. 跨部门原则

由于企业社会责任报告的综合性，报告小组的成员要来自企业的不同部门和企业业务的不同方面，来保证报告内容的全面性和完整性。同时，这些来自不同部门的人一般都各具专长，可以在报告的编写过程中充分发挥自己的优势，做到优势互补，可以更好地提高报告编写的效率，也可以提高报告内容的专业性。

3. 跨利益相关者原则

企业社会责任报告是企业与利益相关者沟通的载体，企业的社会责任报告要充分地反映利益相关方的期望和要求。如果企业的利益相关方加入到报告编写小组中，充分发挥他们的参与作用，他们的意见可以充分地反映在报告中，企业与利益相关方沟通的差距会进一步缩小，报告也就更能满足他们的期望和要求。

报告小组的组建在满足以上要求的基础上还要包括以下职位的人员：在企业中有足够影响力的领导层代表，他们要非常熟悉企业的文化，在企业中可以作出独立决定，减少协调过程；还要有负责企业社会责任或可持续发展的具体负责人，他们要对企业在环境、社会和经济方面的状况有深入的了解和把握，避免报告中有重大遗漏或内容偏差，确保报告的基本内容和方向；要有来自研发、生产、销售、人力资源、投资关系以及战略管理等各个部门的代表，充分发挥各个部门的核心专长；了解企业利益相关群体的外部顾问，可以从外部视角更好地看待企业，可以把与企业相关的群体利益反映到小组中；利益相关方代表，可以使报告充分反映利益相关方的要求，扩大报告的影响力。

这样一个包含各种优秀人才的报告小组，在保证报告效率的同时，也提高了报告的质量。

（二）制定工作计划

制定工作计划是报告小组成立后，要着手进行的第一项工作。制定了报告编制计划，报告编制工作就有了明确的目标和具体的步骤，就可以协调大家的行动，增强工作的主动性，减少盲目性，使工作有条不紊地进行。同时，计划本身又是对工作进度和质量的考核标准，对大家有较强的约束和督促作用。所以报告编制计划对工作既有指导作用，又有推动作用。报告的编制计划包括了以下三个方面的内容：

1. 确定报告的完成时间

确定报告的完成时间，即确定报告的预计发布时间以及根据目标分解的各项工作计划时间。企业社会责任报告发布时间的参照依据还是比较多的，可以参照财务年报发布时间来确定，也可以根据以往的出版和网络发布经验，估计出编排和印刷所花费的时间。国际上越来越倾向于同时发布社会责任报告和财务年度报告。

2. 确定报告质量目标

报告的质量目标要从内外部两个因素来考虑。在内部质量方面，主要考虑管理部门决定的信息披露程度以及同类企业的披露状况，可以充分反映出企业的社会责任和可持续发展状况；在外部质量方面，主要考虑应该选择何种报告标准或行业指南，在报告中采用多少指标。

3. 确定人员分工

报告的内容涉及多方面的专业知识，需要具备不同专业知识的人员在报告的编制过程中做好分工，把人员安排在最适合的工作中，充分发挥来自各部门人员的优势，确保报告的准时、高效完成。

（三）选定报告名称

报告名称的选择也是一个比较重要的问题，涉及报告编制工作的逻辑性，也关系到篇章结构和行文的风格以及内容的设计。首先要确定企业发布的是单一的还是综合性的社会责任报告。大的方向界定之后再选择具体的名称，要根据企业的具体情况而定，首先要符合企业的文化；其次是要看企业目前的经营管理实践；最后要看管理层的意图，即通过报告将企业引导到一个什么样的发展方向。

二、企业社会责任报告的撰写

在完成企业社会责任报告的组织与准备工作之后，就要着手企业社会责任报告的撰写。报告的撰写也是一项复杂的工作，包括收集分析资料、设计报告提纲、编写报告以及审批和验证报告内容等。报告的撰写要按照这些步骤循序渐进，只有每一步都做好之后，才能更好地保证报告的完成效率与质量。

（一）收集分析资料

收集分析资料是报告编写前的重要工作，尤其是对于第一次编制企业社会责任报告的企业。有了丰富资料的支撑，才能更好地开展工作，保证报告的完整性与丰富性。收集的资料主要包括基础资料和专题资料两大类。基础资料包括企业社会责任和可持续发展的文字性资料、数字性资料和图片性资料三方面的内容；专题性资料主要是根据报告写作提纲的要求而进行的有目的、有针对性的资料收集，在针对特定问题进行专题资料收集的过程中可以采用问卷调查或者访谈的方式进行。通过问卷以及采访的方式，既可以使企业管理人员与员工更加关注环境、社会以及一般性的经济问题，又可以加深企业与利益相关方的沟通，可以更好地了解到他们的期望和要求，从而使企业社会责任报告可以更好地满足利益相关方的要求，取得理想的效果。

有时企业收集到的资料是杂乱无章的，要对其进行具体的分析整理。在对其进行分析的过程中，包括对利益相关者的分析、对可持续发展的分析以及对于二者的关系分析。在对利益相关者进行分析时主要关注企业的利益相关者有哪些，企业对于利益相关者的影响以及利益相关方对于企业的反作用等；对于可持续发展的分析主要包括可持续发展的影响因素，为实现这一目标企业采取的具体措施以及作出的具体贡献，企业可持续发展的绩效等方面；在二者的关系方面要具体分析与可持续发展关系比较密切的是哪些利益相关者，企业如何构建与利益相关者的关系，利益相关者所关注的可持续发展方面的主题，以及企业在可持续发展中的风险与机遇、成绩和不足，等等。经过这几方面的分析之后，资料会更方便使用，更有利于报告的顺利完成。

（二）设计报告提纲

经过了资料的收集与分析，已经更好地识别了利益相关方，了解到了他们的期望与要求，识别了企业在可持续发展过程中面临的风险和机遇、成绩和不足，并且也找到了企业利益相关方与可持续发展之间的逻辑关系，接下来的工作就是要涉及拟定报告提纲。

报告的提纲可以参考全球永续性报告协会（GRI）《可持续发展指南》的框架结构，也可以参照《中国企业社会责任报告编写指南》（CASS－CSR 1.0）的结构框架，也可以在这些框架的基础上进行改革创新，形成企业自已的风格。企业社会责任报告的基本要素见表11-1。

表11-1 企业社会责任报告的基本要素

一级指标	二级指标	一级指标	二级指标
一、报告前言	（一）报告规范 （二）高官致辞 （三）企业简介 （四）关键绩效表	四、社会绩效	政府责任 员工责任 安全生产 社区参与
二、责任管理	（一）责任治理 （二）责任推进 （三）责任沟通 （四）守法合规	五、环境绩效	环境管理 节约资源能源 降污减排
三、市场绩效	（一）股东责任 （二）客户责任 （三）伙伴责任	六、报告后记	展望 报告评价 参考索引 读者意见反馈

资料来源：中国企业社会责任报告编写指南（CASS-CSR 1.0）.

（三）编写报告

在资料收集得足够充分以及报告提纲拟订好之后，就要开始具体地报告的编写工作了，但在开始编写之前还要确定两个问题：一是写作的风格；二是各章节的篇幅。

写作风格一般有两种形式：一种是比较容易被公众理解的杂志式报告，这种报告一般以宣讲式语调为特点，正文中会包含一些采访和范例，还会附有一些照片资料，这样可以更好地引起读者的注意，勾起读者的阅读兴趣。但是这种报告要注意不能做成公关宣传册，这样反而会引起读者的反感。另一种是商业风格的报道式报告。这种报告以中立客观的语调为特点，在报告中多使用图形和表格的形式来传达信息，而对于照片资料则使用较少并且比较谨慎。这种形式的报告比较侧重于对事实的描述，提出解决方案和实现目标，但对一些问题的解析比较少。两种方式各有利弊，企业要根据自身特点以及行业性质等因素，挑选出比较适合企业的写作风格，使企业社会责任报告得到更好的效果。

报告篇幅要适中。篇幅太长会增加读者的负担，以致使很多读者没有信心去阅读全部内容，也不能充分了解到报告所传达的信息。而篇幅太短，又可能会使内容表达得不够清楚，增加读者在理解上的困难，也可能企业所表达的意思与读者所理解的意思不一致，造成信息传达的失误。德国战略传播咨询机构的调查表明，大部分人希望企业社会责任报告篇幅在

50 页以下。在确保把问题阐述清楚的情况下，要尽量使篇幅缩短，确保读者有足够的耐心可以把报告读完，增强报告的可读性。

在报告风格和报告篇幅都设计好之后，就可以根据报告编写计划设计文字框架、撰写案例、对数据汇总和分析等具体工作。报告的编写要尽量通俗易懂，以达到与利益相关方良好的沟通效果。

（四）审批和验证报告内容

为了进一步规范企业社会责任报告提高其可信度，报告的撰写工作完成之后还要对报告进行内部审核和批准，内部审批之后，在对外发布前还要经过外部的验证和评价。

在报告印刷之前要经过内部审批。内部审批包含两个过程：一是与内容相关的部门以及为报告提供信息的专访对象的审核；二是由企业的最高管理层进行审阅批准，报告的印刷最终也是由最高管理层来批准的。

外部验证和评价是提高报告可信度的一个重要的步骤，也是报告框架中的重要指标。外部审验的参与人员主要有财务审计人员，他们应用标准化和客观方法，根据前一年的业务数据来验证数据样本；企业可持续发展专家，他们可以检查报告是否全面，关注了所有相关议题，并且还会对企业的内部管理制度作出评价；挑选的利益相关方代表，主要评价企业的目标、业绩和报告编制组织的外部影响力。

经过收集分析资料、设计报告提纲、编写报告以及审批和验证报告内容这四个步骤，企业的社会责任报告的编写工作基本结束，接下来就是要为报告的发布作准备。

三、企业社会责任报告的设计

在完成企业社会责任报告的撰写和审验之后，要对企业社会责任报告进行设计，这是报告发布之前的最后一项工作。企业社会责任报告的设计工作包括对报告整体风格优化以及具体版面设计两个部分。

（一）整体风格设计

企业社会责任报告已经成为企业与外界进行沟通的重要手段，是利益相关方了解企业的一个重要的桥梁，通过企业社会责任报告可以使公众更好地了解企业文化，企业社会责任的履行情况，企业的经济、社会、环境方面的具体表现等。它是企业整体信息的一个重要的反映，因此报告的整体协调和优化也是一个非常重要的研究内容。

总体而言，企业社会责任报告的设计并没有固定的模式，要根据企业自身的特点来选择自己的设计风格。但是在企业社会责任报告的总体设计风格上，根据企业社会责任报告自身的性质、特点，还是需要共同遵守以下一些通用性的原则：

（1）严整性原则。这是设计报告要考虑的首要原则。由于报告是企业对外发布的具有法律意义的公报，要求报告题材的严肃性以及形式的工整性，因此报告的整体风格要注意严整性。

（2）平衡性原则。平衡性原则是报告各章节内容的多少、文字与图表的对应、各章节版面色彩的明暗等方面要相对平衡。

（3）重点突出原则。不同种类的信息要按照意义表达的重要性依次加以区分显现。

（4）实用性原则。它是指可以让读者方便、快捷地了解到报告中的相关信息内容。

（5）可读性原则。通过精心的设计和合理的布局，把一个富有时代感、新鲜感和视觉吸引力的版面呈现给读者。

（6）差异性原则。报告在设计过程中要突出行业特点与企业的特色。

（7）统一性原则。把报告作为完整的整体来统一设计报告风格，统一使用品牌标志和公司名称，保证企业形象对外传播的一致性与一贯性，易于为公众所接受。

（二）具体版面设计

在具体版面的设计过程当中要满足两项基本的要求：一是要表达清楚，所有设计都要将素材整合成形，使其有秩序有次序，主题突出，从而可以更有效地传达信息；二是要具有独特性，有自己的特色，从而可以使自己在成千上万的报告中脱颖而出，扩大报告的影响力。

报告版面设计是为了更好地展示文字性和视觉性的信息，方便读者使他们更轻松地选择出自己所要获取的信息，同时可以从版面的合理编排中获得美的享受。报告的封面要标明年份，还可以从企业的经营特点、经营业绩等方面表现出创意，与同类型的其他报告截然分开，更好地吸引读者，给其留下深刻的印象；对于报告的标题，大标题一般要用较大的字体或黑体字来表明其重要性，副标题字体要比主标题小一些比正文大一些，这样可以使读者在阅读的过程中能够抓住重点，有助于更好地理解报告内容；数据和图表是报告中的闪光点，要充分地加以利用，同时还要尽可能地加入图片，这样可以使意思表达更加清楚，易于理解，同时也可以缓解读者的视觉疲劳，如果只是大段大段的文字，会给人一种窒息的感觉，加入一些图表、图片会缓解这种感觉。

总之，具体版面设计要以方便实用、美感和独特性为原则，企业要在这些原则的指引下，把企业社会责任报告的版式设计好，增加报告的可读性。

四、企业社会责任报告的发布

企业社会责任报告的发布是报告编制的最后一项工作，同时也是一个非常重要的环节，可以在一定程度上影响到报告的效果以及企业的形象。企业的社会责任报告是企业与利益相关方沟通交流的桥梁，因此企业的社会责任报告除了需要在内容、质量方面遵循规范的要求之外，还需要在一定的媒介上发布以及在一定周期内一定频次的发布，以使利益相关方可以及时、定期地获取信息，更好地了解企业在经济、环境、社会方面的绩效，了解企业在社会责任承诺、可持续发展战略和责任管理方面的成绩与不足，从而可以对企业作出客观的认识与评价。从发布形式上来看，新闻发布会是企业社会责任报告发布的一种普遍的方式，企业要充分利用此形式。

（一）报告媒介

电子光盘、互联网和印刷报告等都是企业社会责任报告发布的媒介，企业可以同时选用几种媒介，也可以只选择一种。每种方式都有其独特的优势，企业可以根据自身决定的发布期、更新内容的计划、报告的预期用户以及其他因素来选择比较适合企业社会责任报告发布的媒介。

新闻发布会是企业社会责任报告的一种重要的形式，很多企业都采用这一方式。新闻发布会具有很多优点：①新闻性强，可以在第一时间把社会责任信息传播到与会代表，时效性强；②受众面广，企业可以邀请利益相关各方的代表来参与企业社会责任报告发布会，使报告发布会成为企业与利益相关各方交流的重要平台；③效率较高，除了采用现场的发布会形式之外，还可以采用电视电话会议、网上会议等多种新型的形式，可以使信息传播到更多的受众和载体上，强化发布会效果。但是这种方式也有一些局限性，如因为时间的限制，发布会不能披露报告的完整信息。

因此，企业在选择自己的社会责任报告传播媒介时，可以几种方式同时使用，充分利用各种方式的优越性，使报告的影响力达到最大，取得最好的传播效果。

（二）报告频率

企业社会责任报告的发布也要有一定的频率，频率太大会增加企业的负担，增加读者的阅读量，并且会使他们的兴趣逐渐降低；而发布频率太少，又不能满足公众对企业信息充分了解的需求。因此报告的发布频率要适中。对很多企业而言，周期定为一年，但有的企业也会选择每两年发布一次。企业可以选择在两次发布综合绩效报表期间对信息进行定期的更新，尽管更新的信息不一定具有完整性，但是可以更适时地为利益相关者提供信息。尽管如此，企业仍应维持一个可被预计的发布周期。

企业社会责任报告发布的成功意味着企业社会责任报告的工作暂时告一段落，要从中总结出成功的经验以及存在的不足，对下一阶段企业社会责任报告的编制与发布有重要的借鉴意义。

第四节 企业社会责任报告审验

企业发布的社会责任报告数量逐渐增多，水平不断提升，但是公众对企业的信任程度并没有因此而增加。在很多人看来，企业的社会责任报告仅仅是企业的一种“作秀”行为，是处理公共关系，粉饰企业形象的一种手段，企业往往在报告中把自己的行为形容得非常完美，但是在实际履行的过程中往往会大打折扣，报告中所披露的信息与企业的实际行为并不吻合，这两者之间的非一致性被称为“信任度鸿沟”。公众的这种态度与企业社会责任报告为了获得利益相关方的信任的初衷是背离的。为了改变这一状况，研究者在如何提高报告可信度的问题上进行了深入的研究，独立第三方审验由此产生，它被视为弥合“信任度鸿沟”的有效途径。

一、企业社会责任报告审验的作用

企业社会责任报告的审验，是由独立的审验方使用一套详细制定的原则和标准，经过专业的检测、审核、评估、确认等程序，评价企业社会责任报告的质量和保障企业社会责任绩效的管理体系、流程和能力。企业社会责任报告审验的作用主要表现在以下三个方面：

（一）审验可以提高报告的可信度

企业的社会责任报告是由企业编制的，如果缺乏第三方的认证，很难令人信服。经验表明，在信任程度较高的背景下，企业内部的审计和评价、外部知名专家的声明、相关机构的排名或者评奖活动，都可以有效地提高报告的可信度。但是在信任度较低的状况下，需要一种更为令人信服的渠道，来提高报告的可信度，使报告的作用可以更好地得以发挥，并指导企业最高管理层非财务性信息的披露；另一方面，也可以使利益相关方获得关于企业社会责任报告质量的可靠信息，增加对于报告的可信度。

（二）审验已成为报告的重要内容

随着企业发布社会责任报告数量的增长，越来越多的大企业借鉴财务报告的模式和框架，在企业社会责任报告中增加了第三方审验声明，把它作为报告内容的一部分，以期更好地得到利益相关方的信任。

（三）可以更好地满足利益相关方的期望

随着社会责任运动的广泛开展，公众社会责任意识增强，更加关注企业的经济绩效、社会绩效和环境绩效。为了满足利益相关方的要求，企业纷纷发布自己的社会责任报告，加强与利益相关方的沟通。但是利益相关方也非常关注社会责任报告的真实可靠性。而强有力的外部审验则是提高报告可信度的重要途径。为了更好地满足公众对于报告真实可靠性的要求，越来越多的企业选择接受外部审验，并在报告中增加外部第三方审验证明。这是满足利益相关方期望的重要手段，对于经过外部审验的报告，人们的信任程度会大大提高。

二、企业社会责任报告审验的主要内容

企业社会责任报告审验的内容包括审验主体、审验程序、审验方法、审验时限、审验结论等几个方面。

（一）审验主体

企业社会责任报告审验通常由独立的审验方完成，审验方既可以是一人也可以是多人，或者是一个机构，依据与企业签订的审验服务协议对企业社会责任报告进行审验。

审验方必须保证审验机构和人员有专业的能力，保持与企业的独立关系，公平地对待企业的利益相关方，根据他们的要求提供必要的信息，主要包括：职业资格，具有审验工作的任职资格以及专业技能；具有审验方面的相关经验；专业领域，对企业背景、业务领域、利益相关方的了解；审验监督，通过适当的机制或程序对审验工作进行必要的监督。

（二）审验程序

企业社会责任报告的审验程序包括以下六个步骤：

（1）审验方接受委托，明确审验的目标和范围。

（2）双方协商明确审验所使用的标准、原则和方法，确定审验工作计划和流程。

（3）审验方全面审查企业社会责任报告的内容，了解企业社会责任报告中的数据信息来源以及收集的方法，审查企业的相关文件，确认企业各方面的绩效表现等。

（4）审验方分别访谈企业的领导层、中层和基层员工，了解企业对社会责任理念的认识和落实情况，企业管理层对社会责任的推动与决策情况、政策落实情况、社会责任管理体系及企业运作有关情况。

（5）审验方有选择地访谈重要的利益相关者，了解他们的期望和要求，企业对利益相关者的回应，利益相关者的回应，以及利益相关者参与的有关情况。

（6）审验方对企业社会责任报告进行综合评估，给出审验结论，发表第三方独立审验声明。审验方全面地评估企业社会责任报告的可信度，独立得出审验结论，并以适当的方式发表审验声明。

（三）审验方法

企业社会责任报告审验的主要方法包括事实验证、监督检查、抽样检查、企业内部访谈、利益相关方访谈、信息源确认等。

（四）审验时限

审验方对企业社会责任报告的审验，是针对一个既定时间的报告信息进行审验，一般为一年。另一方面，审验工作也要有一个时间限制，要在既定的时间内完成，时间段的起止日

期由企业与审验方经过协商确定。

（五）审验结论

审验方完成对企业社会责任报告的审验工作之后，要独立地给出明确的审验结论，公开声明并且要指出报告的可信度，企业收集的信息，管理企业绩效所用的基础体系、程序、能力的可信度。一个完整的企业声明通常包含如下内容：①审验标准的声明，说明审验方使用的审验标准；②审验方独立性声明，说明审验方与企业的独立性、对企业利益相关方的公平性以及自身的资质能力；③审验描述，说明审验方进行的主要工作程序和审验内容；④审验结论，说明审验方对报告的综合结论；⑤附注，说明企业在报告及审验方面取得的进步以及提出一些改进的建议。

三、企业社会责任报告审验的标准

在国际上，随着公众对社会责任报告可信度要求的提高，出现了越来越多的企业社会责任报告的审验标准。有些审验标准把注意力集中于社会责任的某些特定的问题，如碳排放、工厂的劳工标准等；有些审验标准则全面关注企业社会责任报告的可信度。目前，国际性的标准包括 AA 1000 审验标准、国际审计和审验标准委员会制定的国际审验标准。

（一）国际审计与鉴证准则委员会及 ISAE 3000

1. 国际审计与鉴证准则委员会简介

国际会计师联合会（International Federation of Accountants，IFAC）于 1977 年 10 月在德国慕尼黑第 11 届世界会计师大会上成立，国际审计与鉴证准则理事会（IAASB）作为 IFAC 下设的独立准则制定理事会与其同时成立，IAASB 的工作受到公众利益监督理事会的监督。作为国际审计准则（International Standard on Auditing，ISA）的制定机构，IAASB 的职责是通过独立地制定高质量的审计、审阅、其他鉴证业务、质量控制和相关服务准则，促进国际准则和国家准则间的趋同，并增强公众对于全球审计和验证专业的信心。为实现其目标，IAASB 设计发布了如下标准：①适用于历史财务信息审查的国际审计标准和国际审查参与标准；②适用于对历史信息以外的其他财务资料的审验的验证服务国际标准；③相关服务国际标准；④质量控制国际标准；⑤为施行 IAASB 标准提供解释性指南和实践帮助并推进实务的运行的实践声明。除此之外，IAASB 也发布其他审计和验证事项的声明，从而促进公众对专业审计人员和审验人员的职能和责任的理解。

2. ISAE 3000 标准

IAASB 发布的名为“国际鉴证约定准则（ISAE 3000），历史性财务信息审计或检查以外的鉴证约定”的准则于 2005 年 1 月 1 日起生效。

ISAE 3000 的主要规定包括：①从业人员应遵守道德要求；②审验人员应当执行适合的质量控制程序；③应书面记录参与条款，审验人员应就各方参与事项达成一致；④审验人员应规划进程以使其有效进行，并应考虑重要性和参与审验的风险，取得充分适当的证据并在此基础上得出结论；⑤审验报告应当采用书面形式，并应明确表达审验人员的结论。

（二）AA 1000 审验标准

1. AA 1000 审验标准的演进

AA 1000 系列的目的是提高组织在可持续发展方面的业绩表现，提高企业社会责任报告的可信度，它包括一套创新性的标准、指引和使用者附注。现行的 AA 1000 系列标准由三个部分组成：第一，AA 1000 原则标准（AA 1000APS）(2008)；第二，AA1000 审验标准（AA 1000AS）(2008)；第三，AA 1000 利益相关方参与标准（AA 1000SES）(2005)。与企业社会责任报告密切相关的是 AA 1000 审验标准。

2003 年，由英国全球智囊机构英国社会道德与责任研究院（Account Ability）开发的《AA 1000 审验标准》发布，这是全球首个企业社会责任报告审验标准。这一标准的出现大大提高了企业社会责任报告的可信度和质量，对第三方独立审验提供了规范。这一标准虽然有很多的优点，但也存在着一定的缺陷和不足，即 2003 年版的 AA 1000 审验标准既列出了适用于报告提供方的原则，又列出了适用于审验提供方的程序，并因此产生了混淆。为了进一步改进 2003 版审验标准的不足，并重建人们对于透明而有效率的商业实践的信心，2008 年最新版本的 AA 1000 审验标准出现。这些 2008 年版的文件为各方提供了更加清晰的说明，包括发布企业责任报告、审验报告和阅读报告的所有机构和个人，旨在使角色与责任更明晰，更易区分，并阐明标准的重点在于审验方面。

2. AA 1000 的原则

该原则有三项：包容性原则、实质性原则以及回应性原则。其中包容性原则是基础性的原则，是满足实质性原则和回应性原则的必要条件。包容性是确定实质性问题的起点。确定实质性问题的过程能够为组织及其利益相关方确定最相关和最重要的问题。而回应性是针对实质性问题而采取的措施以及所取得的绩效。

三种原则缺一不可，只有这三种原则同时得到落实，才能使企业的社会责任行为成为现实。

3. AA 1000 审验标准（2008）的应用

应用 AA 1000 审验标准有以下两种类型：AA 1000 原则遵循审验以及 AA 1000 原则遵循和绩效信息审验。

AA 1000 原则遵循审验是在不需要对报告信息的可靠性进行验证的情况下，为利益相关方提供组织管理可持续发展绩效的方法，以及通过可持续发展报告沟通可持续发展绩效的方式。审验机构要评估组织遵循三项 AA 1000 原则的性质和程度，保证遵循 AA 1000 原则建立的信息公开披露制度、管理体系、管理程序以及绩效信息。

原则遵循和绩效信息审验，应当在原则遵循审验的基础上同时评估可持续发展绩效信息的可靠性。可持续发展绩效信息是指审验机构和报告组织一致同意纳入审验范围的信息。特定信息的选择要以实质性判断为基础，要对审验声明的可能使用者具有现实的意义。

另外，审验机构可以提供不同程度的审验，有深度审验和中度审验。审验机构要根据主题的不同选择适合的审验程度。

本章小结

企业社会责任报告经历了较漫长的发展过程，从单项向综合性的企业社会责任报告转变。在充分了解到社会责任报告对于企业的积极作用之后，决定发布社会责任报告的企业就要研究社会责任报告的编制以及发布的注意事项。在企业社会责任报告编制之前要做好准备与组织工作，组建具有关键领导参与，并且来自不同部门的报告工作小组，制定出报告编制工作的具体计划，这是报告编制工作可以顺利完成的前提条件。在报告的撰写过程中，要注意对写作风格的以及篇幅的把握与设计，使报告可以更好地吸引读者，增加报告的影响力。在整个编制工作完成之后，就是报告的发布，它直接关系到报告的效果以及企业的形象，要选择适合的报告发布媒介以及发布周期，以保证企业的报告信息可以更好地传播，满足利益相关方期望和要求的同时，更好地提高企业的效益。

企业社会责任报告审验是增强报告可信度的一种重要的方式，很多企业社会责任报告中增加了审验声明，它已经成为企业社会责任报告的内容，可以更好地满足利益相关方对报告可信度的期望。目前国际性的审验标准有 AA 1000 标准以及国际审计和审验标准委员会制定的国际审验标准。AA 1000 标准以包容性、回应性以及实质性为原则，当三种原则同时满足时，企业的社会责任行为才能更好地得到公众的认可与信任。

思 考 题

1. 企业社会责任报告的含义以及具体内容是什么？
2. 中国的企业社会责任报告的发展现状如何？有怎样的趋势？
3. 企业社会责任报告的编制与发布都要经过哪些程序？
4. 什么是企业社会责任报告审验？它有哪些作用？

参考文献

[1] 陈淑妮．企业社会责任与人力资源管理研究［M］．北京：人民出版社，2007.

[2] 陈维政，吴继红，任佩瑜．企业社会绩效评价的利益相关者模式［J］．中国工业经济，2002.

[3] 陈佳贵，等．中国企业社会责任研究报告（2010 版）［M］．北京：社会科学文献出版社，2010.

[4] 陈迅，韩亚琴．企业社会责任分级模型及其应用［J］．中国工业经济，2005.

[5] 陈英．企业社会责任理论与实践［M］．北京：经济管理出版社，2009.

[6] 德鲁克．管理：使命、责任、实务（责任篇）［M］．北京：机械工业出版社，2009.

[7] 范红．企业的社会责任：理论与实践［M］．北京：清华大学出版社，2010.

[8] 菲利普·科特勒，南希·李．企业的社会责任［M］．姜文波，等译．北京：机械工业出版社，2011.

[9] 侯仕军．企业社会责任管理的一个整合性框架［J］．经济管理，2009.

[10] 黄晓鹏．企业社会责任：理论与中国实践［M］．北京：社会科学文献出版社，2010.

[11] 姜启军，顾庆良．企业社会责任和企业战略选择［M］．上海：上海人民出版社，2008.

[12] 李立清，李燕凌．企业社会责任研究［M］．北京：人民出版社，2005.

[13] 李新娥．企业社会责任和社会绩效［M］．北京：经济管理出版社，2010.

[14] 黎友焕，刘延平．中国企业社会责任建设蓝皮书（2010）［M］．北京：人民出版社，2010.

[15] 黎友焕．企业社会责任理论［M］．广州：华南理工大学出版社，2010.

[16] 李正．企业社会责任信息披露研究［M］．北京：经济科学出版社，2008.

[17] 卢岚，刘开明．中国企业社会责任标准实施指南［M］．北京：化学工业出版社，2007.

[18] 卢勇，贾创雄．企业社会责任管理：定义与探讨［J］．企业经济，2011.

[19] 马杜拉．商业伦理与社会责任［M］．北京：人民邮电出版社，2007.

[20] 默恩．企业家的社会责任［M］．北京：中信出版社，2005.

[21] 任荣明，朱晓明．企业社会责任多视角透视［M］．北京：北京大学出版社，2009.

[22] 日本综合研究所．一看就懂 CSR［M］．国家电网公司社会责任办公室，译．北京：中国电力出版社，2009.

[23] 单忠东．中国企业社会责任调查报告［M］．北京：经济科学出版社，2007.

[24] 沈洪涛，沈艺峰．公司社会责任思想起源与演变［M］．上海：上海人民出版社，2007.

[25] 上海证券交易所研究中心．中国公司治理报告（2007）：利益相关者与公司社会责任［M］．上海：复旦大学出版社，2007.

[26] 田虹．企业社会责任效应［M］．北京：经济科学出版社，2011.

[27] 田虹，吕有晨．日本企业社会责任研究［J］．现代日本经济，2006.

[28] 田秀云，白臣．当代社会责任伦理［M］．北京：人民出版社，2008.

[29] 殷格非，李伟阳．如何编制社会责任报告［M］．北京：企业管理出版社，2008.

[30] 张霞，蔺玉．我国企业社会责任评价指标体系的构建［J］．商场现代化，2007.

[31] 郑石明．企业社会责任构建［M］．北京：经济管理出版社，2009.

[32] 钟宏武．中国企业社会责任报告编写指南［M］．北京：经济管理出版社，2009.

[33] 朱忠明，祝健．社会责任投资——一种基于社会责任理念的新型投资模式［M］．北京：中国发展出版社，2010.

[34] Andrew Griffin. New Strategies for Reputation Management：Gaining Control of Issues，Crises and Corporate Social Responsibility［M］. London：Kogan Page，2009.

[35] Daniel C. Esty，P. J. Simmons. The Green to Gold Business Playbook：How to Implement Sustainability Practices for Bottom-Line Results in Every Business Function［M］. Wiley，2011.

[36] Frederich William C. From CSR1 to CSR2 [J]. Business and Society, 1994, 33 (2).

[37] Griffin, Jennifer J., Mahon John F. The Corporate Social Performance and Corporate Financial Performance Debate: 25 years of incomparable Research [J]. Business and Society, 1997, 39 (4).

[38] Logsdon, Jeanne M., Wood Donna J. Business Citizenship: Application to Enviromental Issues [J]. Business and Society Review, 2004, 109 (1).

[39] Manfred Pohl, Nick Tolhurst. Responsible Business: How to Manage a CSR Strategy Successfully [M]. Wiley, 2010.

[40] Matten, Dick, Crane, Andrew. Corporate Citizenship: Toward a Extended Theoretical conceptualization [J]. Academy of Management Review. 2005, 30 (1).

[41] Nancy Lee. Corporate Social Responsibility: Doing the Most Good for Your Company and Your Cause [M]. Hoboken New jersey: JOHN WILEY & SONS INC, 2004.

[42] Raymond W. Y. Kao. Sustainable Economy: Corporate Social Responsibility [M]. Singapore: World Scientific Publishing Company, 2010.

[43] Sri Urip. CSR Strategies: Corporate Social Responsibility for a Competitive Edge in Emerging Markets [M]. Hoboken New jersey: JOHN WILEY & SONS INC, 2010.

[44] Waddock, Sandra. Parallel Universes: Companies, Academics and the Progress of Corpoate Citizenship [J]. Business and Socity Review, 2004, 109 (1).

[45] Wayne Visser, Katja Böhmer, Aron Ghebremariam, Judith Hennigfeld, Sandra S. Huble. The A to Z of Corporate Social Responsibility: A Complete Reference Guide to Concepts, Codes and Organisations [M]. Wiley, 2008.

[46] Valor, Carmen. Corporate Social Responsibility and Corporate Citizenship: Towards Corporate Accountability [J]. Business and Society Review, 2005.

[47] Wood, Donna J. Social Issues in Management: Theory and Research in Corporate Social Performance [J]. Journal of Management, 1991, 17 (2).